百科集趣

于永昌 著

第二辑

人体健美

体育竞技

文坛艺苑

中国文史出版社

前　言

大千世界，社会生活，奇事种种，妙趣多多。

在人们看到、用到、吃到和有兴趣、想了解的事物中，很多都包含着丰富的文化内涵和深厚的历史底蕴，并融入了许许多多新奇、有趣的记载。这套《百科集趣》具有科学性、知识性，尤其侧重情趣，将十几个方面新鲜、好看、有意思的资料筛选后讲述出来。诸如糖葫芦、饼干、比萨饼的诞生；转魔方最快和最慢的人分别是谁；植物有语言，有情感，能自卫，也贪杯；动物有爱心，讲义气，也会因犯法被判刑；早期的空战轰炸是用手将炸弹掷向地面的；大炮也可为乐团伴奏……

捧起书，读者会发现，缤纷世事可印刷折叠，古闻新知能装订保鲜。每翻开一页便能读到一篇妙文，便可打开一扇观赏世间的窗口。从天上到地下，从山川到海洋，从古代到今天，从宏观到微观，从已知到未知，等等，荟萃了大容量知识和情趣的历史记载、馆藏资料与最新信息扑面而来。一览之下，让人在开阔眼界、增长知识的同时会由衷感叹：不读不知道，世界真奇妙！

愉快的读书称作悦读。这套书力求以引人入胜的内容和浓郁的情趣，让人看得高兴，看得快乐，进而感受到人生的美好、生活的多彩，使心灵受到启迪，唤起创造更多奇迹的热情。在补充课堂书本以外知识的同时，还能为整日忙于学习、工作的人们，缓解疲劳，放松身心，平添轻松快慰的好心情。好的心态、心情是艰苦生活的润滑剂和跋涉路上的滋补品，看到书中的有趣内容，难免让人忍俊不禁，发出会心一笑。多看看这套书，长知识，增情趣，会有不少收益。

目 录

文坛艺苑

体育竞技

人体健美

文坛艺苑

1. 文学的类别

文学是以语言文字为工具，形象化地反映客观现实的艺术。

“文学”一词，在我国2000年前已经出现。西汉时期，学校的负责人不称校长或教官，而是叫“文学”。汉武帝在选拔人才时，特设“贤良文学”科目，由各郡举荐人才上京考试，被举荐者叫作“贤良文学”。“贤良”是指品德端正的人，“文学”则为精通儒家经典的人。至魏晋后期，“文学”一词才成为语言艺术的专用名词。史书载曹丕“好文学，以著述为务”，即是现今所指的文学含义。

文学塑造形象的材料是语言，是“用语言来表达和造型的艺术”，为此文学也被称为“语言艺术”。作家把自己对生活的观察、体验、认识、理解，用语言表达出来，构成文学形象；读者通过作品的语言，经过一番理解，在自己头脑中形成了文学形象。语言即成为作家与读者之间心灵沟通的桥梁。

文学所包含的内容很广泛，如小说、诗歌、散文、神话、童话、寓言、杂文，以及曲艺中的相声、双簧、快板书等。从我国文学体裁分类看，很早就出现了传记文学，司马迁撰写的《史记》、西晋陈寿所著的《三国志》都是古代传记文学的佳作。民间文学在我国出现也较早，成书于战国时期的《列子》中就辑录了众多民间故事、寓言、神话等。民间文学是由社会民众自己创造、口耳相传的口头文学，包括民歌、民谣、民间故事、神话传说，以及曲艺中的数来宝、二人转等，传承至今有着很强的艺术表现力和活力。

戏剧文学即剧本，是构成戏剧艺术的基本要素之一。剧本属于语言艺术的范畴，是一种文学体裁，具有可供阅读的文学价值。报告文学的名称是从国外翻译而来的。“报告”指内容的真实性而言，“文学”要求以艺术性手法表述。这是一种以文学手段迅速反映现实生活中真人真事的文体。外国文学是指以外文翻译成中文供阅读的异国文学作品。儿童文学是一种专为少年儿童创作或改编的文学作品，包括儿歌、谜语、童话、寓言、故事、小说、剧本、电影文学、科学文艺等，其特点是通俗易懂、生动活泼。

20世纪90年代，随着电视剧《北京人在纽约》热播，一大批描绘中国人出外闯荡、生活的文学作品被称作移民文学。其后，不少作家关注环保、保护生物，写出的作品又得名生态文学。近年，互联网的应用兴发了一个新的文学热门——网络文学，其众多网络写手已成为文学界的新军。

2. 小说种种

小说是一种叙事性的文学体裁,通过人物的塑造和情节、环境的描述,概括地表现社会生活。

"小说"一词,最早见于《庄子·外物》所载:"饰小说以干县令,其于大达亦远矣。"意思是说:把小说修饰一番,以求得高名和美誉。此时的小说指卑微琐屑的言谈,属于贬义词。到了汉代,《汉书》有曰:"小说者,街头巷语之说也。"小说被列为作品,与现在所说的小说已经相近了。进入魏晋南北朝时期,小说开始摆脱"丛残小语"的形式,出现了志怪小说和武侠小说,人物性格的刻画和故事情节的虚构、想象等已较为成熟。小说在唐代称为"传奇",这时的小说题材广泛,情节曲折,引人入胜,刻画人物性格鲜明,成为一种很成熟的文学形式。从宋代话本开始,我国的古典小说进入了繁荣时期,至明清时期出现了包括"四大名著"等一大批在国内外具有很大影响的作品。

国内外小说创作发展至今,从内容分,有言情小说、武侠小说、科幻小说、奇幻小说(也称魔幻小说、玄幻小说)、悬疑小说(也称侦探小说、推理小说、惊悚小说)等。武侠小说中最为著名的有《三侠五义》《七侠五义》《儿女英雄传》等。20 世纪 70 年代,金庸、梁羽生等创作了众多新武侠小说,著名的有《射雕英雄传》《倚天屠龙记》《天龙八部》《笑傲江湖》《雪山飞狐》《白发魔女传》《七剑下天山》等,并被纷纷搬上荧屏,轰动一时。台湾作家琼瑶创作了大量言情小说,受到几代读者的喜爱。创作科幻小说的,前有凡尔纳,后有阿西莫夫等著名作家,他们在作品中的多个预言,都成为今天的现实。近年来,风靡全球的魔幻小说《哈利·波特》,其系列图书屡创图书出版佳绩,并推动了电视业和游戏等相关产业的发展。悬疑小说从柯南·道尔塑造的福尔摩斯形象到阿加莎·克里斯蒂创作的众多推理故事,也让今日许多人津津乐道。

小说通常以篇幅长短和容量大小,分为长篇、中篇、短篇三类。后来又出现了小小说。小小说通常为千字文,但它仍具备小说的三个要素,即人物、情节和环境。它在相当短的篇幅内,用精练的笔墨刻画人物、安排故事情节,并有巧妙的结局。小小说也有"微型小说""袖珍小说""一分钟小说"等别称。小小说够小了,但如今随着互联网和手机的广泛应用,一种微小说又应运而生。微小说的篇幅仅几十至一百多个字,也有人物、情节和结果。它创作快捷,内容丰富,表现手法多样,阅读转发方便,成为小说园地中俏丽迷人的小花。

3. 名篇荟萃的唐诗

在中国古典文学中，最有民族文学特色的是诗词，诗词中成就最高、影响最大的是唐诗。

中国古典诗歌史悠久、绵长。从早期的《诗经》《楚辞》，直至元、明、清，诗歌创作浩如烟海，哪个年代的最好呢？人们普遍认为是唐诗。唐代时，诗歌受重视，诗人被敬重。考进士主要考诗赋，文人读诗写诗成风。武则天等帝王都喜欢诗歌，在宫廷经常举办诗歌比赛。诗歌在唐朝成为横亘中国古代文化最浪漫的高峰。唐诗数量高，质量也高。清代康熙年间编校的《全唐诗》多达900卷，目录即有12卷，共计收诗48900首，作者2200余人。

在著名的唐代诗人中，李白被奉为“诗仙”，他的诗风雄奇豪放，想象丰富，语言流转自然，音律和谐多变。他的七言绝句《望庐山瀑布》《望天门山》《早发白帝城》等都是盛唐时期的名篇。杜甫疾恶如仇，关心民众疾苦，他惯以平易、朴素、通俗、写实的诗句抒发忧国爱民的情感，被尊称为“诗圣”。其代表作有“三吏”“三别”以及《兵车行》《茅屋为秋风所破歌》《春望》等。白居易少时家贫，对社会民众的疾苦多有了解。他的长篇叙事诗《长恨歌》《琵琶行》，人物刻画传神，写景抒情细腻、生动，一直为人们所称道。唐代著名诗人还有王维、孟浩然、柳宗元、李商隐、杜牧等，各有其脍炙人口的诗作。

在中国古诗中，经评选有10首对后世影响很大，其中唐诗即占7首，如：李白的《静夜思》：“床前明月光，疑是地上霜。举头望明月，低头思故乡。”诗句明白如话，朗朗上口，境是境，情是情，耐人寻味。第二首为孟郊的《游子吟》：“慈母手中线，游子身上衣。临行密密缝，意恐迟迟归。谁言寸草心，报得三春晖。”这首情真意切的母爱之歌，被世代广为传颂。第三首为白居易的《赋得古原草送别》，其“野火烧不尽，春风吹又生”之句，生动地表现出野草顽强的生命力，激励人奋斗不息。再一首为王之涣的《登鹳雀楼》：“白日依山尽，黄河入海流。欲穷千里目，更上一层楼。”提示人要有不断探求的愿望和广阔的胸襟。另一首为王维的《九月九日忆山东兄弟》，其“独在异乡为异客，每逢佳节倍思亲”之句，含蕴深沉，成为描写游子离人的名言，中国人特有的佳节思亲也来源于此。后一首为王勃的《送杜少府之任蜀州》，其“海内存知己，天涯若比邻”之句，以友情深厚，犹在身旁，一洗送别的悲凉凄怆之气，音调爽朗，独有意境。还有一首是李绅的《悯农》：“锄禾日当午，汗滴禾下土。谁知盘中餐，粒粒皆辛苦。”此诗以一个典型的生活细节，道出一个浅显的道理，却让人产生不止一个联想。

4. 唐诗在海外

代表着中华民族文学特色的唐诗，不仅在我国深受世代民众的喜爱，长期以来也获得国外众多赞誉，人们称其为世界文化宝库中的珍贵遗产，加以翻译出版研究，并在舞台演出。

自 20 世纪，西方等国的文学家翻译中国唐诗蔚然成风。据统计，翻译出版唐诗和评论的专著仅欧洲就有上百种。唐诗研究成了一些大学专业课，研究论文数以万计。近几十年，美国相继出版了李白、杜甫、白居易、王维、杜牧、柳宗元、李商隐等唐代诗人的数十部诗集。在美国还成立了全国性的唐诗研究会，多次举办了李白等诗人的专题学术研讨会。东邻日本是研究中国唐诗最早的国家。在日本的汉诗、和歌、俳句等文学形式中，无不隐有模拟唐诗的痕迹。日本学者平冈武夫主编了《唐诗索引》，把《全唐诗》《全唐逸诗》等书籍中中国诗人及其作品逐一编号统计。经其统计，共收录唐诗 49475 首，罗列唐代诗人 2955 人，以后随史料的增多，诗篇和诗人数量有所增减，对唐诗的研究可谓精细。

诗句瑰丽、意境深远的唐诗流传于国外后，深得许多音乐家青睐。1907 年，奥地利作曲家马勒从一册译名为《中国之笛》的中国古诗集中，选取了 7 首唐诗为歌词，谱写了一部名为《大地之歌》的交响声乐套曲。第一乐章“悲伤的尘世饮酒歌”，是以李白的《悲歌行》谱写。第二乐章“秋天的寂寞”，是以钱起的《效古秋夜长》而作。第三乐章“少年”、第四乐章“美女”、第五乐章“春日的醉汉”，都是据李白的诗谱就。末章《送别》是按王维和孟浩然的两首送别诗写成。这部交响乐的演出，轰动一时。之后，捷克作曲家科豪特为白居易的《问刘十九》和王维的《杂诗》谱写了一部声乐套曲。李白的名诗《春夜洛城闻笛》，先后由瑞典作曲家新约格伦和奥地利作曲家威伯恩谱成了歌曲。李白的《静夜思》和《春日醉起言志》，也曾由多位欧洲作曲家谱成歌曲传唱。德国音乐家弗兰肯施特因还把李白的故事写成了歌剧《皇帝的诗人》，在多个歌剧院演出。

近年来，俄罗斯音乐家多次为唐诗谱曲，举办音乐演出。在 1983 年的“莫斯科之秋”音乐会上，作曲家西杰利尼科夫创作的《四川悲歌》以杜甫诗配乐，由国家室内合唱团演唱了组歌 22 首，大受欢迎。作曲家在总结自己的作品时说：“杜甫的诗反映了最深刻的人类共同思想。它和莎士比亚的剧作一样，是属于全人类的，是任何时代都适用的。”

5. 佳作传世的宋词

词原为我国古代配乐歌唱的一种诗体。两宋时期,词的创作呈现了繁荣兴盛景象。

词全称为曲子词,别称乐府、长短句、诗余、琴趣等。词有许多词调,每种词调都有特定的名称和词牌,如《念奴娇》《浪淘沙》《十六字令》等。词起源于唐代而盛于宋代。唐诗人李白、白居易等,是较早作词的人。北宋的苏轼、周邦彦、柳永、李清照等,南宋的辛弃疾、刘过、姜夔、吴文英等都是著名词人。

在300余年的两宋文坛上,词作如百花吐蕊,丽日中天,充满了活力和光彩。《全宋词》是中国宋词的总集,它与《全唐诗》合称中国文学的“双璧”,是了解宋代文学史、文化史的重要典籍。《全宋词》辑入两宋词人1330余家,词作近20000首。许多宋代词人的名篇佳句称誉于世,或豪气奔放,或婉约深情,为后人所传诵、吟咏。

在北宋的词家中,苏轼多才多艺,尤其善于诗词。他的词意境阔大,开创了豪放词派,《念奴娇·赤壁怀古》以“大江东去,浪淘尽,千古风流人物”起句,气势磅礴,尽显豪健笔锋。其情感充裕、语言清新流畅之词风,对后世影响很大。

李清照是中国文学史上一位杰出的女词人,也是宋代能与一流文学家抗衡的女词人。她的前期词作,多写上层封建时代妇女的生活情态、妩媚闲趣、夫妇悲苦离愁等。靖康之难后,其父病死,生活漂泊不定,她一改柔婉之风,在词作中寓寄深沉的家国之思,一抒爱国忧民心怀。情之所至,她曾写下《夏日绝句》诗:“生当作人杰,死亦为鬼雄。至今思项羽,不肯过江东。”诗句中鲜明地道出了人生的价值取向,慷慨之情,溢于言表。

辛弃疾是南宋著名爱国词人。他的词作不受音律限制,题材广泛,风格多样,以豪放为主,常常抒发誓复中原的情怀壮志,也表现田园生活。晚年则不时表达壮志不得舒展的悲愤情绪。辛弃疾现存词600多首,大力开拓词的境界,在文学发展史上占有一定地位。

南宋爱国诗人陆游也写有忧国忧民的词作,与他的诗一样词句恒绵悱恻,一往情深。宋代名将岳飞所作《满江红》一词中,“莫等闲、白了少年头,空悲切”至今仍为激励后人珍惜年华、磨砺进取的座右铭。

6. 开戏剧先河的元曲

元曲为盛行于元代的戏曲演出形式,包括杂剧和散曲。

西方戏剧是从古希腊起源的。古希腊人在祈祷、欢庆丰收、酬谢酒神时,都要举行祭奠活动、音乐演出等。公元前500多年,雅典人忒斯庇斯在演出中别出心裁,一人扮演几个角色,并与合唱队员对话,以后又尝试使用假面具,偏移合唱队,让空地出现“舞台”,逐渐演变出了戏剧。

中国戏剧也起源于民间,其源头可追溯到原始时代的歌舞。春秋时的楚国,祭鬼神每有歌舞表演,从屈原所作《九歌》中也可了解当时的乐器、歌唱、舞蹈的种类和样式。这些祭祀的歌舞,已孕育着戏剧的一些因素。唐代出现了参军戏,由两个角色表演滑稽的对话和动作,引人发笑。北宋时形成了由四五人演说一段故事的“杂戏”。南宋时在浙江温州一带出现了用南曲演唱的戏文,称“南戏”,这已是较为成熟的戏曲形式了。

元代初期,科举制度被取消,读书人有知识没处用,一些有才华的文人便以编写剧本来寄托感情。元曲就是在这样的社会背景下,汲取了前代的戏曲成果而产生的。在一出出元曲中,包含了文学、音乐、舞蹈、武术等,剧中人物已分为不同的角色行当,戏曲剧本兼用韵文和散文,并有“折”或“出”之分,形成了完整的戏剧形态。

元曲的创作和演出空前繁荣,并涌现了一大批戏剧家。关汉卿是元代剧坊最杰出的代表之一,他编有杂剧67部,在其代表作《窦娥冤》中,通过民女窦娥含冤呼屈而难逃一死的悲剧结局,以“感天动地”的艺术魅力,揭露了封建社会的黑暗统治。《窦娥冤》因此被称为世界十大悲剧之一。关汉卿为人倜傥不羁,滑稽多智,性格坚强。他对民众生活熟识,在剧本中,把受欺压的民众作为正面形象塑造,写他们的高尚品格、丰富智慧和坚强乐观的反抗精神。他在创作中塑造了众多妇女形象,有丫鬟、妓女、寡妇、童养媳,也有小姐和贤妻良母等,同情她们的苦难和不幸,极力暴露压迫者的丑恶、无耻面目。在剧作中善于处理矛盾冲突,刻画人物深刻。关汉卿的名作还有《拜月亭》《望江亭》《鲁斋郎》《蝴蝶梦》《救风尘》《单刀会》等,他被誉为我国戏剧的奠基人。

元代的著名戏剧家还有王实甫、马致远、李好古、郑光祖、白朴、康进之、杨显之、石君宝、纪君祥等。他们创作的佳作如《西厢记》《汉宫秋》《李逵负荆》《秋胡戏妻》《墙头马上》《赵氏孤儿》《张羽煮海》《柳毅传书》等,与关汉卿的众多名剧,都让人耳熟能详,至今被移植于众多剧种,经常演出于各地舞台上。

7. 忠烈侠义小说《水浒传》

《水浒传》是我国小说史上第一部以农民起义为题材的长篇章回体小说。

小说作者施耐庵生于1296年。他原籍江苏兴化,出身船家,家境贫寒。自幼聪明好学,29岁时中举人。中年时曾投身元末农民起义队伍,为张士诚幕僚,对起义军首领和军营生活增加了了解。后到常熟、江阴一带以教书为生,潜心《水浒传》创作,并为后人留下了这部鸿篇巨著。

《水浒传》根据史书、民间传说和戏曲加工创作而成。小说前半部通过王进出逃、鲁智深拳打镇关西、林冲被逼上梁山等情节,揭露了北宋末年朝廷的腐败、官吏的罪恶和农民的悲惨生活,揭示出“官逼民反”致使群雄聚义梁山的原因。作者热情歌颂了梁山好汉的反抗精神,他们虽有各自不同的身世、不同的社会地位,但有一个共同点:在官府恶霸势力的威逼下,忍无可忍而奋起造反,由小到大,聚集为一股强大的武装力量。作品塑造了林冲、鲁智深、阮氏三雄、武松、李逵等性格鲜明的起义者形象,鞭笞了昏君、宠臣为代表的封建统治集团的虚伪和无能。小说后半部写出了宋江率领梁山好汉受招安,攻打其他农民军将领,最终导致起义将领纷纷惨死,起义失败的结局。全书以“忠义”二字贯穿始终,突出地反映出封建社会农民起义的局限性和悲剧性。

《水浒传》以极大的热情讴歌了梁山英雄轰轰烈烈的大起义,正面描写了农民对封建统治阶级的造反行为,为明代以后的农民起义提供了丰富的斗争经验和借鉴。《水浒传》在艺术上继承了中国古代小说与话本的传统特色,故事富有传奇性,一波未平一波又起。每个故事都能紧扣人心弦。小说的语言明快、生动,尤其是人物语言,多具个性,读时人物呼之欲出。据统计,全书总计写了827人,有名有姓人物577个,有姓无名者99人,有名无姓者9人,无名无姓但与故事情节相关者40个,此外书中提到但未出场的人物还有102人。小说塑造的人物十分丰富。

洋洋百万言的《水浒传》在文学史上为后世的小说、戏剧提供了丰富的素材。这种章回体小说的表现手法,也被后来的《说唐》《说岳》等书采用。由《水浒传》而产生的《水浒后传》也有着一定的影响。世情小说《金瓶梅》相当全面地暴露了明末封建社会的腐朽和黑暗,艺术上有独特的创造,在小说发展史上有着一定地位,而这部作品是以《水浒传》中的人物武松、潘金莲为开端,创作写成的。

8. 历史小说代表作《三国演义》

反映我国汉末至魏晋历史演变的《三国演义》，是我国最杰出的历史演义小说，是章回体小说的鼻祖。

《三国演义》的作者罗贯中，元末明初人，相传他是施耐庵的学生。曾参与反元的起义斗争，明朝建立后，他专心致力于文学创作，写有多部志传、演义。《三国演义》是罗贯中的力作，这部长篇小说对我国后世文学创作影响深远，在欧美和东南亚国家也广为流传。

《三国演义》在成书前经历了相当长的演化过程。早在晋代时陈寿即写出了纪传体三国史《三国志》。三国的故事在晚唐时广为流传，宋元时出现了讲述三国故事的平话艺人。元代时大批三国故事被搬上了戏曲舞台。罗贯中的《三国演义》就是在《三国志》和民间口头文学和戏曲基础上，依据自己的生活积累创作而成的。全书可大致分为黄巾起义、董卓之乱、群雄逐鹿、三国鼎立、三国归晋五大部分，在广阔的历史舞台上，演绎了一幕幕气势磅礴的战争场面。作者罗贯中将兵法三十六计融于字里行间，既有人物情节，也有兵法韬略。《三国演义》在向人们讲述自东汉末年至三国归晋，以曹操、刘备、孙权为代表的群雄割据、混战的历史故事的同时，对魏、蜀、吴三国的政治、经济、军事、外交及人物心理活动和发生的重大战役，给予全程精细描写，展示了一幅幅壮观而又惨烈的历史画卷。

《三国演义》一书中出现的人物很多，有名有姓者多达 1191 人，其中文官 451 人，武将 436 人，汉、魏、蜀、吴、晋的皇裔、后妃、宦官等 128 人，黄巾起义者及鲜卑、羌等少数民族 67 人，其他三教九流人物 109 人。书中的一些主要人物描绘尤为生动、传神，如诸葛亮的神机妙算、曹操的奸诈多疑、关羽的忠义、张飞的勇猛等，都给人留下了深刻的印象。受《三国演义》影响，关羽被奉为忠、孝、节、义的化身，明神宗曾加封关羽为“三界伏魔大帝”，清代顺治年间又敕封关羽“忠义神武关圣大帝”。清乾隆年间，北京建有关帝庙多达 116 座，足见关羽在民间影响之大。

《三国演义》长于描述战争场面，全书共写了大小战争 40 多次，从准备到结束，展现了一幕幕惊心动魄的战争场景。其中的官渡之战、赤壁之战、夷陵之战等描述最为出色，其场面结构既宏大壮观，又严密精巧。小说故事情节曲折多变，主从结合，前后连贯。语言精练畅达，又明白如话，成为典范之作，是我国也是世界文学宝库的珍贵文化遗产。

9. 典范神魔小说《西游记》

《西游记》是以唐代玄奘和尚赴西天取经的经历为蓝本创作的神魔长篇章回体小说，是我国古代浪漫主义文学的代表作。

《西游记》作者吴承恩，江苏淮安人，生于1500年，家境清贫。他从小勤奋好学，因才华出众在故乡有名。年轻时却屡试不中，使他对封建社会有了深刻认识，促使他运用志怪小说的形式来表达心中的不满和愤懑。他博览群书，性善谐谑，在《大唐西域记》《大唐慈恩寺三藏法师传》等作品基础上，经过整理、改编、构思写成了载誉古今的名著《西游记》。

神魔志怪小说起源于魏晋，流行于明代，内容多为神魔斗法、修仙成道之类，大多取材于宗教故事和民间传说，主题主要宣传佛法无边、因果报应、得道升天之类的宗教思想，带有离奇虚幻的色彩。《西游记》全书共100回，孙悟空是全书中最突出的形象。前面七章写他“大闹天宫”，展现了他热爱自由、勇于反抗的性格，以后随唐僧西天取经则突出了他降妖捉怪、除恶务尽的精神。取经路上的孙悟空头戴金箍，身穿虎皮裙，面对重重困难顽强不屈，一心为人间解除劫难，是其主要特征。在突出孙悟空形象的同时，小说还塑造了唐僧、猪八戒、沙僧等不同性格的人物。

《西游记》一书以奇特的构思、丰富的想象、生动的情节，构成强烈的感染力而引人入胜。通过夸张的艺术表现手法和梦幻环境，展示人物的性格特征，把人物与动物体态、习性结合，人性与魔性、神性结合，完美地表达了作者的爱憎，使神魔皆通世故人情，所写之物无不有血有肉，具有浓重的感情色彩，并对封建丑恶势力加以巧妙的讽刺、辛辣的嘲弄、严峻的批判。小说中描写的虚幻世界和神话人物，大都以现实生活为基础，同时在神奇的形态下体现了作者与民众的某些美好愿望。七十二变、八十一难，还有各种神魔的本领都充满了幻想色彩，显然是为了征服自然和克敌制胜而假想出来的，这些都构成了小说浪漫主义艺术表现力和吸引读者的魅力。

《西游记》是中国神魔小说的经典之作，达到了古代长篇浪漫主义小说的巅峰。自问世以来在民间广为流传，各式各样的版本层出不穷。《西游记》问世几百年来，先后传入欧美，被译为英、法、德、意、西、俄、捷、罗、波、日、朝等语言在各国广为流传。中外学者发表了大量研究论文和专著，对这部小说做出了极高的评价。这一名著在我国家喻户晓，也是人类文化宝库中的珍贵文学遗产之一，为各国民众所津津乐道。

10. 旷世言情小说《红楼梦》

《红楼梦》是我国古典小说的巅峰之作，是一部我国封建社会后期社会生活的百科全书。

小说作者曹雪芹，是清代卓越的小说家，他祖籍河北丰润，生于南京，家道中落后举家迁居北京。他经历了生活中的重大转折，深感世态炎凉，对封建社会有了清醒、深刻的认识。在贫困之中，他“披阅十载，增删五次”，写出了80回《红楼梦》。后由文人高鹗按曹氏提供的线索续写了40回，成为今日所见《红楼梦》120回版本。

《红楼梦》全书以贾宝玉、林黛玉的爱情悲剧为主要线索，展开小说的故事情节。通过以贾府为代表的贾、史、王、薛四大家族由盛至衰的过程，形象地揭露了封建家族的腐朽。小说就像一面镜子一样，映射出封建制度濒临崩溃和必然灭亡的景象。它问世后，以其深远的思想意蕴和精湛的艺术魅力，震撼着一代代读者的心灵，产生了跨越时空的巨大影响。

《红楼梦》中，除成功塑造了贾宝玉、林黛玉的形象，还鲜活地塑造了薛宝钗、晴雯、王熙凤、尤二姐、尤三姐、贾母、贾政等形象。据统计，《红楼梦》一书所写人物中，有姓名称谓者732人，无姓名有称谓者243人。宁荣二府族人、眷属男102人，女93人。两府丫鬟73人，仆妇125人，男仆67人，小厮27人。皇室人物15人，宫中太监27人，宫女7人。封爵人物、眷属118人。社会人物包括医生、门客、僧道者等294人。另有外国女人2人，警幻天上人物25人。男合计495人，女合计480人，总计975人。《红楼梦》一书的内容包罗万象，对诗词、饮食、物品、民俗、医学等方面都有细致介绍。有人统计，书中涉及疾病与医药卫生知识的描写多达291处，提到实用医学术语161条，谈及各种病症114种，提及方剂45个、药物127味，所含医药内容几乎涉及中医药体系内、外、妇、儿、五官、精神、皮肤以及仵作（法医）等各科。书中还以赞赏的笔调提到部分西药，不能不说曹雪芹学识的渊博和思想的开明。

清代嘉庆年间，高鹗刊行的《红楼梦》运至日本长崎传阅。光绪年间，有了《红楼梦》英译本。光绪初年，北京的士大夫阶层开始了《红楼梦》的“红学”研究。到了民国时期，“红学”已成为一门专门学问。后人对《红楼梦》的兴趣一直不减，续写《红楼梦》有十几种之多，如《后红楼梦》《续红楼梦》《红楼复梦》《红楼圆梦》《红楼再梦》《增补红楼》《鬼红楼》等，至今仍有人在续写。

11. 甲骨文的研究

甲骨文为古代刻写在龟甲和兽骨上的文字。现在的汉字就是由甲骨文演变而来的。

甲骨文也称契文，是中国商代后期王室用于占卜记事而刻写于龟甲、兽骨上的文字。19世纪末，在河南安阳小屯殷商故址附近，发现了刻写了文字的龟甲、兽骨。1899年，在北京清政府任职的王懿荣身患疟疾，请中医看过后，去达仁堂药铺买回中药。煎服前，王懿荣看到一味叫“龙骨”的中药上有人工刻凿的奇怪符号。这让本就喜爱研究金石古董的王懿荣十分好奇，又派人去药铺，专门购买刻有符号的龙骨。经他仔细辨别，认真比较，反复推敲，终于考证出这些龙骨是上古时代殷商时期的遗物，上面所刻的文字就是中国最早的文字。以后，这种文字就被称为甲骨文。

王懿荣去世后，他的好友、清代著名文学家、《老残游记》的作者刘鹗继续了甲骨文的研究。刘鹗不惜重金，四处收购龙骨，在友人帮助下，收藏数量达到数千片。不久，在著名学者罗振玉帮助下，从众多龙骨中选出一批刻有精粹文字的，于1903年影印出版了《铁云藏龟》一书。这是第一本有关甲骨文的书籍。此后，罗振玉对甲骨文再做深入研究，考证出安阳就是3000多年前殷商后期的都城所在地，龙骨上的符号即是殷商记事所用的文字。他的研究震动了当时的中国学术界，从此研究甲骨文的学者越来越多，形成了“甲骨学”。

甲骨文具有对称、稳定的格局，具备书法的用笔、结字、章法三个要素，从字体的数量和结构方式来看，已经是发展到有较严密系统的文字了。甲骨文大部分是刻出的，也有一些只写不刻。所用的刻写之物除了刀刃之外，还有类似笔的工具。从甲骨文书法来看，刀刻字大多劲瘦挺拔，以文折笔为主；笔写的以圆笔居多，显得浑厚雄壮。字体大小错落，章法自然，排行齐整，已具有一定的装饰美，成为萌芽时期的书法艺术。郭沫若早在1937年出版的《殷契粹编》的序言中，就对甲骨文所体现的书法美表示了赞赏。

河南安阳殷墟经多次发掘，至今先后出土的甲骨文已达10万片，所载单字达4600余字。其中能辨出的有1700字，包括独体字、合体字、形声字等。随着甲骨文研究的深入，人们期待着在其文字作用和书法艺术价值等方面，能不断有新的发现和认知。

2017年11月24日，甲骨文顺利通过联合国教科文组织世界记忆工程咨询委员会的评审，成功入选《世界记忆名录》。

12. 汉字的情趣

我国的汉字已有几千年的历史，是世界上使用人数最多的文字。

汉字的总数虽多，但据计算机对抽样材料统计表明，最常用字只有560个。它们出现的次数合计起来，占总字次数的80%以上。尤其最常用的字42个，竟占一般报刊用字的25%，它们是“的、一、是、在、了、不、和、有、大、这、主、中、人、上、为、们、地、个、用、工、时、要、动、国、产、以、我、到、他、会、作、来、分、生、对、于、学、下、级、就、义、年”。560个字加上常用字807个，及次常用字1033个，共2400个。这2400个汉字出现次数累计起来，占到总字数的99%以上。这意味着，一个人如果认识这2400个字，那么基本上就可以通读一般报刊。

汉字与以音素为单位的文字相比，具有明显区别。汉字是从象形字演变来的，通常较易推测字的起源、构字方法、语音等内容，理解其词的意义要比音素词的意义更快。分析一个汉字，可获得读音、含义及字的起源、变化等一系列知识，使学汉字的人在推理方面，尤其是在纵向推理方面也同空间思维一样获得最高分。联合国确定汉语与其他12种主要语言同为联合国工作语言，用于国际事务与文化的交流。2020年，联合国正式将汉语列为全球通用语言。

汉字是中国人的专用文字。在亚洲使用汉字的还有日本、朝鲜、新加坡等国。早在春秋战国时期，朝鲜人就开始学习使用汉字。7世纪初，高句丽大将乙支文德以汉字吟出名诗：“神策究天文，妙算穷地理。战胜功既高，知足愿云止。”可以看出他具有较高的汉文修养。在现代朝鲜词汇中，有80%以上是借用汉语或汉字构成的。1972年，韩国公布了《常用汉字表》，规定中学生教育用汉字为1781个。

日本文化也深受汉字的影响。唐宋时代，日本的大量古典文学作品使用汉字汉方言。1979年，日本国语审议会拟定了《常用汉字表》，字数为1926个，用以规范日本使用的汉字。日本每年都要举行汉字读写比赛会。1985年，东京、大阪两地对350名普通男女做了一次专题调查，题目是：“你最喜欢的汉字。”调查结果，“诚”字为最，“梦”字居次，“爱”字为第三。

汉字字形美观、优雅。用汉字文身在欧美成为时尚。在美国NBA球星中，将“忍”“勇”“义”等汉字文于体表的有十几个。近年西班牙流行用汉字做广告。一家电讯公司使用“四通八达”成语为广告语，懂汉语者观之觉得恰到好处。

13. 人类的多种语言

语言是人类用来表达意思、交流思想和交际的工具。

全世界一共有多少种语言,说法不一。有学者提出是两三千种,也有学者统计后加在一起公布为6528种。仅在美洲语言就多达1000种,非洲也有近千种。有专家在太平洋岛国巴布亚新几内亚调查,这个人口只有400万人口的小国,语言竟多达867种。虽然全球语言种类众多,但研究人员发现,世界上95%的人口所使用的语言总共不到100种。使用者人数超过5000万的13种语言为汉语、英语、俄语、西班牙语、印地语、意大利语、日语、德语、阿拉伯语、葡萄牙语、法语、印度尼西亚语和孟加拉语。

汉语是世界上使用人数最多的语言。汉语是完善的语言,其完善的程度表现在词汇的丰富性、构成方式的多样性和语法的严密性。汉语不仅优美完善,而且具有高度的交际功能,是世界外文语言之一。英语为世界通用语,讲英语的约有3亿人。从地区上说,西班牙语通行于西班牙及中美洲、南美洲很多国家。南美洲的巴西通行葡萄牙语。西班牙语和葡萄牙语同属拉丁语系,所以中南美洲也称拉丁美洲。法语除通行于法国外,还通行于许多前法属殖民地、现已独立的国家,如科特迪瓦、几内亚等。从阿拉伯半岛起到北非大西洋海岸的广大地区,通行阿拉伯语。俄语、日本语、德语等都只通行于俄、日、德本国。鉴于世界上语言繁多,语言的隔阂阻碍经济交往和文化交流,有人便着手创造世界语。1887年,波兰人柴门霍夫吸收了最多的国际性词根和词素中的不变成分,发明了世界语,并一直流行至今。

19世纪时,一个比较学派研究了各种语言,发现有些语言的某些语音、词汇、语法规则之间存在着对应关系,并有不少相似之处,便把这些语言归为一类同族语言。又由于语族之间也有对应关系,可归在一起,称为同系语言。目前世界上主要有汉藏语系、印欧语系、阿尔泰语系、亚非语系、达罗毗荼语系、尼罗语系等。有些国家的语言在谱系上无任何联系,如日语、朝鲜语就是独立语言。

近年来科学家研究发现,在生物物种多样化的热带雨林地区,人类语言的多样性也格外突出。巴布亚新几内亚岛国多山,丛林密布,大大小小部落相互隔绝,这使部族人的语言得以保留。很多种语言仅为一两千人所操,也有的语言只在十几人之间通行。前不久,当地的比纳和约巴语便随着使用人员离世而消失了。这一现象已引起国际人文学家的关注。

14. 从“雅言”到普通话

各地民众都能听懂、便于交流、通行全国的话语,即是普通话。

在我国古代,统一使用的共同语称“雅言”。据考证,最早的雅言是周代国都丰镐(今西安)的语言,使用距今已有3000年。到了春秋时期,孔子沿用雅言,并发展了雅言。《论语·述而》:“子所雅言,《诗》、《书》、执礼,皆雅言也。”秦始皇统一全国后,书同文,言必雅,确定以国都咸阳语言为雅言。以后各代都以京城语言为全国标准语言,而称“官话”。元、明、清三朝,北京是首都,为全国政治、经济、文化中心,经历600多年,北京话的影响逐渐显著。进入20世纪,特别是五四运动掀起了“白话文”运动、“国语”运动,进一步增强了北京话的代表性,促使北京语音成为共同语的标准音。

北京是汉族和北方少数民族共同建造起来的。明初有诗云:“人烟多成卒,市语杂番声。”可知当时在北京生活的少数民族不少。后来北京城内移民渐多,有各地方言现声。《宛署杂记》载:“民杂五方,里巷中言语亦有不可晓者。”历史语言学家研究指出,那时“父亲”并无“爸爸”之称,而是有“爹”“别”(平声)和“大”三种叫法。随着清军入关,幽燕一带方言和东北方言在北京融汇,又经300多年才形成了近代的北京话。

昔日北京人说北京话,不仅住城里与住四郊的人发音不够一致,同在城墙内的市民也存在不同。有专家谈到,20世纪三四十年代,北城鼓楼、什刹海一带,与南城天桥、陶然亭一带两地域人说话的语气用词、摊贩的叫卖吆喝,也都存在差别,如今则完全听不出来了。北京话语调抑扬顿挫、优美动听,但它也是一种方言,土语众多,如讹搅(耍赖)、垫(二声)补、甭价(不用)、撒丫子(跑开)、乌泱乌泱(众多,攒动不止)等,外地人听了是不好理解的。

中华人民共和国成立后,在1955年举行的“全国文字改革会议”上,对普通话加以规范,确定了标准。随后在国务院发布的《关于推广普通话的指示》中,正式确定普通话“以北京语音为标准音,以北方话为基础方言,以典范的现代白话文著作为语法规范”。“普通话”一词开始以明确的内涵被广泛应用。

如今,普通话为各地民众交流提供了极大便利,也是进入文化等重要部门工作的最基本条件。青少年在学习中要尽早学好用好普通话,以有利于今后的社会交往、成长成才。

15. 标点符号的由来

用来表示停顿、语气，以及词语性质和作用的书写符号即是标点符号。常用的标点符号有十几种之多。

我国古人在发明使用汉字后，并没有同时发明标点符号。古书中文字连接不断，读起来相当吃力，甚至会产生误解。为此，古人很重视断句能力的训练。《礼记·学记》上说，小孩子读书一年以后，要考查他的“离经”能力。所谓“离经”，便是标点经典的能力。

汉代时期，读书人开始使用较原始的圈、点作为断句符号。到了宋代，理学家朱熹在编著《四书集注》时，在每句话之后用一个小圈，每章之前用一个大圈来表示句读。现行标点符号中顿号、逗号、句号以及人名号、地名号等，在明清时都有沿用。

1897 年，广东学者王炳耀在我国原有句读的基础上，吸收了外国的新式标点，拟出了 10 种标点符号。1909 年，鲁迅与周作人翻译出版《域外小说集》，也引进了好几种新式标点。1919 年，受“五四”新文化运动的推动，标点符号的使用被提到重要的位置。当时的国语统一筹备会在我国原有标点符号的基础上，参照外国的标点符号，向当时的政府教育部提出《请颁行新式标点符号议案》。12 种新式标点符号就此取得了帮助文字记录语言的资格，颁布全国统一使用。

中华人民共和国成立后，中央人民政府出版总署组织专家总结了之前标点符号的使用规律，于 1951 年 9 月公布了《标点符号用法》，将原有的 12 种标点符号扩充为 14 种，并对其名称、形状、用法进行了明确的规范。同年 10 月，政务院又发出了《关于学习标点符号用法的指示》，从此标点符号被普遍推广使用。

随着书写、排印方式的变化，标点符号的形式、用法、名称也在发生着变化。在颁布《标点符号用法》时，并没有书名号，为强调书名，下划一条曲线排版费工费料，使用不便。20 世纪 50 年代，我国出现学习俄语热，人们就把尖括号搬过来作引号用，进而又用这种引号作为书名号，使用至今。

如今使用的标点符号分为点号、标号。点号表示口语中不同长短的停顿，标号表示书面语言词语的性质或作用。点号包括句号(。)、问号(？)、感叹号(！)、逗号(，)、顿号(、)、分号(；)和冒号(：)。标号包括引号(“”‘’)、括号(()[]{})、破折号(——)、省略号(……)、着重号(.)、书名号(《》〈〉)、间隔号(·)、连接号(—)等。

16. 神话的流传

神话是有关神仙或神化的古代人物的故事，是古人对自然现象、社会生活所幻想的美好向往。

在原始时代，先民在同自然斗争和社会生活中，不可能了解和掌握自然规律，在自然的力量面前，往往显得软弱无能。因此，人们便把自然界各种变化的动力都归于神的意志和权力，认为这些变幻莫测的现象都由神在掌控着。于是在人们的心目中，一切自然力都被他们的想象形象化、人格化了，依照自己崇敬的英雄人物形象，创造了许多神的无所不能、至高无上故事，并久久流传。

神话的一个显著特点，是以丰富的幻想和想象创造有着超人的征服自然力的英雄，如中国神话中后羿射九日，让天下清凉；女娲补天，救民于难中。外国神话中古希腊的普罗米修斯盗来天火，给人类以光明等。神话的另一特点是把自然物拟人化。原始人质朴地认为万物有灵，并具有人的形象。为此，在中国认为太阳神是驾驭日车的伏羲，月宫女神是嫦娥。在希腊认为阿波罗和阿特米斯分别是太阳神和月亮神，海神叫波塞冬，智慧女神则是雅典娜。

神话虽是由古人的幻想所构成，有些描述且不免荒唐可笑，但这些幻想是有现实生活做基础的，许多都是客观现实和生活实践的反映。《山海经》所载的："精卫填海""夸父追日"等神话故事，表现的就是面临危难，原始人所采取的坚决而有效的斗争方式。《博物志》记述奇肱国的人"能为飞车，从风远行"，让原始人通过幻想，认为"飞"是能够实现的。这种浪漫主义的表现手法，与西方神话中的"飞毯"等神话描写可谓是不谋而合。

神话传说把一代代民众的经验和智慧加以总结、概括，创造出了众多英雄人物。古人把各种创造发明、光辉事迹归功于他们身上，再用以指导自己的生活实践，使社会不断进步，这是神话的积极意义。神话是幻想出来的具有艺术意味的解释和描述的集体口头创作，具有很高的美学价值，对后世文学影响极其深远。有的作品直接取材于神话，如但丁的《神曲》。有些则是借鉴了神话的幻想、夸张、虚构等手法，进行再创作，《西游记》《封神榜》《镜花缘》等就是这类著名的神话小说。

近年来，荧屏接连推出了伏羲、神农、黄帝、嫘祖等古代伟大人物的神话影视剧，对于人们了解古代历史、普及神话知识不无裨益。

17. 寓言的创作

寓言是一种用比喻性的故事来说明道理的文字作品，大多篇幅短小，情节简单，含有讽刺和教育意义。

“寓言”一词，出自先秦时的《庄子》，“寓”有寄托的意思。寓言多起自民间，民众用生动、睿智的故事寄托自己的生活体验，惯于运用拟人的手法，语言简洁犀利。寓言的主角有不少是动物，但就中国古代寓言看，与人世间之事相关，更多地借用了人物来增添故事的趣味。春秋战国时期，许多思想家和游说之士，吸收、借用并创作这类寓言故事，作为宣传自己主张的一种手段。由于这些寓言故事说理生动，通俗易懂，得以世代流传。韩非是战国时期最杰出的寓言家，其创作的《韩非子》一书记载了很多先秦寓言故事，如人们所熟知的《自相矛盾》《滥竽充数》《守株待兔》等，寓深刻复杂的道理于浅显简单的故事当中，使人读后有所感悟。寓言创作在我国古代一直比较繁荣，继春秋战国后，唐朝柳宗元、明朝刘基等，也写出了很多传世之作，如《黔之驴》《卖柑者言》等。

在国外，《伊索寓言》在公元前 6 世纪时就广泛流传了。伊索是古代希腊人，相传他原为奴隶，后获得自由，善讲寓言讽刺权贵，终遭杀害。现存的《伊索寓言》是古希腊、古罗马时代流传下来的寓言故事，共计三四百个，经后人汇集，统归在伊索名下。《伊索寓言》大多是动物故事，以动物为喻，教人处世和做人的道理。《农夫和蛇》《狼和小羊》《龟兔赛跑》《狐狸和葡萄》等寓言故事，都为人们所熟知。《伊索寓言》短小精悍，比喻恰当，情节生动，对后世寓言创作影响很大。

俄国作家克雷洛夫是近代的著名寓言作家。他自 1806 年开始创作诗体寓言，先后写出 200 多篇。他主要借助动物形象讽喻帝俄社会，揭露封建统治阶级对人民的压迫，刻画人物形象。《蜜蜂和苍蝇》《梭子鱼和猫》《兽类的瘟疫》等都是他的名篇。其作品对俄国文学和语言发展有一定影响。

寓言的类型大致有两种：一种是用夸大的手法，勾画出某类人的特点和思想；另一种是用拟人的手法，把人类以外的动植物或非生物人格化，使之具有人的思想感情或某种人的特点。寓言创作传承至今，国内外的寓言精彩之作不胜枚举。近年来，欧洲出现了“新寓言派”，即对古代神话、传说、文学等名著题材进行再处理、再创造，赋予作品新的寓意的手法，以轻松、诙谐的笔调写出寓言作品。该类作品给寓言创作注入活力，引起了人们的关注。

18. 童话的特征

童话是儿童文学的一种体裁,通过丰富的想象、幻想和夸张所编写的适合儿童欣赏的故事。

在汉语语汇中,“童话”一词直至20世纪初才从日本语曲折诞生在中国的出版物上。童话是与寓言颇为相近的文学形式,故事情节多为虚构,作品主角可以是人,也可以是物,作者赋予它们以生命,借此反映生活,表现主题。从故事情节看,童话较为复杂,幻想更具奇异色彩,其教育意义是有机而自然地渗透到故事中,从而引起读者领略和深思。

童话的形式是多种多样的,除用散文形式写的童话外,还有童话诗、童话剧等。从创作特色上分,童话可分为四类:第一类是拟人化的童话,就是给动物、植物乃至一些没有生命的物品赋予人的生命,模拟人的语言、行为,使其成为童话中的人物,如写月亮、小溪、泥人、玻璃杯等。第二类是超人化童话,即童话中的人物属于一些超自然、幻想的形象,如神仙鬼怪等,将勇敢、善良、贪婪、邪恶等概念加以人格化,如写圣母、天使、魔鬼等。第三类是人物童话,以普通人作为主人公的童话,这些人物在童话中的行为比现实生活中的人有更多的夸张和想象性,如写牧羊女、街头牧师、裁缝、孤儿等。第四类是知识童话,介绍科学知识等,如写土壤、小蝌蚪找妈妈等。

一提童话人们都会想到《格林童话》。《格林童话》是两位德国历史学家兼语言学家搜集整理的童话故事书。雅科布·格林和威廉·格林是一对兄弟,他们以多年时间,致力于搜集、整理民间的童话传说,严谨考证这些童话的出处。两兄弟奔波跋涉,费尽心力,收集整理出210多篇童话故事,其代表作有《灰姑娘》《白雪公主》《小红帽》等。《格林童话》流传至今,至少有100多种译本,书中的童话故事深受世界各国儿童的喜爱。

丹麦作家安徒生创作的童话作品也取得了很高的成就。安徒生出身于贫苦的鞋匠家庭,青少年时代历尽磨难。这使他的童话作品贴近民众生活,充满绮丽幻想和乐观精神,也鞭挞丑恶,歌颂善良,表现对美好生活的执着追求,并着力描写底层民众的悲苦命运,揭露社会生活的阴冷、黑暗和人间的不平。其名篇有《丑小鸭》《卖火柴的小女孩》《皇帝的新装》等。安徒生一生共创作了160多篇童话故事,给世界留下了极为宝贵的文学遗产。

我国近一个世纪以来,作家们也写出了大量童话作品,并有《田螺姑娘》《神笔马良》等名作。近年来,童话名著《小红帽》《爱丽丝漫游记》等不断翻新被搬上儿童剧舞台。这些老童话剧让人爱看,但人们更期待着有新创的童话力作出现。

19. 语言的珍珠——谚语

谚语原是一种口头文学，是民间文学的一个源头，源远流长。

谚语的出现可以说比文字更早。古籍中指出："谣谚之兴，其始止发于谚语，未著于文字。"在《易经》《左传》等古籍中已有"野谚""夏谚""周谚"等出现。在《韩非子》中也可找到"远水不救近火"一类谚语。

谚语有些有出处，来自历史名人的诗词、文章、言谈。如人们常用到的"醉翁之意不在酒"，语出欧阳修的《醉翁亭记》。"兼听则明，偏信则暗"则来自魏徵与唐太宗的对话。大多数言语无法说出具体作者，是民众在实践生活中口耳相传，世代沿袭而成。

谚语是思想智慧的结晶，也是语言智慧的结晶，被誉为"语言的珍珠"。不少谚语合辙押韵，顺口流畅，富有诗意，如"交人交心，浇树浇根""泉水最清，谚语最精"等。后者还是用谚语说明谚语的最好定义。有的谚语干脆化入诗中，唐代诗人杜甫《前出塞》诗开头四句："挽弓当挽强，用箭当用长；射人先射马，擒贼先擒王。"便被今人作为谚语辑录。现代诗人艾青在《花与刺》诗中也有"自己长得不好看，不要埋怨镜子""哪儿乌鸦多，哪儿有腐尸"等蕴含着生活哲理的谚语诗句。

在文学上独具特色的谚语，语句凝练警策，立意精辟深刻，受到很多名人学者的重视。鲁迅把谚语称为"炼话"。培根说："一个民族的天才、机智和精神都可以在它的谚语中找到。"高尔基则认为谚语里面"包含着可以写出整部书的智慧和感情"。

古今中外，各民族、各地区，各行各业都有自己的谚语，内容丰富，无所不包。辑录出来的可分为理想、励志、勤劳、苦学、惜时、求实、诚信、节俭、勇敢、戒骄、思危、友谊、爱情等诸多方面。中外各国的谚语名句不胜枚举。如："没有目标的生活，如同没有舵的船。"（英国）"空谈一场，庄稼不长。"（美国）"任凭山岭高，总没有膝盖长。"（中国拉祜族）"能力同肌肉一样，锻炼才能成长。"（中国藏族）"书山有路勤为径，学海无涯苦作舟。"（中国古谚）"风疾雨骤时立得定，花繁柳密处拨得开。"（中国古谚）"避免诱惑就是避免罪恶。"（西班牙）"为了跳得更远才应后退。"（法国）"小心谨慎是双倍的勇敢。"（日本）"吵闹多的家庭，酱油也是苦的。"（朝鲜）……众多让人过目难忘的谚语常被人收集、引用，在我国宋代即有刻印《古今谚》一书，清代编集的《古谣谚》多达 100 卷。如今书店里摆放有《谚语词典》《中国谚语选》等，收集谚语全面，为人们了解、学习谚语提供了方便。

20. 风趣俏皮的歇后语

歇后语是我国民众在生活实践中创造的一种特殊语言形式。它通俗、具体、自然、贴切,有很强的感染力。

歇后语通常由两部分组成,前半句是形象的比喻,如同谜语中的谜面,后半句也称后缀,是解释、说明,像谜语中的谜底。在一定的语言环境中,当人们说出前半句,歇住后半句,就可以领会和猜想出它的本意,经缓缓说出后半句,更强调了所要表达的内容,所以这种语句被称作歇后语。

中华文明源远流长,五千年历史沧桑的沉淀、淬炼,凝聚成绝妙的语言艺术。其中的歇后语以其独特的表现力,给人以深思和启迪,使人能品味生活,明晓哲理,提升智慧。短短一句话,将道理、警言凝练其中,并能久久流传,反映了华夏民族特有的风俗传统和民族文化。

"歇后"这一词语最早出现在唐代。《旧唐书·郑綮列传》中提到了一种"郑五歇后体"(一种歇后体诗)。但歇后语作为一种语式,早在先秦时期就已经出现了。如《战国策·楚策四》中有"亡羊补牢,未为迟也"之句,意思是说丢失了羊再去修补羊圈,并不算太晚。这已是类似今天的歇后语了。古代的歇后语在民间广为流传,《恒言录》所载"千里寄鹅毛,物轻人意重",为宋朝时民谚,这类歇后语直至今天仍挂在人们嘴边。

歇后语具有鲜明的民族特色、浓郁的生活气息,风趣俏皮,耐人寻味,为大众而喜闻常用。各地方的歇后语不尽相同,流传于北京的歇后语尤为丰富,一套一套的,不少在后缀处还爱以谐音抓哏。如地名歇后语:天桥的把式——光说不练,西山的核桃——满仁(人)儿,门头沟的骆驼——倒煤(霉)。动物的歇后语颇多:猴吃麻花——满拧,屎壳郎趴轨道——想充大帽钉(喻忘乎所以),蝎虎子(壁虎)扒门帘——露一小手(喻显示才能)。拿老太太说事的歇后语也不少:老太太抽尜尜(陀螺)——转(赚)了(喻占到便宜),老太太上鸡窝——奔(笨)鸡又奔(笨)蛋(喻笨手笨脚),老太太吃柿子——嘬瘪子(喻碰钉子)。有关三国人物的歇后语在北京也有流行:刘备摔孩子——邀买人心,张飞拿耗子——大眼瞪小眼(喻无计可施),关老爷门前耍大刀——不自量力,周瑜进当铺——穷都督(嘟嘟)。有关武大郎、猪八戒、兔儿爷等的歇后语也有许多,如兔儿爷掏耳朵——崴泥(喻陷入困境)等。这众多的歇后语精练、诙谐、富有意趣,让人听了过耳不忘。

21. 文坛一趣绕口令

绕口令,也叫"急口令""拗口令",是我国民间广为流传的一种语言游戏。绕口令把声、韵、调很容易混同的字,组成反复、重叠、绕口的句子,要求一口气急速而准确地念出来。有趣之处就在于绕口。

绕口令的结构方式,有对偶式和一贯式两种。对偶式绕口令如:"童子打桐子,桐子落,童子乐;丫头啃鸭头,鸭头咸,丫头嫌。"这则绕口令绕口,但又属一副巧妙的对联。一贯式绕口令如:"一面小花鼓,鼓上画老虎。宝宝敲破鼓,妈妈拿布补。不知是布补鼓,还是布补虎。"这则绕口令环环相扣,句式有趣。

自古以来,民众创作和传说的绕口令,不但内容丰富,数量众多,许多绕口令还编写得十分精巧,有的本身就是一首优美的诗歌,使人乐于诵读。如:"高高山上一条藤,藤条头上挂铜铃,风吹藤动铜铃动,风停藤停铜铃停。"想把这几句顺畅不差地念好,真要睁大眼睛一字一字看仔细哩。

有趣的绕口令,成人欣赏,更受儿童欢迎。课间、假日,茶余饭后,和家人说上几段绕口令,常常是说对了笑,说错了更笑,既活跃家庭气氛,又有益于身心健康。常说绕口令,对于锻炼口齿、提高音质和语言表达能力都有一定作用。同学们在练习说普通话的时候,念几段绕口令,就能较快地掌握难音,使舌头更加灵活,说起话来更加流畅,另外还能学到一些口语,增加学习兴趣。

绕口令大多短小。"四十四只石狮子",仅七个字,但要不停顿地说连说多次可不容易。"西施死时四十四"也是七个字的绕口令,以普通话几次都说准确了,也有难度。"吃葡萄不吐葡萄皮儿,不吃葡萄倒吐葡萄皮儿"是相声《绕口令》中总会说到的小段。相声老艺人周德山(著名相声"八德"之一)表演一个绕口令:"从门后头出来一个抱小短扁担的。"这句他一口气连说十一遍。他说完六遍,故意显得上气不接下气,憋得脸色通红,好容易把十一遍说完,后面找补一句:"我可没换气……"然后大喘气,表演真实精彩,令人叫绝。在数来宝和西河大鼓节目中,也有《绕口令》段子,艺人说"玲珑塔":"玲珑塔,塔玲珑,玲珑塔上第一层……"从一层说到九层,再从九层说回到一层,都须有功力。

绕口令是文学小品、文字游戏,它也能成为讽刺小品。有人创作了一首新编绕口令:"红肉馅儿一个价儿,粉红肉馅儿一个价儿。粉红肉馅混入红肉馅儿,粉红肉馅儿就卖红肉馅儿的价儿。"这则绕口令讽刺了售肉人员损害消费者利益的劣迹。人们在说念这段绕口令的同时,对社会无良者的行为也做了鞭挞。

22. 短小精巧的笑话

笑话是一个汉语词汇,意思是引人发笑的话或事情;也可以理解成是以诙谐、讽刺为特点的短小故事,富有戏剧色彩。

苏联《大百科全书》为笑话下定义曰:“指短小、带有俏皮而出人意料结尾的口头滑稽故事。”在表达手法上,笑话作者往往摄取生活中违反规律和逻辑的片段,特别是针对事物外表与内在处于极不协调的现象,加以艺术的夸张,引发听者的微笑或哄然大笑。笑话的结尾是成败的关键,若能画龙点睛地道明主题,抖出笑料,即是达到了这一笑话的制高点。

同一切文艺的起源一样,笑话也是民众劳动生活的智慧闪光。它作为传统的民间文艺形式,雅俗共赏,源远流长。我国最古老的笑话,当是2000多年前春秋战国时《庄子》《孟子》《韩非子》中的寓言故事。故事中充满笑料,诙谐风趣,又蕴含寓意。魏晋南北朝时期,产生了我国古代最早的笑话书《笑林》,为三国时魏人所撰,共三卷。其中的“鲁有执长竿入城门者”,横握竖握都过不去,只好依一个“见事多矣”老者的意见,“锯中截而入”,至今一说仍让人发噱。唐代《谐谑录》中载有一篇《渐至佳境》,全文仅18个字:“顾长康啃甘蔗,先食尾。人问所以云:‘渐至佳境。’”这则笑话被认为是我国古代最短的笑话。《笑韵》是我国搜集最丰富的一部笑话丛书,把明初以前有关笑话的书籍尽数收录其中。清代时,还出了一本名为《笑得好》的书,介绍各种笑话的讲法,是专门教人讲说笑话的书。

笑话的种类极其繁多,可分为中国笑话、外国笑话、古代笑话、当代笑话等;细分又可分为民间笑话、职业笑话、政治笑话、名人笑话、儿童笑话、校园笑话、夫妻笑话、幽默笑话、网络笑话等。2008年6月7日,笑话经国务院批准列入第二批国家级非物质文化遗产名录。

笑话的作用可用于讽刺,也可用于规劝。有许多传统的段子流传,也可新编。“小”是笑话的一个突出特点,要精练,容不得啰唆。笑话更要精彩,要有巧妙的构思,听了让人觉得有回味。好的笑话还要接“地气”,要表现身边甚至眼皮底下的事。有一则笑话曰:孩子埋怨妈妈:“你昨晚帮我做的数学作业和平常我爸做得不一样,全做砸啦!”妈妈说:“我验算了好几遍,保证全对。”孩子气说道:“砸就砸在全对上!”妈妈的认真反帮倒忙之举让人忍俊不禁。另一则笑话是:某领导说:“我刚才做报告,把武松醉打蒋门神错说成鲁智深醉打蒋门神了。”秘书连忙安慰道:“对蒋门神这样的坏蛋,鲁智深见到肯定也是要打的,您绝对没说错!”笑话将下属曲意奉承上司的嘴脸勾勒无遗,让人对谄谀者心生唾弃。

23. 联海拾取

对联是我国一种独特的文学形式，有着悠久的历史。对联的种类样式包括春联（春节时期贴于门板）、楹联（书写于厅堂前部柱子上）、婚联、寿联、挽联、行业用联等。对联讲究上下联字数相等，即“两条腿一样长”，这是对联最基本的特征。此外要求上下联词性一致，对仗工整，平仄协调，读来顺口，听着顺耳。一副好的对联，寥寥数字，情文并茂，形神兼备，能给人以思想美、艺术美的享受。当代著名诗人臧克家爱写对联，他赞誉对联是“中国文艺园地一朵别致的小花”。

相传在1000年前，我国的五代时期，后蜀国的国君孟昶，在每年的春节前夕，都要令翰林学士作词书写桃符，即用桃木削制成木条，上写吉祥语，钉在门的两侧，以此作为“更新除旧的象征”。有一次，他命翰林学士辛寅逊题写桃符时，觉得辛的词句欠佳，便亲自写了“新年纳余庆，嘉节号长春”的词句，这就是人们公认的我国第一副春联。

对联始于五代，盛于明清，传习至今。千百年来，出现在我国文化生活中的对联浩如烟海，其中不乏精彩之作。

“琴瑟琵琶，八大王一般头面；魑魅魍魉，四小鬼各样心肠。”这是以字形作出的一副对联，很是有趣。

“烟锁池塘柳，炮堆镇海楼。”这是以金木水火土五行为偏旁所作的对联，对仗工整、自然。

“客上天然居，居然天上客；人过大佛寺，寺佛大过人。”这是出现在广州的一副对联，上下成文。

“绿水本无忧，因风皱面；青山原不老，为雪白头。”这副对联是用拟人的手法写成的。

有人写出一个上联“三光日月星”征求下联。这联较难对。有人对出一下联是“四诗风雅颂”（雅分为大雅、小雅），对得相当巧妙。

相传明代人谢缙自小聪颖好学，善对对联。他七岁随父在长江水湾处洗澡，其父把衣服挂在一棵老树上，吟道“千年老树为衣架”，谢缙遂开口续出下联曰“万里长江作浴盆”。另一次其父与友人下棋，友人说道：“天当棋盘星当子，谁人能下？”其父答不上来，谢缙在一旁言曰：“地作琵琶路作弦，哪个敢弹？”为父亲解了围。谢缙以谐音作的一副花木对联也很有意思：“蒲叶桃叶葡萄叶，草本木本；梅花桂花玫瑰花，春香秋香。”

利用对联形式还能猜谜呢。有这样一副：“白蛇过江，头戴一顶红日；青龙挂壁，身披万点金星。”上下联谜底分别是：油灯芯和杆秤。

24. 诙谐趣怪打油诗

打油诗是诗体的一种，诗句通俗易懂，风趣诙谐。一些打油诗名篇广为流传。

相传唐代南阳有个叫张打油的人，喜爱民间俚曲，与民间歌手多有交往。他写了一首《咏雪》诗，诗曰："天地一笼统，井上黑窟窿；黑狗身上白，白狗身上肿。"此诗虽显粗俗，表现手法却别具一格。传扬开来，使张打油知名度大增，也让他更爱写这种诗。他在一处宗祠的墙壁上又书一诗云："六出九天雪飘飘，恰似玉女下琼瑶。有朝一日天晴了，使扫帚的使扫帚，使锹的使锹。"恰逢有位官员到祠里祭祀，见有人在墙上乱写，便让人把写诗的张打油抓到面前。那官员看张打油其貌不扬，不相信是他所作，令张打油现场再作诗来。张打油略加思索，以南阳战事为题吟道："百万贼兵困南阳。"官员听后说："好气魄，起句不俗！"张打油接吟："也无援救也无粮，有朝一日城破了，哭爹的哭爹，哭娘的哭娘！"在场的人听了，哄堂大笑，那官员也忍俊不禁，没有责难他。自此张打油远近闻名，他所独创的诗体也得名"打油诗"，常被后人仿用。

明代时，太祖皇帝朱元璋一天在金殿忽来雅兴，向群臣吟出一首诗："鸡叫一声撅一撅，鸡叫两声撅两撅。"这两句俗不可耐，文武大臣听了欲笑不敢。朱元璋再念："三声唤出扶桑日，扫退残星和晓月。"这两句令群臣大惊。前两句以打油诗为铺垫，后两句铿锵有力，生动而有意境。这虽是一首打油诗，却气度不凡。

鲁迅在20世纪30年代初所写的《好东西歌》《公民科歌》《南京民谣》等，都不妨看作是杂文式的打油诗。鲁迅早年嘲讽冒充孙中山先生信徒、暗地里又反对孙先生的国民党右派官僚政客，在诗中写道："大家去谒灵，强盗装正经；静默十分钟，各自想拳经。"这三言两语鞭辟入里的诗句，将一些人的丑恶嘴脸揭露无遗。

解放战争后期，诗人袁水拍写一首《咏国民党纸币》的打油诗："跑上茅屋去拉屎，忽然忘记带草纸，袋里掏出百万钞，擦擦屁股满合适。"这是对国统区通货膨胀、经济危机的辛辣嘲讽。

看似难登大雅之堂的打油诗，只要立意高，也能有着犀利的战斗作用。1976年清明节前后，人民群众为悼念周恩来总理，在天安门广场纪念碑周围贴挂了不少讨伐"四人帮"的诗。其中有一首打油诗写道："黄浦江上有座桥（指张春桥），江桥腐朽已动摇（指江青、姚文元）。江桥摇，眼看要垮掉；请总理指示，是拆还是烧?"这首打油诗构思巧妙，以谐音痛斥"四人帮"，表达了人们对其愤恨和清除的心声。

25. 谜语溯源

谜语属我国民间文学范畴，是随着人类社会的进化和文化科学的发展而产生的。

谜语主要指暗射事物或文字等供人猜测的隐语，也可引申为蕴含奥秘的事物。谜语源自中国古代民间，历经数千年的演变和发展，是中国古代劳动人民集体智慧创造的文化产物。2008 年 6 月 7 日，谜语经国务院批准列入第二批国家级非物质文化遗产名录。

早在《易经》上，就载有一首商代民谣："女承筐，无实；士刲羊，无血。"民谣打了个哑谜，谜底为羊毛。是说女子筐里装着的羊毛暄松无甚分量，男人在割羊毛，并不流血。这是古人劳动生活的一幅写照，也是我国最早见于文字的谜语。

春秋战国时期，宫廷和文人墨客中出现了"隐语"和"文义谜语"等文字游戏。制谜和猜谜的人逐渐增多。到了宋代，谜语娱乐有了更大发展。王安石、苏轼等名士也都是制谜高手。谜语中"'目'字加两点，莫作'贝'字猜"（谜底：賀——贺的繁体字）的佳作，相传即为官居宰相的王安石所制。南宋时，每逢元宵节灯会之际，文人雅士纷纷把谜语写在纱灯之上，供游客猜测，这就是谜语也称灯谜的由来。当时人们还把谜语称"谜虎"，把猜谜称"射虎"，说明猜谜如同射到老虎一样难，足见当时许多谜语是多么深奥有趣了。

我国最早的制谜猜谜结社团体是宋代孟元老《东京梦华录》所载"南北垢斋、西斋"两社。与会者集谜、制谜、猜谜，对谜语有多方面研究和成果。明清两代，在文人雅集之地也设有谜台，并形成南北两派。南派谜面重典雅，谜底多取材于经书、诗文；北派则加以扩大，涵盖了剧目、小说、人事、时文俗语以及歇后语等。民国后，北京茶馆星罗棋布，西安市场、什刹海等处的茶馆都有灯谜爱好者聚集。

自古以来，谜语名目繁多，格式多样。可分为物谜、字谜、画谜等几类，有扣字、离合、会意、象形、写意、别解、外意、假借等八种谜体，其法格有卷帘、秋千、系铃、求凤等 20 多种。近年来随着科学文化事业的繁荣，谜语的形式、种类更为丰富多彩，影视、科技、史地、外交等无所不入谜，谜坛在不断推陈出新。猜谜既能达到娱乐目的，又能启发思维，增长人的学识，是各处联欢会、灯会、庙会都少不了的活动。1979 年国庆节，在南京举办了一个包括南京、上海、厦门、苏州、南通、漳州、沈阳、长春、温州九城市参加的灯谜会，参加人次有两万多，谜条达万数以上，成为我国历史上最大的一次灯谜盛会。

26. 能唱的诗——歌词

歌词顾名思义为歌曲中的词。一首好歌的诞生和流行,总是从有了好词开始的。

从古今中外众多优秀歌曲研究中可以看出,一首好的歌词,往往是一首好诗;而一首好诗,却不一定能成为歌词。这是因为歌词属于能唱的诗,要适合谱写成乐曲。

中国的古典诗词,讲究平仄、对仗、音律、节拍,自然每一首都可供谱曲、弹唱。古籍《吴越春秋》里记载了一首《弹歌》,其歌词是:"断竹、续竹、飞土、逐宍。"在这仅仅 8 个字中,描绘了先民打猎的过程和生动的场面。这首可说是最老的歌词,句式整齐,情节生动,两字一拍,适合歌唱。中国古诗词中有很多被后人谱唱,有些还被国外人谱曲,李白、杜甫、白居易等唐代诗人的诗作就多次在欧洲谱曲演唱。毛主席写的众多古体诗词也被谱曲,并成为传唱至今的经典之作。

中国自五四运动以来,诞生了很多优秀歌曲,如《教我如何不想她》《送别》《毕业歌》《黄河大合唱》《没有共产党就没有新中国》等。中华人民共和国成立后,又有众多词曲俱佳的好歌流行于世。歌词中如:"五星红旗迎风飘扬,胜利歌声多么响亮""一条大河波浪宽,风吹稻花香两岸",儿童歌曲"让我们荡起双桨,小船儿推开波浪",等等,词曲朴实明快,形象鲜明生动,令人百听不厌。改革开放后,大批流行歌曲不绝于耳,歌词创作形式多样,不拘一格。在《中华民谣》歌中有词曰:"朝花夕拾杯中酒,寂寞的人在风雨后。醉人的笑容你有没有,大雁飞过菊花插满头。"单看词句有些古色古香,可是各句之间都不相靠。就是这样的歌词,因为上口,便到处被传唱,火得一塌糊涂。

词和曲是歌的两翼,歌的两翼完好,才能高飞响遏祥云。歌词是歌曲的基础和灵魂,歌词低俗,歌曲自会黯然失色。近年来,在一些歌曲的歌词中存在着几种缺陷,如逻辑性差,东一榔头,西一杠子,令人不知所云。有的歌词通篇都是大白话,一次听着新鲜,若一窝蜂地都是"你好吗""你忙吗"则让人生厌。有些歌曲需要加重语气,但在一首短歌中不停地重复一两句歌词,什么"你好吗""回家、回家"等,也使人烦躁。这就要求词作者们少些浮躁,多用些心思构思词句,使之优美、生动,雅俗共赏。

27. 书法浅说

书法为中国所独有,是一种文字书写艺术。

为学术界所公认的我国最早的古汉字,为商代中后期的甲骨文和金文。从书法的角度审察,这些早期的古汉字已经具备了书法形式美的几个因素,如单字造型的对称美、线条美、变化美、章法美和艺术美等。以后汉字发生了由繁到简的演变,西周晚期金文趋向线条化,战国时代草篆向古隶发展,文字的象形性被削弱,书法的艺术性却随着书体的嬗变而丰富起来。

中国汉字是方块形的表意文字,由 8 个基本笔画横、点、竖、折、钩、挑、撇、捺组成,能组合成千姿百态的几何图形。每个汉字都是一个独立的造型单位,占据一定的空间并可展示其结构布局之美。在点画之间,字与字以及行与行之间,都能形成一个艺术空间,加之汉字由象形文字发展而来,许多字可望形生义,更增加了它的形象性。在杰出的书法家笔下,书法能表现出强大的生命力,出神入化,营造出种种奇妙的意境,给观赏者留下广阔的想象天地。优秀的书法家作品往往蕴含着书法家本人的个性、风度、气质、学识和情趣等,能表达出丰富的内在思想感情。而大多数国家的文字使用拼音符号,难以形成完整的书法艺术。

中国书法经过几千年的演变,逐渐形成为一门传统艺术。当书法作品达到相当的艺术水平,可供临摹学习的,称为法书。由于历代古人对书法艺术的重视,为后世留下了很多法书,如篆书、隶书、楷书、行书、草书等,各体都有法书传世。

篆书是大篆、小篆的统称。大篆由甲骨文演变而来,字形端正,刚健中不失婉约与灵动。小篆为秦始皇统一中国后统一的汉字书写形式,字体长方,消瘦劲道,一直流行到西汉末年,才逐渐被隶书所取代。隶书是一种庄重的字体,讲究“蚕头燕尾”“一波三折”,极具艺术观赏价值。楷书始于东汉,字体方正,笔画平直,可作楷模,故得楷书之名。行书是介于楷书、草书之间的一种字体,它是为了弥补楷书的书写速度太慢和草书难于辨认而产生的。草书形成于汉代,笔法流动,挥洒自如,有章草、今草之分。唐代欧阳询、颜真卿、柳公权等是楷体书写名家。宋代苏轼、黄庭坚、米芾等都以行书见长。唐代张旭、怀素等以善写草书传名。东晋的书法家王羲之博采众长,兼善隶、草、正、行各体,他的书法平和自然,笔势委婉含蓄、遒美健秀,书写了《兰亭序》《快雪时晴帖》等佳作,被后人誉为“书圣”。

28. 印章略说

印章为印和章的合称,是我国书法与篆刻艺术的结合,有着重要的文化价值。印章的名称多达十几种,主要有玺、宝、图章、图记、钤记、钤印、戳记等。

印章最早出现于商代,叫“抑”。从河南出土的上周古墓葬陶器上可看到有的加盖了主人的姓氏,称“印陶”。印章在我国春秋后期已有较多应用。据《释名》一书记载:“玺,徙也,封物使可转徙而不可发也。”那时的印章是作为权力象征和信凭工具使用的。后来“玺”为皇帝所专用,官印、私印就统称为“印章”了。

汉代时期,青铜冶炼技术提高,加之采用缪篆书体入印,使印章的制刻、应用繁荣起来。汉印分为“铸印”和“凿印”两种。铸印是先制印模,剔作印文,制成泥模后浇入青铜汁,冷却而成,所得之印字体工稳精丽。凿印是直接在预制的青铜印材上雕凿印文,其印文特点是刚辣硬挺。因凿印往往是急需而仓促凿印,便称其为“急就章”。与此可知,“急就章”一词是从刻制印章而来。

古代雕刻印章所用的材料多是青铜、金、玉几种。元、明时期开始大量使用石料。清代后印章材料更是多种多样,铜分为黄铜和紫铜,使用水晶又有墨晶、茶晶、棉晶、丝草晶等之分,石质则有鸡血石、田黄石、寿山石、青田石、大理石等多种,木料分白桃木、梨木、黄杨木等。此外的印材还有玛瑙、象牙、琥珀,甚至竹根、瓜蒂等。到了现代,印章材料又扩大到铝、铅锌合金、不锈钢、有机玻璃、塑胶等,有的用料极为物美价廉。

印章雕刻在清代中期进入了鼎盛时期,与书法、绘画鼎足而立,以篆刻艺术跻身艺术之林。丁敬、蒋仁、黄易、奚冈等名家辈出,至清末又诞生了邓石如、吴昌硕、齐白石、邓散木等制印高手。

印章的门类,粗分有官印和私印两大类。官印发展至今,代之以国家机关或组织名称,字体以规范楷体字为正规格式,统称为“公章”。私印可分为姓名印、表字印、别号印、斋馆印、鉴藏印、吉语印、成语印、肖形印等多种。许多字画家喜欢于名、字之外另起别号,将书斋命以雅号,制印后加盖于书画引首或押脚处,作为点缀之用。印章中另有一种“闲章”,举凡成语、诗词、名言警句等都可入印。一些雕刻精美的闲章可作为单独欣赏的艺术品,收藏家也可将其作为鉴藏印,钤盖在书画作品之上,使书画更觉古雅。

29. 文房四宝列说

书写作画离不开文房四宝：笔墨纸砚。这四样物品堪称国粹，各有着著名的产地和独特的制造方式。

毛笔是我国传统的书写工具。毛笔中最负盛名的湖笔发源地在善琏村，即今浙江吴兴县境内，宋代为湖州府所辖，故这一带生产的毛笔统称湖笔。湖州所产的山羊毛质地优良，具有很好的锋颖。所谓锋颖，是指羊毛前端有段透亮的毫尖。用这种羊毛制成的毛笔，笔锋尖锐，锋削整齐，丰硕圆润，落笔劲健有力。制作湖笔的每根笔毛都经细选，再经梳、结、压、择等几十道工序才制成可用。郭沫若先生在一首咏湖笔的诗中云："湖上生花笔，姑苏发一枝。民威代天畏，腐朽出新奇。"湖笔不仅是书写工具，还是我国著名的工艺品。

墨是中国书画不可缺少的用品。墨中最有名的徽墨始创于南唐。明代制墨时桐油烟、漆烟被广泛采用，并加入麝香、冰片、金箔等十几种贵重原料，不仅质量精良，而且墨谱的图式、墨模的雕刻也各尽其美。清代时制墨业向美观、集锦墨和墨锭方向发展，崛起一批造墨名家。其中之一的胡开文名气颇大，他的"地球墨"于1915年在美国举行的巴拿马博览会上获得金奖。目前在继承了徽墨传统工艺生产的基础上，我国已研制开发了墨品种400多个。在墨面上绘画、题诗、描金点翠，再用罗、绫等包装，更显金碧秀雅，可供摆放、观赏、送礼，成为具有民族风格的工艺美术品。

据记载，宣纸已有1000多年的历史。宣纸精品"肤如卵膜"，用于书画韧而能润，光而不滑，色白如霜，搓折无损；具有独特的渗透、润濡性能。其耐老化、不变色、防虫蛀，是世人公认的文房珍品。宣纸的优良质地，与制造原料和精湛的制作工艺不可分。它的原料主要是檀树皮、高秆稻草以及楮草、毛竹、籽棉料等。优良的宣纸要经过长期的浸泡、灰淹、蒸煮、洗净、漂白、打浆、水涝、加胶、贴烘等操作过程，历时一年多方可制作出来。我国生产的宣纸以宣城（现安徽泾县）的为最好。泾县宣纸厂生产的"特种净皮"曾获全国优质产品金奖，行销全国，驰名世界。

中国四大名砚之一的端砚，采用广东端州（今肇庆市）的一种山石雕刻而成。早在1300多年前的唐朝初年，就开始了端砚的生产。端砚石质坚实、细润，发墨不损耗，书写流利而生辉，素有"冰心润质、呵气成潮"之誉。相传，唐代时长安一次科举考试，应试时天气寒冷，将众多应试才子砚台中研好的墨冻成了冰，却见广东来的考生运笔生风，挥洒自如。皇帝闻听此讯，亲自试笔，果然如行云流水，问过后方知广东考生带来的是本乡端砚。唐诗人李贺有诗赞云："端州石工巧如神，踏天磨刀割紫云。"端砚在今日已被国内外收藏家视为稀世珍品。

30. 八宝印泥的传说

印泥是我国传统的工艺品之一。据史书记载,春秋战国使用印章后,印泥是用黏性土和颜料调配而成的。后采用蜂蜜和朱砂配成水制印泥;明清时又改用了油制印泥。

油制印泥有普通印泥和高档八宝印泥之分。普通印泥用化学颜料混合植物油制成;福建漳州的八宝印泥由珍珠、麝香、珊瑚、玛瑙、艾绒、梅片、金箔、猴枣等8种珍贵物品配制而成。这种印泥幽香、细腻,长年不腐,色泽鲜艳。在封建社会,一些达官贵人爱收藏这种印泥,以显示自己富有。

然而,这种八宝印泥却出世于一个中药世家。相传清康熙年间,漳州有一个叫魏长安的药店生意人,平时颇喜书画。他以8种贵重药材加入蓖麻油,制成一种"八宝药膏",专治外伤。一天店里来了一个脚趾溃疡流脓的乞丐,魏长安见状可怜,便把八宝药膏贴在乞丐脚趾上。当晚,魏长安走进自己书斋,只见白日进店的乞丐在作画,细看却正是背着大葫芦的八仙之一铁拐李。铁拐李笑道:"你爱书画,岂不知书画上用印,是用蜜敷朱,印色易褪;如果改用八宝药膏作印泥,可永葆颜色。"经大仙一指点,魏长安把"八宝药膏"改为"八宝印泥"出售,并用铁拐李的画像做标记,生意格外火爆。乾隆皇帝也曾口谕派人到漳州采购,并把八宝印泥列为贡品。

八宝印泥不仅以其色泽红艳、久存不干、永葆原色著称于世,而且它不怕水浸,不怕日晒,不怕火烤。其制作选料严格,使用的工艺独特。"艾绒"是印泥的一种主要原料,是由南方的艾草经加工后制成的,先后要经过漂洗、剥皮、晾晒、分拣等十多道工序才能制得。油制八宝印泥使用的蓖麻油经过净化后,再配上多种中草药熬制,熬成后要放入一个个瓶子里晾晒数十年乃至百年,才能变成又醇又白的老陈油方合用。印泥的原料制成后,还要按精确的配方研制。麝香、朱砂、红宝石、红珊瑚等,各种原料研成粉状后,按配方放在一个个特制的瓷罐里,工人们要一杠一杠地搋打,并看其成色再配上各种香料。经过"千锤百炼"后,印泥才具有韧性、黏性,且色泽鲜艳。印泥制作完成后,还不能马上出厂销售,还要放在一个封闭的坛子里搁置三冬二夏。经过按时"倒坛",让各种原料充分融合,才能装盒出厂。难怪有人说,八宝印泥和黄金一样贵重。

如今的八宝印泥继承传统,工艺更为精湛。一次,几位"老外"慕名到北京琉璃厂购买八宝印泥,店员现场表演,给一纸盖了八宝印泥的印签,当众点燃,但见纸燃成灰,印签由红变黑,又由黑转红,光彩如初,令外国友人赞不绝口,见证了"八宝印泥炬色不衰"之实。

31. 巧镂妙刻的剪纸

剪纸是我国传统的民间装饰艺术,即用剪刀或刻刀在有色纸上剪刻出各种装饰性艺术品。

剪纸的出现历史悠久。西汉时期已有人在丝绢、金银箔、金属片、皮革以及树叶等薄质材料上进行剪刻艺术创作。南北朝时期,剪纸过渡到了植物纤维纸上,遂产生了纸质剪纸,出土于我国西北地区的南北朝时期剪纸“对马团花”“对猴团花”等便是实物说明。唐代时,刻制剪纸更为流行,李商隐曾在《人日即事》中吟出了“镂金作胜传荆俗,翦彩为人起晋风”的佳句。宋代以后,剪纸已在民间普及,应用范围变得很广。除用作节日装饰贴窗花、做灯彩,还用作礼品点缀。在乡村,剪纸被普遍用于鞋花、枕花、帽花、肚兜花、衣袖花、围裙花的花样。宋代时,杭州已有了“剪字”“剪镞花样”等专事剪纸生意的作坊。明代时,广东的佛山剪纸已远销东南亚一带,博得声誉。清代时,剪纸艺术进入宫廷,成为庆典中“张灯结彩”的重要组成部分。有些书法家也被剪纸艺术吸引,清代流行的花字剪纸,便是书法与剪纸结合的产物。

剪纸所用工具简单,刻制便捷,拥有广泛的群众基础,自诞生1500年以来一直有着很强的生命力。被郭沫若誉为“一剪之趣夺神功”的山西浮山县剪纸,题材广泛,有民间故事、戏曲人物、花木禽兽、湖山景色等各类剪纸达1000种之多。这个县的剪纸作品,不仅被北京故宫博物院收藏,还向欧美等国家出口,近年每年出口量都在10万套以上。

如今在北京市场上,剪纸作品约有三类:一种是常见的纸质剪纸;再一种是静电剪纸,是一种把剪纸印在塑料薄膜上的新产品;还有一种是绒布剪纸。出售剪纸的除了小商品市场,还有潘家园旧货市场及几家老文化用品店铺。一件《红楼梦》剪纸,长1.7米,宽0.8米,纸面上景物丰富,宝玉、黛玉、探春、妙玉等人物服饰飘逸,形象鲜活,售价上千元。还有的剪纸一件卖到五六千元,不但有销路,还有订购。古老的中国民间剪纸艺术,其丰富的表现力和观赏性正不断得到国外认可。继中央美术学院用中国剪纸为挪威戏剧《寻找娜拉》设计了舞台大背景受到好评后,2012年中国从事剪纸研究的艺术家又接到了美国海德艺术中心的邀请,为芝加哥机场创作一幅巨大的剪纸作品《出发》:在一个长30米通道上,以现代穿越方式,把林肯、马丁·路德·金、卓别林、奥巴马等美国20多位著名人物,通过剪纸创作的方式组合在一起,与普通人同道而行,这对剪纸创作是一次全新的挑战。

32. 工笔写意中国画

中国画亦称国画,为中国的传统绘画,是东方画系的重要组成部分,在世界美术领域内自成体系。

中国画在古代并无确定的名称,一般称之为“丹青”,主要指的是用毛笔、墨、颜料等在绢或纸上作画。中国画有工笔和写意两大画法。工笔用笔工整,注重细部的描绘。写意用笔不求工细,偏重于神态的表现和抒发画家的情趣。在长达2000多年的发展过程中,中国画分为了人物画、山水画、花鸟画三大画科,有卷、轴、屏、扇面等形式,形成了宫廷画、文人画、民间画三大系统和各种画派,它们之间既相互独立,又互相影响、渗透,使中国画组成了完整的艺术体系,内涵博大精深。中国画还与诗文、书法、篆刻结合,达到了诗、书、画、印融为一体的境界。

人物画是按照美术作品描绘的形象类别所进行的分类。在中国传统绘画中,人物画是一个重要画科,依题材的不同又细分为多个支科,如仕女画和风俗人物画等;按绘画技法,又有工笔人物画和写意人物画之分。从前秦、汉墓中出土的一些帛画,多为画有女娲等或墓主人的人物画。我国最早的卷轴画是东晋顾恺之所作的《女史箴图》,图为横卷,长3.39米,高0.25米,画中人物刻画细致,形态生动自然,线条流畅细腻,敷色简洁明快。一种“游丝描”线描画法被称为“春蚕吐丝”。

山水画在魏晋时期成为独立画科。现存最早的山水画卷是隋朝展子虔的《游春图》。画高430厘米,宽80.5厘米,画面展现了郊原、堤岸至幽谷茂林和人们策马纵游、站立赏春的景观,是早期山水画的代表作。宋代以后,山水画成为中国传统绘画中的主流,以其独特的艺术形式,表现了中国大地山川的雄奇壮美。北宋王希孟所作山水画长卷《千里江山图》,横1191.5厘米,纵51.5厘米,用整绢画成。画面上奇峰起伏,烟波浩荡,飞瀑流泉,柳绿花红,村舍桥亭与山川相映成趣。前辈画师“高远、深远、平远”的构图法则,在画卷上表现得淋漓尽致。

花鸟画是对以植物和动物为主要描绘对象的绘画总称,根据绘画的内容又细分为花卉、翎毛、蔬果、草虫、畜兽等支科。花鸟画自唐代兴盛并成为中国传统绘画的主流。花鸟画不是为画而画,而是仅仅抓住动植物与人们的生活际遇、思想感情的某种联系,而给予寓意性的表现。一方面重视其写形之“真”,另一方面则强调对“美”与“善”观念的表达,取花鸟画“夺造化而移精神遐想”的怡情作用。现代画家齐白石画虾、徐悲鸿画马、黄胄画驴等,都为人们所熟知。

33. 涂抹而成的油画

油画为西洋画的主要画种，用快干性的植物油调和颜料，在布、纸板、木板或墙壁上绘成。

油画在欧洲有600多年的历史。15世纪初，尼德兰画家凡·艾克兄弟发现亚麻油、核桃油是很理想的调和剂。以这种油调色作画，干燥时间适中，干透后颜色牢固，色彩稳定，作画易于衔接，让作画者可以画出丰富、逼真的色彩。又由于颜料调油后不透明，覆盖力强，绘画时可以由浅入深，逐层覆盖，使绘画景物产生立体感。经凡·艾克兄弟使用，这种新材料很快传播开来，油画成为欧洲各国绘画的主要形式，凡·艾克兄弟也被誉为油画的创始人。18世纪后，油画流行至美、俄等国，成为世界性的画种。

油画的主要材料和工具为颜料、画笔、刮刀、画布、上光油、调色油、内框、外框等。油画作为一种无声的艺术语言，包括色彩、明暗、线条、肌理、笔触、质感、光感、空间、构图等多项造型因素。其色彩丰富，能充分表现物体的复杂色调层和纵深场面，能准确表现人物形象及微妙的神态，有着很强的表现力。近代油画多用亚麻油调和颜料，颜料覆盖力强，由深至浅逐层覆盖，可以画出丰富、逼真的色彩，并使画作产生较强的立体感。

在绘制技法上，油画有透明覆色法、多层次着色法和直接着色法三种。透明覆色法是使用不加白色而只是被调色油稀释的颜料进行多层次描绘。这种画法适于表现物象的质感和厚重感，尤其能惟妙惟肖地描绘人物肌肤细腻的色泽变化。多层次着色法是先用单色画出形体大貌，再以颜色多层次塑造。暗部往往画得较薄，明亮部分则层层厚涂。由于薄厚不一，方显出色彩变化的韵意肌理。直接着色法即对画面物象的色彩感觉铺设颜色，基本上一次画完，需要修改处用画刀刮去后继续上色调整。这种画法用笔蘸取颜料浓厚，色彩饱和度高，易于表达作画时的生动感受。

油画发展至今，形成了古典和现代两大流派。古典派以写实为主，色彩单纯；现代派则抽象、变形，色彩明快而刺激。意大利画家达·芬奇的《蒙娜丽莎》、拉斐尔的《草地上的圣母》、米开朗琪罗的《创造亚当》，法国画家大卫的《马拉之死》以及俄国列宾的《伏尔加河上的纤夫》等，都是举世公认的油画佳作。

34. 刻制拓印的版画

版画是用刻刀或化学药品等在木版、石版、麻胶版、铜版、锌版等版面上雕刻或蚀刻后印制出来的图画。

当今盛行于世的木刻版画，最早发源于我国。1979 年，从江苏扬州邗江出土的西汉墓中，曾出土两幅木版彩画。一幅人物图，高 47 厘米，宽 28 厘米，所绘人物为文臣武将各一，倚矛佩剑，衣饰鲜明。另一幅为墓主人的宴乐图，高 47 米，宽 44 米，所绘墓主人端坐床榻之上，侍女跪立于后，伶者表演于前，或做倒立，或做反弓，乐队敲打钟磬、吹笙、弹瑟者，各具形态，这是在我国迄今发现的最早的木版画。

元朝时，我国木刻艺术传入欧洲。欧洲人受到启发，采用中国木刻式单线描手法创作宗教画。16 世纪时，德国画家丢勒尝试用西洋明暗画法代替单线绘制版画。17 世纪时，荷兰画家伦勃朗把铜版画从镂刻改为腐蚀方法。1771 年，英国画家毕维克成为专事以木刻绘画的著名艺术家，木刻版画也成为一种独立的艺术形式，与油画、中国画、雕塑等并立于世界画坛。

木刻是版画的最早形式，是用刀在木版上刻画，然后用纸拓印的一种图画。木刻以刀代笔，能充分发挥出木质纹理细腻的艺术效果。早期版画绘、刻、印三者分工。19 世纪后，版画发展为独立的画种，由画家自画自刻自印，充分发挥画家的艺术才能，称作创作版画。

在 20 世纪 30 年代，鲁迅是新兴木刻版画运动的倡导者和培育者。鲁迅在晚年对木刻有着很浓厚的兴趣。他为收集和整理中国古代、现代木刻原作及外国的版画原作付出了大量心血，仅北京、上海两地鲁迅博物馆收藏的鲁迅木刻藏品就达 3000 多幅，成为研究中国和世界版画史不可多得的资料。在鲁迅倡导下，1935 年元旦，全国木刻展览会在北平太庙举办，展出木刻作品 200 余件，有古籍插图、年画、外国版画及木刻工具等，参观者络绎不绝。在这之后，又出现了《木刻创作法》《中国版画史》《中国版画史图录》等书籍，形成了版画创作的一个高潮。

中华人民共和国成立后，北大荒版画、四川版画、江浙皖水印木刻艺术竞相争艳，受到瞩目。改革开放后，新一代版画家不断涌现，佳作迭出。2012 年春，北京 798 艺术中心百雅轩推出了当代版画界 8 位中青年版画家 100 幅版画联展。版画种类包括石版版画、木刻版画、套色木刻版画、水印木刻版画、丝网版画及铜版版画等。有关学者指出，这是近年来国内版画的一次集中展示，呈现了当代版画创作特有的“中国气象”。

35. 引人入胜的连环画

连环画是以多幅画面表现故事情节的绘画，俗称“小人书”。以连续的图画叙述故事，刻画人物，这一形式题材广泛，内容多样，是老少皆宜的一种通俗读物。

中国连环画可以追溯到汉代。在马王堆汉墓的漆棺上，就有用多幅图画连续描绘的“土伯吃蛇”“羊骑飞鹤”等故事。我国早期的连环画，是通过石刻保存下来的。魏晋南北朝时期，寺庙里出现了许多佛教故事连环画。举世闻名的敦煌壁画，可以称作大型彩色连环画。在山东曲阜孔庙内的圣迹殿石刻，有“圣迹图”共 120 幅，记述了孔子生平的主要活动，故事结构完整。从头至尾观图，可浏览孔子一生的全貌。这套石刻艺术珍品，被认为是我国最早有着完整故事的石刻版连环画。到了宋代，随着印刷术的发展，刻图而印的木版连环画便诞生了。

20 世纪初，连环画在世界各地流行起来。连环画创作时，要先将题材编成文学脚本，脚本要言简意赅，然后结合脚本进行绘图创作。连环画多取材于民间传说、神话故事、文学作品、历史事件等，具有连续性和故事性的特点。可分为短篇、中篇、长篇并以单册、多册套书印刷。中华人民共和国成立后，连环画有了一个快速发展，内容多样，绘画风格精彩纷呈。绘画手法除使用线描画，还有水墨、水粉、水彩、木刻、素描、漫画，以及摄影、电影等。涌现了一批连环画绘画高手，如程十发、张乐平、刘继卣、华三川等，著名作品有《三毛流浪记》《鸡毛信》《东郭先生》，长篇成套连环画《水浒传》《三国演义》等。在国外，美国的《米老鼠和唐老鸭》、日本的《铁臂阿童木》等则流行不衰。

近些年来，随着娱乐业的发展，连环画的创作出版放缓了脚步。由于好的连环画不仅能在内容上反映出特定时期的政治、经济、文化色彩，同时在绘画上也具备高超的功底和艺术气息，这使连环画逐渐成了收藏市场的新宠。在中国收藏网上，20 世纪 80 年代创作的全套《水浒传》连环画出让价已高达 7000 多元。50 年代的精品连环画售价则更高。

如今国内外收藏连环画者大有人在。美国的多利伯老人，从小喜爱看连环画，而且喜欢收藏，日积月累，已收藏连环画 10 余万册，获得国际连环画收藏大赛的冠军。中央电视台节目主持人崔永元，曾任《电影传奇》栏目的制片人，经他多年努力，以电影改编的连环画 3000 多种基本上被他收集到手。他将心爱的连环画特辟一个房间存放，闲暇翻读时他会戴上一双白手套，以保护书的“品相”。

36. 逗人开心的漫画

用简单而夸张的手法来描绘生活或事实的图画，称漫画。漫画被誉为“笑的艺术”。

考古发现，早在新石器时代，人类就用简单的图形表达自己的情绪、愿望以及对生活的记录。这个时期绘制的人物有些已具有了漫画的原始雏形，但画作并不具备漫画的功能。

“漫画”一词最早出现于日本。18 世纪上半叶，日本著名“浮世绘”风俗画家葛饰北斋曾用“漫画”作为一个画种的名称。他常为讽刺小说配制插图，并将这些画统称为“漫画”。漫画这一名称出现在我国是在 20 世纪初，1904 年，上海《警钟日报》在发表的画上最先冠以“时事漫画”之称。1921 年丰子恺游学日本，见到不少世俗生活漫画，深受影响，回国后也进行创作。丰子恺后来将一系列作品交《文学周报》发表时，也以漫画为题目。以后，“漫画”这一名称便在中国普及流传开来。

漫画有讽刺画之别名。漫画可以用简练的手法直接表露事物的本质、特征创作，具有尖锐、辛辣的讽刺功能，对敌人是一种锐利的斗争武器。在我国抗日战争期间，丰子恺、张乐平、丁聪等一批画家创作了众多“抗战漫画”，揭露了日寇的残酷暴行和虚弱本质，鼓舞中国军民的战斗士气，发挥了很好的动员民众团结抗战的宣传作用。

漫画也叫幽默画，它不受时间、空间等条件限制，习惯采用夸张、比喻、象征等手法，使画面产生幽默、诙谐、风趣的艺术效果，让人忍俊不禁，发出会心之笑。有人把漫画比喻为绘画、哲学和文学的集合体，它既有绘画的特征，又具备哲学和文学的理念，是一种独特的视觉艺术。纵观漫画历史的发展轨迹和众多漫画作品，人们可以发现，无论是重大政治题材的讽刺画，还是一般生活题材的幽默画，无不有着令人发笑、深思和启人心智的功能。

阅之逗人开心的漫画深受各国民众的喜爱。长期以来，世界各地涌现了许多优秀的漫画家和漫画杰作。英国的《笨拙》杂志尤以刊登漫画而闻名于世。我国各地的报刊多年来大量刊登漫画作品，还有专门刊登漫画、幽默作品的报纸和期刊，受到读者欢迎。一代又一代漫画家在不断执着开拓着漫画创新之路。2004 年 10 月，在北京成功举办了“第六届世界漫画大会”，进行学术研讨，展览和评选具有艺术特质的漫画作品。这次大会标志着 21 世纪的中国漫画与世界漫画艺术接轨，并开始向着艺术化的新里程推进。

37. 描绘人物的肖像画

肖像画是描绘具体人物形象的绘画，根据不同的创作要求和表现手法，可分为头像、胸像、半身像、全身像、群像等。

我国的肖像画早在2000年前的汉代就已出现。长沙马王堆汉墓出土的帛画，就绘有墓主人的肖像。唐代阎立本的《历代帝王图》、五代南唐顾闳中的《韩熙载夜宴图》等，都是肖像画的传世名作。

欧洲肖像画始于古希腊，意大利文艺复兴时期达到顶峰状态，出现了达·芬奇、提香、丢勒、荷尔拜因、戈雅、哈尔斯、伦勃朗等肖像画大师。相传达·芬奇5岁时就能凭记忆在沙滩上画出母亲的肖像。他的作品《蒙娜丽莎》被公认是世界上最著名的肖像画。荷兰的哈尔斯以毕生之力从事肖像画创作，画作达250幅。哈尔斯的肖像画带有风俗画性质，人物形象鲜明，使画面总能呈现出人物的瞬间表情和心理状态，洋溢着热烈、乐观的气息。其《微笑的军官》《吉卜赛女郎》等，被誉为是欧洲现实主义肖像画的巅峰之作。法国画家大卫是欧洲新古典主义绘画的先驱。他以简洁、朴素的古典主义手法成功地将肖像的描绘作用和历史的精确性、崇高的悲剧性结合在一起。他画的《马拉之死》即是法国大革命时期直接反映斗争事件和人物的代表作。画家用写实的手法再现了马拉刚刚被刺的惨状，有着很强的感染力，成为肖像画中的艺术珍品。

肖像画发展至今，在世界上已形成了众多流派。不仅画法不同，所用的“颜料”也千奇百怪。

英国伦敦郊外有位理发师沃特金斯，有理发手艺，还有一手绘画功夫。他用剪子、电推子、画笔和染料尝试在顾客后脑勺上画人物和动物肖像。他先后画了歌星杰克逊、查尔斯王子、戴安娜王妃、英国前首相梅杰等的肖像。梅杰还因提高了自己的知名度而向理发师道谢。当脑勺上的肖像画在一个月后被长出的新发覆盖，喜爱头上着画的人可向理发师再点一款肖像上头。在我国热衷于拼画肖像的也大有人在。昆明一位教授以数十公斤钉子钉出了一幅雷锋肖像画，画作以一块复合木板为基底，上弧下方，疏密得当地以钉子拼画出雷锋头像，图像新颖生动。一名叫红宜的女艺术家使用了750双黑、灰、白三种颜色袜子，拼出一幅名导张艺谋的肖像图。她以前的作品有《咖啡渍版周杰伦》《篮球版姚明》，每次她所用的拼材都有不同。在最近的猫扑社区，一组用瓜子绘制的名人肖像引来大批网友围观。网友用西瓜子创作的名人肖像有篮球运动员姚明、苹果公司创始人乔布斯、著名喜剧演员憨豆先生和好莱坞明星奥黛丽·赫本等。人们在大开眼界之余想到，以后还会出现些什么样的肖像画呢？

38. 迎新纳福的年画

年画是中国“年文化”的代表之一,有着独特的绘画语言和艺术美感,寄托着人们的美好愿望,完美体现了民俗民风。

贴年画的习俗在我国可追溯到汉代以前。相传早在尧舜时期就有“门神贴”的雏形。《荆楚岁时记》有载:“岁旦,绘二神贴户左右。”许多人家过年时大门贴门神,灶台边贴灶王像,堂屋里贴寿星等。年画随朝代不同而有多种称呼:宋朝叫“纸画”,明朝称“画贴”,清朝唤“画片”。各地对年画的叫法也有不同:北京为“门神”,天津曰“卫画”,浙江称“花纸”,苏州叫“画张”,四川云“斗方”等,不一而足。直至清代道光年间文人李光庭有文曰:“扫舍之后,便贴年画,稚子之戏耳。”年画才得定名。

传统的年画主要为木刻水印,线条单纯,色彩鲜明,画面喜兴、热闹。清康熙年间年画作坊扩大和发展,形成了几大著名年画产地,有天津的杨柳青、苏州的桃花坞、山东潍县及河北武强等,并形成了各自不同的艺术流派和风格。在年画内容上,门神绘有神荼、郁垒,还画秦琼、尉迟敬德等。南宋的年画画有“四美图”,系王昭君、斑姬、绿珠、赵飞燕四大美人。明清时期年画题材更为丰富,出现了财神、天地爷、麻姑献寿、天女散花、麒麟送子、钟馗卫福等,以及记述年景民俗的合家欢、百子图、放风筝、赏花灯、五谷丰登、春牛、风景、花鸟等。

到了20世纪二三十年代,进入了年画发展的又一个鼎盛时期,当时的电影红星如胡蝶、阮玲玉等都作为模特走入年画中。全新包装的胡蝶,短发、细眉、涂眼彩,身穿紧身西装,手捏香烟,戴着项链、耳环、手镯、戒指,指甲涂成银色,成为年画中的经典形象和引领时尚的代表。

中华人民共和国成立后,各地新华书店售卖年画成了年景之一。年画种类很多,写有“瑞雪兆丰年”“鲤鱼跃龙门”“福寿安康”等吉祥词语,画上无论老人、娃娃还是动物或物件都呈圆形,形体饱满,色彩鲜艳,彰显出节日的喜庆。年画中传统的戏出也有很多,如《水漫金山》《西厢记》《天仙配》《回荆州》《武松打虎》《闹天宫》等,画面有故事,人物绘制精细,让人乐于观赏。

近年来,随着人们居住环境的改善,年画逐渐淡出了人们的生活。但其作为一种民族绘画形式,记录着悠久的历史与文化,自有其重要的史料价值和收藏价值。

39. 别出心裁的画

在绘画中，人们常看到的有油画、水墨画、水粉画、水彩画、版画等。古今中外，也都有人尝试用一些奇特之法进行绘画，有的颇为新颖、有趣。

据《唐朝名画录》载，我国早在唐代就出现了指墨画，即不用笔，而用手指、指甲和手掌蘸水墨或颜料在纸绢上作画。这种指墨画传至清代，还形成了一个独特的画派。明末年间，安徽流行了一种铁画，画家以铁代笔，淬锤锻作，铁的花叶很富立体感，有酷似水墨画的艺术效果，被众多名门大户当作斋壁雅玩品赏。烧画起源于北京，用炽热的铁头在木板上烧、烫、灼熨、烙，绘出物象，很像碳素画，但层次分明，立体感更强。如今使用烧焊器烧画，绘画速度快，在国内已经进入民间工艺品市场，并流行于印度、英国等国。

近年来，福建、安徽等地流行一种棉花画，以棉花为主要原料，用搓、拉、捻、煎等手工手法，汲取了彩塑、浮雕、中国画的艺术特点，制作成一种独特的装饰画。棉花画将山水、走兽、花鸟、鱼虫、人物等物象用细腻多变的艺术手法表现得活灵活现、栩栩如生。一幅《乾隆大阅图》还被北京故宫博物院收藏展出。上海等地研制出了一种镶贴画，用皮革、贝壳、丝绒以及邮票、糖果纸等镶贴作画，别具一格，受人喜爱。京津地区流行一种布贴花，以布粘贴的花鸟、人物绚丽多姿，观之悦目。湖南诞生了一种以鸡毛制作的羽画，已成为当地一项著名的民间工艺品。台湾艺人擅长绘制蝶翅画，将蝴蝶翅翼分类、晒干、修剪，以名画为蓝本，精心粘贴。一幅《拿破仑骑行图》选用几万只蝴蝶彩翅，取其天然色调，售价达近万美元。

在国外，各种作画原料和工艺更是五花八门。巴西发明了一种瓶沙画，筛选不同颜色的细沙，入瓶装入图案模具中，封蜡上塞。瓶沙画可表现山水风景、花鸟鱼虫，艺术效果甚佳。美国纽约一位艺术家拉里用大小不一、颜色各异的气球再造名画，画面上气球凸出是一大特色，人物形象又忠实于原作。拉里的气球作品在世界各地展出时，大受欢迎，《美国哥特式》《母亲》等作品一幅售价高达几十万美元。美国洛杉矶的女画家科特森从光线中飘浮着的灰尘获得灵感，于是以灰尘作画。她把吸尘器袋内的灰尘收集起来，以细孔滤网过滤。作画时，先在画布上均匀地喷洒胶水，再按照构思在上面撒布灰尘。画中较亮的部分灰尘要去薄，阴影部分要混入丙烯酸以加重色泽。画中人物形象也以灰尘绘制，但用油画技法完成。最后，她还要在画作上浇一层密封剂，以使画作长期保存并避免观赏者有人对灰尘过敏。科特森的灰尘画《埃里克走下楼梯》等名声大噪，欧洲有多个城市邀请她去巡展，以便让民众能一睹她的灰尘画佳作。

40. 为墙生辉的壁画

绘在建筑物墙壁或天花板上的图画称壁画,包括用雕塑及其他造型或工艺手段在天然或人工壁面上制作的画。

壁画是最早的独立绘画形式。中国近年发现的摩崖壁画有数十处,有的被断定为新石器时代遗存。随着建筑技术的发展,壁画从洞窟摩崖壁画转向建筑壁画。古代壁画多分布在庙宇、寺院、宫殿、石窟、陵墓等建筑中。

我国迄今发现的最早壁画,是陕西咸阳市东窑店乡秦都第 3 号宫殿遗址的壁画。此处壁画采取俯视的角度透视,人物近大远小,车马也富于变化和动感,台榭楼阁使用平涂法,对树木等采取点染之法,表现了当时的形象观察认知能力和高超的画技。山西永乐宫三清殿的壁画,是中国最大的室内壁画。四壁彩绘着一幅气势宏大的《朝元图》,画高 4.26—4.45 米,长 94.68 米。画上描绘了诸神朝拜道教始祖元始天尊,以 8 个帝后装的主像为中心,四周围以帝君、宿星、仙侯、仙伯、天丁、力士、金童、玉女等,共计 286 个神像,个个高达 3 米。人物排列四五层,神态少有雷同;各式华冠发式、衣袍带饰精工细绘。整幅壁画在构图设计、形象塑造和绘制技巧上都达到了炉火纯青的境界。

古希腊、古罗马的壁画也是举世闻名的。古希腊的克诺罗斯王宫内部结构复杂、神奇,宫殿墙壁使用各种壁画装饰,为宫殿增色不少。在发掘古罗马庞贝古城遗址时,考古人员看到了大量壁画,包括仿大理石镶拼、柱形图案等,立体感强,有层层叠叠似真似幻的装饰效果。这些壁画样式在公元前 1 世纪前后流行一时。

意大利文艺复兴时期,是人类壁画史上的空前繁荣时期,这时期的画家创作了许多不朽的壁画名作。20 世纪以来,墨西哥和欧洲壁画面向社会,使壁画的内容和形式都有了新的改观。现代壁画的绘制要求产生大面积的装饰效果,壁画设计要适应整体建筑物的布局,使建筑物的实用性与绘画的感染力达到和谐统一。1989 年,法国东部的萨瓦省,由画家使用 6 吨特别配制的油漆,在一座大水坝的外侧面上,绘制了一幅希腊大力神海格力斯平伸双臂、目视远方的彩色大壁画,面积达 1 公顷,上覆用于保存和富有光泽的涂料,以画幅之大成为世界之最。

改革开放以来,我国各地不断在一些建筑中增设壁画。北京首都机场绘有一组群体壁画,其中的《哪吒闹海》《巴山蜀水》《泼水节——生命的赞歌》《白蛇传》等几幅,各具特色,情趣横生,给人以美的享受,为我国建筑壁画绘制开创了新的途径。

41. 国宝画卷《清明上河图》

我国北宋画家张择端所绘《清明上河图》长卷，是我国最著名的风俗画卷，是古画传世佳作。

《清明上河图》的作者张择端，山东诸城人，早年游学汴京，后习绘画，宋徽宗在位年间供职于翰林图画院。他擅绘舟车、市肆、桥梁、街道，画风自成一家。他的《清明上河图》描绘了北宋都城汴梁的世俗生活与节日景象，是一幅写实生动的长卷风俗画。

画卷全长528.7厘米，宽24.8厘米。画卷右边开端是田野和村落，赶集的乡人和驮运货物的骡马沿田间小路向城里行进。画面自右而左向市区展开，河流折转进入画面，舟船靠岸，上下旅客，装卸货物，一片繁忙景象。随着河流画面折向商业区，彩楼高耸，店家密集，有茶坊、酒肆、旅馆、肉铺及种种卖货的摊点，还有问卜看病、修面整容、大车修理、说书、打把式等，各行各业，排列开来。街面有牛车、手拉车、轿子、骡马等交通工具，有骑马或步行的官员、士绅，也有背篓僧人、问路旅客、行乞老者，各色人等俱绘声绘色展于画中。后世有《斋堂文话》一书统计，在《清明上河图》画卷上共绘有人物1643个，动物208头。所绘人物大不足3厘米，小者只豆粒大，仔细品察却个个形神兼备，动态十足。

《清明上河图》上画有一座虹桥，这桥有别于我国的著名拱桥“赵州桥”。桥梁专家曾仿照画上虹桥的结构做了一个模型，发现这种桥体非常坚固。这为今天研究桥梁建筑史提供了重要依据。我国珠算研究和收藏家殷长生观赏《清明上河图》，在画面上一家药店的柜台上看到了算盘，这让他眼前一亮。过去的研究都认为算盘最早出现于元代，《清明上河图》表明宋代时已用上了算盘，这就把算盘的发明时间向前推移了至少一二百年。

巨幅宝画《清明上河图》问世后历经劫难。它先是被送入皇宫，摆放在宋徽宗的龙书案上，宋徽宗对画爱不释手，他在卷首题写了“清明上河图”五个字，加盖双龙小印，成为这幅传世佳作的第一位收藏者。1127年，徽、钦二帝被金兵所俘，《清明上河图》也被金兵掠去。元世祖忽必烈建立元朝后，《清明上河图》重被收入元朝皇宫，后被盗出，流入民间。明代嘉靖年间，奸相严嵩把《清明上河图》搜罗在手，这图在他官场失势、家产被抄后又一次流落到民间。清代嘉庆年间，抄没官员家产，意外发现《清明上河图》。嘉庆皇帝对画珍爱有加，此后一直在清宫收藏。民国以后，“末代皇帝”溥仪把《清明上河图》带到长春伪皇宫，在日本投降的混乱中，图卷再次散落民间。好在人民解放军解放长春，找到这一珍贵画卷，先保存于东北博物馆，后调到北京故宫博物院珍存，让国宝有了最好的安身之地。

42.蒙娜丽莎神秘的笑

《蒙娜丽莎》是意大利文艺复兴时期画家达·芬奇最著名的肖像画。画上人物微笑的图景,几个世纪以来一直是很受关注的热门研究。

享有盛名的画作《蒙娜丽莎》,代表了达·芬奇的最高艺术成就,成功地塑造了资本主义上升时期一位城市有产阶级的妇女形象。画中人物坐姿优雅,笑容微妙,背景山水幽远。不少人在端详中会被画面绝妙的光影效果所折服,感觉人物的微笑时隐时现,在笑容浅淡得看不真切时,却依然能感到笑容的存在。这也难怪蒙娜丽莎之笑被不少美术史家称为“神秘的微笑”。

长期以来,研究者对蒙娜丽莎神秘的微笑莫衷一是。不少人认为,画家巧妙运用“无界渐变着色法”,将人物丰富的内心感情与美丽的外形相结合,在人像面容的眼角、唇边等表露情感的部位,将精确与含蓄拿捏得恰到好处,赋予人物以神韵,从而使蒙娜丽莎具有了一种神秘莫测、如梦似幻的微笑。几年前,科学家通过 X 光分析,发现达·芬奇曾在画面使用了“晕涂法”,整幅画融合了共 40 层超薄油彩,每层厚度仅 2 微米。涂油时画家不用笔,而是把油彩涂在手指上,再抹到画上。油彩由不同的浅色颜料组成,在人物嘴角处营造出模糊和阴影效果,于是就会令人隐约感到画面上的人在微笑,细观则笑容又消失无踪。微笑与情绪相关紧密,有着多种内涵。荷兰阿姆斯特丹的一所大学的研究人员使用“情感识别软件”,对《蒙娜丽莎》的微笑加以研究,分析出蒙娜丽莎的微笑所包含的内容和比例为:高兴 83%,厌恶 9%,恐惧 6%,愤怒 2%。有些人从蒙娜丽莎妩媚的笑容中感觉有些许狡黠,在此也有了注脚。

蒙娜丽莎以微笑闻名,研究者众多。也有人研究蒙娜丽莎的眼睛。意大利国家文化遗产理事会主席温切蒂借助显微镜观察油画,发现画上人物隐含微小字符。其绿褐色的右眼球上画有黑色的 CV 字样,左眼球上也有字符,像是 CE,也可能是 B 或 S。在画的背景中桥拱上也可以看到数字 72 等。达·芬奇不仅是著名的画家,在科学和哲学领域研究中也有过人的能力,在画作中用符号和密码传达信息,是他擅长的。

《蒙娜丽莎》画中人物的原型是谁呢?有人认为是 15 世纪一位米兰公爵的女儿,有人认为是佛罗伦萨一位商人的妻子。有位研究者提出蒙娜丽莎是一位有 5 个孩子的家庭主妇,入画时又怀孕了。另有人说画中人是当时佛罗伦萨城内的一个名妓。竟还有人说画中人是达·芬奇本人的女人版自画像。《蒙娜丽莎》的真迹现藏于法国卢浮宫,但有人也指其为赝品。世界上称其拥有《蒙娜丽莎》原作的多达五六十人。有关《蒙娜丽莎》的研究将会持续进行下去。

43. 鬼斧神工巧雕塑

雕塑是造型艺术的一种，用玉石、竹木、泥土、石膏、金属等材料雕刻或塑造各种艺术形象。

雕塑是雕、塑、刻三种艺术创作方法的总称。雕塑萌芽于旧石器时代。在距今8000年以前的我国河南裴李岗文化遗址中，曾出土了初具轮廓的陶塑羊首、猪首，在稍后的仰韶文化遗址中发现了陶屋模型，这是迄今所知我国较早的一些原始雕塑作品。在江苏吴县文化遗址中发现的玉璜、玉璞为五六千年前的玉雕制品，属于新石器晚期。经考证，这是原始人用来挂在胸前或垂在耳下的装饰品。

中国的早期雕塑以人和动物形象的陶塑为主，形态粗简、雅朴。商周时期的雕塑作品以青铜器铸造为主，器上的纹案主要有动物纹、几何纹。商代青铜礼器造型奇特，有着威严、神秘而又怪异的美感。战国时期，木雕俑被用于墓主人的陪葬品。秦代时大量使用陶俑。秦始皇兵马俑以其体形大、数量多、形象表情变化丰富而著称于世。汉代时，展示雕塑独特风格的是石雕。大型石雕多在陵墓前起纪念和仪卫作用。西汉名将霍去病墓前放置石雕多达17件，包括立马、卧牛、人与熊等。石刻融圆雕、浮雕、线刻于一体，因石生意，循石造型，于古朴中显露天然之美。唐代时的唐三彩，人畜造型矫健，釉彩明丽悦目，成为古俑艺术的巅峰之作。

石窟造像始于印度。中国自魏晋南北朝时期也开始开洞雕塑佛像。山西云冈石窟、河南龙门石窟和甘肃的敦煌莫高窟被称为我国石窟艺术三大宝库。仅云冈石窟今存的佛像就多达51000多尊。明清两朝，雕塑艺术随着宗教、政治、文化、经济、生活各个方面的需要而发展，各种案头陈列雕塑和工艺装饰雕塑，精巧工致，品类繁多。陵墓石刻体积高大坚实，尤显恢宏壮观。

在国外也有着很多著名的雕塑艺术品。狮身人面像坐落在开罗西南的吉萨大金字塔近旁，是埃及的著名古迹。像高21米，长57米，整座像以一块巨石雕成。这件石雕以法老的模拟像作头，以雄狮造型为身躯，雕凿于公元前2500年前后。古希腊人崇拜人体美，雕刻于公元前4世纪的《赫拉克里斯》，以大理石雕刻出一代神话英雄的壮健体态。雕刻于公元前1世纪的《米罗的维纳斯》，尽管雕像双臂残缺，仍不失体态端庄，被称为全部女性美的代表和体现者。古罗马盛行肖像雕塑，至今人们看到的不管是反面人物《卡拉卡拉》，还是平民将领《阿格里巴》，都表现出了雕像手法写实、注重刻画人物性格的艺术魅力。意大利文艺复兴时期产生了大批雕像名作。米开朗琪罗的《大卫》，塑造了一个肌肉发达、体格匀称的青年壮士形象，他面容俊朗，充满自信地凝视前方。这尊雕像被认为是西方美术史上最成功的男性人体雕塑之一。

44. 多种多样的雕塑

近年来,人们除了能欣赏到石雕、木雕、金属雕、泥塑等雕塑作品外,还不时能看到一些新种类雕塑展现,其中有的颇具情趣。

英国《每日邮报》网站前不久刊登了一位中国艺术家的"白菜美女"系列雕塑图片。图片上的雕塑模拟时尚杂志上的美女造型,通体每一处材料都取自白菜,包括面颊、肢体、毛发、裙服、高跟鞋、珠饰等。雕塑的人物生动鲜活,别具一格。美国加州一位艺术家以肥皂雕刻出一位"米洛女神",所用的象牙色肥皂重 14000 磅,高 12 英尺,被称为世界上最大的肥皂雕刻。法国工匠安迪擅长用电锯在大树上雕刻图案。他雕刻的作品包括树神、游蛇、宝剑、罗马盾牌等,作品在文化市场被高价出售,有的还被博物馆收藏。英国有位艺术家达明安以 18 世纪一位男子骷髅为"模具",用 2156 克白金镶塑而成,上面再嵌 8601 颗钻石。作品展出后,获称史上最昂贵的艺术品,开价高达 5000 万英镑。

在一些国家经常举办沙雕、雪雕、冰雕比赛和展览活动。这些雕塑作品不易保存,好在可用影像记载作品形态和活动的盛况。在法国还有一种糖雕艺术,相传已有 300 多年的历史。制作糖雕时,要把糖融化开,掺入明胶、蛋白等配料,将糖变为可塑材料,能随意拉伸、浇铸、塑模,或像玻璃那样吹制成型,然后趁糖柔软时用精细的外科手术器械进行雕刻塑造。由于工艺复杂,雕法细腻,要求制作者有较高的艺术造诣,还要有极大的耐心,因为完成一件糖雕佳作往往要花费很多的精力和时间。法国著名糖雕艺术家贝尔·拉姆雕制名作《亚眠教堂》,前后用了长达 4 年的时间,用掉了 80 公斤食糖,组合配件多达 25000 个。整件糖雕高 1.56 米,通体晶莹剔透,玲珑悦目。由于对这个糖雕做了防护处理,预计它可保存一个世纪以上。有参观者在观赏时赞叹说:"糖雕,真是一种令人垂涎的艺术。"

在欧美的一些城市,活跃着一种"活体雕塑"。秉承纯艺术风格,貌似铜制或铅制的雕像,其实是由真人所扮。可以半天不动,说"活"就会活过来。这种活体雕塑,源自 1969 年,由英国行为艺术家吉尔伯和乔治创发。起初艺术家只是试图用能动的静态表现古希腊神话雕塑,提倡创新和坚持的精神。如今"活体雕塑"已经在艺术领域和商业领域表现出蓬勃的创新力和活力。近两年,"活体雕塑"也出现在北京前门大街等商铺内外。"铜人"手拿糖葫芦,成为摊前一景,饭店门前也有"铜人"招揽生意。在国家大剧院内,黄包车旁也站有一尊"铜像",坐黄包车拍照的人,不经意间看到"铜像"眨眼,常常会吓一跳,引得周围的人大笑。

45. 闻名于世的兵马俑

发掘于40多年前的兵马俑，轰动中外，被誉为“20世纪最壮观的考古发现”“世界第八大奇迹”。

在陕西临潼，距秦始皇陵东1.5公里有个西杨村。1974年春，农民在打井时从地下发现了陶俑残片。经过考古人员勘探发掘，证实此地下有三个俑坑，埋藏着大量的陶制兵马。这一发现震惊了世界。经过几年的挖掘、整理、布置，1979年10月1日，在1号俑坑上建起的秦始皇兵马俑博物馆正式对外开放。从三个俑坑出土的陶俑、陶马达到8000多件。

俑是古代用于陪葬的偶人，多以泥土、木头、金属等制作。秦始皇陵的兵马俑以真人等身而制，大到身体结构，小到眉毛、发丝，精雕细琢，都是当时人物的写照。兵俑身形高大魁梧，有器宇轩昂的将军、神色镇定的武官、身手矫健的兵士，其中有长了胡子的沉稳老兵，也有初上战阵的翩翩少年，有手挽缰绳的驭手，也有弯弓搭箭的跪射俑。千人千面互不雷同，喜怒惊诧各有表情。

据考古专家考证，兵马俑大部分是采用陶冶烧制的办法制成。先用陶模做出初胎，再覆盖一层细泥，进行加工刻画涂彩。有的先烧后接，有的先接再烧，火候均匀，色泽单纯，硬度很高。每一道工序都有不同的分工，整体上有严格的工作系统。

新加坡前总理李光耀于1976年来到秦俑坑考古现场，他一看半个多小时，心情激动地说：“秦兵马俑坑的发现是世界的奇迹，民族的骄傲。我也是炎黄子孙，也有我的一份。”秦始皇兵马俑博物馆开放后，接待了成千上万的中外参观者，包括日本、朝鲜、英国、美国、加拿大等国的元首。从1980年开始，秦俑加入了中国珍贵文物的行列。之后，一批身着戎装的兵俑、马俑和一部分秦代兵器组成的“小分队”，作为特殊的使者到海外巡展，先后到日本、新加坡、澳大利亚、新西兰、瑞典、挪威、奥地利、英国、爱尔兰、希腊、德国、匈牙利、美国、加拿大等几十个国家进行展出，观众累计达几千万人次，参观人数远远超过我国任何一种对外展览。秦俑每到一处，都会受到当地各界人士的重视。在瑞典，国王和王后亲临会场参加开幕式。在英国爱丁堡市展览会上，更是盛况空前。英国《艺术杂志》评论说：“秦兵马俑的风暴席卷了爱丁堡。”英国BBC电视台则风趣地说：“等待参观展览的队伍，好像秦始皇修建的万里长城一样长。”

1987年12月，联合国教科文组织将秦始皇陵（含秦兵马俑坑）列入“世界文化遗产清单”，编号304。1991年7月，联合国教科文组织正式向秦始皇陵颁发了“世界文化遗产”证书。

46. 佛雕一览

公元前5世纪,佛教在印度诞生。在公元前4世纪时,印度犍陀罗地区产生了佛教造像艺术。佛教徒在修行的石窟内用雕塑、壁画的形式,塑造了佛像,顶礼膜拜。

佛教传入中国后,中国从魏晋南北朝起也开始开洞造像,形成了具有我国民族特点的石窟艺术。至今存有石窟寺120多处。其中最重要的有山西云冈石窟、河南龙门石窟和甘肃莫高窟。在云冈石窟53个石窟里,有佛像51000多尊,大的高达17米。龙门石窟现存佛龛2100多个,造像多达10万余尊。莫高窟存有佛像2100余尊,均为彩塑,在艺术上采用捏、贴、压、削、刻等各种传统技法,佛像神态生动、传神,艺术价值极高。

唐宋以后,随着寺庙的兴建和增多,各地所塑奉于殿堂供祭拜的佛像众多。陕西麟游有千佛院,山东平度有千佛阁,泰山北麓有一座千佛殿,北京颐和园万寿山上有座无梁殿,殿的外壁嵌有1000多尊小佛像,均为小巧玲珑的琉璃制品。在云南陆良大觉寺、福州鼓山涌泉寺、陕西咸阳、广东梅州等处,都各有一座千佛塔,里面的上千尊小佛,有的为陶制,有的以生铁铸成。

在我国,著名的佛教寺院和佛像不胜枚举。四川乐山大佛建于唐代开元年间,佛像依山傍水,头与山齐,脚踏江畔,通高71米,头高14.7米,头宽10米,肩宽28米,脚背宽8.5米。头顶处可放置一圆桌,脚背上可围坐上百人。乐山大佛是世界上最大的石刻佛像。大佛远瞰峨眉,双眼欲睁似闭,面容慈祥肃穆,神态令人赞叹。北京雍和宫万福阁有一尊木雕弥勒大佛,这尊佛高18米,直径8米,地下埋藏8米,全部重量约100吨。弥勒大佛以一棵白檀香树独木雕塑而成,是我国木雕大佛之最。

1990年,在香港大屿山岛木鱼峰上,一尊释迦牟尼青铜佛像建造完成,端坐在紫金莲上。这尊铜佛重250吨,连同基座高33.94米,相当于9层楼高。大佛由原航天部科技咨询公司下属的南京晨光机器厂承制,是当今世界上最高大的露天青铜佛像。铸像时,曾将各界捐献的2公斤多黄金注入铜浆,以示把功德置于佛面。佛像的形象设计仿照北京天坛的圜丘设计基座,故这尊大佛被称为“天坛大佛”。但见大佛面朝北方,背靠大海,神韵非凡,一手张举,一手放膝,面容眼神慈祥和善,身态佛貌浑然一体,具有浓厚的宗教色彩和东方艺术魅力。

47. 维纳斯残缺的美

在法国卢浮宫特辟的一间展室里，陈列着一具名为“米罗的维纳斯”的古希腊艺术品。这件产品家喻户晓，是爱与美女神的雕像。

维纳斯相传是古代罗马神话中的果园女神，别名穆耳忒亚，在拉丁语中为“山桃”之意。后来因为与希腊神话中的阿芙罗狄忒对应，维纳斯成为爱与美的女神。小爱神丘比特是她的儿子。《米罗的维纳斯》雕塑于公元前2世纪末，大理石材，高204厘米，20个世纪以来一直埋于爱琴海米洛岛地下。据记载，1820年2月，米洛岛上有个农夫在一座古墓旁翻整土地，意外挖掘到一尊女性雕像。雕像分为两截，与石座、拿着苹果的手臂等碎片散落在附近土层中。农夫将此事报告了在岛上的法国领事，法国人决定将其买下，运回法国。一位希腊官员得知此事后，中途插手，买下雕像运往希腊，并抢先将雕像装船，只是由于一场暴风推迟了轮船起程。法国人趁机大力斡旋，软硬兼施，最终将雕像转到法国人船上，后顺利运抵巴黎，成为法国的国宝。

雕像从被发掘出土起，200年来一直被公认是希腊女性雕像中最美的一尊。维纳斯石雕端庄秀丽，身材丰腴，面庞为优雅的椭圆形，鼻梁挺直，前额平坦，下巴丰满，表现出希腊雕塑艺术鼎盛时期的一贯风貌。雕像微微扭转的姿势，使半裸的身形构成了一种和谐而优美的螺旋形上升体态，使人物富有音乐的韵律感。雕像的腿部被衣褶所覆盖，仅露脚趾，显得厚重稳定，更衬托出上身的优雅。头部面容平静，没有娇羞的神色，只有女性纯洁、柔美的自然流露。嘴角略带笑容，却含而不显，给人以矜持而富有智慧之感。整尊雕像采用简洁的艺术处理手法，体现了人体的青春、健康、活力和内心所蕴含的美德，无论从任何角度欣赏，都能发现一种独特的美。这是一种古典主义的理想美，充满了诗意的美。与这尊雕像相比较，几乎一切人体艺术作品都显得黯然失色。

维纳斯一出土就没有双臂，在卢浮宫展出后一直有人试图为她把双臂装上。想到的几种方案是：左手持苹果，搁在台座上，右手挽住下滑的腰布；右手捧鸽子，左手持苹果，放台座上让它啄食；右手抓住滑落的腰布，左手挽发，正入浴；双手握一花环；与战神并列，与他握腕、搭肩……然而，每当一种方案提出，必有种种反驳意见将方案否定。最后的结论是：让维纳斯保持断臂反而是完美的。人们也更喜欢称这尊雕像为《断臂维纳斯》。

48. 造型独特的石狮

雕塑精美的石狮，有着力与美的内涵，是中华民族宏伟气魄和灿烂文化的体现。

狮子的故乡在非洲、西亚和美洲等地。《汉书·西域传赞》载，狮子是在汉武帝年间通西域后传入我国的。从东汉起，我国开始有了石狮的造型。唐代以后，石狮除广泛放置于宫殿、寺庙、官衙、馆所大门外，还成了公共场所和私人宅院的装饰物。

石狮在北京随处可见，数量众多。在中山公园社稷坛门外有一对石狮，相传为隋唐年间的遗物，在此已蹲踞了1000多年。天安门前和门内各有一对石狮，形态威武庄重，每个高3.41米，重15吨，为明朝成化年间所制，被认为是我国最大的石狮。清代时，王府大门前依律可摆放石狮。石狮一副傲视寰宇的神态，寓意威震八方，驱邪压凶。两石狮在大门前一左一右，雄狮前足踩一球状物，俗称“狮子滚绣球”，象征着勇猛无畏，擒对手于股掌之中。雌狮踩一小狮，唤作“太师太保”，含有子嗣昌盛、后代绵延之意。

摆放的石坐狮一对对形态肃穆威严，而装饰于园林桥亭的石狮却有不少给人玲珑秀美之感。北京早年有句歇后语：卢沟桥的狮子——数不清。京西卢沟桥全长260米，桥上装饰有石雕栏杆望柱281根，上雕精美的纹饰和石狮。石狮形态各不相同，特别是小狮子，小到仅几厘米，有的附于大狮身上，爬背、伏头、藏在身下，有的只露半个头一张嘴，摆弄铃铛，神色活泼顽皮，栩栩如生。长久以来，到此观光的人想数清石狮的数目，数来数去，总数不出准确数目。为此，市文物局在1960年特意组织了一个工作组，人员分小组对桥栏望柱贴签、编号，细数核对，终于将谜底揭开，公布结果为有大狮281只，小狮198只，桥东有大狮子2只，桥两端华表两端顶部有狮4只，共计有狮485只。按说石狮数目可以定论了，谁想1988年在卢沟桥桥墩处河中又发现1只石狮，不知是何时从桥栏处掉落的。这使石狮总数又增加了一个。

卢沟桥的狮子数清了，但这桥上的石狮数量并非京华之最。1972年，北京颐和园管理处的人员对十七孔桥上的石狮进行清点。十七孔桥桥长150米，桥栏上的石狮多，且造型优雅，共有大小石狮544只，比卢沟桥的石狮还多58只。

石狮这种特殊的艺术形象，如今更为我国民众所喜爱，装饰于园林等场所。一些外国游客对中国石狮也钟爱有加，有的还会定制一对运回故乡家中摆放，以作纪念。

49. 形体不凡的龙壁

影壁由“隐避”演变而来。古人建宅院讲究内修影壁，外建照壁。建于宫廷、寺庙等处的影壁，雕有龙饰，被称为龙壁。

我国山西大同有“龙壁之城”的美称。保存于大同的龙壁多达 9 座，包括一龙壁 4 座，三龙壁 1 座，五龙壁 3 座，九龙壁 1 座。一龙壁以两座为一组，分两组按“八”字形挺立于原明代县文庙山门两侧。四座龙壁皆为单面龙壁，砖壁中央镶嵌着黄色琉璃龙图案，为清代遗物。三龙壁为双面琉璃龙壁，为辽代建筑观音堂山门前的照壁。五龙壁存于善化寺和县文庙前。文庙前的五龙壁为砖雕龙壁，构图奇巧，雕技高超，为国内砖雕中的珍品。一座九龙壁立于大同市东街，原明代王府之影壁。壁长 45.5 米，高 8 米，厚 2.02 米，下部须弥座的束腰部图案雕刻有狮、虎、象、狻猊、麒麟、飞马等动物，壁身由六层琉璃砖拼砌而成，雕有九条飞龙。壁前建有倒影池，神态各异的九龙倒映在水池中，随波荡漾，如龙戏水，颇有情趣。

大同这座九龙壁建于明代开国之初，是我国现存三座九龙壁中最古老，也是规模最大的一座。另两座九龙壁位于北京，均建于清代乾隆年间。故宫内宁寿寺南，有一座单面一字式九龙壁。它与墙合一，是紫禁城东路皇极殿前的影壁，壁上飞腾的九龙用琉璃瓦拼砌而成，造型独特，是清代琉璃建筑的杰作。另一座就是北海公园的著名九龙壁了。北京北海公园一座瑰丽的九龙壁，立于公园北侧天王殿之西。全壁双面用 424 块彩色琉璃砖砌成，长 25.5 米，高 6.9 米，厚 1.4 米。壁上条条蟠龙戏珠于波涛云际之间，色彩明快，造型生动。如果问壁上有多少条龙，到此观光过的人会不假思索地答：两面壁有龙 18 条。然而细观之后就会看到，壁的正脊、垂脊有龙 30 条，筒瓦 252 块、陇垂 251 片、龙砖 82 块、筒瓦盖 2 个，也都各有龙一条。这样都加起来一算，这座龙壁上共有龙 635 条哩。

我国北京和山西大同的九龙壁历史悠久，造型别致，是中外游人乐于寻访的景观。近年来，九龙壁除已有的三座，又有新建。1986 年，我国四大佛教名山之一的普陀山法雨禅寺前新建了一座九龙壁，其外形、座龙、水池仿北京、大同三壁而造。其独特之处在于这座九龙壁是以青石精雕的。一年后，江苏省无锡市的锡惠公园内再建造九龙壁一座，双壁各有九条龙飞舞于雾海云涛中，引人观赏。

50. 酷似真人的蜡像

蜡像是被称为“立体摄影”的超级写实主义雕塑艺术，比一般雕塑更接近人物原形，因此具有很强的观赏性。

摆放展览雕像的场所是蜡像馆。蜡像馆的创始人玛丽·杜莎，1761 年生于法国，6 岁时开始学习蜡像制作。1802 年迁至英国定居，在英国各大城市巡回展出她的蜡像作品。1835 年，74 岁的杜莎夫人已不堪奔波，在伦敦的贝克大街建立了世界首家蜡像馆。

杜莎夫人蜡像馆的蜡像以真人为模特，制作技术精湛，头发、眉毛都是用真人毛发一根根植上去的，人物神态栩栩如生。如今杜莎夫人蜡像馆在许多国家开设有分馆。

2003 年，在伊拉克战争进行得激烈时，纽约时代广场的杜莎夫人蜡像馆中，“布什”与“萨达姆”怒目对视，摆出“死掐”的架势，吸引了众多游客观赏。足坛“万人迷”贝克汉姆被“老爵爷”弗格森踢物击伤眉头，香港的杜莎夫人蜡像馆反应迅速，几个小时后便为馆内展出的小贝蜡像进行“整容”，在其左眉上方添加了一道“伤痕”。2011 年 2 月，44 任美国“总统”在华盛顿杜莎夫人蜡像馆内齐聚一堂，奥巴马的蜡像摆放在白宫椭圆形办公室场景中，前总统乔治·布什的蜡像出现在“9·11”纪念仪式上。将所有“总统”们设定在特定场景中，方便游客在观赏蜡像的同时了解美国历史。

我国的蜡像馆起步很晚，发展却很快。1990 年，中国第一座大型蜡像馆在北京地坛公园斋宫落成，馆内陈列了自炎帝、黄帝至孙中山等历代杰出人物蜡像 56 尊。随后在通往北京十三陵、八达岭长城的昌平西关环岛旁建起一座明皇蜡像宫。馆内将我国明朝 276 年的历史变迁，浓缩于 26 个故事中，以 374 尊蜡像人物组成再现历史载体，讲述了明朝 16 个皇帝的生平和明代的政治、经济、文化民俗等。这里的蜡像与真人等身，蜡像的皮肤改蜡制为硅胶树脂，不怕冷热，不易褪色，可以洗涤，雕塑后植皮穿衣，安装毛发、眼球。场景中的马匹以真马皮覆盖，形态逼真，以声光电等科技手段烘托，使观众身临其境。

1994 年 12 月，北京蜡像馆举办了中国伟人蜡像展，观众入馆看到毛泽东、刘少奇、周恩来、邓小平、鲁迅等伟人蜡像，其皮肤色泽鲜润，皱纹、汗毛孔、筋络清晰可见，不仅形似、神似，还一一有着伟人气质。其中周恩来的蜡像胡须像是刚刚刮过一样，留下了青胡楂儿，毫发入微，令人叫绝。在短短一段时间，中国蜡像即制作得如此精湛，颇受各国蜡像业同行瞩目。

51. 眉目传神的面人

面人为用染色的糯米面捏制成的人物像，是我国的民间工艺之一。

早在宋代，我国民间就流行面塑制作。面塑的工具为一把塑刀、一枚竹针。塑制前先将精粉和好蒸熟，掺入防裂防腐的油料，使用时再调色拌匀。面塑发展到近代，已由集市摆摊，成为雅俗共赏的艺术品。至20世纪50年代，面塑形成了不同的流派，北京最著名的是面人郎（郎绍安）、面人曹（曹仪策）、面人汤（汤子博）三家。

面人郎生于清末，12岁追随师父学捏面人。凭着刻苦磨砺，他练出了一手面塑绝技。他所熟悉的社会底层民众，如锔碗的、卖菜的、卖糖葫芦的、摔跤的、拉洋片的、算卦的、要饭的等，均在他两手自如拿捏当中。他捏的剃头场面，剃头匠举着剃刀，剃头的人围着白布，低头眯眼，旁边有个脸盆架，架子上的毛巾有着飘的动态。他曾用8个小时捏出一只蝈蝈儿，蝈蝈儿腿上竟有着300多根毛刺儿。1925年，面人郎在街头看到孙中山出殡的场面，送葬队伍中有64杠抬棺，还有大小篷车，他凭着记忆，后来把这一庞大而隆重的出殡行列整体捏制出来。1956年，面人郎作为新中国的民间艺人，赴英国伦敦出席第4届世界民间工艺展览会，并现场表演中国面塑。他的神奇表演轰动了伦敦市。一个金发碧眼的小姑娘站在人群前边，全神贯注观看他操作。面人郎以小姑娘为模特捏起来，半小时后，一个天真烂漫的“小姑娘”肖像面人完成了：红扑扑的小圆脸上嵌着一对小酒窝，金色卷发自然披在肩上，两只碧蓝澄清的大眼睛稚气专注地凝望前方。人物造型逼真传神，让围观的人群看得如醉如痴。

面人曹的面人精巧细致，在用色上考究。他的微雕面人常常放于半面核桃壳内。面人曹的代表作是《大观园》，300多个人物个性鲜明，栩栩如生，令人叫绝。面人曹的弟子刘荫茹继承了面人曹的作品精华，在题材上开拓了少数民族舞蹈、欧洲古典戏剧等领域，在形式上创制了仿铜雕、牙雕、瓷雕等作品，创作了一系列名人造像，如国外总统、文体明星等，展示出独特的才艺。

面人汤的技艺也有传人。北京著名的老舍茶馆内建起一座老北京传统商业博物馆，请到面人汤的正宗传人冯海瑞制作老店铺面塑微缩景观。冯先生从酝酿到创作，历时两年，精雕细琢了茶叶铺、茶馆、二荤铺、酒馆、戏楼、糕点铺、乐器铺、笔铺、绸缎庄、理发铺、药铺、烟铺、大碗茶等13种老商铺，于2012年初开馆展出。一个个面塑场景再现了老北京传统商业的繁荣景象，让参观者感受到具有浓郁地方特色的京味文化魅力。

52. 精工细塑的泥人

泥人为用黏土捏成的各种人物形象,是我国民间工艺之一。

捏制泥人在我国明清时期已很流行。民间艺人常捏出大小泥人,上色后作为儿童玩具在集市出售。寺庙中也有泥制神佛塑像供信徒祭拜。清末民初,泥塑工艺有了很大的发展,各地的泥塑作品丰富多样,并形成了不同的风格。

天津的"泥人张"几代相承,捏泥人已有100多年的历史。"泥人张"的创始人张明山,13岁学艺,技艺渐精。他善于塑造民间传说、戏曲中的人物。他捏制了《水浒传》中恶霸蒋门神的肖像,这个泥人只有寸高,人头仅为蚕豆大,却捏出了人物的横眉立目、凸腹凹鼻,活脱脱地表现出了一个地痞的无赖相。张明山一生创作了近百件彩塑作品,作品曾获世界博览会金奖。"泥人张"的泥塑传承至今,张氏后人创作的《泼水节》等组雕,以及《白蛇传》《将相和》等历史故事,人物神态及衣纹都具质感,被誉为泥塑精品。在工艺上,张氏后人注重选泥,添加了防裂剂和防缩油,使作品不致变形变色,得以长期保存。1982年,北京城西古刹戒台寺修复行将开放,113尊戒神都需重塑,请求"泥人张"帮助。"泥人张"的第四代传人张铭带领工作室人员查资料,绘画稿,制泥胎,烘干上色,投入紧张创制中。很快,一尊尊彩塑戒神安放于神位上,有两臂生翅的大药叉神、顶盔冠甲的守山大将、慈眉善目的圣母、展卷凝思的书生等,一个个栩栩如生,给古寺增添了魅力。

我国无锡惠山泥人也闻名于世,既是儿童的玩具,也可作为居室中的小工艺品摆设。与北方泥人的粗犷形成鲜明对照,惠山泥人以甜美的艺术情调和细腻的表现手法见长。传统的"大阿福"造型丰满,活泼可爱,大的高几尺,小的仅有豌豆大。常见的泥人有古代四大美人、金陵十二钗、观音菩萨、八仙、大肚弥勒佛、济公、唐僧、孙悟空、猪八戒、沙僧等。近年来,无锡城里不仅制售泥人的厂店众多,还有专卖制作各种泥人用的模具的。泥人种类早已打破了传统,增加了卖火柴的小女孩、白马王子、白雪公主、灰姑娘、米老鼠、唐老鸭、一休、蓝精灵等。大批惠山泥人制品每年都销往世界几十个国家和地区。

世界上另有些国家的人也有捏泥人的习俗和爱好。巴西东北部的穆拉高地村,小村有1000多户人家,几乎家家都是制作陶土泥人的作坊。村民所塑泥人常见的有农夫、牧人、纺纱女、士兵、江湖好汉等,以及结婚、洗礼、歌舞等场景。当地的泥塑都是纯手工:用井水和泥,人手捏塑,土法烧制上彩。泥塑手艺在当地世代相传,但村里也开办了泥塑学校。联合国教科文组织已正式认定这个村为"美洲黏土艺术村"。

53. 盘中戏耍的鬃人

鬃人是北京传统民间玩具之一，创始于清朝末年，被认为是皮影、木偶戏和京剧的结合体。

制作鬃人用胶泥做头，依据人物身份勾画脸谱；以秫秸秆当身架，絮一圈棉花，外绷彩纸或绸布，加上盔头、兵器等饰物；再用胶泥做底座，粘一圈猪鬃，即将鬃人完成。与其他老北京民俗玩具不同的是，鬃人不仅供观赏，把它放在铜盘上，用小棍棒敲打盘沿，鬃人就会旋转舞动起来。由于鬃人多为戏剧人物，老北京人为其取名“盘中戏”。鬃人最适合表演《战长沙》《八大锤》《虎牢关》一类武打戏，能活灵活现地展示武将手持刀、枪、棍、棒开打的场景。此外，鬃人也能演示民间花会中踩高跷、跑旱船、舞狮子等欢快节目。

早年间老北京人都常用铜盘装茶壶茶碗，随手取用。买几个小鬃人，放铜盘上敲敲打打，动态十足，自娱娱人，是家人的一个乐子。著名作家冰心在《我到了北京》中回忆道：“我小时候看卖鬃人的，都是摆一个摊子，摊儿上一层比一层高的格子，不同档次的鬃人摆在上面。鬃人都成套卖，都是一出戏。有成本大套的，《八大锤》，很精美的，价钱也贵。也有的只有两三个角色，也是一出戏，但老百姓能买得起。”

据文字记载，北京早期著名鬃人艺人是王春配，他在隆福寺庙会上摆摊制售鬃人。他制作的鬃人优雅大气，造型生动，在铜盘上转动灵活，鬃人形象酷似舞台上的角色。在 1915 年巴拿马世界博览会上，王春配制作的鬃人获得银奖。20 世纪 50 年代，制鬃人这一行业渐衰。满人白大成却对鬃人有着挚爱，继续着鬃人的制作研究。进入 80 年代，白大成在开办的地坛庙会设摊售卖鬃人。经过改进，他制作的鬃人高 17—18 厘米，比传统的鬃人高出 10 厘米。鬃人先裹硬纸，再粘绸缎成衣，显得挺括，更有立体感，也更美观。鬃人手臂絮了棉花，比传统的只用铁丝显得“有血有肉”；武将手持的兵器也更精致，大刀用的是薄铝片，大锤则是药丸揉成的小圆球儿。鬃人较之早年下身只是一个粘有猪鬃的椎体，还多一个变化——有“腿”了，这增加了动态和亮相效果。在 1990 年首届中国艺术节上，白大成推出的鬃人大放异彩，展示的鬃人作品广受好评，其中《大闹天宫》《八大锤》和《挑滑车》，展后即被中国美术馆收藏。

随着白大成制作鬃人品类的增多和民众观赏要求的增加，白大成在自己家里开办了鬃人艺术馆。展室中的鬃人形态各异，琳琅满目，大的高达 80 厘米，数量多达上百个。北京奥运会召开期间，白大成制作了五个福娃形象的鬃人。在木棒敲盘声中，五个鬃人福娃在盘中活泼旋转，欢快舞动，这一妙趣横生的场面广泛在海内外媒体报道、播放。

54. 惟妙惟肖的毛猴

毛猴是北京地区民间工艺品之一，过去在庙会等处很容易见到。

相传毛猴出现于清朝末年。当时北京城内的板章胡同开有一家“南庆仁堂”药铺，药铺里两个伙计摆弄中药，用蝉蜕（知了壳）作猴的头和四肢，以辛夷（越冬的玉兰花骨朵）作猴身，使用白芨、木通黏结，做出了俏皮好玩的小毛猴。药铺掌柜见了，从其中看到了商机，便把这几味中药包在一起，作为“猴料”出售。手工艺品毛猴的制作就此流传开来。

晚清至民国年间，有一位老艺人“猴儿汪”长期在北京东安市场摆摊制售毛猴。他将各种站立姿势的毛猴粘在纸板上售卖，物美价廉。以后又有一位姓钱的老人也精于此道，在东安市场及庙会上售卖他的毛猴作品。20 世纪 50 年代，东安市场改建，庙会不办，毛猴便绝迹了。

满族人曹仪简是曹雪芹第十九代堂房嫡孙。他七八岁时常去东安市场看“猴儿汪”做毛猴，“猴儿汪”也耐心教过他制作。这让曹仪简对做毛猴乐此不疲。“文革”到来，曹仪简的毛猴成了“四旧”，全砸掉了，但他仍偷着做。“四人帮”垮台后，曹仪简把失传多年的毛猴拿出来，引起轰动。众多毛猴有着各自不同的拟人形态，“拉洋车”“剃头”“卖老豆腐”“吃涮锅”“说书”“舞龙灯”“下棋”“打乒乓球”等场景，衬以绚丽的微型道具，让人目不暇接，大开眼界。

1979 年，曹仪简病休在家，潜心于毛猴的制作研究，后把几件作品送到中国美术馆和燕京书画社试销，大受欢迎。几年间，曹仪简制作的毛猴品种已有数十种之多，受到中外人士的赞赏，在旅游商品柜台中颇受青睐。在京德国专家埃林先生，除收藏一整套曹仪简的毛猴外，还选购一批寄回国去，被誉为最受欢迎的礼物。老舍先生的夫人胡絜青老人在看了曹仪简的毛猴后，题诗一首：“半寸猢狲献京都，惟妙惟肖绘习俗，白描细微创新意，二味饮片胜玑珠。”

曹仪简在毛猴制作上，不断进行新的探索和开拓。历史题材是他作品中耐人寻味的部分，而表现现代生活的题材，也是十分引人注目的。如一毛猴扎红膏药白巾圈，一手拿大刀，一手提猴头，使人一望就忆起当年日寇屠杀中国人民的一页苦难史。又如，一毛猴举着航海望远镜，对着一枚放大的古钱聚精会神照看，讽刺了“一心向钱看”的丑态。他还创作了大型毛猴作品《老墙根胡同》。2008 年，83 岁的曹仪简收酷爱毛猴的邱怡生为徒。工艺品毛猴的制作后继有人。

55. 憨态可掬的兔儿爷

兔儿爷常见于我国北方北京等地，是人们在中秋节期间喜爱购买赏玩的泥制玩具。

相传，北京在早年间有一次闹瘟疫，月宫中的嫦娥派玉兔到人间施药救治。老百姓不让它进门，这玉兔只好到庙里借了一身装备，一如后来兔儿爷的打扮，迈入一户户人家。为了医治更多患病的人，玉兔还将老虎、马、骆驼、仙鹤等当坐骑，跑遍了京城内外。人们为感念玉兔的恩德，便称其为“爷”，并塑为泥像，于中秋节放于供桌祭拜。

在明代戏本上有“八月十五中秋节，家家供我兔儿爷”之句，可知明代时供奉兔儿爷很是流行。据记载，当时的兔儿爷有纸绘的、布扎的、木雕的和泥塑的几种。今日所见兔儿爷的模样、穿戴则出于清朝末年。有书载，光绪年间两个看守太庙的差役下雨天闲来无事，用墙边的黏土捏泥人玩，捏出了长耳朵的兔儿爷。其他差役看了说好，有人还找来了粉彩等装饰物。一个个京剧扮相的兔儿爷诞生了，它们白粉脸，长耳朵，三瓣嘴，笑脸迎人，憨态可掬，有的头戴金盔，身穿战袍，背插旌旗，足蹬高靴，威风凛凛，一副将军、统帅的派头。兔儿爷的坐骑有牛有马，或鹿或象，还有乘狮子、麒麟和坐莲花宝座的。作家老舍在一篇文章中描述兔儿爷说：“脸蛋上没有胭脂，而只在小三瓣嘴上画一条细线，红的，上了油；两个细长白耳朵上淡淡地描着点浅红；这样，小兔的脸上就带出一种英俊的样子，倒好像是兔儿中的黄天霸似的。”

民国以后，除流行用于供奉的兔儿爷，它身边又多了位模样憨厚、富态的兔奶奶，逐渐又有了很多供人把玩模仿百姓日常生活，赋予不同身份、时装的兔儿爷。兔儿爷被塑成卖油的、卖菜的、锔碗的、剃头的、算命的、收破烂的等。兔奶奶也有多种形象，有的穿着时髦，头上梳起新式发型，有的变为穷苦妇女状——洗衣服的、织布的、纳鞋底的、抱着小兔乞讨的，充任了生活中的各种角色。这时的兔儿爷已成为工艺品，以黏土作坯，用模子翻出来，配上耳朵，干透后刷胶上色。兔儿爷有大、中、小三种型号，大的高三尺多，中的一尺，小的二三寸。简单的小兔儿爷只是个捣药的小兔子。精巧的兔儿爷嘴唇能活动，头、耳能分拆，腹部能打开放钱币和小物件。

近年来，传统的工艺品兔儿爷制作材料呈现多样化，外观装饰也更为新潮，成为中外游人喜购的观赏品和小礼品。一些饮食业人员在中秋节期间还开发了以面食、糕点、巧克力、水果等制作出可食的兔儿爷，人们买回家去，赏玩“兔儿爷”后饱了眼福又可一饱口福。

56. 蛋壳上的艺术

蛋类能制成多种让人果腹的美食,看似无用的蛋壳在高明的艺术家手里也能成为高雅的艺术品呢。

西方国家的复活节,是古老的庆祝基督复活的节日。时间是每年春分月圆后的第一个星期日。复活节上人们通常会看到一只长耳朵的小兔子。大人们爱给孩子们讲兔子生彩蛋的故事。蛋的原始象征意是“新生命的开始”,人们纷纷用彩蛋装饰复活节。相传替耶稣背十字架的那个人是卖鸡蛋的商贩,他看到篮子里有很多漂亮的彩绘复活蛋,便告诉了很多人。由于一些彩蛋里放有小礼物,更吸引了小孩子争着参与一种打彩蛋的游戏。为纪念耶稣流出的鲜血,传统的复活节彩蛋以红色为主。而今彩蛋颜色已是绚丽多彩,有些彩绘横纹竖道,一蛋多色,图案丰富,挂满树枝。其中有蛋绘、蛋雕,极为精美。

彩蛋画是我国的工艺品之一,产生于清末民初。艺人在空蛋壳上施以水墨丹青,彩绘山水、人物、花卉、鱼虫鸟兽,作为案头小摆设。中华人民共和国成立后,彩蛋画得到进一步发展,寿星、仕女、传统民间故事、戏剧人物等纷纷绘在蛋壳上,出口很受国外民众欢迎。

在如今越来越推崇手工与原创的时代,蛋雕已被视为具备一定价值的艺术品。北京有位一直从事工程机械修理工作的李春生,原本喜爱木雕,偶然间钟情于蛋雕。他先把蛋液抽空,再洗净、晾干,干透后做镂空蛋雕。他雕蛋时先在蛋壳上打底稿,再用刻制工具雕刻。这是一项极需耐心的活计,做一个简单的作品,也要使用四五种工具,耗时一两天,镂空的部分越多,难度越大,复杂之作可能要半个多月才能完成,稍有不慎就会毁于一“蛋”。李春生说,鸡蛋、鸭蛋、鹅蛋都可以进行加工,鸡、鸭蛋虽用之方便,但脆而易碎。墨绿色的鸵鸟蛋价值昂贵,但硬度高,便于雕出层次,成品更为美观。这位雕蛋高手还制作出了蛋雕的“衍生品”。他在蛋壳内装了灯泡,蛋雕就成了新款台灯。将蛋雕染成红色,挂上红绳,就成了吉祥如意的挂饰。如此一来,蛋雕这种工艺装饰品又有了实用性。

斯洛文尼亚艺术家格罗姆是以点钻来雕蛋的。他首先在蛋的顶部和底部各钻一小孔,让蛋液流尽,清理好蛋壳后用电钻在蛋壳上打眼,逐渐形成图案。蛋壳上大小不一的圆孔密密麻麻,连接最细处仅一毫米。他选用鸡蛋、鸭蛋、鹅蛋、火鸡蛋和鸵鸟蛋,用电钻钻出花卉、文字、人像、地图、建筑等图案,钻出了埃菲尔铁塔、世界地图等作品。完成一件作品要花费数月时间,钻孔多的达 3500 个。

57. 技艺卓绝内画壶

内画壶从鼻烟壶演变而来，是我国享誉海外的工艺品。

吸鼻烟的习俗，源自烟草的发明者印第安人。意大利人大约在14世纪选用上好的烟叶，掺入薄荷、冰片等药材，碾粉密封吸用，被认为有解乏、祛疾之效。明代万历九年(1581)，来华的意大利人利玛窦向明皇进贡，送上装有鼻烟的鼻烟壶。鼻烟壶为玻璃制的瓶装容器。进入清代后，吸鼻烟者渐多。康熙、雍正、乾隆三位皇帝都非常喜爱鼻烟和鼻烟壶。康熙年间，养心殿造办处奉旨成立了玻璃厂，雍正年间又在圆明园另建玻璃厂，烧造御用玻璃，制作鼻烟壶。清代的鼻烟壶用料，除玻璃还有玉石、琥珀、蜜蜡、珍珠、珊瑚、象牙等。

内画鼻烟壶出现于乾隆末年。相传有位落魄文人住在破庙，因无钱买鼻烟，便用烟匙在烟壶内壁掏碎末，遂在壁面留下刮痕。一和尚看到受了启发，将竹签制成弯钩，蘸上颜料伸入壶内作画，由此产生了内画壶。以后随着内画水平的提高，不仅民间有人竞相购买收藏，也成为宫廷的优物，造办处特设多个造鼻烟壶作坊，以玻璃、珐琅、玉、象牙、铜等为材，制壶内画。画师作画前先在壶内放入金刚砂，串膛摇晃，使内壁变毛，然后用特制的竹笔伸入小小壶嘴，反向而画。这考验了内画者的功力，包括对书画的理解、笔的控制及所要表现的意境等。清末至民初，出现了四位内画壶大家，即周乐元、马少宣、丁二仲、叶仲三，后称“清四家”。他们用竹制勾笔绘山水、人物、花草、动物、博古、书法等，为内画壶的发展奠定了基础。

20世纪50年代前后，内画壶按风格分为京、鲁、冀、粤四派，各有特色。被称为“冀派内画泰斗”的王习三，在作画中感觉竹笔很难尽如人意，于是他将废电线去皮，把铜线拍做成烟锅状，粘用狼毫，制成了如今普遍使用的金属杆勾毛笔。王习三先后制作出三套堪称国宝的系列内画壶作品，包括从清太祖努尔哈赤到末代皇帝溥仪12人、皇后10人的《清代帝后像》，从夏禹王到清太祖12人的《中国十二朝代名君国宝图》，从华盛顿到里根39人的《历代美国总统像》。三套作品不仅人物形象生动，而且气质传神。国际中国鼻烟壶学会主席约翰·福特观后赞誉为“里程碑式的大作，无与伦比的瑰宝”。

近年来，内画鼻烟壶多次被作为礼物向外国元首、文化名人赠送。它以绚丽多彩、精美绝伦的艺术形式，成为中外收藏家的新宠。世界各大拍卖行不断举行内画鼻烟壶的专场拍卖活动。2005年，纽约佳士得推出“小有洞天——鼻烟壶珍藏”拍卖，88件鼻烟壶拍品，仅一件流拍。其中一件清乾隆御制珐琅彩内画西洋人物图鼻烟壶，以高达550万美元成交。

58. 玲珑剔透象牙雕

象牙雕刻是我国著名的工艺品之一,牙雕艺术在中国有着悠久的历史。

早在史前漫漫岁月里,黄河流域等地曾是象的生活区域。古籍《禹贡》中述及荆州以“齿革羽毛”为贡品之事,说明质白莹润的象牙在先民眼中已属华贵之物。象牙材料坚韧细腻,适于雕刻的特性很早就被认知。在浙江余姚河姆渡新石器中期遗址中,曾出土刻有花纹的象牙杯和双鸟朝阳等象牙刻件,反映出牙雕在原始艺术中已展露风采。

象牙雕刻艺术出现于春秋战国时期。韩非子在《喻老》中载:“宋人有为其君以象为楮叶者,三年而成。丰杀茎柯,毫芒繁泽,乱之楮叶之中而不可别也。”这是说宋国的雕塑家以三年时间雕刻出一片象牙叶子,放于楮叶之中竟然真假难以分辨,可见其雕术之高。战国时,一些名贵剑器,外面都套有象牙剑鞘。到了汉代,象牙雕刻应用范围更广,不但有陈设、装饰品,还用于日用品、娱乐用品等。明清时,牙雕进入发展盛期,作品包括花瓶、花篮、香囊、团扇、镜奁、盘、匣、盒、杯等日常用品,插屏、盆景、伏兽等陈设品,笔筒、笔架、笔洗、镇纸等文房用具以及牙雕人物观音、仕女等。清代宫廷内收到的各地进贡的牙雕制品品类众多,采用了诸如透雕、浮雕、圆雕、阴刻、拨镂、拼镶、染色等技法,装饰工丽华美,技艺巧夺天工。

中华人民共和国成立后,我国的牙雕工艺有了更快的发展,佳作迭出。1974年,北京工艺美术厂完成一件巨型牙雕《成昆铁路通车》,作品长 180 厘米,宽 64 厘米,高 110 厘米,重 318 公斤。牙雕中建成的成昆铁路出没于高山崇峰之中,或穿山而过,或凌空飞架两山,火车飞驰在跨江大桥上。路边人群沸腾,载歌载舞,欢呼铁路通车。这件具有浓郁民族气息的作品,被送往联合国总部大厦陈列。

1981 年,广东肇兴市象牙工艺品厂雕制成《伎乐天》牙雕。作品上部是一颗直径为 14.6 厘米的镂空通花牙球,在这样大小的牙球上,通常只能雕刻 26 层,而这颗牙球却雕刻了 50 层,并且层层可以转动,是迄今层数最多的镂空通花牙球。技师操作时,用一把有钩尖的车刀,由里而外,一层一层分离出球壳,每层的厚度仅 2 毫米左右。在分层时,眼睛看不见进刀的情况,手指也伸不进球孔,全凭传到手上的震动感受和听到的声音来控制,堪称神雕。近年来,还有一批微型牙雕精品问世,米粒大的象牙上,刻出的大千世界,要借助于放大镜观赏。苏州微雕艺术家沈为众雕刻了一尊佛像,体积仅有半粒米大,佛两耳垂肩,双眼微合,略带笑意,手指比一根头发丝还细,身后有佛龛和花圈,构思巧妙。这尊牙雕佛像是世界上最小的佛像了。

59. 瑰丽华美唐三彩

唐三彩是我国特有的一种工艺品，以其斑驳、淋漓的釉彩，构成一般器物所稀有的特色而闻名。

与陶瓷有所区别的是，唐三彩是一种上了釉的陶器，而不是瓷器。唐三彩的制作工艺也与一般陶瓷不同，它先要把坯体在烧窑内加温至摄氏1100度左右，施彩后再入窑，以摄氏900度的温度烧成。唐三彩的釉色为多种金属氧化物，经高温熔融，铜显绿色，钴显蓝色，铁显褐色，锰显紫色，白色则是以铅和白黏土配成。釉彩在烧制过程中自行熔流，自然搭配，称为“流串”，从而取得一种绚丽多彩、浑厚饱满，兼有绘画、石雕的艺术效果。从地下发掘出的唐三彩虽然历经1300多年，仍然件件光彩夺目。

所谓三彩，并不限于三种色彩，可以有很多种颜色搭配。一般多用白、黄、绿、蓝等颜色，以青、绿、黄三色为主的制品最为珍贵。由于它盛行于唐代，所以称唐三彩。

唐三彩多仿金属器物，成为当时王公贵族的日用品，有些也用作明器。从河南洛阳等地出土的唐三彩多达数百种，包括文武官员、宫娥、仆童等人物，马、驼、犬、狮等动物，盘、碗、杯、盂等用具，以及装饰等。在南京博物馆藏有一件带有南方特色的唐三彩“双系鱼壶”，是自扬州唐城遗址中发掘出来的。壶身由两条鱼组成，鱼背、鱼鳍被装饰成“系”，鱼腹处有一组组圆圈纹，像是鳞又像是水中的涟漪。壶以绿色为基本基调，仿佛也是一尾在碧波中洄游的鱼儿。这件三彩器构思巧妙，造型别致，工艺精美，被认为是唐三彩中的上品。唐代时与西域各国的交往已具规模，陕西西安曾出土几件唐三彩精品，其一为骆驼昂首做嘶鸣状，双峰间披挂一方彩色毛毯，驼背上坐有四位高鼻深目、满脸胡须的外国人，四人手持乐器在尽情演奏。这件作品从一个侧面反映了“丝绸之路”的盛况和唐代对外交往的活跃。

唐三彩这一古老的民族传统艺术，在辽代后逐渐衰落，中华人民共和国成立后又得以复兴。河南洛阳建立了专门的唐三彩研究机构和复制工厂，加以继承、发扬，并先后研发出300多个唐三彩品种。1981年，一座长11米、高3.5米的大型唐三彩“九龙壁”在洛阳市工艺美术陶瓷厂烧制成功，但见绚丽多彩的条条飞龙腾云驾雾，神态生动，美姿各异，标志着唐三彩工艺达到了一个新的高峰。

唐三彩深受国内民众和各国友人赞赏。在国际市场上，唐三彩已成为极其珍贵的艺术品，曾在80多个国家和地区参加的国际旅游会议上被评为优秀旅游产品，被誉为“东方艺术瑰宝”。唐三彩中的大马、骆驼等曾作为国礼，赠送给50多个国家的元首和政府首脑。

60. 斑斓悦目景泰蓝

景泰蓝为珐琅器物的一种,因盛行于明代景泰年间,基调以蓝色为主,故被称为“景泰蓝”。

相传景泰蓝的发现和制作源于一场大火。景泰年间某夜,京城金銮殿忽发大火,放有宝物的宫殿烧成一片废墟。宫人只扒得一件镶有金银丝的宝瓶,发现它金光璀璨,光彩难掩,连忙报知皇帝。皇帝口谕,传令工匠,仿造此物,制成重赏,否则格杀勿论。匠人们在研制中苦于无法使金银丝与胎形黏合而夜不成眠。某夜一工匠梦见有个仙女从瓶中飘然而出,口授“八卦炼丹法”。梦醒后,他与众工匠用白芨捣成糨糊,将压扁的铜丝粘在铜胎上,加入金属和石粉入炉冶炼。几个日夜后,取出瓶胎,水浸石磨,几番加工,终于制得光彩夺目的彩釉金银丝瓶。

景泰蓝是用铜丝在铜胎上焊出多种花纹图案,再填入各种珐琅釉料烧制而成的。珐琅的主要原料为石英、长石、瓷土、硼砂以及一些作为着色剂的金属氧化物。景泰蓝的制作工艺较为复杂,一般要经过制胎、掐丝、烧焊、点蓝、烧蓝、磨光、镀金等多道工序。使用色釉极其讲究,釉质凝重浓郁,有“蜜蜡”之感。尤其是蓝釉,就有钴蓝、天蓝、宝蓝、透明状的普蓝、含粉青金色的蓝,烧后呈现一种宝石般的美感。

明代的景泰蓝制品,多为宫廷所用,品种除了一些仿古铜器的祭祀器皿外,大多为瓶、盘、炉、碗、灯具、蜡台、面盆、花盆等,也制作高大的鼎和花觚等,常以菊花、蕉叶、缠枝莲、人物、花鸟虫鱼等作为图案装饰。清代的康乾盛世也是景泰蓝的制作繁荣时期,宫廷内专设造办处珐琅作,生产规模大、品种多。大件有炉、缸、桌椅、绣墩、床榻、屏风等,小物如笔筒、砚盒、轴头、筷子、鼻烟壶等。清代末期,景泰蓝的民间作坊多了起来,制品还成了出口产品。20 世纪初,景泰蓝工艺品曾在美国芝加哥世界博览会上获得金奖。

中华人民共和国成立后,古老的景泰蓝艺术有了新的发展。老艺人的“绝活”得到了保护和传承,不仅能烧制传统产品,而且还创制了各式罐、盘、碗以及烟具、文具、酒具、灯具等集装饰和实用为一体的众多产品。釉料也由过去的三十几种增加了一倍多,尤其是无铅料如珊瑚红、大红、乳白、湖蓝、孔雀绿和红、绿、蓝三种金星料的出现,使景泰蓝的色泽更为丰富多彩。北京市珐琅厂建于 1956 年,是我国景泰蓝行业中唯一一家中华老字号。如今进到这家厂里,不仅能购买到国家级“非遗”传承人设计制作的景泰蓝精品,还能一睹制作景泰蓝从制胎到镀金的全过程。现在景泰蓝制胎已经半机械化了,但掐丝和点蓝仍是纯手工活儿。游客到此有兴趣便可上手体验。

61. 古朴妙器紫砂壶

紫砂壶是以江苏宜兴紫砂泥烧制的陶壶，是我国著名的民间工艺品之一。

宜兴地处江、浙、皖三省交界处，在丁蜀一带，蕴藏着上千亿吨用以制作紫砂陶器的原料。其中的紫砂泥质地细腻，含铁量高，烧制后呈赤褐、紫黑等色，最适合制作壶等茶具。宜兴的制陶历史，可上溯至春秋战国时期。相传越国名士范蠡曾在宜兴制陶，人称“陶朱公”。早期的制陶业，为宜兴后来成为“陶都”打下了良好的基础。宋代时，制陶能工巧匠在宜兴云集，制作产品种类丰富。紫砂壶可分为圆器、方器、塑器和筋器四类，以古朴素雅的色泽、精巧的工艺为文人雅士所珍爱。欧阳修曾以“喜共紫瓯吟且酌，羡君萧洒有余清”之句表达对使用紫砂壶的惬意。梅尧臣也为紫砂壶吟出了“紫泥新品泛春华”的佳句。

明代以后，宜兴的紫砂壶集艺术、实用为一体，种类繁多，已闻名海内外。制壶艺人供春研制出的树瘿（树瘤）式紫砂壶，造型别致、精巧。有人赞曰：“供春小壶，一具用数十年，则值金一笏。”供春壶也成为见于记载的紫砂壶稀世珍品。这一时期仿竹形壶具也多种多样，有竹断壶、竹根壶、竹提壶、竹鼠壶、竹鼓壶等，姿态各异，让人乐于观赏。宜兴紫砂壶雅俗共赏，价格有别，使用遍及江南城乡寻常百姓家。常用紫砂壶的人总结其好处是：壶外观典雅，经久耐用，耐热，提手不烫手，泥色多变有情趣，泡茶不失原味，不易霉馊等。

中华人民共和国成立后，宜兴的紫砂壶生产不断扩大规模。一批批精品壶具早在 20 世纪 70 年代就远销到欧美和东南亚 80 多个国家。1972 年，日本总理大臣田中角荣访问中国，周恩来总理代表中国政府曾将“宜兴紫砂竹节茶具”作为国礼赠送给日本客人。近年来不断有精品紫砂壶问世。在香港举办的“宜兴紫砂茗壶展”上，一种形似树叶的“夏乐壶”，壶体传神地再现了植物的造型、色泽，令人叫绝。艺人吴宝华制作的一把紫砂壶，可装 500 毫升水，但壶的自身重量只有 100 克。这把壁薄如纸的壶，在当今紫砂壶工艺史上当之无愧地留下了倩影。

好的紫砂壶价值不菲。2005 年，一把制于 1948 年的大石瓢紫砂壶，壶身两面的书画均出自名家之手，在拍卖市场以 315 万元成交。2011 年秋，在北京世纪坛举行的拍卖活动中，一套色泽紫中泛红、造型简练圆润的紫砂提壁组壶推出后，成交价高达 1782 万元。

62. 国之泥宝——瓷器

瓷器是中国传统的工艺美术品之一。世界各国的制瓷技术都是从中国传入的。英文单词 CHINA 的意思除了“中国”,另一个含义便是“瓷器”。

陶瓷为陶器与瓷器的合称。从江西万年大源仙人洞遗址出土的众多瓷片表明,中华民族的陶瓷文化源远流长,始于 1 万年前。到了商周时期,制陶业使用的原料已不再是黏土,而主要是更为适宜烧制瓷器的高岭土,烧制温度已经达到1100摄氏度以上,具有胎质坚硬、吸水性弱等瓷器的特点,这时的陶器已可称为“原始瓷器”。

东汉晚期,在浙江绍兴一带首先烧造出胎质致密、釉色青翠的青釉瓷器。西晋时期的瓷器上出现了印花、镂雕、褐斑等装饰。唐代时,以北方“邢窑”为代表的白瓷和以南方“越窑”为代表的青瓷,已驰名中外。宋代制瓷业更为繁荣,出现了“汝、官、哥、定、钧”五大名窑,钧瓷在釉料中加入铜还原剂,烧制后的瓷器能映出红、紫、蓝、白等瑰丽之色,能与黄金、玉器媲美。元代后,江西景德镇的制瓷异军突起,被称为中国的“瓷都”。景德镇的瓷器造型精巧,色彩绚丽,装饰精美,其中的青花瓷、粉彩瓷、薄胎瓷等被后朝视作珍品。明代航海家郑和七次率领船队远涉重洋,抵达东南亚各国和非洲等地,随船带去的物品中,就有大批青花瓷器。

1949 年后,我国的制瓷业有了快速发展。近年来制瓷的新材料、新工艺、新作品竞相展现。景德镇的工艺技师将稀土用于瓷器制作,瓷器呈桃红、象牙黄、天青、湖蓝等瑰丽色彩,瓷质细密,釉面明亮,制作各式瓷瓶、瓷罐、瓷灯、瓷盘、瓷碗、瓷壶等日用品,使人爱不释手。

随着近年来瓷器艺术品价格一路走高,好瓷器越来越少进入市场流通,这“激活”了当代瓷器。当代的瓷艺家以其鲜明的个性和艺术情感投入瓷器创作。瓷器的创新之一是表现在题材上,如今的瓷艺大师更关注于普通人的生活,发现平凡中的情趣,贴近个性化的心灵,烧造了《沉思》《恬静》《春梦》等表现平常人细腻、清丽特质的作品。此外,值得一提的还有一种将烧瓷与绘画结合,进入拍卖市场的瓷板画,《八大圣人》(分别是孔子、孟子、荀子、墨子、老子、庄子、韩非子和孙子)和《金陵十二钗》,瓷画上出现的俱是古人,但现代生活气息浓郁,其构图、绘制、用釉等一望而知是今人之作,让人看到了古老瓷器在今日艺苑的华丽转身。

63. 不可多得的紫檀家具

紫檀为一种稀缺的木料，在我国古代多用于皇宫用品的制造。以紫檀制作的家具有着很高的工艺价值。

《诗经·伐檀》中有“坎坎伐檀兮”之句。有学者指出，《伐檀》为《魏风》，魏国在今山西，其地不会生有紫檀，但长有青檀、黄檀。晋朝《古今注》载：“紫楠木，出扶南，色紫，亦谓之紫檀。”扶南是中南亚古国，地处热带，产紫檀无疑。这说明迟至晋代，我国对紫檀的产地已有了解。

紫檀为常绿乔木，羽状复叶，卵形小叶，花黄色，结荚果。木材因含有一种“紫檀素”而呈现红褐色或红棕色，布满美丽的纹理，表面光亮，犹如上过漆。紫檀木质异常硬实细密，一立方米的木材重达 700 公斤。原产于印度尼西亚、马来西亚等地，在我国南方也有少量生长。这种树生长缓慢，需数百年方能成材，而且十檀九空，出材率仅为 20%。

紫檀最早进入我国是用作香料和器物配饰的。唐代诗人孟浩然有诗云：“浑成紫檀金屑文，作得琵琶声入云。”这是说紫檀也曾用来打造乐器。紫檀以家具的形式成为珍品是明代时期的事了。明代开辟了海上“丝绸之路”，郑和七次下西洋，发展与各国的贸易交往，带回不少珍贵物品，其中也包括大量紫檀木，使紫檀家具制作进入了繁盛时期。明清两代，宫廷都设有专门掌管皇家家具制作的御用监和造办处。清乾隆年间，乾隆皇帝使用宫中囤积的紫檀木，几乎配齐了皇宫、行宫、园林所需的全部家具。

紫檀家具制作雕刻技艺代表了中国木器工艺技术的最高水平。每件制品要经过数十道工序方可制作完成，木材从烘干、开料、选材到拼板、锼锯加工、雕刻、清地、手工砸膘、打磨、打蜡、组装等，缺一不可，少则一年，多则耗时数年。仅雕刻一项就有线雕、浅浮雕、深浮雕、平雕、圆雕、毛雕、透雕、镂空雕等多种技法。雕刻内容有山水、花卉、鸟兽、人物等。一件紫檀家具，榫卯扣合紧密，雕刻刀法刚健，无不展示了其文化价值、科学价值和艺术价值。

近年来，随着紫檀原料的不足，紫檀家具愈发珍贵，已成为备受瞩目的收藏艺术品。建于北京的中国紫檀博物馆精品云集，如重达 10 吨的紫檀雕《天坛祈谷坛·祈年殿》《飞云楼》《故宫角楼》《万春亭》等。最具艺术魅力的当属紫檀雕《清明上河图》，全件由 12 块大插屏组成，整个画面上百业兴旺，游人如织，采用高浮雕兼镂雕、浅浮雕、透雕等技法，立体地再现了画家笔下的社会民俗风情，其雕刻刀法精美纤细，令参观者难以挪步。

64. 插花纵横谈

插花即瓶养花，也可将不同花卉搭配插在花瓶等容器中供观赏，是把有生命的鲜花作为室内装饰的艺术品。

插花在我国有着悠久的历史。早在南北朝时期，崇尚佛教的善男信女为表示对佛虔诚，在朝山时常将精心采摘的鲜花敬奉在佛像供桌上。这被视为插花的雏形。至唐代，插花被引入宫廷、富贵人家，随着陶瓷制作工艺的提高，精致瓷瓶用作插花的容器，使插花艺术有了很大的发展。在唐代的敦煌壁画中，便有插花的画景出现。明代时，插花进入盛期。万历年间，名士袁宏道酷爱养花，他的《瓶史》堪称插花专著。他在一首题诗中云："一枝两枝正，三枝四枝斜。宜直不宜曲，斗清不斗奢。"要言不烦地道出了插花的窍门。

《瓶史》一书传到日本，日本人对袁氏的插花术大为钦佩，推崇为"宏道流"，在日本产生了深远影响，以后相继形成了许多不同的插花流派。插花在日本还有一美名：花道。过去日本姑娘在出嫁前必须学会花道，新嫁娘不会插花会大跌身份。

插花艺术发展至今，已进入了社会日常生活的各个角落。在居室摆放一瓶插花，花枝招展，生机盎然，是许多家庭的习俗。在公共场所、宾馆走廊、办公室、会议室等处，人们也都能欣赏到高雅精美的插花艺术。在我国北京、上海、广州、苏州等地，在节日的公园中也常举办大型插花展览，吸引插花爱好者和游人观赏。

现代插花艺术，大体可分为两大类，即东方式和欧美式。东方式插花以我国和日本为代表，插花以精取胜，其特点是采用不对称的伸张，外形多是不等边三角形。东方式插花通常以海棠、梅、杜鹃花等为材料，花数少，重意境，线条简洁，但讲究线条造型，通过花体自然线条的艺术组合用以构成美妙的姿态和表现其中的诗情画意。欧美式插花惯以菖蒲、康乃馨、百合花、郁金香等草本花卉做材料，插花以盛取胜，画面追求对称，图案形式常为半圆形、椭圆形、扇形及三角形等几何形状。欧美式插花体大花多，色彩艳丽，给人以雍容华贵之感，易于烘托热烈欢快的气氛。

在当代，旅游事业发展，国际间各类人员会议、交往频繁，宾馆、酒店中的插花摆放已成为接待中的重要内容之一，在很大程度上标志着等级和服务水平。1979年邓小平访问美国时，卡特总统在白宫举行国宴，餐台上摆出了1500枝山茶花。山茶花是中国色香俱佳的名贵花卉，宴会厅以如此多的中国名花欢迎中国领导人来访，在表达尊重的同时也广受各国瞩目和好评。

65. 中外“盆景热”

盆景为一种陈设装饰品，在盆中栽种花卉、小巧的果木、山石等，营造韵味独特的景致。

我国是盆景的起源地。“山影”等山石盆景在汉代已很多见。唐代时名士家中摆放的山水盆景成为最常见的风雅之物。唐诗中有不少吟诵山水盆景的佳作，白居易有诗云：“烟萃三秋色，波涛万古痕。削成青玉片，截断碧云根。风气通岩穴，苔文护洞门。三峰具体小，应是华山孙。”诗中赞叹了盆景的精致，也表明了盆景在当时颇为风行。以后喜爱花木盆景之风渐盛。水仙盆景产生于宋代，后经福建漳州人一代代栽培，成为漳州特产。清代康熙皇帝为其题诗曰：“翠帔湘冠白玉珈，清姿终不污泥沙。骚人空自吟芳芷，未识凌波第一花。”经雕刻盛开的水仙盆景，花球像酒壶，像花篮，有的如金鱼戏水、孔雀开屏，千姿百态，是隆冬时节室内的观赏佳品。

盆景发展至今，在我国各地品种众多，雅俗共赏。经常举办的花展，不时掀动人们观赏和购买盆景的热情。市场上的盆景有的标价几万、十几万，也有售价很低的。只要喜欢，找个容器，植入几株蒜苗、麦苗、白菜心，或者养植西红柿，雕刻萝卜花，其迷人的色泽、蓬勃的生机和秀美的造型，都会给居室主人带来情趣和艺术美的感受。

近年来，盆景以其聚物天然的独特魅力，愈来愈被世人所喜爱。盆景爱好者与专业研究者不断增多，盆景协会和俱乐部层出不穷。亚洲、美洲、澳洲以及非洲等地各国纷纷举办盆景展览会和技术、学术交流会等各项活动。在日本还成立了国际盆景组织友好联盟，以开展各国间在盆景方面的科技与艺术交流活动。各国的盆景专门观赏园地、生产基地和研究机构相继建立，仅在日本就分布着 500 多家盆景生产园地。在美国有 100 多个盆景俱乐部，仅加州就多达 70 个，盆景迷人数达几万人。一些盆景迷认为，盆景如绘画一样，有些是抽象的，观赏它的人必须沉思默想，去发现它的内涵，同时使自己的心态变得宁静、安详。

在各国出现“盆景热”，大量从中国、日本引入盆景树种的同时，一些国家自己的乡土树种也得到大力开发。南非的猴面包树、英国的花楸、荷兰的七叶树、比利时的白栎、加拿大的铁杉、新西兰的镶槐、泰国的厚壳树、印度的香桃木等，也都相继被看好，进入盆景。这些树种既适合本国气候与水土条件，为本国盆景艺术特色的形成奠定了基础，也使世界盆景的种类更为多样。

66. 五彩缤纷的戏剧脸谱

在戏曲舞台上，有些行当的演员脸上用色彩画出各种纹样的图案，称为脸谱。脸谱是中国戏曲表演艺术的重要特色之一。

脸谱在中国有着悠久的历史。相传北齐兰陵王勇武善战，却又貌美少威。为此兰陵王每次出战时，都要戴上一个面目狰狞的面具，使对方望而生畏。兰陵王作战时戴用的面具，可说是中国最早的脸谱了。以后艺人用歌舞表演这个故事，也戴上了种种假面具。隋唐时期，面具称为“代面”“大面”。宋元年间戏曲发展，逐步去掉面具，演员用油彩直接涂画于脸上。后世对“花脸”也有称“大面”的。

宋代时的脸谱较为简单，仅用与肤色相近的颜色，描眉勾画眼窝。只有鬼神或绿林好汉才使用重彩。元明时脸谱趋于复杂，开始使用多种颜色构成图案，形成了一定的谱式，有了“脸谱”的叫法。到了清代，脸谱已经有了很精细的区分和不同的勾画方法，成为一种配套而又富有民族特色的造型艺术。历代戏曲艺人的演出实践中，对脸谱勾画不断加以丰富、完善，使脸谱经历了一个由稚拙、简单到精美、多样的过程。

戏曲脸谱通常分为净角脸谱和丑角脸谱两大类。净角脸谱有红脸、黑脸、白脸、蓝脸之分。丑角主要在鼻梁上勾画白粉块，俗称“豆腐块脸”。脸谱的谱式很多，仅京剧的谱式就有“整脸”“水白脸”“碎花脸”“三块窝脸”“十字门脸”等十余种。同样的谱式又有色彩、线条的变化。各种流传下来的戏曲脸谱集收入的彩绘脸谱有上千幅之多。

在戏剧脸谱中，颜色有着鲜明寓意，又着意勾画图案，造型夸张，富有象征性，使观众对剧中人物的品性性格一目了然。一般以红色脸谱代表忠勇，黑色脸谱象征耿直，白色脸谱意味奸诈。同是黑脸包拯的脸谱，不同时代的勾法也不相同。明代时勾了两条直挺的白眉，强调了包拯的坦诚；清代时则勾了一对紧缩的白眉，眉头紧拧，表现了包拯审办不完冤案而生愁的神态。脸谱中的许多取形，既用于装饰，又用于象征。昆曲娄阿鼠的脸上勾画了一只白老鼠，在丰富角色脸部表情的同时，也在其面容上加盖了“贼”的印迹。

北京在清末以后出现了一种以佩戴为乐的泥塑脸谱。最初为一位桂姓旗人用胶做了脸型模子后，翻作泥坯，晒干勾画上色，做好分送亲友。后又在庙会出售，慢慢成为著名的工艺品之一。

近年来，脸谱的戏曲作妆手段又有发展，已成为独特的面部造型艺术。另有一些画家结合中西美术画法，专事脸谱绘画创作，既丰富了戏曲脸谱造型艺术，又使画坛增多了一个画种。

67. 誉为"国粹"的京剧

京剧博大精深，曾有皮黄、二黄、黄腔、京调、京戏、平剧、国剧等称谓，是最有影响的全国性剧种。

京剧前身是清初流行于江南安徽地区以唱吹腔、高拨子、二黄为主的徽班。徽班流动性强，在发展过程中搬演了不少昆腔戏，并吸收了罗罗腔等一些杂曲，演出内容日渐丰富。清代乾隆年间，第一个徽班三庆班进入北京，入宫参加乾隆皇帝寿辰庆典演出。以后便有不少徽班进京献艺，著名的自三庆之后又有四喜、春台、和春三班，后世遂称"四大徽班"进京。道光年间，徽班已在北京占据优势，流动于湖北等地的汉调演员至京加入徽班增多，逐步实现了西皮与二黄两种腔调的交融，至道光末年大体完成了徽班向京剧的嬗变。

京剧经过无数艺人的长期舞台实践，在文学、表演、音乐、唱腔、伴奏、化妆、脸谱等众多方面，形成了一整套规范化表演程式，蕴含了音韵、美术、雕塑、舞蹈、民间技艺、古典小说、诗词歌赋等诸多民族文化艺术精髓。这种综合性的表演技艺，被列为世界三大表演体系之一。京剧的角色根据男女老少、俊丑正邪，分为生、旦、净、丑四大行当。富有装饰性和夸张性的脸谱，是显示人物性格、辨认善恶忠奸的象征，与其辉煌艳丽的头饰服装等，共同成为京剧的独特风格。京剧表演歌舞并重，融合了武术技巧，多用虚拟性手法，节奏感强，创作了许多程式性表演动作。演员讲究行腔吐字，念白具有音乐性，在唱、念、做、打方面都成体系，对各地方剧种影响很大。京剧的传统剧目有1300多个，常演的有400多个。中华人民共和国成立后又出现了一大批新编历史剧和现代剧。在长期的发展过程中，京剧舞台上流派纷呈，名角辈出。著名老生有谭鑫培、余叔岩、言菊朋、马连良、周信芳等，形成了谭派、马派、麒派、杨派等老生唱法。旦角形成了梅兰芳、尚小云、程砚秋、荀慧生"四大名旦"，各有其表演艺术特色。近些年又形成了赵派(赵燕侠)、张派(张君秋)的旦角流派，都各有传人。

有"国粹"之誉的京剧该如何传承和发展，一直是文艺界的大事。改变京剧节奏缓慢的特点，以使更多的青少年乐于观赏京剧，是很多京剧人不断尝试去做的。几年前，北京华彬歌剧院上演了一出新京剧《霸王别姬》，由京剧名家孟广禄、丁晓君主演。舞台上3D视效、华美的戏装、现代舞、武术及活的乌骓马上台等，这一系列尝试在演出后引起争议。有人认为舞台上舞娘白裙飘逸，背景有高峡、流水、闪电，好看但感觉不像是听戏。也有人认为《哈姆雷特》有上千个版本，《霸王别姬》为什么不能？看来，让古老而美妙的京剧与时代的心灵合拍，与现代生活相融，还有大量的研究、探讨要做。

68. 异彩纷呈的地方戏

我国幅员辽阔,人口众多,各地区和各民族都有自成特色的戏曲形式。据统计,全国的地方戏曲种类达360多种。

中国戏曲源于民间歌舞和说唱滑稽戏。唐朝时出现了参军戏,有两个角色表演各种滑稽的对话和动作,娱乐观众。到了北宋时形成杂剧,由多人演出一段故事。南宋时出现了用南曲演唱的戏文,形成了较完整的戏曲形态。又经过800多年的传承和发展,产生了以昆曲、京剧为代表,有着深厚的古典文学基础和完整的舞台艺术体系的各种地方戏剧种。

我国是一个多民族大国,由于文字、方言和语音不同,形成了丰富多彩的剧种。有些剧种以民族语言和音乐为特色,如汉族的京剧等,另外,藏族有藏戏,壮族有壮剧,傣族有傣剧,白族有白剧,侗族有侗戏等。更多的地方戏是以地方语言和音乐为特色,有些剧种和剧目在一些地区以至全国都有很大的影响。

昆曲产生于南宋时江苏昆山一带,被尊为"祖剧"。昆剧唱词高雅,曲调悠扬动听,逐渐成为全国性剧种。代表剧目有《牡丹亭》《西厢记》《十五贯》等。2001年,昆曲被联合国教科文组织批准列入"人类口述遗产和非物质遗产代表作"名录。

评剧是我国北方地区的地方戏,其前身是莲花落,俗称"蹦蹦戏"。20世纪20年代进入大城市演出,发展成大剧种。中华人民共和国成立后,评剧进入了繁荣发展时期。经常演出的传统剧目有《玉堂春》《杜十娘》《花为媒》等,脍炙人口的新戏有《刘巧儿》《小女婿》《金沙江畔》《祥林嫂》等。

河北梆子是河北一带的主要戏曲剧种,是在清代中叶由传入河北的秦腔和山西梆子逐渐演变而成的。唱腔多激越高亢,苍劲悲壮。传统剧目有500余出,时装戏有200多个。著名演员有李桂云、韩俊卿、银达子等。

豫剧又称"河南梆子""河南高调",流行地域甚广。豫剧以唱功见长,行腔酣畅。传统剧目有600多个,著名演员有常香玉等。

越剧发源于浙江一带,即古越国所在地,故名越剧。越剧长于抒情,以唱为主,声腔清幽婉丽,优雅动听,表演真切感人,极具江南地方色彩。著名演员有袁雪芬、范瑞娟、徐玉兰、王文娟等。

川剧主要流行于四川省,以风趣幽默见长。川剧变脸是戏曲表演中的奇葩,堪称一绝。此外,安徽黄梅戏、广东粤剧、山西晋剧、上海沪剧、江西赣剧、湖南花鼓戏等地方戏,也都是在全国有影响的剧种。

69. 海外舶来的话剧

话剧是以对话和动作为主要手法进行表演的戏剧。话剧是讲究说话的艺术，通过剧中人物的对白、独白和旁白展示剧情、刻画人物、表达主题。

话剧发源于古希腊悲喜剧，在文艺复兴时期得到繁荣发展，以英国莎士比亚的话剧最为著名。他的《罗密欧与朱丽叶》《威尼斯商人》《哈姆雷特》《暴风雨》等，至今在各国舞台盛演不衰。19 世纪前期，法国浪漫主义戏剧称誉一时，代表作有以雨果小说改编的话剧《巴黎圣母院》《悲惨世界》等。

1905 年，近代艺术家李叔同东渡日本留学。其时话剧传到日本，被称作“新派剧”。李叔同发现，这种以语言和动作表演的戏剧，较之中国唱、念、做、打兼有的戏曲简练易演，观众也容易理解接受。他联络了一些留日学生，创组了“春柳社”表演团体。1907 年，该社在东京中华基督教青年礼堂为我国苏北灾民义演《茶花女》一剧，大受留学生欢迎。1907 年遂被定作中国话剧的诞生年。春柳社接着又排演了根据美国小说《汤姆叔叔的小屋》改编的五幕话剧《黑奴吁天录》，以及《生相怜》《热血》等，也都广受好评。这种演出在国内传播后，开始被称为“新剧”，后又叫作“爱美剧”“白话剧”等。1928 年，在上海文化人的一个聚会上，戏剧家洪深建议称作“话剧”，以区别于戏剧和歌剧。话剧这个剧名就此通行起来。

五四运动后，郭沫若的历史剧《卓文君》、田汉的现代剧《名优之死》等演出，奠定了现实主义戏剧文学在话剧发展中的地位。20 世纪 30 年代，话剧有了很大发展，夏衍、曹禺等创作的优秀剧作《上海屋檐下》《雷雨》《日出》等相继问世。抗日战争时期，进步艺人在编演多幕话剧的同时，以短小、精悍的活报剧等形式，走上街头演出，独幕剧《放下你的鞭子》是当时最有影响的佳作之一。中华人民共和国成立以后，话剧舞台涌现了一大批优秀的现实主义作品。《蔡文姬》《关汉卿》是历史题材创作成熟的标志，老舍的话剧《龙须沟》被反复排演，《茶馆》更被誉为中国话剧的一座丰碑。

近年来，小剧场话剧遍地开花，喜剧风劲刮。喜剧演员陈佩斯从小品舞台转战话剧舞台，通过《托儿》《阳台》《雷人晚餐》等多部作品打造自己的喜剧招牌。台湾漫画家朱德庸的漫画作品《涩女郎》《大家都有病》等也都被改编成话剧演出。今天观赏话剧很多人已不觉得是心存敬畏的高雅之举，只想坐下来轻松一笑。

70. 拟人仿真的木偶戏

木偶戏是由演员在幕后操控木制玩偶进行表演的一种戏剧样式，在古代又称“傀儡戏”。

我国最早的木偶戏，记载于《列子·汤问》篇：西周穆王时，艺人偃师带了倡优朝见穆王，倡优能歌善舞，解剖一看，原是用木头和皮革制成的木偶。汉代时，木偶还有着退敌的妙用。《乐府杂录》有载：汉高祖刘邦在平城被匈奴王冒顿四面围住，城中断粮，危在旦夕。刘邦的谋臣陈平了解到匈奴带兵的主将是冒顿妻阏氏，她心多妒忌，便生一计，制造了木偶美女，用机关操纵于阏氏围城一面的城墙上。阏氏看到，担心攻下城池后冒顿要纳美女为妾，自己失宠，遂擅自撤兵而去，城即解围，转危为安。刘邦感念木偶之功，在宫中专设“木偶班”，将此事编戏演唱，木偶戏就此发展起来。

唐代时，提线木偶的制作已很精致。对戏剧情有独钟的唐玄宗李隆基在其所赋《傀儡吟》诗中云：“刻木牵丝作老翁，鸡皮鹤发与真同。”到了宋代，木偶戏的制作和表演又有了进步。从河南济源曾出土了两件北宋磁枕，分别画有杖头木偶和悬丝木偶，说明这两种木偶戏的表演在当时已然流行。

元、明、清以来，木偶戏由城入乡。多种风格、流派形成的造型和表演方式，因地域不同而出现了各自的艺术特色。木偶戏的表演依木偶结构和演员操控方式的差异，又分为不同的种类。提线木偶在木偶的重要关节部位各缀丝线，演员拉动丝线，用以操纵木偶活动，称线偶、线戏，也叫悬丝木偶。托棍木偶又称杖头木偶，在木偶头部及双手部位各装操纵杆，演员举起木偶并操纵其动作。手套木偶又称掌中戏、布袋戏等。偶人身高仅三四十厘米，头部中空，颈下缝合布袋连缀四肢。演员以手伸入布袋，驱动偶人头部和四肢做出动作。此外还有药发木偶（用爆竹焰火引发表演）、真人木偶（儿童戴面具扮作木偶表演）等样式。四川仪陇县的杖头木偶，偶人身形如同真人，表演十分细腻，会穿衣解带、喝茶吸烟、吹拉弹唱，形成了人偶同台、真假难辨的特色。当地木偶剧团两次出访国外演出，均获得极大成功。

近年来，中国木偶剧团等一批演出团体，将现代音乐、美术、照明、灯景、焰火、特技等形式巧妙融于木偶戏舞台上，人偶同台排演了众多反映现实生活的新戏、不同类型的古今中外神话剧，以及舞蹈、体育、杂技等节目，不仅少年儿童爱看，也受到众多成年人的青睐。

71. 映光成趣皮影戏

皮影戏是我国古老的民间艺术，也称纸影戏、灯影戏、土影戏等。

相传在西汉文帝刘恒时，宫妃抱太子在窗前玩耍，巧剪桐树叶做人形，映在窗上表演，以后被人仿效。又传说武帝刘彻的爱妃李夫人过早去世，武帝思念不已。有个叫少翁的法师把李夫人的画像临摹、剪刻下来，以灯光投放帷帐。影像中的女子有李夫人之貌，且能醒坐而步，武帝甚感宽慰。这可能就是皮影戏的雏形。

北宋年间，皮影戏的表演兴盛起来。“影人”的制作由原来的纸剪发展为用硝把兽皮洗净至薄，涂上桐油，雕成人形，其头部、四肢可活动，甚至出现表情，再配以乐器，设计故事情节说唱。宋代《东京梦华录》载：“逢节庆日，每一坊巷口，无乐棚去处，多设小影戏棚子。”可知当时皮影戏演出的红火热闹。元代时，皮影戏曾作为军队的一种主要娱乐活动而随军进行流动演出。

皮影戏擅长于表演神话、传说等故事。陕西华山一带的“碗碗腔”皮影戏，撑竿表演者与吹打说唱者各司其职。流行于陕西绥德地区的皮影戏，表演者大多身兼要竿，又敲打弹唱，还能表演呼风唤雨、腾云驾雾等幻景。流行于广东汕头一带的皮影戏，有一种叫走马灯，竹制圆柱内装有纸轮，粘上纸剪的人马，烛光煽轮自转，经常表演《嫦娥奔月》《大闹天宫》等剧目。北方唐山、滦县一带的皮影戏，唱腔脍炙人口，竟至发展成了有着广泛群众基础的唐剧。

皮影戏演出简单，影像有趣。公元 13 世纪初开始传入南亚各国，元代时传入波斯，15 世纪传入埃及，17 世纪传入土耳其，18 世纪中叶传至欧洲各国。1767 年，法国传教士居阿罗德把中国皮影戏带回法国，形成了法国影戏。1774 年，德国文豪歌德在一次展览会上把中国皮影戏介绍给德国观众，几年后歌德在自己生日聚会上还用皮影戏的形式演出了《米纳哇的生平》一剧。我国的皮影戏丰富了世界文艺宝库，对电影的发明也有着影响。

皮影戏流传至今，在影视和各种外来文化的冲击下，仍有着旺盛的生命力。人们利用闲暇，自刻自制影身道具，自编自演群众所喜爱的浪漫神话故事，使皮影戏深深扎根于广大民众中。各地的皮影艺术演出团体，积极创编新剧，在制作、操控、舞台美术等方面大胆进行改革。各种类型的皮影戏演出丰富了民众的文化生活，尤其在为少年儿童教育、服务方面，更发挥了显著的作用。

72. 从古至今的杂技

杂技是各种玩耍技能的统称。古代叫百戏、杂戏、散乐等，在北京等地俗称杂耍。

杂技在我国是一门古老的艺术，战国时期成书的《庄子》中曾有“宜僚弄丸”的记载，讲的是楚国宜僚能循环抛接九个圆球，成为最早留下名字的杂技家。《史记》中记述了孟尝君手下的门客学鸡叫赚开城门，使人了解了口技，这也是成语“鸡鸣狗盗”的由来。汉代时，武帝为招待来访的外国使臣，在长安城“平乐观”举行了一场“百戏会”，这是一次国内外杂技的大会演。相继演出的节目有：秦朝传统的幻术鱼龙、飞剑舞轮、走大索，东南亚传来的顶杆、弄蛇等技艺，安息使团带来的吞刀、吐火、种瓜、缚人等。演出盛况空前，三百里以内的百姓都纷纷赶来观赏。

宋代时，民间杂技繁荣起来。杂技艺人活跃在临时性游乐场所演出，称“踢弄人”。他们表演的相扑、上竿、走索、踢碗、扛鼎等，已有40多个节目。有人能挑一担水在绳索上行走，并走出花样，足见当时艺人的能力之高。明代《帝京景物略》中记载了北京南郊民间踏青时所看到的跟头、爬杆、登梯、弹弓、飞刀、烟火戏等各种表演。清代时杂技又进入了走会行列，十几档花会中，钢叉、中幡、耍坛子、石担、飞杠子等多为杂技表演。清末慈禧太后爱听戏，也爱看百戏，经常传旨让艺人进宫为她演出，杂技节目有宝塔碗、盘杠、高脚、桌上筋斗、球棒、耍伞、顶坛子等，一演八九个小时。民国前后，杂技表演品种繁多，深受民众喜爱。北京天桥三代“八大怪”中就有多位以表演杂技著名，如百鸟张（口技）、王小辫（中幡）、沈三（掼跤）、拐子顶砖、赛活驴（驴技）等，个个身怀绝技，引人围观。

1949年后，艺人们被组织起来，成立了众多杂技演出团体，绚丽多彩的传统节目与新开发的节目，有着鲜明的民族特色，深受国内外观众的欢迎。近年来，中国杂技团的表演者赴国外与外国杂技演员切磋、交流、表演、比赛，以其精妙独到的构思、出神入化的手法，表演了“柔术滚环”“芭蕾对手顶”“俏花旦”（空竹表演）等，接连获得国际杂技比赛的金奖。为进一步传承杂技艺术，实现杂技的产业化发展，演艺人员将杂技与其他艺术门类“嫁接”，创造出新的艺术形式，并推向演艺市场。广州战士杂技团编演了杂技剧《天鹅湖》，拿到芭蕾舞《天鹅湖》的故乡俄罗斯去表演，场场爆满，大获成功。中国杂技团则排演了杂技音乐剧《再见，飞碟》，演绎了外星人与人类共同保护地球生态环境的故事，传统的杂技绸吊变成了机器人和环保女的飞天之舞，传统的耍球节目演变成机器人为地球小姑娘奉上美食佳肴，再配上百老汇式歌舞包装，3D动画辅助，这新款杂技给了观众耳目一新的感觉。

73. 驯兽为艺的马戏

在节目中，经过训练的禽兽等动物所做的种种表演称马戏。

马戏在我国由来已久。西汉桓宽《盐铁论》中就有“马戏斗虎”的记载。马戏又称戏马，汉代马戏的技艺之一叫作“骗”，“骗”字在《汉书》中注称为“戏马之术”。三国时，马戏常临街表演，《魏书》载：“外有立骑马戏者，家人皆上阁观之。”《洛阳伽蓝记》记述：“奇禽怪兽，舞抃殿庭。”这是说一些奇特动物的表演，颇为可观。到了唐代，玄宗皇帝在宫中组织了庞大的马术队，时常举行各种马戏表演，当时的热门表演为“透剑门伎”，即马越刀山。地面倒插刀剑，间隔分成几组，寒光闪闪。表演者驾乘小马奔腾跳跃，飘忽而过，精彩至极。宫廷还举办马球比赛。诗人张说赋《舞马千秋万岁乐府词》：“髤髵奋鬣时蹲踏，鼓怒骧身忽上跻。”赞叹了驭手的骑术之高。从宋代起，民间的马戏表演热闹起来。开封街头有弄虫蚁、弄熊、蛤蟆排队、猴呈百戏等表演。有艺人驯七只乌龟叠罗汉，一只伏到一只背上，最小的一只爬到最高处，还能撑起前爪拿个大顶，令人叫绝。

马戏在国外同样历史悠久。古罗马时期已盛行斗兽表演。历史上第一个马戏团诞生于1769年，为英国伦敦的埃特雷马戏团。这个马戏团将单一的节目表演整合成一台衔接紧凑、周密的演出，并建造了圆形场地，加盖了棚顶。这家马戏团因此被称为马戏团的始祖。

美国的马戏表演也有100多年的历史。一个三兄弟马戏团在纽约麦迪逊花园广场演出，表演者包括几十名马戏丑角、上百名马背上的骑手和女郎，动物演员包括了大象、北极熊、狮、虎、狗熊、马、猴、狗、山羊等大批动物。一个个驯兽节目惊险、新颖、有趣，每场演出近3小时，马戏场可容纳20000人，被称作世界上最大的马戏演出。这家马戏团每年要进行国内外巡演，乘坐的火车多达41节车厢。

苏联国家马戏团20世纪50年代曾来中国演出，大获赞誉。2009年，俄罗斯国家马戏团又来武汉等地巡演，所率100多名“动物演员”包括猛虎、狗熊、狐狸、烈马、骆驼、公鸡以及豪猪等，驯兽师把它们调教得灵性十足，个个表演精彩，令中国观众大饱眼福。

近年来，我国的马戏表演也有长足进步。广州的长隆国际大马戏团推出一台《森林密码》的大马戏，舞台上搭建了实景森林舞台，使用的动物除狮子、老虎、大象、猴子外，还有河马、袋鼠、火烈鸟等，压轴的节目中还有一只白虎。这台节目通过在森林里发生的一系列故事，用天人合一的主题，迎合人们关注动物、保护环境的愿望，与观众产生共鸣。这台节目几年来常演不衰，每年门票收入超过一亿元人民币。

74. 奇幻迭出的魔术

魔术是杂技表演之一,也叫幻术或戏法。

“魔术”一词是外来语,但魔术并不是舶来品。在公元前2世纪,秦始皇统一中原后,便把全国各地的幻术、俳优等艺人集中到都城,统称为角抵俳优之戏,进行表演。当时的幻术即是早期的魔术。到了汉代,幻术作为一门独特而成熟的表演艺术流传于城乡。有文字记载,汉代时有位著名的幻术师东海黄公,能将宝剑吞入腹中,再吐出来。他还能张口喷出一串串燃烧的火焰;能用手在地面一画,所画之处流水汩汩,观者指哪儿即能画哪儿。

到了北魏时期,魔术表演更受欢迎。《洛阳伽蓝记》卷一载:“飞空幻惑,世所未睹,异端奇术,总萃其中。剥驴、投井;植枣、种瓜,须臾之间,皆得食之。士女观者,目乱睛迷。”隋唐年间,魔术表演规模扩大,隋炀帝在洛阳招待突厥可汗,曾招来幻术等杂技艺人3万人参加会演。唐代时有了专门传授杂技、幻术的教坊。钓鱼、遁人等幻术和其他一些杂技项目,传到了朝鲜和日本。唐代时魔术有传出,也有引入,唐人表演的一套使人睡卧剑锋的节目,就是从印度引入的。宋代时,兴起了一种称之为泥丸的手彩幻术,以后发展为国内外盛行不衰的仙人栽豆。这是表演魔术者都要熟练掌握的基本功。入清之后,魔术有了进一步发展,清末时有了魔术专著,魔术高手唐再丰经长期实践研究,编纂出版《鹅幻汇编》一书,书中收录了320套魔术节目,为我国自古以来魔术艺术的发展留下了极其宝贵的历史资料。

中华人民共和国成立后,魔术演员继承传统,排练演出了大量精湛的魔术,受到中外观众好评。最近几年,台湾魔术师刘谦在央视春晚表演了《幻镜》等节目,不仅本人走红,而且带活了一个行业。以前全国的魔术道具商店屈指可数,现在已发展有几千家,光北京就有上百家。如今每到年底,魔术表演成了许多公司年会的重头戏,除邀请魔术师到场表演,也有员工一显身手。为使一般人参与表演和取得成功,魔术培训中心也应运而生。有统计披露,仅一家培训中心就招收了学员3000多名,收取报名费30多万元。随着出现的“魔术热”,北京工人体育馆内又推出了中国首部亲子“魔术剧”。将奇幻的魔术融入神秘的童话,以魔术制造技艺高超的魔法和神奇梦幻的情境,让观众参与其中,互动表演。通过观赏魔术剧,让孩子们增强对于新奇事物的兴趣和想象力,了解魔法是假,魔术是真,在成长过程中留下美好的记忆。

75. 说学逗唱是相声

相声是深受民众喜爱的一种曲艺表演形式。这种表演的出现仅有100多年的历史。

一些研究者认为,相声最早的雏形是唐代的参军戏。相声的“相”字,是动作模仿之一,“声”是声音表现。“相声”两字,概括了相声艺术的表演特点,即通过声音和动作模仿来刻画人物,叙述事物。参军戏常有两个角色,一个称“参军”,一个称“苍鹘”(苍鹘为一种捕食迅猛的禽鸟)。参军相当于相声中的逗哏者,苍鹘则似捧哏。

起源于北京,真正称为相声是在清代同治年间。第一代相声艺人朱绍文艺名“穷不怕”,原是京剧丑角,那时清廷皇室连年死人,戏园子不准演戏,只得改行。传统相声《改行》即是以此背景编演的。朱绍文为谋生在街头搭个布棚子,或者用白沙子画个圈说唱起来,道具是两块竹板或扇子、手绢。这就是最早的单口相声。后来,朱绍文收了个徒弟,两人合说,这就形成了现今常见的一逗一捧的对口相声。后来又出现了群口和化妆相声。

在日本,相声称为“漫才”。表演者二人合说,戴风折鸟帽,着素装,打腰鼓,对话逗趣。以用语诙谐程度分为“落语”“轻口”等不同类别。日本相声也很受大众欢迎,还开办有专门的相声学校和研究协会。

20世纪四五十年代,我国平津地区相声人才辈出,相声演出火爆,并形成了几个派别。侯宝林台风稳健,表演潇洒大方,代表作有《改行》《关公战秦琼》《夜行记》等。常宝堃的表演欢快机巧,语言通俗生动,代表作有《前台与后台》《一碗饭》《孝子》等。刘宝瑞善说单口,表演中形成了声、容、情、神兼备的艺术风格,代表作有《官场斗》《日遭三险》《珍珠翡翠白玉汤》等。马三立的相声功底深厚,在长期的艺术实践中形成了内紧外松、表演细腻、含蓄隽永的风格,代表作有《卖挂票》《开粥厂》《开会迷》等。

20世纪80年代前后,相声圈涌现出姜昆、侯耀文等新人,相声演出又红火了一阵子。近年则出了郭德纲和德云社。虽然人们还爱在剧场里听相声,但相声不景气人所共知。有分析认为是因为电视小品的冲击、缺乏好的相声脚本、演员功底差、表演浮躁做作等。在娱乐生活多样化的今天,如何让相声创作演出走出低谷,让人们重新听到一些具备前辈大师风采、贴近生活、有浓郁幽默讽刺味道的相声段子,这是很多人所期待的。

76. 一说一演为双簧

双簧是北方曲艺说唱表演种类之一。相传为清代北京艺人黄辅臣所创,因其姓黄而得名。

关于双簧的创始过程,有一种说法是,黄辅臣原为咸丰、同治年间评书艺人,擅长模仿人物语言、市声、鸟兽声,以“连学带做”的表演见长,后来发展为两人表演的形式,一人在后说,一人在前演,称为“双黄”。另一种说法为黄辅臣是清代同治年间艺人,擅长说“硬书”,后嗓音失声,无法再说,于是改为二人合作,据传合演者即黄辅臣之子,表演时躲在其父身后模仿人物声音说话、演唱,黄辅臣则在前依样表演,不出声,偶尔故意露出破绽,逗观众发笑,因前后二人都姓黄,所以谓之“双黄”。

双簧的起源流传很多。有一种说法与慈禧太后牵上了瓜葛,说是双簧起源于清朝末年。当时慈禧太后经常把著名戏剧、杂曲演员招到宫中为她演唱。有个唱单弦的艺人黄辅臣表演滑稽段子很受慈禧赏识。一日黄辅臣又被宣召进宫,适逢他闹嗓子病,声哑唱不出调,但是他又不敢“违抗上命”不去。就在此为难之际,也很有表演才能的儿子想出了一个“暗唱明演”的应付办法,提出跟随父亲进宫,黄辅臣无奈应允了。不料他们的殿前表演,一下子就被慈禧当场看穿,爷儿俩都吓傻了,这“欺君之罪”如何得了?谁想慈禧是个喜怒无常的人,看了黄氏父子的表演反觉得新鲜、有趣,就说:“你们这叫双黄,好好唱吧。”免了他们的罪。此后人们纷纷模仿黄氏父子的表演方式,还补了粉脸,戴了个冲天小辫儿,尽戏谑逗笑之能事,使这一节目风行一时。以后有人在“黄”字上加了竹字头,“双簧”这一有趣的表演形式就此风行。

“文革”以后,各种曲艺形式各展生机,而双簧却不多见。20 世纪 80 年代初,中央电视台和北京曲艺曲剧团为保全艺术遗产,组织了息影舞台的老一辈著名曲艺演员录制经典传统节目演出。84 岁的孙宝才和 76 岁的王文禄合作演出的“双簧”,格外引人注目。其后双簧的表演就活跃起来。

双簧节目的精彩之处在于:蹲在椅子后的说者以念白指挥演者做各种动作,将其陷于尴尬,引观众发笑。传统的双簧段子常表演伸出手去,弯回戳自己眼。或入口,咬自己手。还有脸上落蚊子,扇自己嘴巴,装儿童撒娇等。近年曲艺专场演出和庙会上,推出了一些新的双簧段子,如变换节奏扭秧歌、跳迪斯科,以及点爆竹不响,凑近看又炸了等。演出凡有双簧,常能营造出欢快热闹的气氛,受到欢迎。

77. 唱说景画拉洋片

拉洋片是流行于我国北方北京等地的民俗表演之一,常见于庙会等游人聚集处。

相传,唐代时皇帝选苏杭两地十几名美女做嫔妃。一段时间后,妃子们个个思念家乡,愁眉不展。皇帝召集大臣出谋,以排解群妃苦闷。有人想出办法,先向妃子们询问其家乡的风貌,再由画师绘出一张张有西湖等景致的大幅彩画,又编写了唱词。悬挂彩画后,宫娥乐师看画歌舞表演。妃子们一边看画,一边欣赏演唱,仿佛又回到了故乡,不觉笑逐颜开。皇帝看解了妃子们愁容,亦龙颜大悦。这种表演形式传入民间,至近代常绘些西洋风景画,悬挂说唱,遂得名“拉洋片”。而源自唐代的“西湖美景八大片”的片子,也一直为后世艺人所传唱。

20 世纪 20 年代,拉洋片在北京开始流行。以后天桥“八大怪”第三代“大金牙”表演的拉洋片更是著名。大金牙叫焦金池,原是天津艺人,一次撂地卖艺遭当地恶霸毒打,门牙也打掉了。他来到北京,在天桥演出拉洋片。后来镶了一颗金牙,张嘴说唱时,光闪闪的金牙很引人注目,遂得到了“大金牙”的艺名。在大金牙的摊位上,挂有大幅彩画,以绳索操控升降。画幅下有半圆形木箱,箱面装一溜圆镜,下放长条板凳,人们坐上去可细观箱内画面美景。大金牙站在一边木凳上,旁立木架,放锣、鼓、钹三件乐器,各系以线绳,用手撑拉,三乐齐鸣。锣鼓之间,大金牙依画而唱。如叙说苏杭美景唱道:“往里边瞧哇,又一片,来到苏州大街您再观观:一条大街长十里,招牌幌子挂两边。钱庄当铺两对过儿,茶楼酒馆紧相连。路南有座美人书寓,画梁雕刻好门面……”每唱完一段歌词,必以降调放慢节奏,韵味十足地唱出个“哎”字拖腔,让人百听不厌。大金牙拿手的段子有《义和团》《联军进京》《抢当铺》等。他演唱的《大小姐拜新会》一折,学着女子把身一扭,夸张而风趣,总能赢得叫好声。

大金牙后来收徒罗佩琳,罗也包了颗金牙,人称“小金牙”。师徒俩都是一副不笑却常能引人发笑的模样,伶牙俐齿,善于即景即情现挂抓哏,打着锣鼓,信手唱来。在大金牙的场子里总是笑声不绝。京城其他各处唱拉洋片的艺人,也都爱学大、小金牙的唱法腔调。

20 世纪 80 年代后,阔别多年的拉洋片在北京几处恢复的庙会演出中重新亮相。1985 年春节,在地坛庙会拉洋片演出场子上,登台表演的是小金牙之子罗浩然。此时大、小金牙都去世已久,可老听众们发现,小罗唱的段子,每段落腔时的那一声“哎——”,其韵味、手势、身段还像当年听大、小金牙演唱时一样令人感到过瘾。

78. 呱呱打板数来宝

“数来宝”也叫“顺口溜”“顺口辙”“练子嘴”等，是从宋代贫民演唱的“莲花落”发展而来的。

从古时起，有的乞讨者为引人注意，敲打竹板或牛胯骨，串街讨钱。所念之词，大多现编，顺口而出，合辙押韵，讨人高兴。走到店铺门前开口就唱：“大掌柜，二掌柜，不知掌柜哪一位？数来宝的上门来，恭喜宝号大发财。”凡唱数来宝的讨要者，店家给十枚铜子不嫌多，给一枚不嫌少，接钱就走，再去下家。20世纪30年代，北京前门外正明斋糕点买卖做大，铺子门前来了个唱数来宝的，他巧唱抓哏，句句应景，一张嘴：“饽饽铺，数正明，名声盖了北京城。京蜜供，顺塔爬，甜香酥松不粘牙。九月九，正重阳，烤炉花糕大吉祥。京八件，喷上红，八样糖馅味不同。”店东听得顺耳，递他十大枚铜子，叫他接着数。他不假思索又是几句：“大掌柜，好心迹，可怜穷人没脾气。心又软，面也善，我一天给您磕三遍。”数得店方很有面子。唱数来宝的遇到店家不给钱，便越数越不受听了，什么“不开张，不卖钱，你的买卖透着悬”，“听我说句‘吉祥’话，趁早关张算了吧”。被数到如此地步，店家自觉无趣。以后有唱数来宝的上门，连忙掏铜子打发。

唱数来宝的讨要者中，有些有头脑的人，不甘于串街乞讨，而是以数来宝的形式，找块场地演出，由此成为艺人。老天桥第二代“八大怪”中的曹麻子即以表演数来宝而扬名。他在场子上手持两块扇面牛髀骨，系13个小铜铃铛和几绺红绿麻丝。自编自演了《推倒满清》《北伐成功》等数来宝段子。在牛髀骨呱嗒嗒伴奏下，他口若悬河，唱出的文明而有教育意义的数来宝新词大获好评。他以数来宝形式数说的《大实话》语句通俗，好听易记，如：“结朋交友要谨记，须知人心隔肚皮。画上春牛难耕地，纸糊驴马不中骑。”“活时争名又夺利，口眼一闭全没戏。万贯家财拿不走，只攥一把指甲去。”听了对人有警醒作用。曹麻子的数来宝迷住了不少听众，其中就有高凤山，他后来拜曹麻子为师，学唱数来宝，成了著名快板表演艺术家。

发展至今，从数来宝演变而来的快板，数说起来节奏鲜明，抒情动听，成为曲艺中的重要曲种。快板表演形式多样，一个人说的为快板书，两个人说的称对口快板，也叫数来宝，还有多人合说的群口快板和快板剧等。从篇幅看，有十几句到几十句的小段，也有能像评书一样连说多日的“蔓子活”。从地域方言分，有用普通话说的数来宝，也有用天津话唱的天津快板，以及类似快板演出形式的山西快板、四川金钱板、绍兴莲花落等。“包袱”“夸张”“铺陈”是快板常用的艺术手段。相声演员表演的《数来宝》，数来宝演员演唱的《绕口令》等段子，一直脍炙人口。

79. 学仿逼真的口技

口技是杂技的一种，表演者运用口部发音技巧来模仿各种声音。

我国最早的口技表演出现在两晋时代。那时的士大夫善以发“啸”（打口哨）表达飘逸清高。相传名士孙登隐居于苏门山，竹林七贤之一的阮籍去拜访他，他长啸数十声予以迎接，其中有鸾凤鸣声。后人认为这就是口技表演的雏形。晋代时还出现了与口技相关的古籍《啸谱》，全书共 12 章，记录了发声时口型变化和模拟龙吟虎啸、鬼哭神嚎的方法，对学习口技表演有一定参考价值。

口技表演传承下来，清末时出现了口技专家“百鸟张”。据《清稗类钞》记载，“百鸟张”本名张昆山。1890 年 5 月的一天，一伙旅居北京的读书人在什刹海一处密林风景地设宴会文。当时树林中百鸟翔集，使书生们神清气爽。席间“百鸟张”站前献技，在林边仿学鸟鸣，有雌雄、大小、远近、高低之分，活灵活现，鸣声动人。他还能与林中鸟儿对话，引得满林众鸟齐鸣。其高超的口技被传为佳话。

其后，不少口技表演者齐聚南城天桥，以卖艺为生。在三代“八大怪”中就包括好几位口技佼佼者。清末时第一代“八大怪”有位“醋溺膏”，又名“处妙高”。他擅唱小曲、码头调，也说相声，讲笑话，但他的绝活是口技。他表演口技时先收钱，然后钻入布帐仿学。他学什么像什么，如乡下黎明鸡叫、大人的呼噜声、喊孩子起床念书、做早饭、喂牲口等。人呼驴叫、孩子哭、大人喊、鸟叫狗吠一一学到，惟妙惟肖，逼真传神，趣味十足。另一怪“丑孙子”以长相丑陋得其绰号。他表演的口技以模仿办丧事时哭丧的声音为特色。学男女老少的哭声，学姨太太假哭、宾客的哭闹等。他的表演也很受爱看热闹的游人欢迎。民国以后，活跃在天桥的还有一位演口技的“汤瞎子”。他原名汤金澄，眼并不瞎，只是双眼小，又爱眯缝着，因而得名。他表演的虫、鸟、走兽、机械的声音精细入微，几可乱真。他学虫鸣学得最妙，学蟋蟀能学出蟋蟀在不同月份的叫声，学蚊子的嗡嗡声，能让人听着浑身不自在，以至想伸手拍打，实在令人叫绝。

20 世纪 50 年代，在一台曲艺演出中，常有口技表演，两名演员互相配合表演鸟畜之声，还借助麦克风学飞机、轮船、摩托车、汽车、火车等交通工具，启动和刹住之声，最后以“北京到了”“天津到了”谢幕。近年来口技表演已不多见。值得有关方面关注，加以扶持，使这项古老的艺术得以繁荣和传承。

80.醒目一拍说评书

评书为流行于我国北方地区的一种说唱艺术,为一人单独表演。

评书表演源远流长。早在唐宋时期便已有这一艺术行当,称“俗讲”或“说话”,脚本称“话本”。《京本通俗小说》中的《碾玉观音》即是宋代的话本。老北京的评书兴盛于清代康熙年间。有文字记载,当时的评书艺人手拿折扇,坐一桌后,讲述民间传说或历史故事,模拟书中人物的神态动作,边说边比画。桌上还放有一块一寸见方的硬木木块,称醒木。开说前,一拍醒木,叫“压言”,提醒听众安静。评书说到裉节处,烘托气氛和说到一场结束,要打钱了,也要拍响醒木。

评书按篇幅有长、中、短之分。长篇评书可说几个月,分若干大段落,叫“柁子”;再分以故事为中心,叫“梁子”;又以情节再分,称“扣子”。评书的技巧之一就是用扣子拴人、抓心。一场书在结尾处留下扣子,“听下回分解”,让听客悬着心,欲罢不能,惦记着改日再来,是说书人的“绝活”。评书按内容分,有袍带书、侠义书、神怪书等几种。帝王将相大都穿蟒袍,缠玉带,《列国志》《三国》等即为袍带书。侠义书则有《水浒》《三侠五义》《包公案》等。神怪书荒诞离奇,有《聊斋》等。

相传北京第一代著名评书艺人为王鸿兴,他为说好评书,曾下江南向柳敬堂拜师学艺,后誉满京华。清末民初时,京城又涌现了双厚坪、海文泉、张志兰等杰出评书艺人。什刹海的广庆轩茶馆聚有多位评书高手说书。除双厚坪,还有杨云清、潘诚立、田岚云、群福庆、陈士和、赵英颇等。双厚坪常说的书目有《水浒》《说唐》等。陈士和、赵英颇都说《聊斋》,前者喜欢说狐,后者擅长讲鬼,为此有“陈狐赵鬼”之称。田岚云精通武术,说书中摆出的刀枪架势极为漂亮,50多岁还能抬腿搬出“朝天镫”。杨云清说长书,一本《济公传》能连说四个月不止。当时听书中还有性情执拗的宫中当值太监,听到重要段落,恰逢宫内有差遣不能来听,就叮嘱说书者把情节抻长,扣子拖缓,等他完差再听分解。为吸引听众,有些艺人说书时也加入许多“书外书”,古事今说,佐以评论,而且暗讽时事,又不露锋芒,让听者心领神会,莞尔一笑。

评书在20世纪80年代的东北哈尔滨等城市格外红火,剧场争说,电台有播,还拍摄了大量录音、录像。新一代著名评书艺人刘兰芳、单田芳、连丽如等各形成自己的表演特色。连丽如不仅在北京开了三家书馆,还把书馆开到了新加坡、马来西亚和美国,原汁原味地传承评书文化,让更多的人喜爱这一门艺术。

81. 收听迅捷的广播

用无线电波向外播送新闻、报刊文章、科学常识或文艺等节目的机构称广播电台，所播送的节目叫广播。

1889 年，德国人赫兹发现，在火花线圈两端加上高电压使它产生火花，便会从火花中射出电波，并可使远处的线圈产生电流。1904 年，英国人弗莱明发明了二极管，它具有检波和整流的作用。1906 年，美国人弗雷特又发明了能将弱小电流放大加强的三极管。在这一年的圣诞夜，美国匹兹堡大学的教授费森登首次进行了无线电广播，他使用功率为 1 千瓦、频率为 50 赫兹的交流发电机播发节目，包括朗诵《圣经》中的小故事、小提琴演奏《圣母颂》《平安夜》等。1920 年，美国匹兹堡市的 KDKA 广播电台建成播音，成为世界上第一家正式播出节目的私营广播电台。仅仅两年后，美国就有了多达 600 多个广播电台和 100 多万听众。几年后，相继有 20 多个欧美国家也开办了广播电台。无线电广播的出现，在人类社会生活中率先实现了一点对多点的声音信息传播，对世界各地发生的大事能够及时告知。有了广播，很好地丰富了人们的文化娱乐生活。

1922 年，美国人为推销无线电器材，在我国上海开办了“中国无线电公司”，开始电台播音。1926 年，哈尔滨广播电台开播，这是国人自办的第一座电台。1940 年底，中国共产党领导的延安新华广播电台现声播音，这座电台在中华人民共和国成立后改称中央人民广播电台。20 世纪五六十年代，听广播是中国民众最主要的学习、娱乐方式，电台的节目多为新闻、戏曲、体育比赛实况转播、广播体操、评书、音乐等。

广播问世至今已有 100 年，广播手段和接收装置等，都发生了极大变化。20 世纪 70 年代出现了广播卫星，用卫星广播居高临下、覆盖面大。各地建立的广播中心，可同时使用中波、短波、微波进行广播。收听广播最初使用矿石收音机，不久发明了无线汽车收音机，以后又淘汰了笨拙的电子管，研制出晶体管收音机。如今的收音机调频、立体声与音响连为一体，具有多种功用。

信息时代三大技术，即数字技术、网络技术和卫星技术在传媒中的运用，使广播传媒成为最大的受益者，也使广播实现了真正意义上的“广为广播”。网络广播融汇了互联网与音频广播的优势，使广播节目能保存、有文字、可点播、随意检索与下载，并大大增加了信息量。虽然电视普及，电台广播难有轰动效应，但手拎一个小半导体听广播，还是一些老年人的习惯生活方式。驾车外出时，交通广播也常能给出行者带来便利。

82. 留有存照的摄影

摄影是以照相机拍下实物影像,俗称照相。

自古以来,人们就幻想着留下自己的影像。君王贵人可以找画师为其绘制画像,但毕竟有失真实,而且费时,更不方便。

1820 年,英国人维丘德利用硝酸银的感光性,制成了印相纸,在阳光下用暗箱可以拍下实物,但印相纸一见光就会“曝”掉影像。不久,法国人尼波斯用沥青做感光材料,经十几年努力,终于制作出了见光也不会消失的照片,但每拍摄一张照片都要曝光 6 个小时以上。直至 1839 年,法国人达盖尔发现银匙的影像留在了涂过碘的金属板上,又经测试,确定水银蒸发能使底片显像。恰在此时,一名叫哈谢尔夫的人发明了用海波定影的技术,照相术就此诞生了。然而当时照张相片并不轻松,所带的物件有一堆,一张照片要曝光半个小时才能完成。照照片如同做苦力,需脸上抹一层白粉,摆好姿势一动不动。常有小姐、太太在拍照时,体力不支而昏倒。

一个多世纪以来,照相技术有了快速的发展。1884 年,美国人伊斯特曼发明了可以卷成卷的照相底片,使外出拍摄变得便利。不久又诞生了彩色底片和彩色摄影。1947 年,又一位美国人兰德发明了一步成像照相机,可以 10 秒钟成像,称为“拍立得”。到了 20 世纪 70 年代,兰德的新型拍立得已成为袖珍型一体化机,实现了全自动化。1981 年,日本的索尼公司率先推出了一部磁性照相机,不使用底片,也就不用冲印,所摄图像可直接与电视屏幕连接,检查拍摄的效果。接着数码相机就诞生了。到了今天,人们无不用各式数码照相机、手机拍照,让需要冲洗成片的胶卷成为古董。

照相机从一个笨重的大木箱子到可以扛在肩上,能挂在脖子上,以至装到口袋里,这是外形上的变化。如今的照相机分辨率达到上千万像素已很平常。2012 年全国政协开幕式的新闻图片传到网上后引起轰动。网友们发现,被局部放大后的画面非但没有出现“马赛克”,反而越发清晰,以至于放到最大时可以看清与会每一位委员的神态表情。据有关专家介绍,图片画面最大时分辨率达到 12 亿像素,是用 60 张 2000 万像素相机的拍片拼接而成的。专家还谈道,数码科技发展到今天,一次成像 12 亿像素图片也已成为现实。目前卫星上使用的数码相机,拍摄一次成像的图片已高达 40 亿像素。

83. 电影的起源和发展

电影是一种综合艺术，用灯光把拍摄的连续形象投放到银幕上，便可供观众欣赏。

1895年末的一天，在法国巴黎卡普辛路一家大咖啡馆里，有35位观众每人以1法郎购买门票，看到了世界上第一部电影《工厂的大门》。观众看到悬挂的一块白布上出现了能做出连续动作的人群：下了班的工友从工厂大门走出，有戴着法国草帽提着饭盒的，有推着自行车的，还有相互说笑的，等等。电影内容简单，只表现了一个社会生活片段，然而，观众首次看到人像在布面活动，却感到有趣。这部电影是法国卢米埃尔兄弟综合了当时各国科学研究成果，拍摄放映成功的。以后他们又成功制作了25部电影短片，有《火车进站》《婴儿的午餐》和有了一点情节的《水浇园丁》等。

电影发展到20世纪20年代，众多故事片荟萃银幕，如卓别林主演的《摩登时代》《苦儿流浪记》，以及《战舰波将金号》等无声片，至今仍有很高的艺术价值。1926年，美国华纳公司拍摄了有声歌舞片《唐璜》，被称为“伟大的哑巴”的电影终于亮开了嗓门。10年后立体声电影也出现了。20世纪30年代中期，德国电影以多层乳剂彩色底片拍摄出彩色电影。在1939年的纽约世界博览会上，以5台放映机将合成的画面放映到半球形银幕上，推出了宽银幕电影。

电影发明后不久便输入到中国。1896年8月，观众在上海徐园看到的“西洋影戏”，是我国首次放映的电影。1905年，中国人第一次拍摄了电影，北京丰泰照相馆为著名京剧演员谭鑫培拍摄了戏剧片《定军山》。中国的第一部无声故事片是《难夫难妻》，拍摄于1913年。第一步有声电影《歌女红牡丹》，拍摄于1929年。第一部部分彩色影片是1932年拍摄的《啼笑因缘》。这部影片集彩色、黑白、有声、无声为一体，别开生面，空前绝后。

电影发明至今一个多世纪以来，如今世界上每年都摄制出新片成千上万部，史上名片巨片数不胜数。高端电影科技得到迅猛发展。几年前观众在第2届北京国际电影节展映活动中观赏了4D版的《泰坦尼克号》。当邮轮拉响汽笛驶离港湾时，舰首激起水浪，使座椅前方也飘飞起水滴，观众只得摘下眼镜擦拭水汽。当杰克受邀请到贵宾船舱赴宴，他穿着笔挺的西装身上的淡雅香水味儿飘散到了每一个座椅周围。当半截船体坠入海水中时，剧烈晃动的座椅竟让观众出现失重的感觉，发出尖叫。影院的4D特效编程处理，给人代入感。观众看后虽然喊累，但赴此震撼身心的视觉盛宴，收获了奇妙的感受、快乐，又喊值得。

84. 奥斯卡与电影奖

美国的奥斯卡金像奖是世界上最著名的电影奖项之一,被视为电影界的至高荣誉,独占各类电影艺术奖的鳌头。

1927年春天,美国好莱坞的演员、导演、剧作家、摄影师和制作者等影界人士集会,成立了一个委员会,定名为“电影艺术和科学协会”。这个机构以提高电影艺术与科学的质量、促进人类文化教育和艺术发展为宗旨,提出对优秀电影工作者的显著业绩予以表彰,决定设定“学院奖”。1929年春,经认真评选,举行首届电影授奖仪式。首届奖项只有最佳影片、最佳男主角、最佳女主角、最佳导演等不多的奖项,共颁发了15尊金像。

获奖者得到的奖品,是一个雕刻的裸身男人。由24K金板打造,高30.29厘米,重3.639公斤。1931年,担任协会执行主席的海瑞克第一次看到奖品小金人时,不觉惊叫道:“呀,它真像我的叔叔奥斯卡!”这一无意中的惊呼,从此使美国这一电影奖有了响当当的“奥斯卡”名号。

自首届以后,奥斯卡授奖活动基本每年举行一届,曾三次荣膺金奖的有英格丽·褒曼、凯瑟琳·赫本、劳伦斯·奥利维尔等。从21届奥斯卡评奖开始,增设了“外语片奖”,打破了授奖对象只限于美国电影的框框。英国的《王子复仇记》《桂河大桥》《甘地传》、意大利的《偷自行车的人》、日本的《罗生门》、苏联的《莫斯科不相信眼泪》等,都曾获得这一荣誉。

奥斯卡奖的评选,竞争激烈。影片一旦中奖,马上可以重新放映,有关参与者名利双收。即便仅获得参选提名,也可使影片身价百倍。我国音乐家苏聪为《末代皇帝》作曲,曾荣获奥斯卡音乐奖。影片《大红灯笼高高挂》《秋菊打官司》曾先后获65届、66届奥斯卡奖的提名。如今奥斯卡颁奖已举行了92届,奖项多达23个。

除美国奥斯卡评奖外,现今世界上每年都要举办多达150余个各种国际电影节和电影评奖活动。意大利水城威尼斯自1932年创办了世界上首个国际电影节,设立了金狮奖、银狮奖。1992年,张艺谋执导的影片《秋菊打官司》曾获威尼斯电影节金狮奖。法国戛纳的国际电影节设有金棕榈奖,1993年,陈凯歌导演的影片《霸王别姬》荣获该项大奖。德国柏林电影节设有金熊奖、银熊奖,我国参评的故事片、美术片多次获金奖、银奖。世界著名的电影奖还有印度的金孔雀奖、日本的学院奖等。中国为优秀影片设有金鸡奖和百花奖,以及台湾设有的金马奖、香港设有的金像奖等。

85. 深入家庭的动画片

利用各种美术创作手段拍摄的影片称美术片，美术片中最大的一类是动画片，在欧美称卡通片。美术片中还包括木偶片、剪纸片等。

世界上首部动画片是1906年由美国人布拉克顿拍摄的。在其名为《奇怪的脸》一片中，布拉克顿让画家画了8000张漫画，将一连串动作相连的图像慢拍，再快速放映，利用人眼视觉暂留的印象，拍出了人眼眨动、打哈欠、吸烟吹出烟圈等有趣画面。1918年，美国公映了一部影片《鲁西塔尼亚号沉没》，这是世界上最早的长篇动画故事片。

美国动画片《米老鼠和唐老鸭》的摄制和放映是动画片发展史上的一座丰碑。由沃尔特·迪斯尼构图产生的米老鼠，长着圆圆的黑耳朵、灵活的大眼睛和一个可爱的大嘴，它天真、善良、淘气、幽默，在系列表演中塑造了发明家、音乐家、侦探、管子工、消防队员等不同形象，受到美国和世界各国观众的喜爱。以后迪斯尼又为米老鼠创造了新伙伴唐纳德鸭子，很快唐老鸭也成了鼎鼎大名的影星。

20世纪80年代，在中国的电视上，放映了《米老鼠和唐老鸭》，不仅少年儿童爱看，连许多青年人、老年人也被其动画造型和艺术魅力吸引。其后又接连放映了《猫和老鼠》以及日本动画片《铁臂阿童木》《聪明的一休》等，也都大受欢迎。

中国动画片起步也较早。1930年上海长城影业公司摄制了中国第一部动画片《纸人捣乱记》，真人与动画合摄，体现出一定的拍摄技巧。1940年拍摄的动画片《铁扇公主》曾在东南亚一些国家放映。中华人民共和国成立后，动画片的摄制进入一个繁荣期，《神笔马良》曾在意大利、叙利亚、南斯拉夫、波兰等国电影节上获奖。《大闹天宫》、水墨动画片《小蝌蚪找妈妈》等影片在国内外也都深受好评。

20世纪90年代，美国好莱坞推出动画片《狮子王》，引领了拍摄动画大片的热潮。近些年来，一批动画片佳作相继问世，如《怪兽史莱克》《玩具总动员》《变形金刚》《功夫熊猫》等，在世界各地热映，并且纷纷拍摄续集。影片中的人、动物和玩具形象被广泛用于商品、游戏等方方面面，其票房等商业价值是一路走高的。

如今在动画片职业中，动画人才具有非常广阔的用武之地。主导职业就职机构包括大学专业教室、国有动画制片公司、专业动画责任公司以及教育机构的动画部门等，另有大批相关职业、自由职业人员投身动画创作生产的领域，使动画片成为一个极其重要的产业。

86. 科幻片和奇幻片

故事片是电影艺术的最重要品种,科幻片和奇幻片又是电影故事片中的两个重要门类。

科幻片为科学幻想片的简称。这种类型的电影是从今天已知的科学原理和科学成就出发,对遥远的未来和苍茫的过去作幻想式的场景描述。其故事内容既不能违反科学原理凭空臆造,也不必拘泥于已经达到的科学现实,创作者完全可以充分展开想象,构成自己的故事,并能较多利用特技摄影。因此,科幻片往往能让观众观赏到曲折复杂的情节和惊险离奇的场面。

科幻片是早期探险片的一个发展。1902 年,法国电影大师梅里爱拍摄的《月球探险记》,被认为是最早的科幻片。以后根据法国科幻小说作家凡尔纳的名作《海底两万里》《地心游记》等又拍摄了多部黑白科幻片,大受欢迎。这也表明电影科幻片的发展与科幻小说的盛行有着密切的联系。从 20 世纪 50 年代开始,根据科幻小说改编的电影大为流行,70 年代的美国好莱坞摄制的《星球大战》《E. T.》等科幻片曾轰动各国。以后《终结者》《蜘蛛侠》等科幻片在电影界也产生了很大影响。

在 100 多年的发展中,科幻片常常使用可能的未来世界作为故事背景,以宇宙飞船、机器人或其他超越时代的科技元素彰显与现实之间的差异。类型包括冒险片、动作片、史诗片、神话片、灾难片、惊悚片、社会片,也有喜剧片。

奇幻片又称魔幻片、玄幻片等。欧美的奇幻片的故事多发生在一个异世界中,与北欧神话和中世纪的史实有着关联。在奇幻片中,欧美的制作占主流,大部分承袭了中世纪世界观和“剑与魔法”的主题,代表作有《魔戒》《龙枪》等。日本的奇幻片是把本国的传统文化及超现实手法融入其中,拍摄有本国特色的奇幻片。从 20 世纪 90 年代起,奇幻片在影坛异军突起,尤其受年轻观众的欢迎。20 世纪末,英国作家罗琳推出了《哈利·波特》系列小说,美国好莱坞不失时机地一集集摄制了奇幻片,形成了全球各国民众争看奇幻片的热潮。

在各集《哈利·波特》中,展示了童话中亘古常新的正义战胜邪恶的主题,不时出现可骑行飞天的扫帚、带翅膀的钥匙、打人的柳枝、会飞的本册、变形的药汁,还有三个头的大狗以及巨龙、魔眼、魔杖、咒语、冥想盒等。荒诞、夸张、变形、时空错位、非逻辑性等任意组合,营造出众多光怪陆离的故事场景,让少儿观众及各年龄段的成年人都看得兴奋并感受到神奇刺激。如今罗琳的《哈利·波特》封笔了,电影的终结篇也画上了句号,但有了《哈利·波特》引领,人们有理由相信奇幻片不会被冷落。

87. 让人惊悚的恐怖片

恐怖片是以恐怖情节和恐怖气氛贯穿全剧的影片，专事以神鬼妖异或现实生活中发生的离奇怪诞可怕的故事来刺激观众，使观众产生恐怖感。

拍摄放映恐怖片，最早流行于欧美各国。为了加强恐怖效果，美国一些影院专演夜场，当观众看到紧张处，正感到毛骨悚然时，眼前还会有骷髅轻飘飘地凑近，手抓座椅会触到低压电流。为招徕观众，影院还代售吓死人可获得高额人寿保险。20世纪30年代，美国好莱坞推出了《苍蝇》《化身博士》《科学怪人》等几部科幻恐怖片，接连获得成功。科幻恐怖从此成了好莱坞的一块金字招牌。

恐怖片品种多样，从取材上大致可分为灵异片、暴力片、灾难片、悬疑惊悚片几个类型。20世纪50年代以来，我国港台和日本主打灵异片，发挥东方哲学和玄学的神秘色彩，在设置人物故事情节、运用灯光场景、制造气氛等手法上无所不用其极。昏暗的住所、夜深的镜子、飘行的影子、伸出的黑手、异形、变脸等，都在恐怖片中层出不穷。以日本恐怖片为代表，影片着重于制造心理压抑，挑动观众的恐怖情绪，不断让观众受到惊吓。《午夜凶铃》改编自日本作家铃木光司的同名小说，美国版和日本版的《午夜凶铃》各具特色，都在营造恐怖气氛上做足了文章，牢牢吸引住观众的眼球，迫切想知道情节的发展和迷局的解开，并在惊惧的情绪中难以自持。一个时期以来，给人造成惊慄的经典恐怖片还有日本的《咒怨》《裂口女》，韩国的《笔仙》《人形师》，欧美的《闪灵》《死寂》《招魂》《鬼影》《鬼影实录》《恐怖游轮》《死神来了》《惊声尖叫》，我国内地和港台版的《聊斋》以及香港的《山村老尸》等。

在欧美的电影恐怖片中，有不少是吸血鬼和狼人一类的鬼怪灵异题材。美国早年的恐怖片《苍蝇》描述了人与苍蝇的基因相混合，科学家变成了一只血肉模糊的巨蝇，到处作祟而难以除掉，使观众感到惊恐惶惧。20世纪70年代，美国好莱坞推出了《异形》及其续集，把人类对于外星生命的恐惧展现出来，影片时不时显露出恐怖给民众带来的绝望。2002年，好莱坞又一部恐怖片《八脚怪》公映，内容描述因化学品的泄漏使一群蜘蛛成了硕大强悍的八脚怪。这些残害人的异类每一出现都让人胆战心惊，坐不安稳。

恐怖影片有着揭示人类自身本性和批判人性弱点的作用，让人在恐怖之余，对影片主题有所感悟。怪力乱神的说法古已有之，在科学昌明的今天，人们不相信怪力乱神，但需要恐惧。因为这也是生活中的一种解压、娱乐方式。

88. 电视和电视剧

英语中的电视 television 由希腊文 tele(远的)和拉丁文 vision(看)组成,意为远距离传送可视画面。

早在 1817 年,瑞典科学家便发现了可用于电视的重要原料"硒"。1873 年,英国电子学家发现硒可感受不同光谱,具有把光变成电,并利用电子讯号把事物的影像携带放射出去的能力。这是最早的电视构想。只是由于当时受电子技术条件的限制而使电视研制停滞不前,才让电影抢到先机。1928 年,法国物理学家巴泰勒米制作出世界上第一台电视机,经电台几次广播发射,获得成功,从此电视进入了民众的文化生活。

电视出现之初,主要是现场摄录一些戏剧演出,在电视荧屏播放,人们在家庭观看,称其为"家庭戏剧"。以后电视中开始播映电影,又把电视称之为"小电影"。经过长期的探索和实践,电视逐渐找到了与观众交流的独特方式,它比电影更亲切,更及时,能准确将社会生活中发生的大事小情直接反映给民众,且收视方便,可随意选择、变换节目。

电视节目的丰富,使它也不再满足于其他艺术门类的"送货上门"。电视剧应运而生。品种包括言情片、喜剧片、功夫片、惊险片等。许多电视剧为系列多集,按时连续播放。英国播放的一部著名电视剧《加冕典礼街》,反映 18 世纪初维多利亚女王时代英国北部一工业城市中的民众生活。这部电视剧很受观众喜爱,每周播放两集,自 1960—1980 年,竟连播了 20 年,播放了 2100 集。

1958 年 5 月 1 日,中国第一座电视台北京电视台开播,播放了诗朗诵和舞蹈节目。同年 6 月,这家电视台摄制播出了中国第一部电视剧《一只菜饼子》,讲的是忆苦思甜的故事。1986 年,中央电视台播放了《西游记》,这是中国的第一部电视系列剧。如今各省地市都设有电视台,可 24 小时连续播放,还有上星和高清频道。电视节目内容广泛,丰富多样,有线电视可播出几百个频道的节目。各种题材的电视剧荧屏荟萃,争奇斗艳。看电视已成为千家万户文化生活的重要组成部分。

自 21 世纪以来,在电视上受欢迎热播的电视剧众多,如《永不瞑目》《大宅门》《康熙王朝》《激情燃烧的岁月》《中国式离婚》《家有儿女》《武林外传》《亮剑》《金婚》《士兵突击》《潜伏》《蜗居》《红高粱》《琅琊榜》《甄嬛传》《芈月传》《人民的名义》等,这一系列优秀作品的出现,表明了我国电视剧事业的快速发展,同时也带动了相关经济的有效增长。

89. 雅俗共赏的情景喜剧

情景喜剧是一种戏剧演出形式。如今在很多国家，情景喜剧是最受欢迎的电视节目之一。

情景喜剧最早以电台广播剧出现于美国20世纪30年代。《哥德堡一家》曾是一部极受欢迎的广播剧。剧中讲述了犹太移民哥德堡夫妇和他们两个孩子的生活，情节围绕着家人与朋友、邻居之间的交往展开，平凡的生活中充满情趣，诙谐幽默的对话、举动层出不穷。美国在“二战”后电视机进入众多家庭。广播电视网开始寻找能吸引观众的节目，在引进电台明星后，搬用广播剧《哥德堡一家》的模式，推出了《奥尔德里奇的家》《赖利的生活》等电视情景喜剧，并很快让大批观众着迷。

美国的情景喜剧一般每集播放时间在20分钟左右。一部情景喜剧常见的角色有4个，即主角、反主角、爱恋者和哥们儿。情景喜剧的场景多种多样，拍摄方式主要有三种：有现场观众、无现场观众及外景拍摄。美国的情景喜剧类型多样，《辛普森一家》就是动画类的。20世纪90年代播放的《六人行》，全剧拥有持续发展的故事线，十年中几条故事主线并行发展，每一集结尾还会留下悬念，让喜爱观赏的观众欲罢不能。

1987年，在美国实习拍摄电影的英达，注意到了情景喜剧的拍摄，“偷师”学习。回国后与作家王朔策划，邀请众多影视明星拍摄了中国首部120集情景喜剧《我爱我家》。播放之初，褒贬不一，还被南方省市评为“年度最差电视剧”。但极高的收视率表明了观众对这部剧的喜爱，且越播放越火，很多观众成为《我爱我家》迷，百看不厌。《我爱我家》也成为情景喜剧的经典。

近20年来，各地拍摄了情景喜剧几十部，如《东北一家人》《中国餐馆》《八哥正传》《候车大厅》《家有儿女》《炊事班的故事》等。英达又拍摄了《闲人马大姐》，多达445集。中国的情景喜剧多为现实题材，而古装版的情景喜剧《武林外传》一经播放，也让观众眼前一亮。如今尽管情景喜剧在我国各地电视台仍在不断拍摄播放，但大多不在黄金档时间，显见其式微。近几年，《家有儿女》《爱情公寓》都拍摄了多部续集，《我爱我家》也拍了续集，但影响却不大。许多曾痴迷于情景喜剧创作的幕后功臣都纷纷转行，情景喜剧陷入制播的恶性循环和没落已是不争的事实，让人感到无奈。在国外几十年长盛不衰的情景喜剧，在中国由盛而衰却只经历了20多年时间，这背后的原因很值得反思。

90. 作用非凡的主持人

主持人即掌控电台、电视台、舞台演出节目的人,能影响节目走向。

节目主持人并不是今天才有的。早在我国宋代已然有之。那时节目主持人名为“竹竿子”,在主持节目时手拿一根象征“竹竿拂尘”的竹枝上台。“竹竿子”一角多由教坊内擅演“参军戏”的艺人担任。参军戏为今日相声的雏形,艺人口齿伶俐,串联主持节目最是恰当。持竹上台与古代的“竹崇拜”不无关系,远古时,先民爱以竹子占卜、祭祀,相信竹能通神。戏剧演员发端于祭坛,所以节目主持人的前身实为祭坛主持人。一个节目将上场,先由“竹竿子”上前致语,道出节目,相当于今天的报幕。表演行将结束,“竹竿子”最后再走上台,念七言诗一首,然后以“歌舞既阑,相将好去”之类的话语送别观众。

在当代,随着电视新闻节目的发展,新闻报道人的作用变得重要。他应有能力把各种新闻消息组织成一个节目,并能亲临现场进行报道,在整个节目中能够自编、自播,还要有临场发挥、活跃现场的能力。1952 年,美国 34 届总统大选。美国哥伦比亚广播公司新闻节目负责人米克尔森挑选具有丰富经验的记者沃尔特报道这一年的美国两党代表大会。米克尔森和制片人休伊特认为,要使报道显得有力,必须把一些主要新闻串接起来,并进行一番概括、总结。休伊特把这种设想比作接力赛跑的最后一棒。持棒人即主持人,主持人即持棒跑向终点的角色。在精心策划下,沃尔特成功完成了这次报道。他也成为世界上首位冠以“主持人”的人。以后,节目主持人不仅频繁出现于新闻节目中,也主持采访活动,活跃于娱乐节目中。

哥伦比亚广播公司新闻节目《60 分钟》主持人迈克·华莱士,是最为著名的主持人之一,有着“考问者”之称。数十年中,他以咄咄逼人的提问方式采访了众多世界风云人物,从霍梅尼到内贾德、马丁·路德·金到安·兰德,还有肯尼迪、尼克松、里根、邓小平、江泽民,及众多文体明星等。华莱士在其主持人、记者的生涯中获得过 21 次美国电视最高奖“艾美奖”。其中的一次获奖来自“9·11”事件发生前几周,他曾在节目中以自己调查的内容警告,美国或将遭受恐怖主义袭击。

众多成功的主持人经历表明,优秀的主持人无不有着良好的专业素质和心理素质,有着敏锐的观察力、判断力和应变能力。他们博学多才,平易亲切,幽默风趣。曾活跃于中央电视台节目中的赵忠祥、倪萍、杨澜、崔永元等都是观众熟知的节目主持人。人们期待着更多优秀节目主持人的出现。

91. 雄浑的交响乐

交响乐是由管弦乐队演奏的大型乐曲，最能表现音乐的壮丽、雄浑气势。

交响乐的名称源于古希腊，是当时“和音”“和谐”两个词的总称。到了古罗马时期，演变为泛指一切器乐合奏曲和重奏曲的代称。在欧洲文艺复兴时期，交响乐又成了一切和声性质、多音响乐器的标志。

进入18世纪后，音乐艺术在欧洲有了繁荣发展。1740年，奥地利作曲家蒙恩在歌剧序曲的快板、慢板、快板三个段落中加入了一个小步舞曲乐章，组成了四个乐章的古典交响乐典型形式。以后的交响乐通常由四个乐章组成。第一乐章通常采用快板的奏鸣曲形式，含有戏剧性。第二乐章一般为抒情的慢板，表达内心感受及哲学思考。第三乐章一般多为中速的舞曲或谐谑曲，抒发不同的心态情绪。第四乐章往往采用快板的回旋曲，表现民俗生活的热烈场面。

18世纪的奥地利作曲家海顿，出生于一个贫苦的车轮匠家庭。他受父母爱好音乐的影响，从小就接触了奥地利民间音乐，后接受了传统的音乐教育，研习作曲。海顿在继承前人成就的基础上不断探索，使交响乐四重奏的体裁得以确立和成熟。他一生写了104部交响乐，被称为“交响乐之父”。代表作有《告别交响乐》《惊愕交响乐》《时钟交响乐》等。

继海顿之后，奥地利作曲家莫扎特以才华横溢的乐思创作了大量脍炙人口的音乐作品。15岁以前，仅交响乐就写了16部。他的作品注意突出美妙的旋律，并注意乐章之间音乐性质的对比，为交响乐的戏剧性发展做出了贡献。德国作曲家贝多芬，在音乐创作中大力反映法国大革命时期“自由、平等、博爱”的时代精神，对交响乐的结构、旋律、节奏、和声、配器等表现手段加以革新。他先后写出9部交响乐，其中《英雄》《命运》《田园》等都是震撼人心之作。柴可夫斯基是俄罗斯音乐与西欧古典音乐的集大成者，他的作品一向以旋律优美、通俗易懂而著称，又不乏深刻性，是社会生活的真实写照。他所写的《悲怆》等交响曲，有着浓烈的民间特色和生活气息。在交响乐创作中有突出造诣的还有舒伯特、门德尔松、舒曼等。

我国交响音乐初创于20世纪20年代。人民音乐家冼星海以其鲜明的民族风格和炽烈的爱国情怀对我国交响乐的创作发展做出了贡献。中华人民共和国成立后，国内乐坛涌现了《长征交响曲》《嘎达梅林》《春节序曲》《梁山伯与祝英台》等交响乐作品。近年则创作演出了《春祭》《离骚》《北方森林》《山林》等一大批具有民族化和较高艺术水准的交响乐作品。

92. 小夜曲和摇篮曲

小夜曲为西洋音乐中的一种小型声乐曲或器乐曲,多以爱情为主题。摇篮曲为催婴儿入睡所作的声乐曲,曲调轻柔绵长。

小夜曲起源于欧洲中世纪骑士文学,流传于西班牙、意大利等国。小夜曲由青年男子夜晚对着情人的窗口歌唱,倾诉爱情而得名,歌曲旋律优美、委婉、缠绵,常用吉他或曼陀林伴奏。

奥地利作曲家莫扎特的歌剧《唐璜》第二幕有一首小夜曲。表现的是放荡不羁的西班牙贵族唐璜,在农家姑娘采琳娜窗前表达爱慕之情,想用歌声勾引她。歌曲由剧中反面人物所唱,带有讽刺韵味,但曲调优雅淳朴,柔美动听,极富民间歌曲的特点,成为小夜曲中的经典之作。舒伯特的《小夜曲》表现了一位青年向他心爱的姑娘作深情倾诉,也被广为传唱。

小夜曲通常是黄昏或夜晚向所爱的人唱出的情歌,但也可以用在别的时间段。舒伯特的《听,听,云雀》就是一首早晨唱的小夜曲,这是在莎士比亚歌剧《辛白林》中,克洛顿向伊摩琴唱的情歌。剧中"迷人的金盏花开始睁开金色的眼睛","这一切多么美丽,我亲爱的姑娘醒来"等词曲,极好地渲染了晨光明媚、小楼梦回的意境。法国作曲家古诺为雨果的诗所作的《小夜曲》,也是一首久经流传的名曲。旋律浪漫、娓娓动听,具有摇篮曲的情调。

摇篮曲是小夜曲体裁的一种,也称催眠曲,节奏较为舒缓,一般用四分之三或八分之六拍子,在如摇篮轻轻摆动的伴奏音型衬托下,唱奏抒情的主旋律,演绎妈妈在耐心呵护婴儿入睡。舒伯特和勃拉姆斯等都写有摇篮曲佳作。相传,舒伯特在世时穷困潦倒,一次在饥饿中走进维也纳一家饭店。没有钱如何吃饭呢?他窘迫地低头看报,一首母亲哄儿入睡的小诗句打动了他。他来了灵感,一段旋律涌上心头,他立即将曲谱写在一页菜谱上,标明《摇篮曲》,然后用它换到一份土豆烧牛肉。就是这页写在菜谱上的《摇篮曲》手稿,多年后被送到巴黎市场拍卖,起拍价高达 4 万法郎。

拍哄小孩子入睡,大人常唱出节拍缓慢的歌谣。我国有一首很古老的摇篮曲:"月儿明,风儿轻,树影儿遮窗棂。蛐蛐儿,叫声声,好像那琴弦声。琴儿轻,声调动听,摇篮轻摆动。娘的宝宝,闭上眼睛,睡呀睡在梦中……"如今的《儿歌睡眠曲大全》《摇篮曲专辑》等轻音乐、歌曲图书、视频,许多由名家演绎,已成为众多有婴儿家庭的必备品。

93. 优美的圆舞曲

圆舞曲是一种每节三拍、起源于奥地利民间的舞曲。

圆舞曲音译为华尔兹，是从奥地利乡村三拍子的“兰德勒”舞曲基础上发展成的，在维也纳十分流行，为此圆舞曲也称维也纳圆舞曲。跳这种舞时，一对对男女舞伴按照舞曲的节奏旋转打圈。典型的圆舞曲伴奏音型是强弱分明的音符，第一拍是强拍，奏和弦的低音，第二、三拍是弱拍，在较高音区奏和弦音。圆舞曲分快步和慢步两种，快步乐曲热烈欢快，慢步乐曲优雅华丽。这种舞曲从 19 世纪起风行欧洲各国，并逐渐成为在世界上流行最广的一种舞曲。

在 18 世纪后半叶，奥地利首都维也纳成为欧洲古典音乐的活动中心和圆舞曲的故乡。莫扎特写了近 50 首短小精悍、具有民间风格的圆舞曲。舒伯特写的圆舞曲更多，有 200 多首。钢琴作曲家肖邦写了 14 首音乐会圆舞曲。这些圆舞曲至今仍经常在各国音乐舞台上演奏。

创作圆舞曲最为著名的是奥地利作曲家约翰·施特劳斯父子。指挥家、小提琴演奏家、作曲家老约翰·施特劳斯出生于维也纳的一个音乐家庭，长大后因其音乐才能出众，被皇帝委派，专门负责宫廷舞会的音乐事宜。他先后谱写各种舞曲 250 余首，其中圆舞曲占 150 首。老约翰·施特劳斯之子小约翰·施特劳斯 7 岁便开始创作圆舞曲，19 岁时组织了一个管弦乐团，到波兰、德国的各大城市举行圆舞曲演奏会，使维也纳圆舞曲风靡整个欧洲。以后，他成了以创作轻音乐享誉乐坛的音乐家。他先后创作了 400 多首轻音乐作品，其中的圆舞曲达 168 首，最著名的有《蓝色多瑙河》《维也纳森林的故事》《艺术家的生活》《春之声》等。他的以圆舞曲为代表的轻音乐作品，富有生活气息，深受广大听众喜爱。人们尊称他为“圆舞曲之王”。1872 年，施特劳斯被邀至美国波士顿城举行演奏会。他亲自指挥由 1087 人组成的管弦乐团、20000 人组成的合唱团，联合演出他的代表作《蓝色的多瑙河》圆舞曲，观众达到 10 万人之多。如此盛况，成为音乐史上一段佳话。

圆舞曲在俄罗斯也有广泛的流行。在柴可夫斯基的创作中，圆舞曲也具有独特的位置，他不但在《天鹅湖》等舞剧中写出了许多著名的圆舞曲，并且把圆舞曲纳入了交响套曲的统一构思中，成为交响乐中的一个独立乐章。

中华人民共和国成立后，我国作曲家将外来的体裁和民族音乐相结合，也创作了具有民族风格的圆舞曲，如《青年圆舞曲》《春天圆舞曲》《青年友谊圆舞曲》等，受到人们的喜爱。

94. 黑人创造的爵士乐

爵士乐是20世纪初产生于美国新奥尔良的一种舞曲样式的音乐。

爵士乐渊源于非洲黑人音乐。17世纪初,当大批非洲黑人被贩卖到美洲沦为奴隶,他们把自己喜爱的故乡音乐也带到了美洲。爵士乐是作为穷苦黑人的“娱乐音乐”发展起来的。黑人奴隶被卖到美国南部种植园,要长时间在棉田和烟草地里劳动,寿命很短。当一个黑人死去,他的亲友就会结队把他的尸体搬到墓地。在新奥尔良,送葬队伍常有乐队伴奏,去往墓地途中,乐队会奏出滞缓而庄重的乐曲。但在返回路上,送葬人的心情起了变化,庆幸自己仍健在,乐队随之奏起欢快的曲子,对葬礼曲调的和声和旋律进行即兴发挥。这种音乐使得人们想手舞足蹈一番。这便是爵士乐的早期形式。

在美国内战后,获得自由的黑人需要一种新的音乐,一种能保持他们音乐传统而节奏鲜明的音乐来表达他们获得自由的心情。于是爵士乐应运而生,它集黑人劳动歌曲、黑人圣歌和黑人伤感民歌之大成,曲调不拘形式,自然天成,既活泼热情,又优雅畅达,具有时代旋律。很快爵士乐不仅受到了黑人乐师的喜爱和演奏,许多白人乐师也纷纷学习起它的演奏风格,组建起自己的爵士乐队。

早期的爵士乐队,规模多不大,大多由小号、短号、长号、单簧管、钢琴、班卓琴和一组击鼓组成。演奏时不录乐谱,一曲爵士乐是由乐手即兴演奏的,每一位演奏者不仅要把握住自己的位置,还要临场发挥新的变奏。像《比尔利街感伤曲》《巴辛街感伤曲》等爵士乐名曲,不断有创新,因为它们从来没有一成不变地演奏过两次。这也成为爵士乐的特色之一。19世纪末期,欧洲有不少音乐家到美国定居,他们运用自己的作曲技巧,运用美国式的音乐元素,为爵士乐打下了稳固的基础,使爵士乐有了正规化发展。

“爵士乐”一名是从何而来的呢?据考证,“爵士”是美国密西西比河流域家喻户晓的一位黑人江湖音乐家的名字,他的全名叫爵士波·布朗。相传他常在黑人居住区的咖啡馆里演奏即兴发挥的黑人乐曲,听众总是喝彩叫好道:“再来一个!爵士波!再来一个!爵士!”爵士乐因此得名。

爵士乐在中国的历史可以追溯到半个多世纪之前。20世纪三四十年代,上海已成为爵士乐在中国的栖息地,曾出现过相当规模的爵士乐演出和一些颇具水准的爵士乐演奏家。到了七八十年代,爵士乐逐渐为台湾和内地一些先锋音乐家所涉及,包括翟黑山、罗大佑、刘索拉、刘元、崔健等人。进入90年代,已有音乐人专修爵士乐,并以爵士乐为主要创作方向。

95. 热烈狂放的摇滚乐

摇滚乐原为流行于西方的一种通俗音乐，也称摇摆乐、滚石乐等。

20 世纪 30—50 年代，美国的一些黑人乐师在演奏仅流行于黑人地区的爵士乐“布鲁斯”时，融汇了黑人教堂音乐、西部乡土音乐及民间音乐的演奏技巧和风格，综合形成了摇滚乐。这种音乐由一组人演出，其中包括人声，带有电声扩大装置的吉他、架子鼓等，乐曲为非常活跃的两拍节奏，其特色是音响丰富、节奏强烈。摇滚乐的演奏乐器和歌唱方式与传统的流行音乐不同，并把各种早期爵士乐风格魅力与现代电子乐器结合在一起，形成了一种有强大吸引力的音乐风格。摇滚乐兴盛于“二战”后，在战后社会矛盾不断激化的生活现实中，其歌词常有反叛意味，它直白的喊唱与强劲的节奏被认为是青年人不堪生活压力下的宣泄。由于摇滚乐在创作过程中糅合了其他方面的音乐元素，所以它的种类很多，如爵士摇滚乐、乡村摇滚乐、朋克摇滚乐、迷幻摇滚乐等。

美国的比尔·哈雷被誉为摇滚乐的先驱，他灌制的一张唱片《连续不停地摇滚》，销售量达 1500 万张以上。其后“猫王”普雷斯利的摇滚歌声不胫而走，他的金唱片和白金唱片（销售额突破 50 万美元和 100 万美元）多达 110 张，唱片累计发行量达 5 亿张之巨。在他之后几十年来，摇滚乐已成为欧美现代社会文化生活中不可分割的重要组成部分。另一巨星迈克尔·杰克逊嗓音如童子，歌曲具有狂放的节奏，像一股“强劲的龙卷风”。他的舞步刚健潇洒、新颖娴熟，风行一时的“太空舞”便是他的独创。在摇滚舞台上，也活跃着一批女歌星，著名的如美国的惠特尼·休斯顿、蒂娜·特纳、玛利亚·凯利，法国的凡妮莎·巴若黛，澳大利亚的凯莉·米诺格等。

1985 年，闻名于欧美的 51 支摇滚乐队汇聚英国温布利体育场，由 14 颗卫星组成了全球电视转播网，向世界各国 20 亿观众播放演出盛大的摇滚音乐会实况。这场音乐会持续进行了 17 个小时，在音乐史上写下了一页宏丽的篇章。

1986 年，中国歌手崔健以一曲《一无所有》，结束了摇滚乐在中国“一无所有”的历史。以后摇滚乐演出在中国各地舞台上频频出现，引起了国际音乐界人士的瞩目。1990 年初，摇滚乐在中国内地达到流行的高潮，号称“魔岩三杰时期”。魔岩三杰为张楚、何勇和窦唯。以后中国的摇滚乐虽风光不再，但在各种演出中仍可看到摇滚乐队的身影。

96. 音域宽广的西洋乐器

在众多外国古典和流行音乐会上，用于演奏的乐器最为多见的是钢琴、小提琴、吉他和电子琴几种。

钢琴诞生于欧洲。1709年，意大利人克里斯托弗利把古钢琴和羽管键琴加以改良，采用一种新型的带小槌的键盘机械控制音色和音量，演奏效果良好。1768年，在英国首次举行了钢琴独奏演出。在以后的发展中，钢琴以其独特的音响、88个琴键的全音域，在古典、流行、爵士、摇滚等几乎所有音乐形式中都能扮演重要角色。它音域宽广，音量宏大，音乐变化丰富，或刚或柔，或缓或急，高音清脆，中音饱满，低音雄厚，可以独奏，可以为声乐和其他乐器伴奏，还可与管弦乐队合奏，能表达各种不同的音乐情绪，被誉为“乐器之王”。贝多芬、肖邦、李斯特等著名作曲家都创作有大量钢琴作品。

小提琴起源于阿拉伯，11世纪时传入意大利。大约在15世纪末，小提琴经几百年演奏流行，在意大利形成现今的模样。它由70个零件组成，主要构件有琴头、琴身、琴颈、琴轴、琴弦、琴马、腮托、琴弓等。小提琴属擦奏弦鸣乐器，是现代管弦乐队弦乐组中最主要的乐器，也是具有高度演奏技巧的独奏乐器。它的发音近似人声，适于表现温柔、轻盈、热烈以至富于戏剧性的情感，有“乐器王后”之称。著名作曲家巴赫、舒伯特、柴可夫斯基等都谱写了小提琴经典作品。

吉他又称六弦琴，是一种很古老的弹拨乐器。相传吉他原为阿拉伯地区的古代乐器，14世纪时传入西班牙，改良成五弦琴，被认为是吉他的前身。18世纪时，在德国和意大利出现了六弦吉他，以后便在世界各地流行开来。吉他音色柔美、悠扬，很受年轻人欢迎，有“乐器王子”之称。20世纪80年代，电吉他走俏乐坛，它的乐音更为圆润、洪亮，变现力也更为丰富，被奉为乐器王国的“骄子”。

电子琴由美国人卡希尔发明于1906年，20年后以商品形式被推向市场。此琴进入家庭后有助于帮助少年儿童学习音乐，陶冶性情。20世纪80年代，电子琴在我国也曾流行一时，许多家庭中都置买一架，闲暇时大人和孩子便要弹奏一番。电子琴发展至今，种类繁多，操作简便。音乐舞台上的电子琴，具有低音自动和弦系统，可随意演奏和声，可模仿各种不同的乐器音响，如长笛、黑管、小号、圆号、提琴和钢琴等，能演奏进行曲、圆舞曲、迪斯科、摇滚乐等多种舞曲，并能产生自动节奏效果，成为乐坛“新宠”。

97. 富有特色的民族乐器

民族乐曲多用民族乐器来演奏。在我国民族乐器中，最常见的有笛子、二胡、琵琶、唢呐等。

笛子属于木管乐器家族中的吹孔膜鸣乐器，是典型的中国民族乐器。在河南舞阳县新石器时代早期遗址中曾发掘 16 支竖吹骨笛，据测定距今已有 8000 余年的历史。《史记》记载："黄帝使伶伦伐竹于昆谿，斩而作笛，吹作风鸣。"可知早在 4000 多年前，我国先民已制作出竹笛。笛子发展至今种类很多，曲笛流行于江南，笛管较粗长，音色浑厚柔和，圆润悠长。梆笛多见于北方，笛身较细短，音色高亢明亮，常为梆子戏伴奏，故而得名。近些年出现的口笛，造型精巧，音色清脆，演奏中外名曲《百鸟朝凤》《云雀》等，效果极佳。用笛子演奏的名曲还有《牧民新歌》《喜洋洋》《紫竹调》等。

二胡是弓弦乐器。早在我国北宋《梦溪笔谈》中就记载有以嵇琴演奏的故事。《马可·波罗游记》中也记录了元代的士兵们拉奏胡琴唱歌的情景。20 世纪 20 年代，我国音乐家刘天华将一种流行于南方的南胡带到北京，加以改革，使它成为一种富有表现力的独奏乐器，取名为二胡。二胡虽只有两根弦，但它发音丰满、柔美，强弱变化自然，发音持续不断，适宜表现忧郁、伤感、昂扬、欢快等多种情感。时至今日，二胡用于多种戏曲伴奏，二胡名曲《光明行》《良宵》《浏阳河》等仍大受人们喜爱，日本著名指挥家小泽征尔赞美二胡曲《二泉映月》说："像这样的乐曲应该跪下来听。"

琵琶是一种圆形带有长柄的弹拨乐器，最早出现于我国秦朝。琵和琶原是两种弹奏手法的名称，琵是右手向前弹，琶是右手向后弹。唐代时，琵琶的发展出现了一个高峰，上自宫廷乐队，下至民间演唱，都少不了琵琶。这种盛况在唐诗中有大量记载。白居易的《琵琶行》更成为唐诗中的名篇。琵琶演变至今，成为六相二十四品的四弦琵琶，音域广阔，演奏技法繁多，具有丰富的表现力。名曲有《十面埋伏》《霸王卸甲》《汉阳月夜》等。

唢呐也称海笛，由哨、气盘、芯子、杆、碗等部分组成，形状像个长喇叭花。这种乐器在金元时期自波斯、阿拉伯一带传入我国。其音色高亢响亮，除用于独奏、合奏，也用于戏曲、歌舞伴奏和喜庆之事吹奏。传统唢呐主奏的曲目有《小开门》《百鸟朝凤》等。在新民乐演出中，唢呐也多有参与，音色清亮突出，富有民族特色。

98. 位居四艺之首的古琴

“琴棋书画”被誉为中国古代四艺,为首的琴即指古琴。这种琴在古代具有极其崇高的地位。

古琴是我国古老的弹拨乐器,至今已有3000多年的历史。在周代以前,古琴为五弦琴。春秋时期逐渐改为装七根丝弦。琴面张弦,音域宽广,音色浑厚。古琴定弦常用“正调”,以手指的颤动和滑奏,形成特有的演奏风格。

根据文献记载,在先秦时期古琴除用于郊庙祭祀、朝会、典礼等雅乐外,一度盛行于民间。这可以从《诗经》中得到印证。《诗经》中有不少写到古琴的词句,如“窈窕淑女,琴瑟友之”,“琴瑟在御,莫不静好”等。自春秋起涌现了师旷、师襄、蔡邕、嵇康等古琴名家。古代高雅之士都喜欢抚琴自娱。相传俞伯牙幸遇钟子期,弹一曲《高山流水》,原以为曲高和寡,却被钟子期一一解之,致使伯牙摔琴以谢知音。在几千年的发展中,古琴形成了独特的演奏艺术,诞生了众多名曲,汉晋时期的名曲有《广陵散》《流水》《乌夜啼》等,唐宋时名曲有《胡笳十八拍》《风雷引》《潇湘水云》等。古琴在古代演奏讲求仪式感,弹琴人在弹琴前要先沐浴、焚香、静默,以其虔敬之心求得琴声之妙。

古琴是非常受古人喜爱的乐器,其认知度极为广泛。“四大名著”中有三部对古琴有细致的描写,在古代诗词、史书、戏文、绘画、古董瓷器中,也都有大量古琴的彰显。

中华人民共和国成立后,音乐院校专门开设了古琴专业,并对传统名曲进行了加工改编。经常演出的名曲《广陵散》《梅花三弄》《阳关三叠》等,运用现代配乐、对位等手法改编为合奏、重奏等形式,民族特色浓郁,深受听众喜爱。

1977年9月,在美国发射的人类第一个探索外太阳系的飞行器“旅行者1号”上,作为送给外星人的第一份礼物而专门放置的一段12英寸厚的镀金铜制唱片中,记录了地球人类图像、声音等丰富内容,在90分钟声乐集锦中,最长的便是长达7分37秒的中国古琴曲《流水》。2003年,中国古琴艺术被联合国教科文组织列入“人类口头与非物质文化遗产代表名录”,成为人类共同的精神财富。在2008年第29届北京奥运会开幕式上,巨幅“画卷”之中出现了身着宽袖长袍服饰的琴手端坐手抚古琴的场景,让古琴再一次引起世人瞩目。

99. 古代宫廷的雅乐

雅，正也。雅乐，即典雅纯正的音乐。雅乐是我国古代祭祀天地、祖先和朝会宴飨时所用的正统音乐。

雅乐为古代的宫廷音乐，它的体系制定于西周初年，与法律和礼仪共同构成了贵族统治的内外支柱，之后一直是东亚乐舞文化的重要组成部分。

西周社会建立后，贵族生活中的礼仪和典礼音乐也随之出现，为其王权统治服务。初期的雅乐包含了远古图腾及巫术等宗教活动中的祭祀音乐，也包含了西周初期的民俗音乐。《周礼》一书记载了西周和春秋时期的各种贵族礼仪，其中祭天地神明、祭祖的典礼，举办宴会、集会、狩猎等活动，都会奏起雅乐。雅乐所唱的歌词，大都载于《诗经》中的《大雅》《小雅》和《颂》中。

雅乐的主要演奏乐器是编钟和编磬，两者皆分为上下两层悬挂。大小不同的钟与磬，可敲出高低不同的乐音。1978 年在湖北随州擂鼓墩发掘的战国初期曾侯乙墓，出土的古乐器有 124 件之多。其中 64 件为一套的青铜编钟制作尤为精美。编钟经测定，音域宽广，音色明亮，十二律具备，并已构成完整的半音阶，与现代的乐律非常接近。标志着当时的乐器制作已达到相当水平。雅乐以特有的乐器、特有的音律、特有的演出方式演奏出一种庄重、肃穆、优雅的韵律，使在场的贵族产生一种敬畏上天、怀念祖先、祈福未来的神秘之感，由此受到伦理教育的感化。在周朝的礼仪活动中，对不同场合使用的雅乐曲目，有着严格的规定。这一时期，雅乐作为礼乐教化工具，对维护贵族统治有着重要的作用。以后唐、宋、明、清各朝，宫廷祭天、祭祖、举宴，也都有演奏雅乐礼仪。

雅乐在中国历史上延续了 3000 年之久，凝聚了中华民族的智慧和创造精神，也广受国外喜爱。早在汉唐时期，雅乐已远播到日本、朝鲜半岛、越南、老挝等国家，如今在日本、韩国都设有雅乐研究中心，专事雅乐的演奏研究。

近年来，我国各地举办民俗祭祀活动，也都伴有雅乐响起。成立于 2008 年的北京金融街社区教育学校金声国乐团，多年来搜集整理清宫雅乐，编排了《朝天子》《进酒》《进馔》《庆隆舞》等 10 余首雅乐。2012 年，国乐团 140 名演员在北京音乐厅推出了一台《陈醇与新酿》的雅乐演奏会，使清宫雅乐进入了今日艺术殿堂，并以此呼吁社会各界关注中国传统音乐文化，努力保护和传承中国宫廷音乐这一非物质文化遗产。

100. 威武雄壮的军乐

军乐是用管乐器和打击乐器演奏的音乐,因军队中常用而得名。军乐曲调高亢、雄壮,节奏鲜明,给人以振奋的感觉。

现代概念的军乐产生于欧洲。公元 14 世纪,崛起的奥斯曼帝国乌尔汗王,最早在他的军队里招募乐手,加以训练,建立了军乐队。随着他的军队四处扩张,军乐的演奏形式也流传到欧洲各国。到 18 世纪,波兰、德国、奥地利、俄国等国相继建立了军乐队。以后军乐队规模不断扩大,乐器反复更新,军乐队所奏的曲目也丰富起来。

我国最早的军乐队出现于 19 世纪末。清末革新派官员张之洞任两江总督后,于 1895 年仿照德国军队,在南京组建了一支新式陆军"自强军",并准备在军中设军乐队。一年后自强军移师上海吴淞,张之洞就挑选了能吹奏的 12 名士兵,又从民间招募了 3 名乐手,共 15 人组成了军乐队。又派人从欧洲购买了西洋鼓、长号、短号、喇叭、洋笛等西洋乐器,请到两名德国教官担任乐队教官,对乐手加以训练。1897 年 5 月,自强军在吴淞举行大阅操,邀请驻上海的各国领事前来观摩,设宴款待,活动中都有军乐队奏乐助兴。中国近代史上,第一支军乐队就此为世人所知。接着,袁世凯在天津小站操办"新军",也组建了一支军乐队,逢庆典、阅兵便吹奏一番。

在我国解放战争时期,解放军野战军用缴获的乐器组建了多支军乐队,在解放沈阳、石家庄、北京、上海、重庆等城市时,军乐队高奏凯歌,成为人民军队入城式的先导。1949 年 10 月 1 日举行开国大典。在这举世瞩目的庄严时刻,军乐队崭新的阵容也受到了瞩目。广场上的军乐队是以华北军区军乐队为主组建成的联合军乐团。在隆隆的礼炮声中,军乐队高奏中华人民共和国国歌,第一面五星红旗在天安门广场冉冉升起。1950 年,在中华人民共和国成立 1 周年国庆庆典上,毛主席提议成立千人军乐团。1952 年 7 月,解放军军乐团在北京正式扩编成立。

解放军军乐团成立以来,走过了辉煌的历程。军乐团参加每一次隆重的庆典和迎宾等活动,多次应邀去国外进行军乐表演与同行切磋。以其严整的军容仪表、高超的演奏技巧、精妙的队列表演赢得众多赞誉。在庆祝建团 60 周年活动中,军乐团推出了 20 场专场音乐会,包括管乐经典音乐会、与外国指挥家合作演出的交响管乐作品音乐会、演奏交响诗等,令喜爱管乐、军乐的听众大饱耳福。

101. 广为传唱的流行歌曲

流行歌曲一般都是通俗歌曲，在一定的时期内受到普遍欢迎，广泛传唱，因此又有“大众音乐”之称。

古代的诗词讲究平仄，合乎韵律，都很适合吟唱。《诗经》中有不少表达爱情的名篇，如：“蒹葭苍苍，白露为霜。所谓伊人，在水一方。”“关关雎鸠，在河之洲。窈窕淑女，君子好逑。”这些诗篇就是几千年前古人喜爱哼唱的流行歌曲。

唐代时，市井间传唱的歌曲之词有不少烤制在瓷器上。从湖南长沙墓穴出土的瓷罐、执壶等器具上，让今人能了解到不少当时的流行歌。如：“二八谁家女，临河洗旧装。水流红粉尽，风送绮罗香。”“自从君去后，常守旧时心。洛阳来路远，还用几黄金。”词句多为表达爱情与相思之苦，通俗易懂。

20 世纪三四十年代时，中国大都市流行的歌曲被称为“摩登歌曲”。以影星王人美、周旋等所唱，影响面广的流行歌曲多达上百首，如《甜心妹妹》《天涯歌女》《四季歌》《夜上海》等。有些歌曲经影星一唱即轰动全城，被时髦女郎，以至巡街警察、三轮车夫等都挂在嘴上，到处可闻。商业电台成了播放流行歌曲的主要阵地，有的店铺开张也大放流行歌曲。甚至一些人家办丧事，在吹奏的曲子中也要点奏流行歌曲《月圆花好》《夫妻相骂》等。而一些人却趋前赏听，并不觉滑稽，可知流行歌曲在当时所具的魅力。

20 世纪五六十年代，我国内地放映的一些电影掀起了流行歌曲热。电影《芦笙恋歌》《上甘岭》《祖国的花朵》《刘三姐》《冰山上的来客》等插曲都曾风靡一时。苏联歌曲《莫斯科郊外的晚上》《喀秋莎》等也被人们广为传唱。

到了 80 年代，歌曲创作繁荣，《军港之夜》《在那桃花盛开的地方》《回娘家》《血染的风采》《十五的月亮》等大批流行歌曲问世。接着大量港台歌曲进入内地，与内地歌手的名曲编辑成难以统计数量的录音带和录像带，使流行歌曲一直呈现此起彼伏、长盛不衰的繁荣景象。一些影视剧的主题曲和央视春晚常能推出一些流行歌曲，如《好汉歌》《敢问路在何方》《少年壮志不言愁》《好人一生平安》《故乡的云》《思念》《我的中国心》《万里长城永不倒》《乡恋》《涛声依旧》《中华民谣》《同一首歌》《我想有个家》《常回家看看》等。歌坛新人层出不穷。人们期待着有更多的词曲皆佳、清新上口的流行歌曲涌现，并传播开来。

102. 脚尖之艺芭蕾舞

芭蕾舞是一种用音乐、舞蹈和哑剧手法表演的舞剧。女演员在舞蹈时常用脚尖点地、旋转，是这一舞蹈的显著特征。

"芭蕾"一词源于意大利语，意即舞蹈。这种舞出现于意大利文艺复兴时期，跳动时足尖舞步行如流水，腾空的舞姿轻盈柔美，跃动旋转又迅疾如风，被称为"足尖舞"，常在广场表演。16 世纪时，这种舞蹈传入欧洲多国。1581 年，法国王后为庆祝一位贵族的婚礼，命人编排一个名为《王后的芭蕾》的节目。在这个节目中，有音乐，有舞蹈，还有诗歌朗诵和杂技节目。王后乘坐一辆喷水的金色马车登场，后面簇拥着人身鸟足的海妖和鱼身的海神等。他们用足尖不停地旋转、歌舞，尽情欢乐。从此，人们便用芭蕾舞来称呼这种歌舞演出方式。1661 年，法国国王路易十四下令在巴黎创办世界上第一所皇家舞蹈学校，招收芭蕾舞演员。芭蕾舞在这里确定了 5 个基本脚位和 12 个手位，使芭蕾舞有了一套完整的动作和体系。5 个基本脚位一直沿用至今。

芭蕾舞的舞姿富有朝气，热情奔放，但这种舞蹈在早先都是由男子来跳的。直至 17 世纪末，女子才登上芭蕾舞的舞台。1832 年女舞蹈家塔里奥尼饰演芭蕾舞剧《仙女》中的仙女西尔菲达，她那轻盈飘逸的腾跳、大量运用脚尖的动作，充分体现出女主角的形体美。《仙女》的成功演出，在芭蕾舞发展史上树起了一座里程碑。1877 年，芭蕾舞剧《天鹅湖》在莫斯科首演，一百多年来一直受到各国人们喜爱，成为芭蕾舞的经典剧目。

我国在 20 世纪 50 年代成立了芭蕾舞团，先后排练演出了《天鹅湖》《吉赛尔》等芭蕾舞名剧。"文革"前创编了有中国特色的芭蕾舞剧《白毛女》《红色娘子军》，在"文革"中被列为样板戏。这两部芭蕾舞剧近些年仍常有演出，并赴美国、奥地利、俄罗斯等国表演。用中国传统文化与西方芭蕾舞结合，创作出让观众喜闻乐见的芭蕾舞，是众多中国舞蹈人的追求。中央芭蕾舞团继 1980 年排演了芭蕾舞剧《希尔维亚》后，又排演了《吉赛尔》《唐·吉诃德》《罗密欧与朱丽叶》《睡美人》等。北京舞蹈学院上演了《葛蓓莉亚》，天津歌舞剧院上演了《西班牙女儿》，辽宁芭蕾舞团推出了《海峡》等。这些经过国际芭蕾舞艺术权威指导演出的芭蕾舞名剧，使新一代芭蕾舞人的舞技得到迅速提高。2012 年 4 月，中央芭蕾舞团的一场芭蕾舞晚会举行，推出了《忆昭君》《白蛇传之人间》《胡笳十八拍》《孔子 2012》等节目。编导将现代舞与芭蕾舞结合，充满了现代感，在长达 3 个多小时的演出中，深深打动了观众。

103. 结伴展姿交谊舞

交谊舞是一种社交性的舞蹈，男女两人合舞，也叫交际舞。

交谊舞所跳的种类很多，大多起源于欧洲。14 世纪末，英国流行一种“卡罗尔”农民舞，舞者男女成对，在环形的行列中边歌边舞，以后传入宫廷，经改造成为最早的宫廷交谊舞。17 世纪时，法国宫廷将农民跳的步子不大、整齐规范的小步舞引入宫中，加以改造，使其变得庄重典雅，成为流行一时的宫廷舞。1786 年，巴黎出现了第一家舞厅，自此，交谊舞在欧洲广为流行。交谊舞受宫廷舞影响，舞姿优雅，舞步严谨，舞者颇具绅士、淑女风度，因而被称为欧洲学派的社交舞。

华尔兹舞是在奥地利古老的“兰德勒”舞基础上发展起来的。在 17 世纪末传入奥地利宫廷，后流行于欧洲。这种舞富有浪漫色彩，感情充沛，热情奔放，被誉为“大众舞”。20 世纪初，法国从阿根廷引进了探戈舞。为舞蹈者常跳的伦巴舞，起源于古巴；桑巴舞源于巴西，也相继在欧洲流行起来。

20 世纪初，交谊舞传入我国，二三十年代时沿海城市都开设舞场，上层社会人士跳交谊舞曾风靡一时。50 年代时，跳交谊舞在我国形成热潮，成为从领导到民众的经常性娱乐活动。“文革”时期交谊舞被禁。自 70 年代末，交谊舞重返百姓生活，学跳交谊舞成风，晚间、假日人们可以去舞厅，也可选一处公园等空旷处，用录音机放上录音带，就跳将起来。跳交谊舞群众基础深厚，是人与人交往的好形式，有助于感情交流，增进友谊。交谊舞舞姿优美、高雅、潇洒，能使人在和谐的旋律和动作中获得美的享受，怡情畅心，消除疲劳，丰富文化生活。有一种国标舞，和交谊舞相似，但对舞姿、舞步要求严格。对舞中姿势有标准要求和分类，在国际上有统一的用语，术语使用英语口令。跳好这种国标舞，是交谊舞爱好者的更高追求。

近 30 年来，交谊舞活动内容广泛，经常举办有国内外“国标舞”大赛，很多单位也常组织交谊舞舞会和比赛。跳交谊舞最有人气的还是各公园自发形成的舞场，大家自由组合，可男女为伴，也可两女同跳，老少合舞，还可一个人随意蹦跳，人人跳得不亦乐乎。在我国各地常跳的交谊舞舞种有华尔兹（慢三、快三）、布鲁斯（慢四）、伦巴、探戈、吉特巴（蹦四）等。舞蹈家杨艺在继承民族舞蹈传统、吸收外来舞蹈动作的基础上，创编出有民族特色的“北京平四”，这种交谊舞节奏均衡，不快不慢，舞步花样多达几十种，深受交谊舞爱好者的欢迎。

104. 动感十足迪斯科

迪斯科是最早流行于美国黑人生活区的一种舞蹈，节奏快而强烈，后广泛流行于世界各地。

迪斯科产生于20世纪70年代中期。迪斯科的原意为美国黑人夜总会按录音而舞的音乐，因录制的乐曲圆盘叫迪斯科而得名。舞曲的节奏快速而有震撼力，每分钟可以到120次以上的连击节拍，非常富有刺激性。听到这种音乐使人兴奋，并有一展舞姿的冲动。上场后的舞者所做动作、舞姿、舞步即兴发挥，全无规范要求，只求合上旋律节拍。跳迪斯科的基本动作特点是：以胯部和双膝发力，带动全身关节持续、协调地舞动。这对于人的心理平衡，消除紧张、疲劳情绪，促进身心健康都是极其有益的。

迪斯科流行以来，依据其功能和作用，形成表演性、健身性和自娱性三种。表演性的迪斯科舞者，一般具有较高的舞蹈技巧和表现力，通过总体设计，以刚柔有序的舞姿展示有着艺术感染力的青春美。健身性的迪斯科舞者，随着节奏鲜明的乐曲起舞，全身头肩手脚腰胯和谐舞动，既能加快血液的循环，又能从中体会到律动的畅快，以求达到健身目的。跳自娱性迪斯科，舞者最为随意，没有年龄等任何限制，服装也无须讲究。在今日迪厅或公园舞场，人们尽可以穿着各式T恤衫、牛仔裤、休闲装、高帮运动鞋，也可穿软底鞋共舞一曲。而白领男女从公司下班不换装束就赶场蹦迪也不会被人说不合时宜。在强烈轰响的迪斯科乐曲中，跳舞的人在周围热烈的气氛中，都难以想到自己的身份、地位、学历、职业，而只是尽情舒展肢体，放松自己。

20世纪90年代，迪斯科与我国传统的民族舞蹈、现代韵律操、太极拳等糅合在一起，编制成“老年迪斯科”。于是在大小公园和街心广场等处，到处有中老年人聚集，包括退休人员、军人、打工者、家庭妇女等。他们排列成行，随着乐曲举臂、昂头、耸肩、扭腰、摆胯，吸引年轻人也加入进来。年轻些的一招一式动作到位，年岁大的只求神似，重在参与。夏季时人们常跳得汗流浃背，隆冬时节，老人们穿着厚厚臃肿的冬装，戴着棉手套，还要相约跳上一阵。因为跳迪斯科在他们是一项很适合参加的老年运动项目了。

迪斯科舞蹈浪漫、洒脱、激情。专家指出，跳迪斯科虽然动作比较舒缓，但幅度较大，频率也较高。跳的时间过长，运动量过大，容易引起神经过度兴奋，使血压升高，为此患心脑血管疾病的人不宜跳迪斯科。有些患颈椎病的人，做扭头、转颈等动作时，也要量力而行，以防发生意外。

105. 自如奔放霹雳舞

霹雳舞是产生于美国黑人之间的一种舞蹈，舞姿有翻转、旋转、摆动、模拟表演及飘浮、滑动等一系列动作。

20 世纪 50 年代，在美国纽约等地的黑人聚居区，一些好斗的青少年为在街区争夺地盘常会打架斗殴。休战阶段便互相比试各种腾跳动作，以显示实力。技巧高者令人敬佩，功夫逊色者甘拜下风。久而久之，此方式竟成了解决打群架的奇妙文明途径。1949 年，美国东海岸黑人歌星布劳德在电视演唱新歌时，创造了一种奇特的舞步，也被黑人青少年带到街头，竞相模仿比赛。舞蹈传到西海岸洛杉矶后，又出现了模仿机器人动作的舞蹈。以后美国东西两岸各派舞蹈相互融合，受到青年人欢迎。这种舞蹈动感和节奏感非常强烈，舞者跳起来尽情忘我，得名“布雷克”舞。由于舞者很多动作贴近地面，以头、肩、背、膝为重心，迅速翻滚、旋转，也被唤作“霹雳舞”。又因这种舞蹈多在街头表演，故又有“街舞”之称。

到了 20 世纪 80 年代，霹雳舞有了新的发展。在 1983 年的演出中，纽约市“滚石乐队”的演员跳出了高难的背旋动作。另外，流行歌手迈克尔・杰克逊创造的身体朝后滑动的“月球漫步”舞步，都丰富了霹雳舞的表演。在 1984 年洛杉矶第 23 届奥运会闭幕式上，由霹雳舞演员和爱好者组成的庞大舞队进行霹雳舞表演，舞者动作千奇百怪，又能组成变化新奇的队形，一个个在倒立、横身、肩背贴地的同时高速旋转，即兴表演，给人神奇而愉悦的美感。

霹雳舞动作繁多，难度大，强度高，花样不断创新。基本动作可分为 19 步，即上摇滚、布瑞克、地面摇滚、手滑、背旋、肘旋、膝旋、头旋、飞机式旋、直升机、电布吉、波浪、滴答、人体模型、机器人、墙壁、爆突、锁固、后滑。造型动作大致有：以头顶为支点倒立旋转的“头旋”；以小腿和躯干做扭曲动作的“波浪”；一人肩扛两个交叉身体人旋转的“螺旋桨”；两手平展，以一膝为支点旋转的“飞机”，等等。当代的霹雳舞使用球等道具，将舞蹈、自由体操、杂技表演等熔为一炉。

20 世纪 80 年代，霹雳舞在中国流行起来。一些表演舞台和公园平坦处都能看到霹雳舞者的矫健身影和舞姿。中国的霹雳舞者在表演中还糅进了中国武术和戏曲中毯子功等技巧，伴随着轰隆作响的急促音乐和鼓点的猛烈敲击，使霹雳舞的舞步更显刚健、挺拔，有着本土特色。

近日，国际奥委会宣布，霹雳舞与滑板、攀岩、冲浪一起列为 2024 年巴黎夏季奥运会正式比赛项目。

106. 摩肩接踵逛庙会

庙会即设在寺庙或其附近的集市,在节日或规定的日期举行,吸引民众游逛。

庙会的举办由来已久。《洛阳伽蓝记》一书中记载了公元6世纪时洛阳大市的风貌,这个大市就是设在寺院内的。北宋《东京梦华录》等史书中描述了当时开封城中相国寺庙会的热闹繁华。相国寺庙会每月开市8天,衣食器具、杂物文玩、医卜星相,无所不包,是开封城内最大的市场。

北京的庙会始于元代,到明代普遍兴起,清代又有发展,成为最有北京地域特色的集市和娱乐形式,有人称之为中国式狂欢节。在20世纪30年代,北京市郊共有庙会36处。最早的庙会是元代开庙的白云观。这里每年正月初一至十九开庙门办“燕九节”,游客进庙“拜本命神”“礼神祈福”,以后出现了“摸石猴”和“打金钱眼”的祛病辟邪、求得吉利的民俗活动。

除年节开放的厂甸、蟠桃宫、东岳庙等大型庙会,北京还有五大定期庙会:土地庙庙会每月逢三日,花市庙会每月逢四日,白塔寺庙会每月逢五、六日,护国寺庙会每月逢七、八日,隆福寺庙会每月逢九、十、十一日。各庙会日期岔开,爱逛庙会的人几乎每日都有庙会可逛。每年入夏,什刹海的荷花市场人头攒动,摊贩、艺人簇集,被称为无庙的庙会。

借佛游逛的人们是庙会上人群的主体,烧香敬神的香客,与聚集设市的商贩们、艺人们共同凑成了庙会的一时之盛。各庙会出售的食品、家具、杂物、古玩、花鸟等有十几大类。庙会既是一个购物之处,又是一个娱乐中心。各个剧种、杂耍竞相邀揽游人,众多工艺品面人、糖人、鬃人、毛猴、兔儿爷、风筝、编织等争奇斗艳。爱逛庙会的人花费不多,尝了小吃,看了玩意儿,买了些物品,可谓不虚此行。

20世纪五六十年代,定期庙会被商业网点所取代。“文革”中庙会成为“四旧”,彻底停办。北京自1984年开始大规模恢复庙会。近年来每年大约举办20次庙会。如今的庙会在规模、内容上都非昔日庙会所能比。一年一度的龙潭庙会仅参加表演的北京和外省市花会就有70多档,另邀请到国家拳击队、摔跤队、围棋队竞技和外国歌舞、马戏团助兴表演,使前来逛庙会的游客一天达到数万人。人们期待着庙会不断创新,给传统注入活力,让庙会有更多的新意。近几年,北京的庙会在春节期间还办到了宝岛台湾和欧洲一些国家,向台湾同胞和外国人展示京味小吃、民俗物品并进行花会等表演,所到之处深受欢迎。

107. 欢声笑语展花会

花会是一种传统的文化表演形式,是民间的自娱性娱乐活动。

花会也叫香会,汉代时称“百戏”,宋、元两代称“社火”。古人为祈求五谷丰登,得到神的庇护,便自发组织起来,平时加以练习,年节时走街串巷或在庙会上演出。

北京历史上花会表演活动很多。花会在北京也称走会、过会。著名的花会举办于春节期间,再就是四月妙峰山和六月中顶进香时。中顶在右安门外中顶村,以村中建有中顶庙得名。明清时期,到中顶庙朝拜和到此看花会的人熙熙攘攘,拥挤不动。有《竹枝词》云:“右安门外少见尘,人影衣香早稻新。小有余芒开市后,坐看中顶进香人。”花会演出期间,不仅北京四郊的花会团体爱汇聚到一起比试身手,连天津、河北的会友也会赶来,表演一番。

经长期表演、筛选,常见的花会套路分为十几档,并以歌谣唱之:“‘开路’打先锋,‘五虎’紧跟行。门前摆个‘侠客木’,‘中幡’抖威风。‘狮子’蹲门分左右,‘双石’门下行。‘石锁’将门挡,‘杠子’把门横。‘花坛’盛美酒,‘吵子’响连声。‘杠箱’来进贡,‘天平’称一称。‘神胆’来蹲底,五谷丰登享‘太平’。”开路是抡耍钢叉的,有逢山开路之意。五虎演绎的是赵匡胤与“董家五虎”斗棍的故事。接着是高跷、地秧歌、举幡、耍狮、举石砘、掷石锁、顶坛子、坐竹竿轿及文武吵子敲打太平鼓等。在北京四郊有多达 90 多个花会种类,常见套路外还有云车、旱船、竹马、跑驴、龙灯、八仙过海、大头和尚逗柳翠等。

有资料记载,清代康熙、乾隆年间,清廷各衙门都组建了自己的武档子花会表演团体。兵部有扛箱会,刑部有五虎棍会,户部有高跷会,礼部有中幡会,工部有石锁会,吏部有双石会等。这些会的参与者都是各衙门的下级官吏、健壮兵丁,表演起来很是生猛而场面火爆。清末年间,慈禧太后住颐和园时,常会在北宫门城楼上看花会表演。一旦被她看好,便赏绣龙黄旗,入宫表演。成立于嘉庆年间的西北旺高跷秧歌花会,就曾获此殊荣,还被慈禧封为“天下第一会”。

“文革”期间,花会表演销声匿迹了。20 世纪 80 年代,各路花会纷纷恢复,在春节期间活跃于公园和各大庙会上。让花会老艺人倍感欣慰的是,许多年轻的身影加入花会表演队列中。他们刻苦训练,丰富了群众的文化生活,弘扬了传统文化,并让花会这一传统的艺术表演后继有人。

108.流光溢彩看灯会

农历正月十五是元宵节,又称上元节、灯节。在我国不少地区有举办灯会的习俗,出现满街燃灯、游人如织的盛况。

元宵节张灯之举始于西汉,盛于唐宋。宫廷院内、富豪人家,都张灯结彩,并燃灯长街,便形成了灯会。明代朱元璋做了皇帝后,口谕从正月初八夜便行掌灯。永乐皇帝朱棣迁都北京后,在东华门外辟二里长的灯市。入夜花灯焰火照耀通宵,鼓乐欢声喧闹达旦。明代才子唐寅(唐伯虎)赋诗曰:“有灯无月不娱人,有月无灯不算春。春到人间人似玉,灯烧月下月如银。”清代时,又有了灯市、灯社、灯宴、赛灯会等玩灯名目,使灯会变得更为热闹。

灯会上所观所赏的主体是花灯。花灯综合了编织、裱糊、绘画、剪纸、刺绣等工艺,使用竹、木、藤、麦秆、金属、绫绢、兽角等为原料制作。

北京的灯彩富于宫廷风格,形成了以宫纱灯为主的传统特色。灯上彩绘出戏曲、山水人物、花鸟、博古等,有些精品灯上还镶有雕刻玲珑的翠玉、白玉等,透碧高雅。造型有四方、六方、八方、方胜、花篮等多种。一种绢囊灯,光亮如玻璃球。还有一种料丝灯,点燃晶莹而悦目。苏州的走马灯,点烛后内壁自动旋转,所绘的“八仙过海”“鲤鱼跳龙门”等画面跃动于纸上,环绕不停。浙江的硖石灯,用绣花针在多层宣纸上扎出山水、人物等图形,以灯光辉映出画面,成为灯彩中一绝。广东佛山的芝麻灯,是以粒粒芝麻粘贴成画面,以灯光映照精巧隽美,是岭南灯彩的佳作。

正月正是北方的隆冬时节,冰灯自是灯会中引人注目的一个品类。清末民初时,北京鼓楼前地安门外大街及周边街市的买卖家逢正月十五灯节,都各悬花灯。一家公盛义干果店在铺子前大摆各种冰灯。他们制灯很下功夫,请工匠凿开冰块,放入蜡制的鱼、鸟和人物造型,甚至把长高的麦芽封入冰中,再行燃放。一盏盏冰灯晶莹剔透,引得观灯的人川流不息。

时至今日,各地举办的灯会已成为民众娱悦情怀的大型游乐活动。东北等地利用丰富的天然冰,塑造各种冰灯,入夜瑰丽多姿,流光溢彩,让观灯之人无不感觉身在水晶宫里。苏州的彩灯造型优美,制作精良,原料考究,色彩斑斓。当地的集造型灯、壁灯、宫灯、亭子灯等1000多盏工艺灯不仅在北京举办灯展,还远赴新加坡展出。展品中的一件《凤船》,长4.5米,高2.5米,船身由3650片羽毛贴制而成,船上共有39个人物造型,点燃后船体熠熠生辉,光彩悦目,观赏价值极高。

109. 锣鼓喧天扭秧歌

秧歌是我国北方民间一种流传较为普遍的歌舞形式。据考证，秧歌起源于农事活动。

京津地区自古有着扭秧歌、闹秧歌的习俗。北京在明清时期兴办“花会”，也称“走会”和“过会”。花会行进中都有一档秧歌表演，称“地秧歌”。地秧歌与“高跷秧歌”不同，它表演没有具体的故事情节，分为堆山子、走场、别篱笆、逗场、演唱五个部分。所饰人物有陀头、小二哥、文扇、武扇、渔翁、樵夫等角色，行列中还有打锣鼓者和旗手等。地秧歌的表演以舞蹈为主，辅之以唱，动作幅度夸张，跳跃、旋转、大踢腿等动作多，吸收了戏剧表演中使用的手、眼、身等表现手法，形象鲜明，动作矫健。在春节、元宵灯会期间，各种秧歌会众都会在热闹繁华处表演献艺，还有大头和尚、什不闲、竹马、扑蝴蝶、打花棍等形式登场或在街头巡游，为节日增添快乐气氛。

秧歌的表演在不同的地区有不同的风格。东北秧歌以演唱小曲为重，一人领唱众人和，有大鼓秧歌和小鼓秧歌之分。胶东秧歌的扭步、扇舞很有特点。河北秧歌中跑旱船、打连厢都让人乐于观赏。陕北秧歌还发展为秧歌剧，《兄妹开荒》极为著名。

在北京门头沟柏峪村盛行唱秧歌戏，并且已有400多年的历史。当地的秧歌戏能演整本“连台本戏”，声腔苍凉、激昂，有“九腔十八调”之誉。秧歌戏的剧目多达几十出，常演的有《木鱼》（关羽出世的故事）、《鳌山灯》（包公戏）、《芦花斗》《天师劈关》《宗保过山》等。一出《孙济皋卖水》可演十多个小时。秧歌戏的角色也分生、旦、净、末、丑，乐器以胡琴为主，唱腔以“水胡”娃娃腔为基调，以哭糜子为悲腔，男女角的拖腔韵味悠长，各具特色。据地方志记载，此地村民的先人大部分为镇守天津卫的兵将，祖籍安徽一带。他们编演的秧歌戏源于明代的高腔，以江西弋阳腔和安徽青阳腔为原始声腔，行腔高昂而古朴。如今当地秧歌戏这一古老剧种已进入大剧场演出，受到抢救、保护，得以传承。

秧歌这一歌舞方式，动作可繁可简，方便易学。20世纪80年代曾经活跃一时，街头、广场随处可见秧歌队扭跳秧歌。有些六七十岁的老奶奶也加入其中，穿红着绿，有的还搽胭脂抹粉，跳得不一定到位，但舞着腰间红绸，伴着锣鼓点走走也很开心。近年来，这样的景象已然鲜见，秧歌队的成员向着年轻化发展，表演趋向精致，有些中国秧歌队还扭到了外国广场和狂欢节呢。

110. 热情壮观的安塞腰鼓

腰鼓为一种短圆柱形，两头略小，挂在腰间敲打的乐器。打腰鼓是陕西民间歌舞中主要舞种之一，在安塞等地区广为流行。

据考证，安塞腰鼓这种民间敲打歌舞表演已有2000多年的历史，最初起源于陕北榆林横山一带。秦汉以来，当地成为历代兵家必争之地。相传在战争时期，守望的士卒把腰鼓视同刀枪弓箭一样，为必不可少的武器装备。一遭突袭，以鼓声报警，传递信息；两军交锋，擂鼓助阵，威慑敌军；战事不利时，以鼓告急，请求增援；克敌制胜后，则以鼓为乐，庆贺凯旋。明代后期，因多年战乱，安塞地域人烟稀少，大批榆林横山人向南迁移，把当地的腰鼓也带到了安塞。

安塞腰鼓源于战争，也用于祭祀，如今已演变为民间娱乐和表演活动。在长期的流传过程中，安塞腰鼓形成了粗犷豪放、剽悍威武、刚劲激昂、雄壮浑厚的特色。几千人列队演奏，气势磅礴，场面壮观，组合有序，变化多端，融舞蹈、武术、体操、打击乐、吹奏乐、民歌为一体，集中体现了陕北人在节庆和喜获丰收后的欢乐心情，展示了黄土高原民众憨厚、朴实、乐观开朗的性格。安塞腰鼓是中华民族精神风貌的再现，也是黄河流域文化的重要组成部分。

安塞腰鼓依据风格、韵律，原有文、武之分。“文腰鼓”轻松明快，潇洒活泼，动作轻巧，类似秧歌的风格。“武腰鼓”则欢腾热烈，粗犷威猛，有许多踢打、跳跃和旋转动作，尤其是鼓手的腾空飞跃技巧，给人以英武、刚猛、飘逸之美。近年文、武腰鼓已相融合，形成了新的表演特色，又糅合了民间武术、秧歌舞等动作，有矫健的十字步，威武的平侧蹬、双脚蹬，还有三角阵、四方阵、野马分鬃、白虎甩尾、凤凰展翅等组合，演奏起来热烈欢快。鼓手走如游龙，左盘右旋；跃如猛虎，前呼后拥；翻如雄鹰，进退迅猛，极具观赏性。

安塞腰鼓不仅深受西北民众的喜爱，而且誉满全国，名扬海外。早在1952年匈牙利布达佩斯世界青年和学生联欢节上，安塞腰鼓的表演就获得特别奖。在电影《黄土地》和大型电视系列片《黄河》中，都摄有激昂壮观的擂鼓场面。1986年，安塞腰鼓荣膺了首届中国民间舞蹈大赛最高荣誉大奖。1988年在北京参加全国首届农民运动会开幕式，表演轰动京城，被誉为“中国一绝”。1990年参加了第十一届亚运会开幕式表演，以后又参加香港回归庆典、2009年天安门国庆60周年庆典等大型活动，并赴日本、德国等国进行表演。如今陕西安塞已被国家文化部命名为“中国腰鼓之乡”。“安塞腰鼓”经国务院批准于2006年列入第一批国家级非物质文化遗产名录。安塞腰鼓这支黄土高原上的艺术奇葩，在世界艺术之林中正展现出独特的风采。

111. 辗转腾挪舞狮子

每逢年节或举办庙会、花会等活动，一些地方都会有舞狮的表演，以增加欢乐气氛。

舞狮子的活动习俗在我国由来已久。相传，南北朝时宋文帝刘义隆派军队讨伐林邑王范阳，范阳驱使经过训练的大象参战，让军士骑在象背上，手持长兵器，打得宋军大败。宋军先锋官宗悫想到狮子号称“百兽之王”，能“慑服群兽”，便命令部下连夜用布、麻等物，赶制了许多假狮子面具，涂上颜色，每头“狮子”由两名武艺高强的军士披着，事先埋伏起来。当范阳又驱使象群来攻，宋军的假狮子突然一跃而出，张牙舞爪直朝敌方奔去，吓得象群乱窜。宗悫趁势指挥士兵冲杀，受惊的大象和骑在背上的兵士顿时乱了阵脚。这一战宋军大胜，以后舞狮子开始在军队中流行，后又传到了民间，成为“百戏”之一。

唐代时，舞狮被列入《立部伎》的《太平乐》中，称为五方狮子舞，即由五人装扮成五只狮子，各由其方色排列起舞。舞狮者模拟狮子动态，蹿扑跳跃，鲜活有趣。诗人白居易曾作新乐府《西凉伎》云：“假面胡人假狮子，刻木为头丝作尾。金镀眼睛银帖齿，奋迅毛衣摆双耳。”唐代的舞狮已有几种样式，两人舞一头狮称“太狮”，一人独舞一头小狮叫“少狮”。献舞的狮子又分文武两种，文狮主要表现温驯的神态，有搔痒、舔毛、抖毛、打滚等动作；武狮子则表现力量和勇猛性情，表演跳跃、跌扑、登高、腾转、踩球等技法，动作难度更大。

我国各地民俗风情有异，舞狮风格也大不相同。云南的“高台狮子”，是在用十五张八仙桌叠起来的高台上表演。狮子先在平地上表演“开门有喜”“四季平安”，然后表演“步步高”上桌，在朝天的四只桌脚上表演“空中啸月”“四方朝斗”“三戏喜神”等高难度动作。最后亮出绝技“乘风腾空”：狮子凌空跃起，随后不偏不倚地使两位演员落在四只桌角上，令人惊叹叫绝。

舞狮在广东也非常流行。逢年节及大户人家办喜庆事，都要举办“狮会”。在佛山等地的舞狮花样繁多，舞狮者多为双人，有着很高的技巧，擅长表演“银狮吐水”“红狮吐火球”等。“竿顶采青”的表演是将“青”（包有彩礼的红包）吊在十几米的空中，舞狮者要爬上高竿摘取。狮中二人要共同爬上竿顶，再由一人站在另一人双肩上，才能够到“青”，难度极大。如今，广东和东南亚华人聚居的一些城市，仍经常举办舞狮活动，大受当地民众和观光客的欢迎。

112. 翻滚绕旋舞长龙

“舞龙”也称“龙舞”,是一种源于我国古代的舞蹈表演和娱乐方式。

龙的形象源自中国古代图腾。画面上的龙有鹿的角、鹰的爪、马的鬃、鱼的鳞,身体金光灿灿,两须宛若飘带。腾云驾雾的龙,威武矫健,刚柔相济,被视为民族的象征。传说中龙能行云布雨,消灾降福,古人便以舞龙来祈求风调雨顺,五谷丰登。隋唐时逢正月十五灯节,入夜后彩灯齐明,扎制的长龙内安放众多蜡烛,点燃舞动起来,沿长街跃动,这耀目的火龙尤为灯节增色生辉。

常见的所舞之龙,由龙头、龙身和龙尾构成。龙头要制作出气派和风采,龙身较长,是龙的主体,通常以竹篾或铁丝做架子,外糊纸板或布。一节节龙身以筒状连接,然后加以绘饰。一条长龙制成后,在每节中部插置蜡梗,下部安置木柄,供表演者抓握。舞龙时,众多表演者各举一节木柄,追随龙头,左右挥舞,使龙体翻卷滚动,上下跃舞,蜿蜒向前。在夜晚舞龙,点亮龙体内蜡烛,辅以各式花灯,施放烟火,使舞龙表演更为可观。

各地舞龙的道具材料多样,有布龙、草龙、纸龙等多种,表演技法也随之而异。南方一些村镇的民众在夏季,用柳条、青藤、稻草等扎成龙形,龙身插满香火,傍晚在田间场院舞弄。舞毕将草龙插于水塘内,用香火之热将一些小虫烧死。舞草龙在当地还有除虫消灾之益。江苏流行舞一种段龙,龙身由红绸扎成,由妇女舞动。鱼贯走出许多队形,犹如彩虹升空,入夜煞是好看。浙江的舞龙也很著名。一种“板凳龙”用长如板凳的厚木板制成,上面装设了可点燃的灯,表演时众人一起把“龙”抬在肩上行走。龙身各节连起来,最长可达 800 米以上。

舞龙也是深受我国侗族群众喜爱的民间体育活动。从年初一到元宵节,湘西各侗寨一直舞龙不停。草坪、晒场、中堂屋,都成了舞龙的舞台。龙舞到处,人海灯山,锣鼓震天,欢声一片。一支支舞龙队进寨,有接龙敬龙仪式,煨茶鸣炮,好不隆重。侗寨舞龙还有打“灯亲家”的活动,只要结成“灯亲家”,不管以前结下多大冤仇,通过玩龙都会消除。为此舞龙在这里还有调解积恨的功能。侗寨舞龙到正月十五圆灯后,还有个烧龙仪式,象征着将龙王送回龙宫。舞龙者要将龙体放到指定的河边,与各式花灯堆积一处,用花炮、松枝点燃。一年一度的舞龙活动便在这花炮燃放和熊熊火焰中结束了。

113. 平民休闲的茶馆

茶馆通常是卖茶水的铺子,设有座位,供顾客喝茶。

茶馆在我国北方出现较早。元代北京建大都城,什刹海成为京杭运河的北终点码头,茶馆就与酒肆、旅店为邻,接待客商、游人,提供餐饮、休闲服务。高档的茶馆称茶楼,低档的茶馆叫茶棚。到了清末民初,茶馆生意更为红火,一处处清茶馆、书茶馆、棋茶馆遍布京城内外,为民众提供了花费不多而能得到休闲娱乐的场所。

清末年间,供应吃食的茶馆多了起来。一些茶馆内设红炉(烤制糕点之炉),售卖即做的糕点。有的茶馆以"二荤铺"为别称,具有茶、点、饭合一的性质,所卖的薄脆、蜂糕、肉馒头、烂肉面等,独具特色而经济实惠。在此喝茶可自备茶叶,仅出水钱而已。茶客在此吃喝、闲聊,一坐一天。为此进茶馆又叫"泡"茶馆。

茶馆一般门脸儿不大,面积有限,但也有把茶馆开得很大的。京城地安门北有一处天汇轩茶馆,其北侧的帽儿胡同内原为步军统领衙门,掌管京城地区的防务和治安,统辖官兵数万人。各级官员及兵丁都是天汇轩茶馆的常客,遂使天汇轩生意做大,房屋扩大至上百间,辟有雅座、庭院、制作满汉饽饽的炉房及停放大鞍车的车场。茶馆内外景象兴旺。茶客们到此品香茶,吃饽饽,互让鼻烟,赏鸟,听蝈蝈等虫鸣。天汇轩以戏园起家,成为茶馆后不时邀来名角唱戏,并加演单弦和琴书。营业十分拢人。

北京的鼓楼、前门外等地还有多家书茶馆。坐落于鼓楼西南侧的广庆轩书茶馆,茶馆外绕以竹篱,勾连搭六间瓦房,馆内宽敞,摆放 20 多张榆木擦漆八仙桌,墙边另放供单听书者坐的长条板凳。到此听书者众多,每晚不下 200 人。听众包括名人溥儒、溥儁、富察敦崇、江朝宗、大太监小德张、末期状元刘春霖等。茶馆中还有一些棋茶馆,茶客在茶馆内可看到弈林高手过招,可参与破解棋艺排局。在有的茶馆内,茶客可清唱戏曲,办谜会猜谜,娱乐方式多种多样。有的书茶馆上午卖清茶,厨行、建筑等手艺人聚集,又成为用工的"中介处"。

北京的茶馆在 20 世纪 60 年代初关停后,于 80 年代重新恢复起来。如今各种样式的茶馆、茶楼、茶社、茶吧遍布京城的商街、社区,是亲朋聚会、商户往来、私人高端派对的理想活动之地。各种新型茶馆装潢讲究、环境优雅,已成为集餐饮、名食、文艺演出、文化展示、文化商务、休闲体验、旅游购物为一体的高端定制式服务体系,使具浓郁地方特色的京味文化得以传承。

114. 闲雅之所咖啡馆

咖啡馆为单独开设或宾馆中附设的出售咖啡及其他饮料的地方。

据考证,咖啡的故乡为非洲埃塞俄比亚,此地在公元前2000年便有咖啡种植。相传有位牧羊人看到羊吃了咖啡豆后不停地蹦跳,他便也好奇地尝了几颗,感觉神情兴奋,精神大振,由此发现了咖啡豆有着神奇的提神作用。咖啡经加工遂成为醇香的饮料。17世纪时,咖啡传遍欧洲。土耳其人在咖啡中添加了香料,西欧人则加入牛乳等饮用,使咖啡受到偏爱,并诞生了形形色色的咖啡馆。咖啡馆自出现开始即有着浓郁的文化氛围,顾客入内并非只是你买我卖那样简单。

咖啡馆开办几百年来至今,在欧洲的法国巴黎、意大利罗马、英国伦敦等城市,大街小巷都随处可见。冬天时人们坐在咖啡馆临窗处喝着热咖啡欣赏街景。夏日则有独脚小圆桌摆在咖啡馆外,让人们在露天之处品饮咖啡,享受清爽。咖啡馆是交友、聚会、晤谈的理想场所。文化人相约到此交流文思往往更有收获。在巴黎,有些人一日三餐都在咖啡馆解决,喝着咖啡,早晨吃牛角包,中午面包夹芝士、火腿,下午进些点心,其实也还是面包之类。他们吃得看似单调,其实目的本来就不在"吃",而是休闲,泡在咖啡馆里读书、写作、沉思,或与同道者、友人聊天,乐在其中。哲人说:闲暇生学问。众多的小咖啡馆一直也被认作孕育法国文化的温床。

自20世纪80年代,我国各地经营的咖啡馆也火了起来。北京三里屯酒吧街上,一家家咖啡馆内上座率都很高。2003年以后,什刹海周边兴起了"酒吧热",外观不同、造型各异的咖啡馆竞相出现,多排列在古老的银锭桥两侧和前、后海湖岸上。这使什刹海成了北京酒吧、咖啡馆聚集最为繁密处。晚间和周末到咖啡馆休闲者,有居住在周边的居民,也有慕名从远道开车而来的白领、三五结伴乘车至此的大学生,还有不同肤色的外国人。如今每当傍晚夜黑后,各酒吧、咖啡馆常常宾朋满座。湖岸栏杆的装饰灯为前、后海戴上了串串绚丽的项链。室内或临湖的桌案上红烛摇曳,彩灯生辉。与亲朋好友对坐品饮、尝食美味、观赏湖光夜景,笑语闲聊,放松身心,享受美好时光,自是惬意。在后海一家名为"最好的时光"的咖啡馆内,摆放了一台投影机和蓝光播放器,前方悬挂着一人多高、120英寸的大幕布。客人一边品饮咖啡,一边便可欣赏最新的3D大片。

115. 兴于欧洲的沙龙

沙龙泛指文学、艺术等方面人士的小型聚会。

“沙龙”一词源于意大利语,意指为装点有美术品的屋子。17 世纪初,此词进入法国,一般意为较大的客厅,也特指上层人士住宅中的豪华会客厅。以后便被认为是一种在欣赏美术作品的同时,谈论艺术、玩纸牌和闲聊的场所。逐渐,沙龙又变为不是陈列艺术品的房间,而是表示名人在客厅接待名流或学者的聚会了。沙龙的进出者多为诗人、小说家、戏剧家、音乐家、画家、评论家、哲学家和政治家等,他们志趣相投,聚于一堂,呷着饮料,听着音乐,传播信息,高谈阔论,把沙龙变成了一个展现自己、扩大影响的舞台。第一个举办文学沙龙的是朗布依埃侯爵夫人,她出身贵族,因厌倦烦琐的宫廷交际,转而在家中举办聚会,很快声名鹊起。在她的沙龙里,成员彬彬有礼,聚坐论及学术、政治、时尚等,话题无所不包。以后这类沙龙的接待主持多为名媛贵妇担当。她们才貌双全,机敏优雅,被誉为“女才子”。

18 世纪以后,法国沙龙的活动性质发生改变,政治讨论增多,有时会出现十分激进的思想言论,被认为是革命的“温床”。法国大革命期间,沙龙活动被禁止。以后被解禁的沙龙变为“展览”之意。在奥地利,沙龙与圆舞曲紧密联系在一起。沙龙是圆舞曲兴起时的演出场所,古老典雅的沙龙大厅内,四周设有可容纳 800 人的茶座,施特劳斯家族就是在这沙龙演出中成就了圆舞曲的辉煌。

民国时期,沙龙以消费会所形式传入中国,基本做的是餐饮、娱乐生意。在上海、北京也有一些社交沙龙,参加者须有较高的社会地位,还要交高额入会费。20 世纪二三十年代,“才女”林徽因主办过一个沙龙,参加者多为教育、建筑、文物、考古、艺术表演方面的有识之士,他们热议民众关心的话题,很受社会关注。

有着浓郁文化色彩的沙龙发展至今,在国内外已成为提供专业服务的高档营业场所的代名词。走进北京华茂精品店这一今日沙龙,可品尝各式酒品、咖啡、曲奇、沙拉和营养果蔬汁等,体验按摩和美发服务。在装修考究的雅间与时尚圈人士聚会,还能嗅到各种社会和文化艺术信息,交流各自心得。谁又能说如今的沙龙与当初的沙龙不是一脉相承的呢?

现代的沙龙活动有一个特点是延伸到会议方面,主要指规模较小、议题简单、非正式化、由行业内的代表聚集在一起进行讨论的会议,一般备有酒水糖点,或有歌舞表演的内容。

116. 声响独到的音乐厅

音乐厅主要是用于表演音乐、歌舞的场所。

早期的音乐会并没有专门的音乐厅。在欧洲,人们通常在教堂里听演奏的宗教音乐,唱宗教歌曲。世界上最早的收费入场音乐会出现于英国伦敦。1672 年,英国小提琴家巴尼斯特找了一间大房子,转圈摆放了桌椅,像个啤酒馆。巴尼斯特邀来几位乐手,每晚在此演奏,想入内赏听须交费 1 先令。这间大房子的音乐演出延续了 6 年之久。接着,经营炭行的音乐人博列顿在自己的炭营业所举办定期音乐会演出,开始免费入内,后发行年票,售价为 10 先令,但有咖啡供应。17 世纪 70 年代末,由音乐家们集体筹款,在伦敦的约克大厦内建造了专用的音乐厅,可容纳 200 名听众。1748 年,在牛津建成了更为正规的霍列维格音乐厅,这个音乐厅至今仍在使用。那个年代建造的著名音乐厅还有伦敦的水晶宫、莱比锡的布业大厅等。

有着良好音响效果的演出场所,是听众能享受到美妙音乐和卓越演奏的前提条件。“流动的建筑”(音乐)与“凝固的音乐”(建筑)密不可分。从 18 世纪开始,人们对音乐厅的音响效果有了新的要求,开始注意到一个音乐厅内如果缺少共鸣作用,乐声就会显得单调乏味,使旋律失去美感。有人注意到哥特式教堂回声效应特别显著,风趣地说,在圣·保罗大教堂,打个喷嚏也有音乐感。但如果回声过大,产生“混响”,造成嘈杂,对音乐演出也是不利的。随之音乐厅的音响效果设计成了建筑师最主要的考虑课题。

到了 20 世纪,为适应现代派音乐多变的风格,有着独特设计的音乐厅争相出现。柏林音乐厅的听众席围绕着乐队而设,增进了两者之间的接触和亲近感。好莱坞的碗形露天音乐厅,乐队置于“音响壳”中,能把音乐传送到坐在圆形场地的每名听众耳中。澳大利亚的悉尼歌剧院,其顶部设计像迎风鼓起的白帆,整座建筑如一艘乘风破浪的大帆船。白屋顶下覆盖着音乐厅,装备了一系列扩音器,连接着共鸣器和扬声器,在共同的作用下能折射出最悦耳的音色。以键盘操控,一按电钮就可得到理想的演奏形式,获得最佳的音响效果。于 2007 年建成的北京国家大剧院,其音乐厅色调为白色,给人一种圣洁的感觉。这里拥有国内最大的管风琴,发音管多达 6500 根,能满足各种流派音乐的演奏。经特殊处理的墙壁和天花板,安装有反音板,能将音乐的色调、风格演绎得本真而完美。这座音乐厅建筑在国内外赢得了高度赞誉。

117. 舒适宜人的电影院

电影于1895年在法国巴黎一家咖啡馆第一次出现。100多年来,电影院的建造也随着电影的发展发生了巨大的变化。

北京的第一家电影院,是1913年开业于前门外大栅栏的大观楼电影院。中国的第一部电影《定军山》也是在这里放映的。有趣的是,早期的北京电影院男女要分座观看电影。一边是男座,一边为女席,夫妻也要分坐在有木栅隔开的两厢。直到洋人开了一家平安影院,男女可以混坐而管不到他们头上,以后男女混坐才渐成风气。

电影普及开来后,在咖啡馆、剧场、游轮、露天都可放映。各种言情片、动作片、惊悚片、歌舞片年复一年映现在观众面前。为了吸引观众,法国圣马丁运河上有一艘驳船设置了电影院。在船舶航行中放映电影。乌兹别克斯坦有人把影院开设在一家“退休”的民航飞机上,让几十位观众坐在机舱内观影。意大利柏特巴镇有一座教堂,白天举行宗教活动,晚上便向孩子放映电影。罗马尼亚普拉伊特市郊盐矿内建有一座地下电影院,据说这个产盐环境对支气管哮喘病人有良好的治疗作用,到此观影又治病,可谓一举两得。日本东京有一家“鬼影院”,不但所放电影让人毛骨悚然,周围气氛也阴森恐怖,带位员也化装成厉鬼模样,不时在座位间出现,让观众频频受惊。日本筑波科学城率先推出了瀑布电影院,用13台水泵抽取130吨水从高处直泻而下,形成高7米、宽4米的瀑布式水幕,观赏这种电影别有情趣。近年来,国内外都开办有汽车影院,人们坐在自己的爱车里,看露天电影,是一种独特的享受。

如今,观影作为人们休闲方式之一,很讲究轻松、舒适。很多影院都有咖啡屋之类的候影餐饮之处,以及购物和游戏场所。在VIP影厅,座椅平躺,观众感觉像是躺在自家沙发上一样惬意。2011年,“私人影院”悄然出现在北京。在宋家庄的爱电影视听馆,有像是KTV的大小包间70余个,大的可容纳4—8人,小的9平方米,可容纳2—3人。包间内配有统一的皮沙发,设90英寸到135英寸不等的金属背投银幕。在视听馆大厅,矗立有5部自助点播机,观众可按影片类型、流行程度等不同标准进行分类查找。选到中意影片后按下相关按键,电脑就会自动“下单”,然后观众与影伴就可带上零食,坐入包间观赏影片了。这里的影片库存量达1000多部,国内外新片放映两三个月后也会加入。所有影片均为高清数字片源。情侣、亲友或大人带孩子到此观影,是假日休闲的不错选择。

118. 源远流长话剧场

剧场是供演出戏剧、歌舞、曲艺等节目的场所。

在我国古代，表演歌舞的场地称作“歌台舞榭”。据研究，我国戏剧是战国时期开始出现的，那时演戏尚无专用的剧场。专用剧场出现于汉代，最初见于文字记载的，首推汉代张衡的《西京赋》，其中说到当时一个演“百戏”的“平乐馆”，地址在今河南洛阳城西。“平乐馆”虽是专用于演戏的剧场，但场内布置很简单，除了在场子中心画出一块专供表演者献技的“舞台”外，并无其他设施，样子很像现在的露天马戏场。到了隋朝，剧场建得多起来，演出的节目也日趋丰富。

宋代时，俳优杂剧有很大发展，对剧场也有了固定叫法，谓之“勾栏院”或“瓦肆棚子”。当时为使戏台和观众席有所区别，戏台周围围上了栏杆，这就是名为“勾栏院”的原因。同时为遮风避雨，剧场开始有了草草搭就的棚顶，因此又叫“瓦肆棚子”。北宋时有些戏棚已建得颇具规模，据记载，当时的戏棚能容纳几千人。这前后，剧场的设置也讲究了。从山西侯马金代董妃墓出土的戏台模型上能看到，剧场舞台已有了前台、后台之分，后台有化妆、休息和放衣箱、道具的场地，与今日剧场设计已很接近。在元代初期，剧场棚外高挂纸榜，写明剧目，入场口有人殷勤接待。场内舞台也是搭起的，观众座席从前往后逐排加高，使后排便于观赏。明代时，剧场变得更为讲究、美观、实用、方便。注意造得坚固，以求长期使用。

建造规模较大的剧场是从清代开始的。此时剧场也称“茶园”，因为有了茶点供应。乾隆年间，苏州一个官吏为讨好南游的皇帝建造了轮转舞台，“转轮可御。绮采华灯，使不风而摇曳；清歌妙舞，若驾雾以飞腾。以之娱目，诚属新异”。清代宫廷内建造的剧场更是构筑精巧，至今在北京颐和园保存的“德和园”戏台，“广九筵，凡三层”，按演出的效果，演员可在几层间上上下下，表演腹内容数十人的巨型鳌鱼从下被推上高层，再从底层井内吸上水，通过鱼腹喷射出去。虽然这并无多大艺术价值，但场面十分可观。

中华人民共和国成立后，尤其是近些年，各地剧场星罗棋布，丰富了人民群众的文化生活。天安门广场西侧的国家大剧院，建筑面积达 15 万平方米，其外形如自天而降的“蛋壳”状飞碟，硕大的钛合金框架现代化设计，营造出引人进入的梦幻情境。步入国家大剧院先经一条 80 米长的水下长廊，然后可分别抵达歌剧院、音乐厅、戏剧院三个大剧院和一个小剧场。除了演出，大剧院还有图书资料室、排练厅、绘景间、音像制作室、会堂等设置，可以进行多种艺术交流活动。这座大剧院的建成和使用，为剧场发展史书写了极为绚丽多彩的一章。

119. 变幻神奇的布景道具

舞台上所布置的景物叫作布景，所摆放供表演用的大小器物称为道具。

在歌舞演出中使用布景，最早出现于我国汉代。《西京赋》载："度曲未终，云起雪飞，初若飘飘，后遂霏霏。"表明当时的艺人已能使用灯光布景营造演出气氛。宋书《儒林公议》记述，五代后唐时，宫女表演蓬莱采莲舞，先在地面铺放绘有水纹的绿绸，宫女起舞时，有吹筒从远处吹气到绸下，形成波浪形状，望去舞女如在凌波之中涉水回旋。明代《陶庵梦忆》记载了当时使用的布景，演到唐明皇游月宫时，台上"黑幔忽收，露出一月，其圆如规，四下以羊角染五色云气。中坐常仪，桂树吴刚，白兔捣药。轻纱幔之内，燃赛月明数株，光焰青黎，色若初曙，撒布成梁（桥），遂蹑月窟。境界神奇，忘其为戏也"。从此描述可知布景之神奇。

真正的机关布景出现于清代。北京颐和园的德和楼戏台分为三层，上层表现神仙境界，中层为人间，下层为地狱。当时演出的大戏如《劝善金科》《升平宝筏》《西游记》等，都是连台多本戏，一天演一本。演到神仙下凡，神仙便坐竹篮从上层降下；遇到有鬼怪出场，便由升板载其抵达中层。舞台规模阔大，能容纳数百角色层层列坐。

清末时，入宫变古彩戏法的艺人善用道具，他披一方蓝布，能变出半人高花瓶、几十斤重的鱼缸等大物18件，摆放一台。民国后，戏曲舞台上布景道具花样更多，演《大劈棺》舞台上自少不了沉重的棺材，演《天仙配》也会牵着耕牛上台。

电影出现后，拍摄道具多了真刀真枪、飞机、大炮等，连遍地"死尸"也成了道具。拍摄一个战役所用的道具装备，足够道具师忙活好多时日的。

近年来，演艺舞台上戏曲、歌剧、话剧、木偶戏以及杂技、马戏的演出，都加大了布景道具的投入，用声光电等一系列舞台上可以用的形式进行包装，以增强观赏效果。今日的布景道具所营造的场景恢宏而震撼人心。2012年5月，国家体育馆演出大型情景音舞诗画《天安门》，舞台上悬挂的透明全息膜和180度环形LED大屏幕，让观众在感受了3D效果的同时，欣赏到北京的历史变迁、今日壮观，以及从紫禁城到国家大剧院、水立方等一个个地标连缀起来的北京历史文脉，靠幻影技术还能穿越时空看到奔跑的"北京人"，宇航员与小学生"太空对接"，巨大的A380客机降落后游客从舷梯上走进现场……这场演出是技术与艺术、文化与科技的完美融合，也是现代布景道具的最佳体现之一。

120. 音乐指挥与指挥棒

在乐队或合唱队前面指示如何演奏或演唱的人称指挥，指挥演奏演唱时手执的小棒称为指挥棒。

专家指出，同样一首乐曲按不同的理解，可以产生不同的音乐效果。如果不能很好地组织协调，整个乐队也无法演奏出美妙的乐曲。为了忠实、完美地表现出作曲家的全部意图，乐队需要一个音乐水平较高的人来指挥演绎音乐作品，这个人就是音乐指挥。指挥手中舞动着的指挥棒则要根据乐曲的“节拍”加以挥舞，并按照自己对作品的理解，协调指挥整个乐队演奏，以求达到预期的风格和效果。

在古希腊时期，已有音乐指挥来指挥乐队演奏。那时是以脚蹬踏地板、晃动头颅、摇动手臂、挥舞手帕、甩动帽子，以及敲击铁板来指挥的。我国明代嘉靖年间，有一位名唤周全的著名音乐家，他有两个徒弟。周全教徒弟唱歌时总是挑选夜间，他会点燃一炷香当指挥棒。师徒面对面，周全捏香在手，徒弟起唱、翻高、降低、转折、拖长、停顿等，完全按照那香火的上下、左右、快慢移动而变化。暗夜里闪耀着一点火星，看得清清楚楚。这种以香火当指挥棒教唱的方法，可谓别出心裁。

欧洲在 17 世纪时，流行以铁杖敲击地板指挥乐队。相传法国著名音乐理论家、作曲家卢利就是使用前端带有利尖的铁杖指挥演奏的。1687 年 1 月的一天，卢利在斐扬教堂指挥演奏《谢恩赞美歌》时，动作过猛，一挥之下，杖尖不慎将脚面戳伤。脚面溃烂不止，几周后不治而亡。

到了 18 世纪，欧洲开始有人用乐谱纸卷成细筒来指挥演奏。以后经作曲家亨德尔、巴赫父子提倡，使用了大键琴和小提琴的琴弓来指挥乐队，用着都不够可手。在 19 世纪前，乐队指挥往往由作曲家亲自担任。进入 19 世纪，乐队开始有了专业指挥家。法国的拉穆鲁、科洛纳，德国的威柏就是作为早期专门指挥家扬名欧洲的。此时期的音乐界也认识到乐队指挥动作应当更准确、更清晰。1920 年，德国小提琴家史博在英国伦敦一个演奏会上首先挥动一个细巧的指挥棒指挥乐队，得到好评，以后被纷纷效仿。竹制的指挥棒拿在手里轻捷，最为好用。此后指挥棒便风靡世界乐坛，成为乐队演奏指挥手中常见的器具。

各国军乐队在演奏时，乐队指挥普遍手握带有枪尖和穗子的长棒。随着长棒上下舞动，铜管和吹打乐器演奏节奏鲜明的进行曲等，表现出雄壮高昂的情调，最能增添庆典欢乐气氛。

121. 影视表演的替身演员

替身演员是替代别的演员表演某些形象动作的演员。这种替代在拍摄影视片中较为多见。

影视替身演员常被安排代替剧中角色表演某些特殊、高难度动作。替身可分为文替、武替和光替三类。“文替”主要拍摄大牌明星“不露脸”的戏码。由替身拍摄可节省拍剧成本和加快拍摄进度。“光替”主要代替角色站位,以便于灯光师调整灯光。调光是一项费时的工作,不便让大牌明星干站等待许久,由光替站立调好灯光后,角色上场便可开拍了。美国歌星小甜甜布兰妮,港台和内地明星周润发、郭富城、成龙、刘德华、杨紫琼、巩俐、李连杰等,都有被本人和观众认可的替身演员。“武替”在替身演员中最为吃重。要代替角色拍摄打斗、飞车等高难度的动作场面,多是具有武术功底者或特技演员。如台湾已故艺人柯受良就是圈内著名的武替特技演员。香港影视明星成龙、周星驰出道时,也都有过当替身的经历。当武替技术要求高,危险性大,酬劳自然不菲。

当替身演员在美国是一项挣大钱的行当。在电影演员协会的400名替身演员中,约有100人生活得很好,个人年薪在5万至8万美元。还有一些在驯马、驾车、跳楼等表演中身怀绝技的人,年薪能达到20万美元以上。早期的好莱坞替身演员只要经得住摔打就行,可如今的替身们必须学习新的技术,有的还由体操运动员担任。身穿防火衣出入火海,或被气弹装置弹上高空,场面新奇刺激并有现代感。替身表演老套,自然没有生存空间。近年来,替身演员的表演竞争空前激烈。比拼谁抗击打的能力更强,谁能从更高的地方跳下去,谁驾车飞跃的距离更长等。尽管拍摄现场使用了一系列救护新发明,采取了种种保护措施,在美国过去十几年还是有十几位替身演员殒命拍摄现场。

在我们这里,影视替身事业尚处于初级阶段。但惊险性动作片的票房价值让替身演员群变得庞大起来。一个个影视圈中的替身队相继组建,人员包括社会闲散人员、农民工、个体户、武术爱好者、退伍兵、消防员等。这些人员进入剧组,替代别人按剧情要求去舍命追杀、惨烈格斗、高楼纵跳、破窗蹈火,往往弄得头破血流,伤痕累累。对于我们这里的影视制作方和替身演员来说,完善替身演员的用人制度,实现保障人身安全的职业化管理,以避免替身演员惨剧的发生,无疑是最为要紧的事。

122. 迷崇偶像的粉丝

曾几何时,一种用绿豆、白薯等物品的淀粉制成的细条状食品成了各类明星拥趸的代名词。尽管有"玉米"(李宇春迷)、钢丝(郭德纲迷)等不同的称谓,"粉丝"还是成了偶像迷的统称。

"粉丝"(英文 fans),也叫追星族。意思是崇拜某明星的一种群体,参加者多为年轻人,有着时尚流行的心态。

在我国古代,虽没有"粉丝"一说,却有着不少追星故事。唐代时,书生魏万为一睹诗仙李白的风采,历经半年跋涉,见到李白,奉上诗作请诗仙指正。李白以《送王屋人魏万还王屋并序》诗回赠,对年轻人加以鼓励。宋代苏东坡也有众多崇拜者,他爱吃的"东坡肉""东坡鱼"被效仿烹用,流传至今。他所戴的高筒短檐帽称"子瞻帽",曾流行一时。晚年的苏东坡被谪贬途经汴京,有成千上万慕名者聚集运河两岸迎送。

当代粉丝对明星的迷崇,较早出现于港台。偶像迷以中小学生为主,举凡他们支持的偶像,如郭富城、刘德华、黎明、伍思凯等,不管是照片、音响带,还是书刊,一概买到收藏。市场推波助澜,印有偶像的钥匙链、瓷杯、日历、海报、扑克牌、拼图、T恤衫等也都成了俏货。偶像抱枕一出笼就受到抢购,抱拥偶像入眠,美不可言。为能与明星见面,有的歌迷、影迷千方百计打听偶像行踪,其办法比记者还多,甚至二十四小时追踪。为获得明星的签名照片,不惜花费重金,于是形成了拍卖偶像签名活动。有办法的学生会联合歌友会,要求明星签名,然后转卖,大赚而特赚一笔。

在我国一些城市,近些年来自发的粉丝活动已形成了"粉头"(职业粉丝)和"粉丝团""粉丝会"等组织。其特点是人员基数大,发展速度快,传播能力强。有的还是全国性的,动辄能动员起上万人。粉丝组织吸收粉丝会员,有的收会费,有的收活动经费,另外还号召向偶像捐款、集资。偶像的演唱会、生日会等,都会有捐款活动。会员尽力而捐,也有的一次捐出几千上万元。有歌星过生日,粉丝团集资30 万元为他买全版广告祝寿。有歌星没拿到音乐会大奖,粉丝团集资 61.8 万元为其打造纯金唱片用以安慰。还有一位歌星与演出公司签订了文约,不得脱身,粉丝团竟募得 105 万元帮其"赎身"……这些惊人的筹款款项可不是小数。对此有知情人爆料,"粉头"或粉丝团管理者中有些人并不热爱偶像,而是圈钱、敛财。这些人的行为,多数不是明星指使的,但明星知道也见怪不怪。明星需要人气,粉头获利,相得益彰。但若遇到很黑的粉头,贪得无厌,于明星的形象也会大有损坏。

123. 窥探隐私的狗仔队

狗仔队指一些专门跟踪、拍摄、报道知名人士，包括艺人、运动员、皇室成员、政坛要员等人物的职业或非职业记者。

1960 年，意大利导演费里尼在电影《甜蜜生活》中，塑造了一个专门拍摄名人隐私的记者，他专事搜罗名人私生活的形象，被称之为“追踪摄影队”。此词传入香港后，因与“小狗”读音相近，遂称“小狗队”，后逐渐演化成“狗仔队”。

在欧美等国家，狗仔队有许多是自由职业者，单兵作战；也有固定职业的狗仔，受雇于某家通讯社，有固定收入和提成，通讯社还为其提供交通工具、通信工具、汽油补助、健康保险等。狗仔队通常会驾驶私家车在目标人物出没的地方守候，然后对目标人物贴近跟踪和偷拍。他们甚至会搜索目标人物住过的酒店房间，连目标人物住处丢弃的垃圾也不放过，以求知道其不为人知的生活嗜好，搜找有无异性使用的物品等。狗仔队以死缠烂打而著称，他们的窥探偷拍能力，绝非一般新闻记者所能相比。狗仔们可以用超乎正常的手段长时间驻守于目标人物住所附近。美国的狗仔队可对一位明星长期跟踪数年。狗仔队为达目的所实施的手段可以说无所不用其极。一名狗仔曾蓄意制造车祸，迫使凯瑟琳·琼斯走出座车。有的狗仔还会弄响火警装置或投掷烟雾弹将明星逼离隐蔽场所。虽然说这么做违法，但打官司的费用已计入了狗仔队的所得报酬中。狗仔队也真是个挣大钱的行当。有狗仔偷拍到麦当娜怀孕，一组照片卖到了 25 万美元。

狗仔队让许多明星一举一动都暴露在镜头之中，终日不得安宁。有些狗仔还使用恐吓、无赖的手段，因此在社会上声名狼藉。1997 年，英国戴安娜王妃来到法国巴黎，乘车经过一条隧道时，司机为摆脱狗仔队跟踪发生车祸，戴安娜及其男友多迪丧生。近些年来，多位明星都与狗仔队发生过冲突、纠纷，有的对簿公堂，受到社会关注。狗仔队声名不佳，负面新闻多，但专家指出，他们也不是一无是处。狗仔队隐藏名人身后，挖出内幕，揭露丑恶，不是坏事。一些名人大肆包装自己，把自己推向“神坛”，而狗仔队就是拆台者。狗仔队的曝光率高，能促使明星们自我约束。前不久，德国的狗仔队盯上了政客，专门监督政府官员的私生活，官员公车私用、公款消费、受贿、逃税等被纷纷曝光。狗仔队成了贪官的“克星”，连普通民众也爱客串当回“狗仔”呢。

124. 游乐世界迪士尼

迪士尼乐园是一种集科学、艺术、娱乐为一体,以动取胜,富有生命活力的发展中新型公园。

迪士尼乐园的创办者是美国动画艺术家沃尔特·迪士尼。他在1928年创作了两部以米老鼠为主角的动画电影获得成功,以后又创作了唐老鸭、白雪公主等众多动画形象,大受赞誉。经多年设想、策划,又经5年建设,迪士尼乐园于1955年7月在美国加利福尼亚州建成开放。乐园占地76万平方米,园内设有五六十个游乐中心和精彩游乐项目,包括“幻想戏院”“太空山”“海底航行”“热带雨林”“动物世界”“全景电影馆”“加勒比海盗”“鬼屋”等。从远古到现代,从太空到地下,从人间到“地狱”,有参观、体验、冒险及种种荒诞的刺激,光怪陆离,无奇不有,吸引着世界各国游客光顾。

游人入园后,先乘坐老式火车游览园景。车厢敞开,视野广阔。途中火车穿过人工建造的山洞、隧道,跨越桥梁、峡谷,沿途可观赏到各种电动恐龙、猛犸象、狮、虎的造型,间或也有真兽夹杂其中,让游人感觉新奇。火车周游一周,开进大广场,有人在这里会受到米老鼠、唐老鸭等卡通明星的热情欢迎。身着奇装异服、佩戴绚丽面具的工作人员时时出现在游人身边,为游人引路、讲解,他们滑稽幽默的表现,让游人仿佛进入了一个童话世界。

迪士尼乐园开办取得成功后,不断扩大其规模,增建了“发现岛”“未来世界”“世界橱窗”等新内容。世界橱窗先后设立9个馆,即中国、加拿大、法国、日本、英国、美国、德国、意大利和墨西哥馆。中国馆由朝阳门牌楼、天坛祈年殿和传统园林组成。馆内还有一个环景电影厅,游人可看到电影《中国奇观》,尽情欣赏中国各地的山水风光和民俗风情。迪士尼乐园自开放以来,每天入内的游人多达四五万,仅一天的门票收入就近百万美元。几十年来,乐园已接待游客十几亿人次。

1971年,迪士尼公司在美国佛罗里达州的奥兰多市又建了一座迪士尼乐园。20世纪80年代,日本、法国和我国香港也各建造了一座迪士尼乐园。其中日本东京的迪士尼乐园被誉为亚洲第一游乐园,它的面积比美国本土的两个迪士尼乐园加起来还要大,设世界周游、探险乐园、西部乐园、奇幻乐园、明日乐园五大区域。乐园工作人员多达7000人,担当150种不同性质的服务。自开放后游人如织,每年游园人数都要超过美国本土的迪士尼乐园。

125. 自娱娱人的卡拉 OK

卡拉 OK 是一种随意点用伴奏而演唱的娱乐形式，盛极一时，至今仍受到很多人喜爱。

卡拉 OK 的发明人是日本的井上大佑。他从高中时代起就参加乐队，经常在神户市的一些夜总会参加演出。1970 年，他开始在夜总会专门为客人伴奏。一次，他应一位出差要去外地的客人要求，把自己的伴奏录在了磁带上，客人带在身边，随时可唱，感到满意。井上大佑由此产生了灵感，他用一台汽车音响，加上扩音器、回声装置、麦克风和一个投币后能运转 5 分钟的计数器，拼凑出了世界上第一台卡拉 OK 演唱机。出租给娱乐场所后，赚到了第一桶金。1972 年，他创立了一家公司，成为卡拉 OK 行业的第一人。20 世纪 80 年代，日本的卡拉 OK 机大举进入东南亚，随后卡拉 OK 的娱乐传遍了东西方。

卡拉 OK 初到美国，让人们感到陌生，但短短几年后便成为娱乐业新宠。全美卡拉 OK 消费额居高不下，各地卡拉 OK 厅林立扎堆，甚至学校附近的商店内也有设置，供学生消费。不少人认为，走进卡拉 OK 厅可享受到“明星般的气氛”，并从高科技艺术产品中获得乐趣。唱卡拉 OK 可宣泄情感，是今日步调紧张、压力重重社会生活的“解毒剂”。欢唱卡拉 OK 的流行潮涌到港、台，以粤语为主的香港地区以广东歌最受欢迎，梅艳芳、张国荣、谭咏麟的歌最当红，人们最喜仿唱。而在台湾，国语、闽南语歌曲是主流，很早就置办 KTV 包间，歌厅豪华而音响一流。

在卡拉 OK 风行之际，日本的研究人员趁势而上，不断对卡拉 OK 机予以完善和增加功能。一家研究所开发出 VIP 新型机，即使用影视制作的蓝色肖像合成技术，将卡拉 OK 演唱者的形象，传输到布莱恩管内，转换成电视影像，显现于演唱者面前。歌者可一面尽情欢唱，一面欣赏到自己的演唱过程，是一种能达到听觉与视觉共享的卡拉 OK 系统。日本研发的另一款卡拉 OK 机，专为爱唱歌的司机设计，只要与汽车音响连接，按下开关，便可自娱。遇交通堵塞，便可引吭高歌一曲，而车外的人是无从听到的。这种卡拉 OK 机携带方便，可拿到客厅和室外野餐时使用。

几年前，联想手机推出一款全民 K 歌音乐达人大赛活动。手机用户在乐商店下载安装“K 歌达人大赛版”APP 应用，录制自己演唱的歌曲，登录新浪微博，上传整首歌曲的音频文件和活动标签，即可完成网络报名。以后还会有什么卡拉 OK 娱乐的新花样呢？人们拭目以待。

体育竞技

1. 体育的产生

体育是在原始社会条件下萌芽和产生的。它与原始人类的其他社会活动如劳动、教育、军事、娱乐、医疗、宗教、祭祀等有着密切的联系。在战争中,为了提高战斗技能,体育也成为兵士进行军事训练和增强体质的手段。

原始人类受生理规律的支配,要活动肢体,要表达喜怒哀乐的情绪,因此常以一些肢体屈伸动作来调节生理上的不舒适及满足心理上的需要。在长期的生活实践中,随着智力的发展,人类认识到某些"本能"的肢体活动,对人的身心有好处,便把这些活动组编起来,形成一种有规律的运动。古籍中称这种运动为"舞"。据文献记载,帝尧时期发生大水灾,人们簇挤在山洞里,阴湿的环境导致了很多人双腿肿胀,行走不便,带来痛苦。一位叫阴康氏的人,创造出一套活动肢体的健身操,通过肢体活动,使人们的腿肿和不适减轻。这就是上古时期产生的"消肿舞",也被认为是古代导引行气术,发展流传为"气功"。这些以适应生理、心理需要而产生的活动,不论从形式上,还是作用上,都是构成我国古代体育活动的重要组成部分。

以渔猎为生的原始人类,在极其险恶的自然环境中,为捕杀猎物,经常要长时间、长距离地奔跑。跑动成了人类重要的生存技能。由此也产生了"夸父追日"的神话传说。人类在捕杀猎物时,已能使用棍棒等原始工具做武器,同野兽战斗自卫,进而获取生活资料。在人与兽斗、部落之间械斗的过程中,人们逐渐掌握了一些徒手或手持简单武器的攻防格斗技能,如拳击、脚踢、躲避、跳跃、摔跤以及劈、砍、刺、掷等动作。当人们熟练地运用这些动作时,"武术"也开始萌芽了。形形色色的体育活动和竞技项目,就是在社会生活中形成,并随着科技文明不断完善的。

"体育"一词是从日本传入我国的。在我国近代,曾将"体育"称之为"体操"。清末时政府规定学校要开"体操课",培养学生的"尚武"精神。当时我国有大批留学生东渡日本求学,有的在日本大森体育学校就读。他们回国后便带来了"体育"这个词,并创办了中国的体育学校及中国的体育团体。1906 年,近代民主革命家秋瑾从日本留学回国后,就在绍兴创立了体育会,对促进我国近代体育的发展起到了积极的作用。

"体育"最早见诸我国文字是在 1904 年。当时湖北幼稚园在其开办章程中写入了"体育"这个词,言道:"保全身体之健旺,体育发达基地……"1907 年,清朝学部的奏折上也开始使用"体育"一词。1923 年,北洋政府正式宣布:把"体操"一词改为"体育",将学校的"体操课"改为"体育课"。

2. 中华自古是泳乡

游泳是我国最古老的运动项目之一,已有3000多年的历史。《诗经》中就有“泳之游之”的篇章。“游泳”一词,古代是分开使用的,浮水叫游,潜水叫泳。“泅”字在古时写作“汓”字,是一个小孩子伴水活动的会意字,可以认为古代的小孩子也是善于游泳的。

有趣的是,我国古代巴蜀一带有个民族叫“獠子”,相传从婴儿出生那天起就要习泳。《博物志》载,每当妇女临产,就要将孩子生于江水之中,浮则取养之,沉便弃之。看来,现在一些国家让妇女在水中分娩,让婴儿游泳,并不是什么新发明。

我国古人的游泳方式分为三种,戏水行走称涉,水面漂游为浮,潜入水中曰没。游泳在南方开展得尤为普遍,《苏东坡集》上记载:“南方多没人,日与水居也。七岁而能涉,十岁而能浮,十五而能没矣。”古人在长期的游泳活动中,创造出很多独特的游泳姿势,如狗刨式、寒鸦浮水、水上漂等。除了生产的需要,古人还以游泳健身、娱乐、休闲。《武林旧事》上记载,南宋时杭州西湖等有名的去处,夏季每日游泳的人很多,已成为天然游泳池。

古时盛大的游泳比赛,更是由来已久。唐宋年间每逢端午节,钱塘江上就举行规模很大的游泳比赛,参加比赛的游泳选手称为弄潮儿。唐高祖时期,我国已有了跳水运动,也称“水秋千”。《东京梦华录》有载,北宋时徽宗赵佶曾在“水殿”设宴观赏“水秋千”表演。只见水池中停有大画船,船头立着秋千架,表演者踏上去,用力摆荡,在身体荡平时即蹬离秋千,凌空翻筋斗,以优美的姿势“掷身入水”。除了这种表演之外,当时还有“水秋千”跃出赛高、赛远比赛,胜者可获锦标。

宋代时还有一种“抛水毬”的游戏,可称为早期的“水球运动”。由泳者在水面用“气毬”(以动物胞囊充气而成)轮流抛掷,以抛的距离远近、精准定胜负。徽宗皇帝观赏了“抛水毬”后写诗云:“苑西廊畔碧沟长,修竹森森绿影凉。戏掷水毬争远近,流星一点耀波光。”诗中描绘了一幅秀美、生动的水运动画面,也为后人留下了一段有参考价值的水球运动史料。

我国古人很早就认识到游泳在军事上的显著作用。对于水战的规制和技术,历代都很重视。汉武帝时政府就在昆明训练过水军,宋朝时专门建立过一支在水面作战的军队,称“船军”,招募的都是习水善泳的好手。北宋京城曾凿有金明池,做水战练兵之用。南宋时每年八月中旬都在钱塘江进行海战会武,这实际是一次包括了游泳等技术在内的大规模培训。

3. 神州古代重摔跤

摔跤是一项形式古老的体育项目,这种运动在我国原始社会已然萌芽。相传在黄帝时,部落里就有头戴牛角以力相抗的摔跤,称“蚩尤戏”。甲骨文中“臣在斗”,记载的也是商代时奴隶以角斗相搏的事。

摔跤在我国古代有种种不同的称谓。战国时叫“相搏”,秦、汉、隋、唐时称“角抵”,五代以后又名“相扑”“手交”“掼交”“角力”等。五代时摔跤有了很大发展,这项比赛活动常在节日进行,最热闹的当属农历正月十五。当时的摔跤活动盛况空前,以致“观者如堵,荒无居人”。蜀都的摔跤比赛从正月一直进行到五月才收场。每日吸引着众多观众观赛,直到天黑方罢。摔跤的优胜者被赠予奖品,披红戴花骑上高头大马,由众人簇拥着回家,跤手和家人都极为风光。南宋时临安的护国寺内,每年都要举行大规模的摔跤比赛。各地摔跤好手云集于此,在一座南高峰露台各献技能。比赛获胜者可得到旗帐、银杯、绸缎、马匹等奖品,有的受到地方官员的赏识,由此还得到一官半职。

古代的不少君王都重视摔跤活动。周天子曾下令兵士“习射御角力(摔跤)”。秦王嬴政在军队中推行摔跤,强壮兵士以并天下。汉武帝提倡兵士们摔跤,还让地方上组织孩童参加摔跤活动。唐朝的几位皇帝都曾专门御用了一批摔跤手,组成摔跤队,取名“相扑朋”,专事在宫廷进行摔跤比赛表演。清代康熙皇帝亲政后,曾组织精通掼跤的八旗少年智擒图谋不轨的权臣鳌拜,以后就有了“善扑营”的建制。《啸亭杂录》载:“选八旗勇士之精练者,为角抵之戏,名善扑营,凡大燕享皆呈其伎。”清代时摔跤活动在朝野一直盛行不衰。

我国古代的摔跤活动,不仅在男子中开展,也有妇女参加。魏晋之际,东吴的宫廷已有女子相扑。南宋景定年间,杭城的著名女相扑手“赛关索、嚣三娘、黑四姐女众,俱瓦市,诸郡争胜,以为雄伟耳”。这是说一代女摔跤好手们,不仅在杭城的瓦市进行表演,而且和“诸郡”即杭城以外的各州道郡县的女摔名手“争胜”。由此可知当时的女子摔跤比赛活动,并非杭州一地仅有,开展的地区已相当广泛。

古代的摔跤运动,最早用于训练士兵和比赛表演于宫廷权贵的庆典活动中。由于摔跤活动占用场地小,徒手相搏,无须使用装备,便于开展,后来逐渐普及到平民游乐场所和庙会上,成为民众喜爱的体育活动。我国山西忻州开展摔跤运动就很有特色。据《忻县县志》记载,追溯到800年前,著名抗金将领岳飞帐下有一位名叫陈效雨的将官,他退役回到忻县老家,就把他在军队学到的摔跤本领传授给当地人。以后忻县喜爱摔跤的人越来越多,而今摔跤已成为当地庆典和开展文化活动的重要内容。忻州由此还获得了“摔跤之乡”的称誉。

4. 蹴鞠——起源于中国的足球

蹴鞠是我国古人非常喜爱并很流行的一种游戏。

考古学家发现,在3000多年前的殷代,已经有了类似足球的游戏,称为“蹴鞠舞”。这种蹴鞠舞,不仅有甲骨文字记载,还有“石阙”(石条建筑)刻画。据史书《别录》记曰:“蹴鞠者,传言黄帝所作。所以练武士知有材也。”可知蹴鞠起源很早。战国时代七雄兼并,战事频繁。蹴鞠就在军队中流行开来。西汉时武帝殿下的名将霍去病,在塞外抗击匈奴入侵,在艰苦的环境中,于营地设蹴鞠场,亲自带头开展蹴鞠,以提高军队的战斗力。

汉代时蹴鞠与现代足球已有不少相似之处。《汉书》载,高祖刘邦是蹴鞠爱好者,他在宫苑里建造了规模宏大的球场,称为“鞠城”。球场上有围墙、看台,并有称“鞠室”的球门。竞赛方法也颇似现代足球,上场两队各12名选手,攻守各为6人。以踢进“鞠室”多少球定胜负。比赛时还有裁判员。汉代初年出现了一部专门论述踢球的书集,名为《蹴鞠新书》,著文25篇。可说是世界上最早的一部足球技术书。后汉时李尤写过一篇专门谈蹴鞠裁判的文章叫《鞠城铭》,也是世界上最早论述裁判的专著。

唐宋时期蹴鞠活动有了新的发展。史料记载,唐代时有了充气球和挂网球门,两队比赛中还有了专职守门人。这些设置都比西方国家早了1000多年。宋代时蹴鞠开展得更是火爆。宫廷有专职球队,徽宗年间经常陪同皇帝赵佶踢球,进行庆典比赛表演,获胜一方有重赏。那时民间蹴鞠活动也很活跃,还出现了“齐云社”等民间蹴鞠会组织。清兵入关后,把踢球和溜冰结合起来,成为别具一格的冰上蹴鞠,这当然是技巧难度更高的游戏活动了。

在我国古代,女子蹴鞠在隋唐时期已有记载。宋代陶枕上绘有民间女子踢球的图像,形象生动,姿态优美。明代还出现一位女子蹴鞠高手,名叫彭云秀,她练就16套颠球表演的绝技,除用足踢,还以头、肩、背、胸、腹、臀、膝等处停球,“绕身不堕”。她以球技在江湖上闯荡,名扬一时。唐宋以来赞赏女子蹴鞠活动的诗词颇多,“殿前铺设两边楼,寒食宫人步打球”,“蹴鞠当场二月天,仙风吹下两婵娟”等,都是对女子蹴鞠活动的生动吟诵。

蹴鞠在我国产生发展几千年来,踢法多样,与现代足球有着众多相似之处。为此2004年初,国际足联正式确认足球起源于中国。2016年,在巴西里约奥运会举行之际,来自中国山东淄博的中国蹴鞠,正式落户里约巴西国家博物馆。世界上最古老的足球蹴鞠和巴西国球在里约牵手,共同向世界展示足球的魅力。

5. 源远流长的射箭运动

射箭运动在我国有着悠久的历史。考古发掘的实物证明，早在10000年前，我们的祖先就使用弓箭了。据古籍《风俗通》载，远古的人们看到乌鸦歇在柘树上，把树枝用力压弯，当乌鸦起飞时，树枝猛地弹起，打得乌鸦哀叫。聪明的祖先受到启发，于是创造了弓，并将其取名为“乌号之弓”。

最初的弓是用来发射泥丸的。相传我国最早有文字记载的诗歌——《弹歌》唱道：“断竹，续竹；飞土，逐宍。”说的是砍下竹子，做成竹弓，发射石丸，射到禽兽。后来，人们尝试把小巧的矛枪搭到弓上发射，效果尤佳，就这样创造了射箭。到了殷周奴隶制社会，青铜器的发展以至青铜箭镞的使用，极大地提高了弓箭在狩猎和战争中的威力。

殷周时期，学校教育把射箭列为重要的课程。在当时，几乎每个男子都要学会射箭。西周奴隶主在礼仪中还制定出“射礼”，规定在重大的政治、外交及节日活动中，都要按不同的等级采用不同方式举行射箭仪式，将进行尊卑贵贱的等级观念的道德教育与射箭活动结合起来。进入封建社会，射箭一直是重要的军事武艺项目。唐代设置的选拔军事人才的武举制度，步射和骑射都是武举考试的重要科目。尽管我国在宋代发明了火药，但原始的火枪远不如弓箭使用方便和普遍。所以直到清朝末年，弓箭在古代军事中一直占据着重要地位。

在我国古代，涌现了很多善射的英杰和神射手的传奇故事。“羿射九日”是神话故事中最为突出的一个，反映了人类掌握弓箭之后，极大地增强了征服大自然的力量和信心。《列子》上“纪昌学箭”的故事，则是向人们强调，要想射得一手好箭，先要年深日久苦练基本功。《汉书》记载的“飞将军”李广，长于射虎。一日打猎，他向草木中一只猛虎发力射出一箭，箭落处火星四溅，近前一看，原是一块巨石，而箭矢已深深射进石体中。其射箭的神力令人叹服。

在古代，射箭也是人们的文体娱乐项目之一。西周开始的“射礼”活动，在以后历代都经常举行。骑马射猎也为各朝帝王权贵所喜爱。唐代时妇女们也常参加射猎，宫中还有“射鸭”“射粉团”等游戏。宋代民间成立有“弓箭社”“射水弩社”等射箭活动团体。辽、金、元、清几朝，都为北方精于骑射的少数民族所建，民俗射箭娱乐方式更多。辽国有三月三“射木兔”活动，金人有骑马“射柳”的习俗，元帝国有“射草狗”的竞技。清代建国以“骑射为本”，所开展的射箭娱乐更具花样，如“射鹄子”“射坠子”“射绸子”“射香火”等，以此比试射箭的技术水平。我国的现代射箭运动，就是在继承古代射箭传统的基础上，融合近代世界射箭运动，形成和发展起来的。

6. 古代举重史话

举重在我国有着悠久的历史。在古代,举重一直是作为比武和健身手段活跃于军队和民间的。古人常通过扛鼎、翘关(关为沉重的城门门闩)、舞大刀(重约120斤)、举石等表现自己非凡的力量。两汉时期,宫廷和民间的练力方式又出现了转石、舞轮等样式。汉代还设有“鼎官”,负责扛鼎事宜,经鼎官严判,举鼎较力获胜者得获“武力鼎士”封号。

在众多古籍中都载有与举重相关的人和事。《六韬》记载,崇侯虎能举起600石重的沙。秦国的乌获、孟说、任鄙等力士,都能力举千钧。《史记·项羽本纪》中有项羽“长八尺余,力能扛鼎”。《续高僧传》提到,隋朝时有位法通和尚,能将500多斤重的石臼背起,从南山一路背到庙中使用。《玉芝堂谈荟》有载,唐朝博通膂力过人,双手各举一床,床上置有酒肴,他从石阶上走下来,停放下,酒肴无一倾泻。他还曾躺在一个大床上,让三个力气很大的摔跤好手拉他头下的枕头,结果“床脚尽折而枕不动”。另一力士汪节,力大过人,渭桥头有一只石狮子,他提起远掷,数十人上前都不能将狮子移动。汪节名气大振,进宫当了禁军,后又被提拔为“神策将军”。《北梦琐言》说,武士王生能背托一条船,让12个人在船上起舞,直至舞毕,王生仍“略无困乏”。《太仓州志》记述,明代江苏大力士“欧千斤”直至晚年,力仍不衰,遇到有马不肯过桥,他便“臂挟马趋过”。就此可知,古代的举重好手是层出不穷的。

两晋时期,举重成为府兵制选士项目之一。到了唐代,朝廷为了巩固统治,增强国力,抵御外族入侵,还制定了武举科目。通过举重(举石、扛鼎)、射箭等项目考试,选拔力大善举、武艺高强的武士做官,并授予“猛殿之士”等称号。武举制度的推行,对当时民间的习武起到了促进作用,民间练举石担、石锁以及举鼎、舞要重兵器的骤然增多。明末民族英雄郑成功为戍边保国,刻苦练功。他每日清晨都要举一个重300斤的石狮子,每次举7下,一个早晨举3次,共21下。他还以举起这个沉重的石狮子作为挑选精兵的标准,组建起一支战斗力极强的大力士队伍,在对敌战斗中不断获胜。

举重锻炼人的臂力、抓力、腰力、腿力、脊椎及全身各处肌肉、筋骨等,磨砺人的爆发力和争强好胜精神。这项运动在我国一直有着广泛开展。直至今日,举石锁、石担以及耍幡、舞大刀等举重活动仍广受各地民众喜爱,在增强体质、娱乐身心方面发挥着重要作用。

7. 古代马球散记

骑在马上挥棍打球,在我国古代称为“击鞠”“击毬”或“打毬”。这项运动在我国古代流行了1000多年。公元3世纪,曹植在他的《名都篇》里吟道:“连翩击鞠壤,巧捷惟万端。”表明了汉末时已有马球存在,其打球技艺也相当高超。马球最初是作为军中练武之用的,以后进入宫中举行表演比赛,并发展到民间。

马球在唐代曾风行一时。唐太宗为抵御外族侵扰,在大抓骑兵训练时,下令军队和皇族亲贵都要学会打马球。玄宗李隆基经常参加马球比赛,并亲自率队同吐蕃人比赛,这也是我国历史上最早的“国际球类赛事”。宣宗李忱可以在飞奔的快马上,用马杖连续击球几百次而不失误。在唐代的十几位皇帝中有多达11位喜爱打马球。唐代的近卫军——“神策军”是最优秀的马球队,那时连提拔将领,也会以球艺高低来决定。唐代长安城内建有马球场十数处。球场地面在经筛的泥土中调和牛油,再加以夯打拍磨,犹如现代的柏油路面。有的场地在雨天可拉起油布帐篷,成为最早的“室内球场”。

唐朝及五代,不仅须眉男子喜爱打马球,一些窈窕淑女也参与了这项运动。与男子不同,女子打马球是骑在驴子上。这或许是因为驴的个头小些,便于女子驾驭驰骋。五代前蜀的花蕊夫人有诗曰:“自教宫娥学打毬,玉鞍初跨柳腰柔。”道出了女子跨鞍不同于男子威武,而呈现妖娆的一面。后主王衍酷爱马球,专门在宫苑内养了几百匹好马,用于马球比赛。王衍还将大臣、宫女组成男、女马球队,除分别比赛,还举行男女混合马球赛。比赛时最先打进的球称之为“头筹”,凡是有皇帝上场的比赛,头筹当然要由皇帝来取得。比赛中皇帝旨令宫人观赏、助威,鼓乐高喧,堪称那个时代的“啦啦队”。

北宋时期马球运动又有发展。徽宗年间,贵妃崔修仪在宫中组建了一支女子马球队,并由她担任队长。皇帝亲自为该队挑选人员,指导训练,一律仿男子装束,坐骑雄骏。比赛也使用了绿茵球场。这时的骑手,在马上手持木质彩画球杖,杖头形似月牙,便于铲球。球的大小如拳,以轻而韧的木料制成,中间挖空,表面涂有红漆。

唐代以后,流行于我国的马球运动传至东南亚一些国家。19世纪50年代,英国人从印度将马球运动带到欧洲,并重新制定了马球比赛的规则。现代马球运动也由此发源。在1900年法国巴黎第2届奥运会上,马球成为正式比赛项目。打马球是原始本能运动的精神回归,也让马球场上的翩翩淑女和儒雅男士一展马球手的睿智骁勇。

8. 古代田径运动概说

跑是人类的生存技能。我国古代的军事家很重视提高军队的机动能力，在春秋战国时期就提出“出其不意，攻其不备”的战略思想，强调“兵贵神速”。在历代选将练兵的条令里，都把善跑作为一项重要的考核条件与衡定士卒身体强弱的依据，作为军事训练的重要内容之一。古代在军事训练时，将领为增强士兵素质，也常开展逾高超远和投石击壤的活动，即似现代的跳高、跳远、投掷等项目。这些可以说就是古代的田径运动了。

在我国古代文献中，“日行三百”“日行五百”的长跑者，多有记载。《魏书》上说，南北朝时期，北魏孝文帝欲南伐，征选统帅。一位叫杨大眼的前来应征。在展示技艺时，杨大眼将一根三丈许的长绳系在自己头发上，然后甩开大步向前飞奔。只见那长绳像飞行的箭矢一般，直挺挺地悬空而随。信步飞跑竟能将长绳拉直，让在场的考官看呆了，便取杨大眼为南伐大军的主将。

元代时朝廷流行一种“贵由赤”（蒙古音译）长跑比赛。“贵由赤”意为快跑者。长跑参加者为负责京城大都（今北京）与离宫上都（今内蒙古开平）一线的警卫禁军。每年由皇帝主持举行一次越野长跑来校阅“贵由赤”的训练。比赛路程为180里，要求在三个时辰(6小时)跑完全程为合格。比赛前三名获奖赏。这种超长距离的越野长跑，是现代马拉松比赛距离的一倍多。比赛当日，王公大臣、文武百官簇拥着皇帝，浩浩荡荡开赴终点，等待捷足先登者。沿线也有大批百姓为长跑者呐喊助威，场面可观。

古代将官重视士兵的跳跃、投击训练，提高了军队的战斗力，也涌现了众多善跳、善投的健将。《后汉书》记载，名将甘延寿能“超逾羽林亭楼”（跳过亭楼）。此外，他还能将重12斤的石块投到200步之外。其跳、投能力都不同凡响。《南史》载，周文育年方11岁，能跳跃过五六尺高，是一位有跳高天才的少年。《陈书》中说，一位叫黄法氍的人，跳远能达三丈，一天可行300里，也是一位杰出的古代田径好手。宋代杰出的爱国词人辛弃疾，为了参加抗金战斗，常闻鸡起舞，刻苦锻炼。不仅能负重跑几十里路，还能负重跳过宽阔的沟涧。《宋史》上还记载了一个比赛跳远的故事，说一个叫天生的少年，与同伴一起比赛跳宽二丈余的大坑。开始时同伴均跳跃而过，唯天生坠入坑内。这天生勇于进取，削了一些锋利的竹剑，插在坑内，同伴都不敢再跳，天生却勇敢地一跃而过，并反复跳跃了10多次，令同伴佩服。这些记载足以说明，古人所“创造”的田径“纪录”，在今天也是值得称道的。

9. 古代百戏与体育杂技

“杂技”在古代也称“马戏”，是古代的一种体育艺术，在我国有着悠久的历史。《史记》中记载了甘泉宫作角抵俳优戏。《乐记》中有武舞、文舞，以大斧、盾牌作杂技表演。“马戏”这一名称出现在汉代，在《盐铁论》中能看到有“戏弄蒲人杂妇，百兽马戏斗虎”的记载。汉代张衡在《西京赋》里所说的“走绳索”“爬高竿”之类，已是著名的体育杂技表演了。

南北朝时期，《北史》上记载了比较详细的马戏杂技表演和杂技高手。说有个叫沈光的人，年少骁捷，非常人能比。当时有座禅定寺建成，寺前幡竿高十余丈，需挂上绳索，成为难事。就在僧众无计可施之际，沈光到来对僧人提出上竿挂绳。在众人目睹中，沈光口衔绳索，拍竿而上，直至顶。系好绳索后，他“手足皆放，透空而下，以掌拓地，倒行十余步”。如此功夫，让观者“莫不骇悦”，传扬后沈光得“肉飞仙”名号。可知当时的体育杂技已相当精彩。

隋朝时隋炀帝大业二年(606)，突厥王到洛阳造访，炀帝为夸耀本朝富足，举行了一场盛大的音乐舞蹈、杂技百戏演出。《隋书》记载：表演中“有大鲸鱼喷雾翳日，倏忽化为黄龙……以绳系两柱，相去十丈，遣二倡女对舞绳上，相逢切肩而过……”节目中还有扛鼎、取车轮、狮子舞、龙舞、走钢丝、耍坛子、顶竿等。演出成为轰动一时的盛事。大业三年炀帝又搞了一次大规模盛演，演至夜间，点起巨大的蜡烛，照得天地通明，鼓乐之声传至几十里外。

唐朝继承了前朝全部的乐舞百戏，加以出新。皇帝每逢佳节、寿辰，便在勤政殿大宴群臣及各国使节，演出散乐百戏“以娱之”，表演内容极为丰富。在唐代传至日本的古画卷《信西古乐图》中，绘有通俗的唐代杂技表演项目，如爬竿、顶竿、索上跳绳、索上走高跷、抑格倒立等，内容丰富。从山东济南曾出土了一组唐代越窑青瓷杂技俑，俑人高约17厘米，其中三个女俑在表演柔功——折倒立、屈环腰、头足接。三俑体态丰盈，梳三种唐代流行的发髻，眉心点彩，穿练功鞋和梅花紧身衣。另有一男俑抬腿举手托起一片荷叶状道具，上有一女俑正拿大顶。俑人中还有两个在打太极拳。这组杂技俑，也为唐代的杂技表演提供了佐证。

宋、元、明时期，杂技表演不断有新创造、新节目，如索上担水、过刀门、弄碗、踢缸等，各式跟头、倒喇也相当流行。清代时随着庙会盛行，攀杠子、拉硬弓、古彩戏法等都成为人们喜欢观赏的杂技项目。时至今日，舞乐杂技的绝大部分已脱离了体育含意而成为单独一门艺术，古代百戏杂技中的一些表演则演变为摔跤、射箭、体操等现代体育运动项目。

10. 冰戏和冰嬉

脚穿冰鞋滑冰，在我国由来已久，已有上千年的历史。滑冰在古时称“冰戏”或“冰嬉”，史籍多有记载。《宋史·礼记》上就有“幸后苑观花，作冰戏”的表述。可知滑冰是当时宫廷之内的一种消遣游戏。

满族祖居白山黑水之间，冬季冰天雪地。满族先人们创制出溜冰滑雪的方法和工具，在冰海雪原上飞驰射猎，获取珍贵兽皮。满人入关，八旗官兵将溜冰之术也带到内地。北京的滑冰运动兴盛起来，而且由军队中习武演变为供帝后校阅观赏的典制——“冰嬉之制”。乾隆年间，每年冬季都要举行一次对八旗子弟滑冰技术的检阅仪式。每旗参加200人，总参加检阅的有1600人。参加表演的八旗士兵分队入场，官兵分穿红黄马褂和红黄齐肩褂。脚上冰鞋是用钢片钢条嵌在靴底下制成的，当时的冰鞋做得已很考究，锋利的钢片与晶莹的冰面交相辉映。

八旗官兵在冰嬉受阅中有“抢等”“走冰”“抢球”等表演比赛。“抢等”类似冰上速度滑，分为大幌荡式、扁弯子式、跑冰式、背手跑式等八式。“走冰”相当于自由滑，其滑法样式繁多，有蜻蜓点水、紫燕穿云、金鸡独立、哪吒探海、童子拜佛、朝天镫、双飞燕等。还有一些器械表演，如脚蹬冰鞋盘杠、飞叉、耍刀、缘竿、弄幡、射箭等。“抢球”是两队兵士滑冰争抢皮制球，发球后先得球者将球击地，蹦起数丈，引士兵抢接，若掷球后再获球，就算中得一彩。这也算得又一样式的“冰球”。检阅结束，皇帝对各旗竞技优胜者隆重颁给赏赐。

清代时滑冰运动在民间也非常盛行。有人穿着镶有铁条的冰鞋在冰面上滑冰。一般人溜冰没有冰鞋，只在鞋上绑了木板，木板上装两根粗铁条，即可在冰上溜滑尽兴。甚至穿着大毛窝（肥大的棉鞋）助跑后一出溜，也能享受到滑冰的乐趣。小孩子也纷纷跑到冰上嬉戏。在北京什刹海还有一项“冰床”运动。冰床也叫拖床，以木作床，下镶钢条，可坐三四人，一人在前引绳，行冰如飞。冰床靠人拉着跑，跑快后让冰床靠惯性猛向前冲，拉绳者顺势坐到冰床上。滑行长长一段路，再踏冰拉冰床而行。宫廷中也有冰床，制作得富丽堂皇。清代皇帝依例于正月初一日上午在北海乘冰床滑行至北岸佛寺中拈香敬佛。太后有时晚间也率宫人乘坐冰床消遣，当冰面施放焰火，周围灿而耀眼，让这冰雪世界恍如仙境。

11. 中国武术风靡四海

武术的起源可以追溯到原始社会,那时的人类已使用了棍棒等原始工具做武器,捕猎动物。殷商时期青铜业发展,出现了矛、戈、斧、刀等铜制兵器,并有了劈、扎、刺、砍等兵器用法和招数。春秋战国时期铁器诞生,使武器的内容更加丰富。汉代时武术有了新的发展,开始形成了流派。唐代实行武举制,促进了民间练武活动盛行。宋代时民间出现了使拳、舞剑等各种类型的武术表演,还经常举办擂台式的比赛。清代前后民间习武门派更多,以“社”“馆”等形式传授武术,形成了多个拳种,对传播和发展武术起了积极作用。中国武术的发展是有着清晰脉络的。

武术,是中国的“国宝”,自古以来受到世界各国瞩目,并引发广泛兴趣。中国武术是最早传到日本,而后又推向世界的。明末年间,我国拳师陈元赟东渡日本,寓居江户传授少林拳法,并结合日本古代武术,奠定了日本“柔道”的基础。至于日本的空手道、朝鲜的跆拳道、泰国的暹罗拳、菲律宾的棍术等,也不同程度受到中国武术的影响。1946 年,日本人宗道臣来中国学习了武术,回国创建了“少林拳法联盟”。经 30 多年努力,从一个小组织发展为拥有 2600 多个国内分支和 300 多个欧美分支的百万之众的大团体,令人刮目相看。在美国专门成立有教授研究中国武术的全美武术协会,1981 年仅纽约一市就有 40 多所武术社。1981 年,瑞典、意大利、法国、英国、西德、西班牙成立了“六国中国功夫联盟”,旨在把中国武术变成一个在欧洲获得正式承认的运动项目。

中国武术在我国港台和东南亚地区更为流行。创办于 1910 年的马来西亚“精武体育会”,以弘扬中华武术为宗旨开办至今,并在各地设立了分会。旅居新加坡的华侨徐金栋创办拳社,广收弟子,传授中国武术中的五祖拳。1969 年在新加坡举行东南亚国术邀请赛,有多达 14 个代表队参赛。1980 年,我国台湾“太极拳协会”在台北举行“太极拳国际表演大会”,有美、英、法、瑞士、巴西等十多个国家和地区的 1800 多人参加了表演比赛。前有李小龙出演的电影《精武门》,后有李连杰主演的影片《少林寺》,都让中国武术进一步风靡四海,享誉世界。

北京申办 2008 年夏季奥运会成功后,国家体育总局成立了“武术进入奥运领导小组”。经大量艰苦的工作,终于使武术跻身于奥运会正式项目中。在北京奥运会上,中外选手经过激烈的角逐,决出了武术套路 10 个项目和武术散打 5 个级别的名次。中国获 8 金,俄罗斯、伊朗、菲律宾也各获金牌。

12. 太极拳二三事

太极拳是以中国儒、道哲学中的太极、阴阳辩证理念为核心思想,集颐养性情、强身健体、技击对抗等多种功能于一体的一种传统拳术。太极拳产生的年代,为唐代、宋代,还是明代、清代,其说不一。在山东济南出土的一组唐代越窑青瓷俑人,展示了二俑在行拳,从其勾手和身形、步态,可看出打的是太极拳。由此可知,太极拳的形成,不会晚于唐代。

有关专家指出,太极拳的来源主要由三个部分组成。一为明末各家拳法中的踢、打、跌、拿之法和长拳、短打类型,将其中主要的技击之法,兼收并蓄于太极拳套路中。二是吸收古代"导引术""吐纳术"(气功)和中医经络学说,用以加强内脏器机能的锻炼。三是采取祖国古典哲学朴素辩证法的"阴阳学说"为理论根据,从太极图中悟出阴阳的变化和互相转化,组合形成一种内外兼修、刚柔相济的拳路。

传统的太极拳门派众多,常见的流派有陈式、杨式、武式、吴式、孙式、和式等。各派既有传承关系,相互借鉴,又各有自己的特色。太极拳群众基础广泛,是中国武术拳法中颇具生命力的一支。中华人民共和国成立后,国家体委武术科根据杨式太极拳改编成"简化太极拳"24 式和杨式太极拳套路 88 式,以体育、保健为主旨,加以推广。

太极拳典雅易学,几乎适宜所有人练习,可健体强身。这项运动除了我国人民喜爱,在国际上被认为是一种意识体操,是完美的医疗保健体育项目。近年来,新加坡政府资助经费,推动太极拳的普及活动,使得新加坡成为学习太极拳人口比例最高的国家。太极拳在美国已列入一些大学体育系的教学内容,许多州都开设武术馆教授太极拳。一位美籍华人在美国设立了 7 个点,学习太极拳的学生有 3000 多人。美国在 10 年间出版太极拳书籍 30 余种,有的再版印刷了十几次。澳大利亚的"神龙太极拳会"成立后短短一年之内,便在全国各地成立了 13 个分会,发展的速度和潜力实在惊人。在日本,学练太极拳的人数已达百万。仅东京成立的"太极拳协会"就在横滨、大阪等地设立了 30 个分会。

练太极拳能促进人的身心健康,奶牛看人打太极拳产奶量能增加一成哩!据英国《泰晤士报》报道,在英国的一家乳牛场,农场主塔弗纳站在牛群前,全身放松地打着太极拳。牛儿低头吃草,间或抬头观赏着主人的拳术表演。半年多的时间,天天如此。塔弗纳发现太极拳在让他抛开烦恼,进入美好境界的同时,乳牛也能感受到他的心情。与前一年相比,产奶量增加了 10%。

13. 龙舟竞渡小史

龙，是中华民族的象征。仿龙造型、以龙取名的龙舟，是中国图腾文化的产物。划龙舟有约四五千年的历史，早在西周《穆天子传》中，已有“刻大桐木为虬龙”的记载。那时我国南方许多地方洪水滔滔，游蛇甚多，划龙舟举行比赛，乃是古代祭祀中半宗教的娱乐方式。

龙舟出现在湖南汨罗江，相传是出现在屈原投江以后。当地民俗认为龙能驱邪气、赶鱼鳖、避水鬼，便驾着龙形的舟船，在江中竞驰，抛撒米团，以保护屈原遗体免受鱼鳖伤害。以后汨罗江上就出现了龙舟竞渡活动。汉代时南方很多水泽地区盛行龙舟竞渡。各地龙舟船体大多由船体、龙头和龙尾组成，加以装饰，摆放锣鼓，但用料和形状、大小不尽相同。最令人称道的还是汨罗龙舟，全长约 60 尺，宽约 4 尺，可乘 40 人。龙舟的龙头虎虎生威，龙角杈生，龙眼突出，龙舌探动，龙须飘飘，望之雄伟壮观。

在汨罗江畔，早年每逢端午都举行竞渡仪式：人们穿着新衣，先到屈子庙去朝拜，抬着龙头祭祀，然后便开始竞渡。众多龙舟同时下水，一声炮响，船员齐力奋臂划桨。龙舟竞相向前，沿岸民众呐喊助威，鞭炮轰鸣，热闹非凡。龙舟竞渡活动以唐代为盛，有诗人张建封作《竞渡歌》吟咏盛况：“鼓声三下红旗开，两龙跃出浮水来。棹影斡波飞万剑，鼓声劈浪鸣千雷。”宋代时皇帝率百官乘坐大龙舟，也常至江面检阅军中的龙舟竞渡，对夺标者给予重赏。

龙舟竞渡是一项民间传统的健身运动。在龙舟上奋力划桨，前屈后仰，能有效地增强臂、肩、腰腹等肌群的力量和手指、腕、肘等关节的灵活性。同步划桨，竞渡夺冠，也有助于培养人的集体主义、团结协作的精神。1984 年，龙舟竞渡被列为全国的正式体育比赛项目，公布了《龙舟比赛规则》，并把全国性的比赛定为“屈原杯”龙舟赛。以后形式不同的各项龙舟赛事相继在各地举行。

龙舟竞渡作为一种古老的文化，在 300 多年前就传入日本、朝鲜和东南亚等国，并在当地形成民间习俗。如缅甸的龙舟竞渡，参赛者以脚来划水，另有一番情趣。泰国的龙舟分为龙船和凤船，雕刻装饰精美，船员身着御林军战袍划桨，极富古雅韵味。目前龙舟竞渡在英国、意大利、美国、加拿大、澳大利亚等国也多有开展。这使龙舟竞渡成为一项世界性的比赛项目。我国香港自 1976 年以来，每年都举办国际龙舟邀请赛，届时每次都有十多个国家和地区派队参加，观赛者踊跃，成为香港旅游业的一项盛事。

14. 古代的学校体育

我国的学校体育教育，源远流长，早在3600年前的夏代就开始了。夏代的学校叫“序”，为奴隶主训练武士之所，所以这里学习的主要课程内容是军事与体育相结合的各项武艺。到了商代，奴隶主迷信天帝，崇尚武力，所办学校的教育内容主要是有关宗教祭祀与军事知识技能，教习射箭和戈、矛、刀、斧等兵器的使用，以及骑术、舞蹈等。周灭商后，西周的学校注重对奴隶主子弟文武兼能的培养，设置了“六艺”教育，即“礼、乐、射、御、书、数”。其中的“射”（射箭）、“御”（驾车）、“乐”（音乐舞蹈）中，都有丰富的体育内容。

春秋时代，教育家孔子主张“有文事者必有武备”，他的教育以“六艺”为主要内容，注重文武兼修。《史记》记载：“孔子以诗书礼乐教，弟子盖三千焉；身通六艺者七十有二人。”孔子本人也擅射箭，会御车，懂得军事。由于孔子重视对军事体育人才的培养，他的学生中很多人武艺高强。学生子路就是一员勇猛战将，跟随他身边常使他逢凶化吉。学生冉有善使长矛，在一次保卫鲁国的战斗中立下大功。孔子因材施教、文武兼习的教育方法，对后世影响很大。

北宋时期由于军事的需求，为培养武艺人才，自神宗年间创设了专门习武的学校，也称“武学”，成为我国古代军事学校的开端。学校把各项武艺，特别是骑射，列为教育的重要课程。徽宗初年，各州也开设地方武学。每所学校招生百人，学生来自官员子弟、门生及富家儿郎，学制三年，主要培养军事技术和军事指挥将官。武学分外舍、内舍和上舍三级一贯制，实行严格的升留级制度。同一时期，以苏轼为代表的养生学家继承了“动以养生”的理念，倡导把“运动、健身、强国”三者统为一体，对当时的学校体育教育也有所促进。

明代时开国之帝朱元璋认为“文武兼备”才能有较大的作为，因而建立了比前朝更为完备的学校教育和科举考试。都城办有“国子学”，各地办起“府学”“州学”“县学”。各学恢复、继承上古的“六艺”教育，学校开辟了专供射箭的场地，发给学生弓箭，用于研习。在科举考试科目中，除文考，更注重考“骑”“射”“搏击”等武艺本领，使学校中的体育教育也得到加强。

清代是“马上得天下”的王朝，为此清代的学校教育非常强调习武。至清末，政府下令停罢武举考选，而习武教育和传统体育并未终止。随着洋务运动和新式学堂的创办，学生们迎来了现代体育大发展的机缘和新型的学校体育教育。综观古代的学校体育教育，从教育内容、教育方法、教育宗旨、教育对象等方面，一直与军事联系紧密，但也处于不断的变革发展中。

15. 我国古有运动会

据文字记载，公元前776年，在希腊举办了第1届古代奥林匹克运动会。但这并不是最早的运动会。我国举办的运动会比希腊的古代奥运会要早得多。

古籍《竹书纪年》记载，在4000年前的夏代，每当夏王即位，在庆祝盛典上，就召集各部落酋长进行隆重的体育表演和多种多样的竞技比赛，有跑、跳、投掷、骑马、游泳等，成为那个时代的运动会。到了3000年前的周代，办运动会已很盛行。《礼记》《吕氏春秋》等古籍介绍，当时称运动会为“讲武”，每年冬季举办一次，项目有投石、击壤、负重、蚩尤戏（摔跤）、拳斗、射箭、驾马车、队形等。举行时仪式隆重，由周天子亲临现场，主持大会，并表明办会的目的是为了“止戈”，以象征和平，进步意义是显而易见的，与今日举办奥运会的宗旨相一致。

在西周时期，射箭运动衍生的“射礼”，也算得是射箭的单项运动会。分为大射、宾射、燕射、乡射等，均为场合不同、参与者不同、流程不同，连服饰用具也有区别的射箭竞技活动。在“射礼”活动中有比赛规则、音乐伴奏、奖励、公告、存档等，堪称古代组织严谨的“单项竞技运动会”。

到了春秋战国时期，各诸侯国竞相举办包括掷、跑、逾高（跳高）、超远（跳远）、角抵（摔跤）、射箭等项目众多的运动会。有文献记载，当时的运动会有比赛规则，还有裁判。汉代时武帝刘彻在元封四年（前107），创办并主持了一次国际性的体育运动会，有西域的安息等国派队参加，除进行了体育比赛，还举行了杂技表演，也算是那个时代的文艺演出。比赛场地设在了未央宫前的广场。两年以后，武帝又举办了一次更大规模的运动会。地点改在了上林平乐观广场，场地周长达15里。参赛的外国队除西域的众队，还有来自南洋诸国的。比赛项目也多，包括蹴鞠、角抵、投掷、举重、武术、马术、射箭、爬竿等。运动会盛况空前，方圆百里之内的民众都拥来观赏助威。

我国从唐宋时期开始，民间运动会兴起。南宋时每年农历二月八日都在霍山行宫举办一次民间运动会，项目有蹴鞠、角抵、射箭、武术等。明代熹宗五年（1625）努尔哈赤在太子河举行了一次盛大的冰上运动会，这是在中国历史上有文献记载的运动会。从画家所绘记述这届运动会的《冰嬉图》画卷上所见，运动会上有花样滑冰表演“金鸡独立”“鹞子翻身”“哪吒闹海”等高超冰技，展示冰上弄幡、冰上爬竿等高难节目，并进行了冰上滑行射箭、冰上踢球等比赛。这个冰上运动会的举办，使我国古代运动会的种类更为多样。

16. 团体操溯古

每当举办大型运动会,在开幕式上都会有气势磅礴的团体操表演。其实这并不是现代才有的事,与团体操相类似的体育艺术表演,我国早在3000多年前的周朝已经出现了。

在我国古代,没有“体操”这个词,许多体育活动被称之为“舞”,如“剑器舞”“干戚舞”“大磬舞”等。场面宏大的“大武舞”,最初是周文王受祭祀仪式的启发,创造的一种列阵作战的练兵方法。周武王继承了这种方法,配以鼓乐操练,在伐纣结束后,当着诸侯进行了校阅,炫耀其军威。周成王时对“大武舞”再做改进编排,使其形象地再现了武王伐纣的全过程。经改进后的“大武舞”共分六个场次,六个乐章。第一乐章,表演者踏着鼓点,伴随着激昂的音乐,持戈盾、斧盾行进,旌旗招展,举袂顿足,表现了誓师伐纣的坚强斗志。第二乐章表演者横列向前,持械击刺不断,表现出士卒同仇敌忾,奋勇作战。第三乐章以表演者后转、半蹲跪等动作反映出严明的军纪。第四乐章以歌舞升平表现了南方少数民族携贡来朝。第五乐章以场上人员分三路行进,击刺四伐,表现了武王分职周公、召公,共同治理国家之举。第六乐章还原基本队形,表演者向四方再作四伐,舞毕举戈盾欢呼,以齐步出场为结束。“大武舞”通过队列队形的变化和击、刺等众多动作,表现了武王伐纣的过程。按规定的人数、服饰和器械,作为一种仪式表演出现,这和今天的团体操表演形式基本相符。“大武舞”可以说是我国最早出现的团体操。

唐代时,朝廷在庆典饮宴中常常有歌舞升平表演,表演中出现了一种“舞之行列必成字”的“字”舞。这是古代另一种形式的“团体操”。诗人王建对此吟诗云:“罗衫叶叶绣重重,金凤银鹅各一丛。每遍舞时分两向,太平万岁字当中。”这种“回身换字,作字如画”之舞,武则天在位时曾用900人来表演,而今日一般团体操的“字舞”,差不多也就是这个规模。

清代时“字”舞表演又有发展,与舞灯结合在一起。《檐曝杂记》卷一记载,北京西厂元宵舞灯的队伍能够做出令人眼花缭乱的图案变化,“日既夕,则楼前舞灯者三千人列队焉。口唱太平歌,各执彩灯,循环进止,各依其缀兆,一转旋,则三千人排成一太字,再转成平字,以次作万岁字,又依次合成太平万岁字……”文中的“列队”表明舞灯者各有定位,“各依其缀兆”说的是有程序设计,类似今天团体操的景画。不同的只是以燃灯代替方巾做道具。可以想见,在不见人只见灯具的夜间,这样的表演是何等神奇和具有观赏性。

17. 古代体育重道德

中华民族素有“礼仪之邦”的美誉，历来讲文明，懂礼貌，重道德。这种优良传统在古代体育领域也有充分的体现，并可追溯到几千年前。

东汉时期，蹴鞠(足球运动)之戏在朝野都流行起来，并形成了一定的竞赛方法和规则。文人李尤作了一篇《鞠城铭》。文中提出“不以亲疏，不有阿私”的裁判原则，强调裁判者要公正地执行竞赛规则，不能因亲疏而偏袒一方。铭文告诫参加比赛者应“端心平意，莫怨其非”，即是要作风正派，心平气和地竞赛，输了球也不要乱加责备，怨天尤人。这篇《鞠城铭》在一定程度上反映了我国古代优良的运动道德观。

“捶丸”之戏由唐代“步打毬”发展而来，类似于近代的高尔夫球运动。这项运动在宋代更为盛行，在专著《丸经》中，详细记述了捶丸竞赛的场地、用具、比赛方法及裁判规则，全面地谈到了运动场上应有的道德行为。《丸经》指出：“君子之争，艺高而众服；小人之争，奇诈而谋私。”即是说捶丸者应以自己高超的技艺求胜，而不该用不正当的手段去争名夺利。《丸经》倡导以正确的态度对待比赛输赢，“多胜无矜色，数败无恙容”，告诉人们连胜便神气十足，连败就怒形于色，都是不可取的。书中指斥那些“赢即矜能逞语，输即发怒便走，或至骂仆嗔朋，抛毬掷棒”都是无礼之徒，为“真小人耳!”《丸经》还提到参赛者应“心欲宁，志欲逸，体欲安，貌欲恭，言欲讷”，认为这是竞技场上的“君子”之风，也是获取胜利的必要条件。这些精辟论述的体育道德规范，足以值得今天的运动员借鉴。

宋代时各项体育竞技活跃。《文林聚宝万卷星罗》一书记载了民间蹴鞠组织“圆社”所立的社规。明确提出“十不可”的规定，要求入社者共同遵守。此“十不可”为：“不可轻师，不可欠礼，不可失信，不可是非，不可傲慢，不可逞斗，不可赌博，不可盗学，不可淡朋，不可戏色。”这些规定来自民间，可谓难能可贵。

少林寺的武术自隋末唐初扬名四方。宋代时寺房发展到数百间，寺僧达 2000 人。少林派的武术不断有创新发展。寺中曾订立了十条戒约，规定学习少林派武术者，必须“以健身为要旨，以自卫为信条”；反对“好勇斗狠，恃强凌弱”；主张“尊师重道，忍辱敬人”。明代时边澄和尚在少林寺学得武艺，云游各地。一次，前来我国朝贡的日本人找上他比武。面对十几名武士持长枪长剑袭来，边澄举机一挡，将对方手中兵器纷纷震落在地。边澄举机向一名武士打去，眼看对手就要被击中，他收手跳开，没有将这个日本人打伤。这让武士们都感心惊，连忙认输告败，并对边澄的武德感叹不已。体育道德在古代就得到提倡，重体育道德的优良传统在今天更值得继承和发扬。

18. 古代的节令体育活动

在我国古代的节令习俗中，开展着种类多样的体育活动，深受民众喜爱，有些沿袭至今仍在流行。

唐代时每到春节，长安城内就举行盛大的民间体育娱乐活动，即闹“社火”。“社火”源于古老的土地与火的崇拜。春节期间，长安民众用踩高跷、骑竹马、跑旱船、舞龙、舞狮、扭秧歌、打腰鼓等民间体育娱乐活动，庆祝佳节，尽情表达欢快之情。唐代时还流行一种“踏歌”的广场舞表演。这是一种起源于远古时期的群体性歌舞，人们手臂相挽，踏地为节，载歌载舞。据《朝野佥载》卷三记述，玄宗先天二年元宵节夜，在京城安福门内立起一个巨大的灯轮，组织数千女子身着华服，浓妆艳抹，在灯轮下踏歌，三天三夜方罢。其欢歌健舞的场面极其壮观。

清明是我国一个重要的农时节令，也是个古代的体育节日。清明时节，春回大地，气候转暖。人们走出家门，三五成群去野外踏青游玩。据南宋《东京梦华录》载：“清明之日，四野如市。”足见徒步郊游的人数之多。这种踏青郊游，既饱览了春色，又强健了体魄，广受人们欢迎。为此“清明节”又有“踏青节”之称。除徒步而行，也有人“春郊驰马”。在芳草遍野之地，纵马疾驰如飞，自是心旷神怡。欧阳修有词云：“南国春半踏青时，风和闻马嘶。”描绘的也是踏青时有人纵马驰过。古代民间在清明节还举行一种“射柳”的竞赛活动。把装有鹁鸪的葫芦挂在柳树上，用箭射之，矢中葫芦，鹁鸪受惊飞出，以其飞的高低定胜负。此外，古时清明节这天宫廷内外还盛行放风筝、拔河、蹴鞠、荡秋千等活动。

农历五月初五端午节，全国水乡民众扶老携幼都爱观看龙舟竞渡比赛。舟上划手奋勇向前，争先恐后，岸边观众呐喊助威，欢呼雀跃。端午节也有“射柳”活动，主要在军中开展。将柳枝折成圆环状，挂于高处，将士站在一定距离，弯弓搭箭射之，以连续射过环孔为优胜，可获奖赏。

在农历九月九日重阳节，各地有登高活动。古时相传带上放有茱萸的红布袋和菊花酒，登上高山过一天可免灾避祸，于是形成了重阳节登高的习俗。于秋高气爽之际，家人亲朋相约郊游登山，活动了筋骨；居高临下，心旷神怡，对身心健康均有益处。历代文人留下了大量吟咏登高的诗文，尤其是唐朝时期著名诗人李白、杜甫、王维等的诗句更加脍炙人口。杜甫在《登高》中写出了“无边落木萧萧下，不尽长江滚滚来”的名句。王维在《九月九日忆山东兄弟》中吟道：“独在异乡为异客，每逢佳节倍思亲。遥知兄弟登高处，遍插茱萸少一人。”这首诗更成了人们传诵的千古绝句。

19. 古代奥运会的由来

有关古代奥运会的由来,有好几个版本和说法。

有一则神话说,万神之首宙斯的父亲克罗诺斯想把王位传给宙斯。但他想先考验一下儿子的本领,便选择和儿子比武。宙斯要与武艺超强的父亲比武较量,有多大把握取胜,他自己并不清楚。但是宙斯不想放弃这个机会。经过一连几天几夜的鏖战,父子之间斗智斗勇,最后,克罗诺斯终于抵挡不住儿子的攻击,被宙斯打败。为了庆祝这次比武的胜利,也为了登上王位,宙斯下令举行有众多体育比赛的庆典活动。万神之首的宙斯也就成为神话中古代奥运会的创始人。

另一则传说与宙斯的儿子赫拉克勒斯有关。赫拉克勒斯因力大无比获“大力神”的美称。他在伊利斯城邦完成了十分艰难的任务,不到半天时间便打扫干净了国王堆满牛粪的牛棚,但国王不想履行赠送他300头牛的许诺。赫拉克勒斯一怒之下赶走了背信弃义的国王。为了庆祝胜利,他在奥林匹亚创办了奥运会。

相传在远古时代,智慧女神雅典娜和海神波塞冬都想用自己的名字来命名一座不知名的山城,两人发生争执。宙斯提议:谁能给人类一件最有用的东西,就以谁的名字命名。两神接受了这个建议。海神赐给人类一匹毛色雪白的天马。雅典娜则用手中的长矛往地上一插,地面立刻冒出两片叶芽,继而长成一棵枝繁叶茂、果实累累的橄榄树。她对诸神说,这棵树果实可食用,又能酿酒、榨油;树身能制作药材,还能提炼香料,用作照明。这树必将给人类带来丰收与和平,是健康与强壮的象征,幸福与自由的保证,对人类的生存最有意义。在宙斯的赞许下,这座山城便以雅典娜的名字命名,这就是今天希腊的首都——雅典。从此希腊人对于橄榄树有着特殊的感情,经常高举橄榄枝举行丰收庆祝活动,举办各种体育赛事,逐步演变成了奥运会。

有关古代奥运会的起源,有史可考的还有个神圣条约。公元前884年,伊利斯发生了一次灾难性瘟疫,大批居民病死。国王伊菲道斯祈祷太阳神阿波罗普救众生。阿波罗告诉伊菲道斯,如果能在奥林匹亚举行竞技会,就可将可怕的瘟疫消除。恰在此时,斯巴达国王欲侵犯伊利斯城邦。伊菲道斯警告斯巴达国王:和你决一死战,也不能把奥林匹亚给你!斯巴达国王不听警告,结果久攻伊利斯不克,只好在其他城邦调解下,与伊利斯国王订立了《神圣休战条约》。条约规定:奥林匹亚为定期举办庆典地,是神圣不可侵犯的和平圣地;庆典期间,任何人都不得携带武器进入奥林匹亚,否则就是对神圣条约的背叛,各城邦都有权对背叛者进行制裁。《神圣休战条约》贯彻伊始,便被认为是古代奥运会的开端,伊菲道斯也成为古代奥运会的创始人。

20. 古代奥运会赛况

古代奥林匹克竞技会,也就是人们所说的古代奥运会。从公元前 776 年举办有文字记录的第一届古代奥运会,至公元 394 年,历时 1168 年,共举办了 293 届。古代奥运会每届在夏至(6 月 22 日)后第一个望月日开幕。会期最初只有一天。办到公元前 472 年,确定为 5 天。竞赛项目也由最初的一项——短跑,扩大到角力、跳远、赛马、铁饼、标枪等 24 项。

古代奥运会的比赛不少都很特别。赛跑不分跑道,不讲起跑姿势。更奇特的是,跳远比赛要吹笛子伴奏,双脚落地不齐不算成绩。所以运动员为保持身体平衡,双手各拿一个哑铃。奥运会举办之初投标枪不求远,只求精准;一些"神枪手"往往借此成为王室贵族为家中小女所挑选的佳婿。古代奥运会之初,运动员是穿皮裤赛跑的,以后改为裸体进行,其裸赛的时间长达 900 多年。角力(摔跤)也以裸体进行,运动员全身满涂橄榄油;比赛不分等级,体重越高越占便宜。运动员都大肆进食,吃得体大膘肥,角力起来如同今天日本的"相扑"。

古代奥运会只重视夺冠的第一名,获得第二名、第三名是无所谓的。运动员走进赛场参加比赛,和战士上战场冲锋陷阵一样,不是夺取胜利,就是死亡。在古代奥运会遗址出土的石碑上这样写道:"要么取得桂冠,要么一死了然!"这在今天看来,与体育运动的宗旨是相违背的。这也表现出古代奥运会活动体系和精神文明的局限性。

除了只争第一的偏执,在古代奥运会上有些比赛也是很残忍的。拳击和角斗运动员两手缠上带刺的皮带,头戴青铜盔,在持续不断的相互击打后,几乎没有不带伤的胜利者,死在场上是很平常的事。古奥运会最受欢迎的是马车比赛,全程 9000 米,马拉着战车周旋竞驰 12 圈。争先中烈马嘶啸,车轮滚滚,竞争激烈,常常碰撞翻车,车毁人亡。比赛结束后,橄榄枝桂冠戴在了奴隶主车主的头上,作为奴隶的车夫得到的只是一块头巾。

古代奥运会不允许妇女参与。希腊体育的保护神赫拉克勒斯对妇女持有偏见。他认为女性出现在战场和竞技场上,会使希腊勇士的意志和力量减弱,遭受失败。因此古代奥运会一直禁止妇女参加比赛及进入赛场。

古代奥运会的观众非常守秩序。这是因为手持大棒的武士就镇守在一旁,感觉谁在闹事,或看着不顺眼,就会将大棒抡过去。从出土的古希腊石刻铭文中还能看到,观众观看奥运会比赛不得饮酒,不准把酒带进运动场。违者罚款 5 个德拉赫曼(钱币),其中一半上缴,一半赏给举报者。

21. 奥运会的奖赏

公元前776年,在奥林匹亚举行的古代第1届奥运会,促进了古希腊的统一和文化文明的繁荣。在奖赏优胜者方面,搞得有声有色,极其隆重。冠军桂冠,由专人到神庙附近的"神域"割下橄榄枝,上插棕榈叶,再粘羽毛,编成花冠。在发奖仪式上,当众宣布优胜者姓名、经历、父母姓名、代表的城邦,然后为优胜者戴上桂冠,进行宴请。

在首届古代奥运会上,优胜者除获戴花冠,还可获得一匹良马,或一个金质花瓶,甚至可以得到一名女奴。到了公元前594年,古代奥运会法典规定,优胜者可得到500个德拉赫曼(钱币)。这笔钱款可买500只羊,或开办一个有20个奴隶的作坊。法典还规定,优胜者可每天陪政府官员吃一顿饭,并可免交个人所得税。随着古奥运会的举办,对优胜者的奖励不断丰富,有诗人为他歌咏,有音乐家为他弹唱,有雄辩家为他献上贺词。三次获胜者便会得到雕塑家用大理石为其塑像的殊荣,然后移入宙斯庙,永远守伴古希腊最受崇敬的"万神之父"宙斯神。

现代奥林匹克运动会,沿用了古代奥运会的名称、一些竞赛原则,还袭用了奖赏方法。在现代奥运会前三届举办中,对第一名优胜者发给橄榄枝桂冠和银牌,第二名获得月桂环和铜牌。1907年在荷兰召开国际奥委会会议,决定对获得各项比赛前三名的运动员分别发给金、银、铜奖牌。这才免除了必得割取、编织橄榄花冠之举。在现代奥运会初期,还有了一种私人奖赏。希腊人在举办第1届现代奥运会时,特别希望获得马拉松赛冠军。为鼓励希腊人获胜,除国家颁布了奖励规定外,裁缝师、面包师、理发师都许下为其终身免费服务的承诺。一位富商还许愿赠送100万希腊币及把女儿嫁给优胜者。比赛结果,已婚的希腊人路易斯不负众望,一举夺魁。但他只接受了一年的免费面包和一小块土地。

自24届汉城奥运会起,各国对奥运奖牌获得者的奖励有明显提高。韩国规定,在奥运会上获得奖牌的选手可免除服兵役义务,这一条还写入了宪法。在后来的各届奥运会领奖台上,各项比赛获前三名的选手除领取金、银、铜牌,还可佩戴精致的花环或得到吉祥物。各国选手获得的奖金数额更是不菲。媒体披露,伦敦奥运会夺金奖励金额排列,新加坡居首位,80万美元。马来西亚为北京奥运会开出100万林吉特(约合31.25万美元)。这只是国家所给,地方政府和商家也纷纷拿出奖励。有的奥运金牌获得者除奖获几百万元,还得到了住房,开上了豪车哩。

22. 现代奥运会圣火采集

古希腊神话中有一位勇敢的盗火者——普罗米修斯。相传有一次他捉弄了宙斯,宙斯一怒之下拒绝给人类降火。普罗米修斯为了取火,不顾自身安危,将茴香树枝伸向天空,从太阳的火焰里引来了火种。后来,人们为纪念这位神话中的英雄,便采集火种,用火炬传递,并把这作为光明、勇敢和威力的象征。

在现代奥运会举办的前几届,并没有延续点燃圣火和传递的活动。直到1920年安特卫普第7届奥运会上,为了悼念第一次世界大战中死去的人们,主办方在主会场点燃了象征和平的圣火。1934年,国际奥委会在雅典正式做出决定,在奥运会期间,从开幕到闭幕,主会场要燃烧圣火,并且火种必须采自奥林匹亚,以火炬接力的形式传到奥运会主办城市。1936年第11届柏林奥运会开幕前,在奥林匹亚举行了隆重的圣火采集仪式,12名身着希腊民族服装的少女,在乐曲伴奏声中利用凹透镜点燃了第一支奥运火炬。国际奥委会前主席顾拜旦亲临会场,并发表演说。随后正式开始了每人手持火炬跑1000米的火炬接力。

北京举办的2008年第29届奥运会,于同年3月24日在希腊奥林匹亚的赫拉神庙前举行火种采集仪式。国际奥委会名誉主席萨马兰奇、希腊总统到场。现场观众与古代希腊装束的观众席地而坐,座无虚席。中午12点仪式开始,升奥林匹克旗帜,奏奥林匹克会歌;升希腊、中国国旗,奏两国国歌。接着由希腊朗诵者朗诵希腊著名诗人塔吉斯 · 多哈的作品《奥林匹亚之光》。随后奥林匹亚市长、国际奥委会主席、希腊奥委会主席、北京奥组委主席等先后致辞。12点半,最高女祭司和众多女祭司入场,循着鼓点,翩翩起舞。由希腊著名演员玛利亚 · 娜芙普利都担任圣火采集最高祭司,她向太阳神阿波罗祈祷,再根据天气、云彩分布,选择时机,将手中的取火火炬对应放在神坛前的取火器上。太阳光直射到火种采集器上几分钟后,只见火焰徐徐燃起。火种点燃后,置于一个古老的火盆中。最高女祭司在祭司们的伴随下,走向古奥林匹克体育竞技场,在竞技场入口处点燃了第一名火炬手手中的火炬,又将一位8岁男孩摘取的橄榄枝也传递给他。随后便开始了前往奥运会举办地的火炬传递行程。

圣火采集是每届奥运会都要严格秉承的传统,整个仪式流程保持不变。只在祭司人数、队形、舞蹈创新等处增加些变化而已。圣火采集又是每届奥运会举办过程中极其重要的仪式,全世界的主要媒体无不关注聚焦着这一时刻。

23. 火炬传递

现代奥运会的火炬传递，形式与古希腊的火炬传递相同，它已经转变成庆祝奥运会开幕的重要活动。

据历史学家考证，首次使用火炬是在古代第1届奥运会上。那时古希腊每逢8月中旬，会有一次宗教典礼仪式。年轻的竞技者要举行竞走比赛，疾奔200多米，抵达大祭司站脚处。第一个到达者，有幸用大祭司交给他的火炬点燃祭坛圣火。在公元前776年首届古代奥运会上，一位叫艾里斯的勇士，获此殊荣。这是迄今发现的最早有记录的奥林匹克竞赛。

1936年，在柏林第11届奥运会上，具有现代特色的传递火炬诞生了。根据古希腊瓷器上的绘画设计，由经抛光处理的钢材料制作，以镁为主燃料供燃，长27厘米，重460克。在以后各届奥运会上，也都各推出一款不同材质、不同外观的火炬。

1984年，在洛杉矶第23届奥运会上，设计制作的火炬长56.5厘米，重1.2公斤，由铝和铜合金制成，以丙烷做燃料。会做生意的美国人，拍卖了美国境内的火炬接力权，每公里价值3000美元。最终通过这种方式募集了1100万美元。火炬所做的贡献，使这届奥运会没用政府补贴，居然还挣了钱。

2000年，在悉尼第27届奥运会上，澳大利亚人让火炬下水了。火炬重约1000克，设有3层。内层由不锈钢制成，盛燃料系统和燃烧系统；中层由蓝色电镀铝制造，内盛燃料罐；铝制外层包裹着其余两层，末端很像悉尼歌剧院，整个火炬造型则像澳大利亚土著人用的飞镖。此能在水中燃烧的火炬，问世后颇受好评。

2008年，在北京第29届奥运会上，火炬创意灵感来自“渊源共生，和谐共融”的“祥云”图案。具有代表性的中国文化符号祥云、纸卷轴造型、汉代漆红色等设计，使整个火炬高雅华丽，内涵厚重。这款火炬在燃烧稳定性与外界环境适应性方面也达到了新的技术高度。祥云火炬能在每小时65公里的强风和每小时50毫米的大雨情况下保持燃烧。也正因为有这样的技术保证，2008年5月8日9时17分，奥运火炬得以在世界最高峰上被传递和燃烧。

2012年，在伦敦第30届奥运会上，英国人推出了火炬的三棱形设计。这款火炬长80厘米，重800克。之所以选择三面造型，组委会表示是受了奥运会所传递的各种理念启发，如尊重、卓越、友谊的奥林匹克价值，更快、更高、更强的奥林匹克格言。还象征英国伦敦于1908、1948和2012年三次举办奥运会。非圆柱形设计便于火炬手把握，设计的另一特色是：金色铝合金外表面镂刻有象征8000名火炬手的8000个圆孔，以此表达对火炬手的敬意。火炬整体造型给人以活力四射、奋发向上的感觉。

24. 难忘的一幕——奥运会开幕式

奥运会上的重头戏是开幕式。在开幕式上既要反映出以和平、团结、友谊为宗旨的奥林匹克精神，又要展现东道国的民族文化、地方风情和组织工作水平，同时还要表达对世界各国运动员和来宾的热情欢迎。开幕式上，除了进行一系列基本仪式外，一般都安排富有民族特色的团体操和文艺、军事体育表演。

开幕式是重中之重，但在现代奥运会最初几届，却不像样子。1900 年第 2 届巴黎奥运会，成了巴黎世界博览会的附属品，其开幕式干脆被世博会的开幕式所取代。直到 1912 年，在第 5 届斯德哥尔摩奥运会上，在银喇叭的伴奏声中，瑞典国王和 37000 多名观众一起见证了来自世界 28 个国家的运动员入场。国际奥委会创始人顾拜旦称这届奥运会“充满魅力”。隆重的奥运会开幕式从此成为传统。

1920 年第 7 届比利时安特卫普奥运会开幕式上，首次升奥林匹克旗帜，放和平鸽，举行运动员宣誓仪式。1932 年第 10 届洛杉矶奥运会，将运动员入场、升会旗、唱会歌、点燃圣火、放飞和平鸽、鸣放礼炮、运动员宣誓等，全部纳入开幕式中，使开幕式更显隆重庄严。1984 年洛杉矶再办第 23 届奥运会，开幕式以好莱坞手法全方位打造，当身着世界各地民族服装的 2000 多名洛杉矶市民入场，伴随着贝多芬的《欢乐颂》载歌载舞，开幕式的气氛被推向了高潮。2008 年北京奥运会的开幕式尤被人津津乐道。夜幕下“鸟巢”造型的国家体育场流光溢彩，万人击缶、五幅长卷中流动的《清明上河图》、2008 位太极演员的太极八卦表演、巨大舞台上的活字印刷、地图中的丝绸之路等盛大场面，都让人回味无穷。

1984 年洛杉矶奥运会开幕式，由奥运十项全能冠军约翰逊点燃了五环形状的引火装置，以此独特点火方式，引燃圣火熊熊燃烧。此后“如何点火”逐渐成为奥运开幕式最令人期待的时刻。1992 年第 25 届西班牙巴塞罗那奥运会开幕式上，曾经患有小儿麻痹症的残疾人射箭选手雷波洛，用火种点燃箭头，拉弓搭箭，准确射向 70 米远、21 米高的圣火台。当火箭头划过夜空，熊熊火焰腾空而起的那一瞬间，观众无不为他的高超技艺和勇气所欢呼。1996 年美国亚特兰大奥运会开幕式，当患有帕金森综合征的“拳王”阿里用颤抖的双手接过火炬，用尽全力点向圣火盆时，同样在人们心头激起震撼。悉尼奥运会开幕式澳大利亚女子短跑名将弗里曼，在瀑布飞泻的背景下点燃圣火。北京奥运会开幕式“体操王子”李宁，在“空中跑道”用火炬照亮“祥云画卷”，点燃主火炬塔下的“灯芯”，其精彩的画面都深深印入人们的脑海。

25. 奥运会举办地之最

古代奥林匹克竞技会,即古代奥运会,其发源地和会址是神圣的奥林匹亚。奥林匹亚位于希腊伯罗奔尼撒半岛西部,距雅典 370 公里。今天奥林匹亚遗址东西长约 520 米,南北宽约 400 米,中心是阿尔提斯神域,神域内的主要建筑是宙斯神庙和赫拉神庙。古代的 293 届奥运会,历时 1168 年,就是在这一地域举办的。

现代奥运会的举办地,不再固定于一个地方,而是由奥委会投票选举,每 4 年一次,轮流在各大洲举办。希腊雅典作为世界著名古都之一,欧洲古代文明和古代奥运会的发源地,自然而然被推选为第一个举办地。雅典的历史古老、悠久,辉煌时期留下了许多珍贵的历史遗迹和艺术作品,让这座城市底蕴深厚。苏格拉底、柏拉图、亚里士多德等伟大的哲学家曾在这里出生或居住,很多著名的哲思在这里诞生。秀丽的爱琴海风光,与古老庄重的帕特农神庙相互辉映,形成世界著名的旅游胜地。这让希腊雅典成为现代奥运会举办最早之地。

1904 年第 3 届奥运会在美国圣路易斯举行。圣路易斯位于美国密西西比河中游河畔、美国大陆本土的中央。由于参赛路途遥远,旅费昂贵,法国等国家都没有派员参加。即便是派了队的英国、瑞士、匈牙利、希腊等国,也只各派了几名代表。最后应邀参加的 12 个国家,总共有 625 名运动员。很多比赛项目都成了美国人自己的竞争。这届奥运会也以参赛国最少、参赛人数最少、观众最少,而载入奥运史册。

1908 年第 4 届伦敦奥运会,正式开幕日期是 5 月 13 日,但一些项目的比赛从 4 月 27 日就已经开始了。这届奥运会直至 10 月 31 日才闭幕,奥运会一共历时 6 个多月,成为历史上举办时间最长的奥运会。1940 年和 1944 年,因"二战"原因,第 12 届和 13 届奥运会被迫停办。等待了 12 年之久,第 14 届奥运会终于在 1948 年于伦敦重启,这标志着一个新的和平时代的到来。这届奥运会也成为等待最久的奥运会。2012 年,伦敦第三次举办了第 30 届奥运会,成为历史上举办奥运会最多的城市。这也让英国伦敦获得了 3 个奥运之最。

2015 年 7 月 31 日,国际奥委会 128 次全会在马来西亚吉隆坡投票决定,2022 年冬季奥运会举办权交给北京,北京携手张家口申办冬奥会成功。北京携手张家口将在全国各族人民大力支持下,把 2022 年冬奥会办成一届精彩、非凡、卓越的冬奥会。北京申冬奥成功和筹办,将在现代奥运历史上写下新的传奇——成为世界上第一个既举办过夏季奥运会,又举办冬季奥运会的"双奥之城"。这必将在奥运历史画卷上再度描绘出绚丽的新篇章。

26. 尽展冰雪运动的冬奥会

第1届冬季奥林匹克运动会，即第1届冬奥会，于1924年在法国的夏慕尼举行。本届冬奥会原本被命名为“第8届奥林匹亚体育周”，是作为第8届夏季奥运会的一部分举行的。由于比赛的成功举办，国际奥委会在1925年的布拉格年会上，正式决定将这次比赛记入第8届夏季奥运会。可由于秘书人员的疏忽，在会议记录中误记为第1届冬奥会。后来，国际奥委会也只好将错就错，确认这次比赛为第1届冬奥会。

在夏慕尼举办的第1届冬奥会上，共设置了滑雪、雪橇、速度滑冰、冰球等4个大项16个小项的比赛。到1964年第9届奥地利因斯布鲁克冬奥会，比赛项目增加到6个大项34个小项。1998年第18届日本长野冬奥会，比赛项目一下子增加到14个大项68个小项。2022年第24届北京冬奥会，比赛项目将是15个大项98个小项。随着比赛项目的增多，赛会内容丰富多彩，将会吸引更多的目光关注。

冬奥会的各项赛事，都在冰雪之上展开，极具观赏性。在室内冰场举行的滑冰，比赛项目包括速度滑冰（男子500米、1000米、1500米、5000米、10000米共5项，女子500米、1000米、1500米、3000米共4项，还有接力赛等）、短道速滑、花样滑冰（单人滑、双人滑）、冰上舞蹈等。健儿在冰上或风驰电掣争先，或旋转腾跳起舞，都显现出高超的竞技水平。

滑雪比赛在室外进行，比赛项目计有越野滑雪、跳台滑雪、北欧两项滑雪、高山滑雪、自由式滑雪和滑板滑雪等。自由式滑雪空中技巧比赛，要求运动员在较厚积雪的山坡上，借助下滑惯性从跳台起跳，纵身腾入空中，然后完成各种向前、向后的空翻加转体等高难动作。雪橇比赛分为有舵雪橇（双人座、四人座）、无舵雪橇（单座赛、双座赛）等，在人工冰道滑行的平均时速，最高可达120公里。观看这样的比赛，常让人目不暇接。

冰球亦称为“冰上曲棍球”，是以快速多变的滑行技术和敏捷娴熟的曲棍球技巧相结合，以6人为一方，使用球杆和冰球进行比赛的集体冰上运动项目。冰球运动员在紧张激烈的比赛中，常有身体碰撞，必须全身穿戴护具。男子冰球早在1920年即被列入奥运会比赛项目。女子冰球于1998年才被列为冬奥会比赛项目。

冰壶又称冰上溜石，起源于苏格兰。16世纪便开始有了冰壶比赛。当一名队员掷出冰壶用力不够时，通常有两名队员在前方进行扫刷，以使冰面更光滑，让冰壶滑行得更接近目标。冰壶运动员在场上要表现得优雅得体，不断依据场上变化调整战术和冰壶运行位置。为此冰壶也有“冰上国际象棋”之称。

27. 获奥运奖牌趣事

现代奥运会开办以来,获得奥运会金牌是运动员们刻苦训练多年、梦寐以求的愿望。可也有些人金牌加身,却是始料未及的,趣事多多。

在1986年雅典奥运会上,美国运动员加列特,以29.15米的成绩,获得铁饼比赛银牌(此届奥运会只设银、铜牌)。而加列特参加比赛之前,从未见过两公斤重的铁饼,也根本不知道它是什么样子。他在美国只听说有铁饼的比赛,便自制了一个比正常铁饼重一倍的钢盘,在家中进行练习。就是这种超重负荷训练,让他在比赛中轻松夺冠。

在1900年巴黎奥运会上,一名年龄仅7岁的男童夺得了男子赛艇双人有舵比赛的冠军奖牌。两位荷兰选手勃兰特和克莱恩发现雇用的舵手过重会加大船体的重量,于是他们在当地找了一个小男孩当舵手。由于体重太轻,孩子压不住舵,只得在舵上又绑了一坨铅块。两位荷兰选手在决赛中一举夺魁。不过孩子走开后,再找不到他。因此也不知这位年龄最小的冠军姓甚名谁。

在1908年伦敦奥运会上,1名英国选手和3名美国选手参加男子400米决赛。比赛开始后,英国选手遭到美国选手的故意阻挡,临近终点甚至被挤出跑道。比赛"冠军"的成绩被宣布无效,并取消了他的参赛资格。两天后组委会宣布其他三人重赛,被两名美国选手拒绝。在英国裁判劝说下,英国选手哈斯维尔一个人完成了决赛,以50秒的成绩领取了金牌。

在1912年瑞典斯德哥尔摩奥运会上,古典式摔跤中量级半决赛,俄国选手柯兰和芬兰选手阿斯凯恩展开较量。比赛十分激烈,以至于两人每半小时就要休息一下,最后经过11小时40分钟的"马拉松"对决,柯兰摔败了对手。但是,取得决赛资格的柯兰因体力消耗过大,不得不放弃决赛。另一位进入决赛的选手、瑞典人克雷斯,不战而胜获得金牌。

在1932年洛杉矶奥运会上,3000米障碍赛跑中,芬兰选手霍洛领先其他选手通过终点,可是他却发现没有终点线等着他。裁判跑来告诉他还有一圈。他只好又跑一圈,最后金牌还是被他夺得。而原本第二个冲过终点的美国选手迈克拉斯基,在多跑一圈时,被英国选手伊文森超越,银牌易主。赛后调查发现,皆因原来的计圈员请了病假,临时找来的计圈员忘了翻牌,这才让参赛者们都多跑了一圈。

在1960年罗马奥运会自行车比赛中,临近终点线时争夺异常激烈。就在这紧要关头,意大利选手巴依雷蒂的右腿突然被黄蜂狠狠蜇了一下。这位选手担心被蜇后会引起腿部肌肉麻木,于是拼命蹬车冲向终点。在他的"神勇"精神鼓舞下,他的队友士气大振,也紧跟着他冲向终点。黄蜂蜇人竟催生意大利队夺得金牌。

28. 新中国体育蓬勃发展

中华人民共和国成立后，人民当家作主，精神抖擞，体育事业也有了突飞猛进的发展。20 世纪 50 年代初，中国运动员参加了世界青年联欢节等国际体育赛事，并在 100 米仰泳等比赛中夺魁。体魄健美的中国男女运动员，受到各国人民的瞩目。象征着被讥讽为“东亚病夫”的屈辱历史从此一去不复返了。

1957 年，戚烈云在男子 100 米蛙泳比赛中，打破了世界纪录；接着穆祥雄、莫国雄也分别打破了该项世界纪录。1956 年，陈镜开在最轻量级挺举比赛中打破了世界纪录；以后他先后 8 次破世界纪录。1957 年，我国跳高运动员郑凤荣，飞越 1.77 米横杆，成为当时全世界跳得最高的姑娘。1959 年，容国团在第 25 届世乒赛上登上了男子单打冠军的宝座，自此我国乒乓球队进入了世界强队行列，半个多世纪长盛不衰。我国运动员在登山、射箭、跳伞等众多体育项目上，也多次夺取冠军或打破世界纪录，使国际体坛的“英雄榜”上一次次写上中国人的名字。

党的十一届三中全会后，我国体育健儿响亮地提出了“冲出亚洲，走向世界，为国争光”的口号。他们从难从严，刻苦训练，在体操、乒乓球、羽毛球、跳水、射击、航模等项目中，又夺得多次世界冠军，打破了多项世界纪录。特别是我国女子排球队，获得世界杯和奥运会的“五连冠”，为我国足、篮、排“三大球”攀登世界体育高峰取得了历史性的突破。

1984 年，在美国洛杉矶举办的第 23 届奥运会上，中国派出了一个 225 人的大型体育代表团，参加了 16 个大项的比赛。中国射击选手许海峰在男子自选手枪的比赛中以 566 环的成绩获得冠军，实现了金牌“零的突破”，为中国奥运史写下光辉的一页。体操选手李宁则夺得男子自由体操、男子鞍马、男子吊环三枚金牌和男子跳马一枚银牌。在这届奥运会上，中国运动员共获得 15 枚金牌、8 枚银牌、9 枚铜牌，金牌总数列奖牌榜第 4 位。其辉煌成绩一时轰动世界。

自 1984 年第 23 届奥运会，至 2016 年第 31 届巴西里约奥运会，中国运动员共参加了 9 届奥运会。获奥运金牌 227 枚，银牌 162 枚，铜牌 154 枚，获奖牌总数 543 枚。2008 年 8 月 8 日，由中国承办的第 29 届奥运会在北京圆满成功举行。中国以举国之力，实现了“人文奥运、科技奥运、绿色奥运”的理念，兑现了“举办一届高水平、有特色奥运会”的庄严承诺。当届奥委会主席罗格赞誉说：“这是一届真正的无与伦比的奥运会！”北京奥运会的成功举办，让中华民族的百年梦想成为现实，也为奥林匹克运动在世界的发展掀开了新的篇章。

29. 大众参与的广播操

广播体操是广为人知、参与者众多的一项体育活动。

做广播操,简称做操,其流行也有一段历史。早在一个世纪前,洋务运动时期梁启超、黄兴就在军队中提倡过“兵式体操”。1928 年日本颁布了第 1 套全民健身操,这套操是通过广播电台播放音乐指挥人们一起做的,得名“广播体操”。随着来华日本人增多,广播体操被带到中国。日语“广播”的发音类似“辣椒”,因此中国人把这种体操称作“辣椒操”。

中华人民共和国成立后,中华全国体育总会普及体育活动,参考日本和苏联的广播体操动作内容,编制了中国的第 1 套广播体操。整套操共 10 个小节,包括四肢运动、胸部运动、体侧运动、转体运动、腹背运动、跳跃运动、整理运动等。一套操总长 5 分钟左右。经由全国体育总会、教育部、卫生部等 9 部门联合推行,于 1951 年 12 月 1 日在电台向全国广播。第 1 套广播体操在全国推广后,参加的人数达到 104.8 万人。

自第 1 套广播体操诞生,体操动作就有着鲜明的时代特色。在 1957 年第 3 套广播体操中,有了象征拉锯的动作。到 1963 年第 4 套广播体操,又有了模仿农民播种和工人打铁的动作。“文革”初期曾流行了一阵子“语录操”,用身体动作表现毛主席语录内容。至 1971 年国家体委推出了第 5 套广播体操,在编排上都兼顾锻炼身体和政治宣传的双重任务。

改革开放后,1981 年第 6 套广播体操颁布。1990 年第 7 套广播体操出炉,以扭胯等动作大胆借鉴迪斯科和霹雳舞,把美学演绎到了繁复的地步。2011 年 8 月,第 9 套广播体操推出,由 8 小节徒手体操组成,用时 4 分 45 秒。这套体操以科学、简便、普及实用、因地制宜、健身趣味为原则,在保持传统体操特点的同时,引入武术、踢毽、游泳、保龄球及现代舞等时尚运动的基本动作,突出了健康、欢乐、时代的风格,能对锻炼者产生中等强度的运动刺激,对提高机体各关节的灵敏性,增强大肌肉群力量,促进循环系统、呼吸系统和精神传导系统功能改善,具有积极作用。

2016 年以来,一种戏曲广播体操在多个地区推广。福建泉州新隅小学的学生们,每天做的是饱含高甲戏动作的一套戏曲广播操。这套操共 10 节,结合耸肩、腕花小云手、拱手作揖、马步架掌、踢腿等戏曲表演模式。在韵律优美的戏曲音乐声中,孩子们哼着曲调,表演高甲戏中的科步,其中还有表现丑角的表情,人人显得开心。专家指出,做这样的广播操,让孩子们感觉新鲜有趣,通过做操能锻炼孩子的身体协调能力及身体的柔韧性,还能潜移默化地了解中国戏曲传统文化的精华,应加以推广。

30. 多彩的春节民族体育之花

在新春佳节到来之际,我国许多地方的少数民族群众,都爱以自己喜闻乐见的传统体育娱乐活动辞旧迎新,表达欢快心情。

海南省的黎族同胞,喜爱进行一种古老而独特的跳竹竿活动,以祈求人寿年丰,迎接美好的春天。男女青年随着鼓乐伴奏,在由人开合的竹竿间灵敏跳跃,做出各种优美的舞蹈动作,场面欢快热烈。

云南的哈尼族、纳西族等少数民族的人,都喜欢荡秋千。在新春佳节,人们身着盛装,兴高采烈地边唱山歌,边荡秋千。姑娘们如俊鸟展翅,小伙子似飞燕穿云,激起周围观赏者一阵阵喝彩声和欢笑声,热闹非凡。

景颇族民众在欢度春节期间,对射箭活动兴趣尤浓。姑娘们精心绣制了漂亮的荷包,用细绒线悬挂在竹竿或高树上,如有哪个小伙子箭法高超,一箭射落荷包,这荷包往往就能成为定情的物品。

哈萨克族民众在春节期间,爱举行一种新颖的摔跤活动。摔跤者的双腿各套在一个麻袋里,这样,选手只能用上肢进行较量,腿在麻袋中仅用来保持身体平衡。角逐中妙趣横生,观众常笑得前仰后合。

瑶族同胞喜欢在春节期间打陀螺。从大年初一开始,各村寨的陀螺都纷纷飞转起来,并举行比赛。一场比赛参加者可多达几十人。比赛时抽动陀螺互相撞击,以不倒连续转动为优胜。但听陀螺的撞击声清脆入耳,周围的欢笑喝彩声此起彼伏。

抢天灯是壮族民众喜爱的传统体育活动,每逢春节都会举行。天灯为水桶状,用竹、纸制作,内放油灯。点燃后天灯内温度升高,顺风势飘起。各村选拔身体矫健的年轻人,翻山越岭追赶天灯。待油尽火熄,天灯降落,便将其抢获。各村寨的人们居高远望,场景十分壮观。

傈僳族的年轻人,在春节期间会参加一项“踩刀夺旗”的竞赛。届时在高竿上刀口朝上绑起众多把钢刀,参赛者要赤脚踩在一个个刀刃上,一直往上爬,以爬到顶点甩下插着的小红旗为优胜。其脚踩刀口的绝技令人折服。

春节期间,苗族和水族的男女青年喜爱玩打手毽。他们的毽子不是用脚踢,而是用手打。场上青年男女身着盛装,手拿精美的花毽。由姑娘先把毽子向对面小伙抛去,对方立刻用手拍回。双方配合默契,不使毽子落地。只见花毽自如地飞来飞去,划出一道道弧线。他们还边打边歌,互吐衷肠。这样的体育活动别有一番情趣。

31. 闲话踢毽子

踢毽子在我国源远流长。早在汉砖的壁画上就绘有踢毽者的艺术形象。六朝、隋唐时期踢毽很盛行，唐代《高僧传·佛陀禅师传》中说，名僧跋陀到洛阳去，路上见到12岁的少年惠光反复踢毽，连踢500下不着地。跋陀是南北朝北魏时人，可以想见那时人们踢毽的技艺已相当不错。

宋代时踢毽更为流行。宋人高承在《事务纪原》一书中对踢毽介绍道："今时小儿以铅锡为钱，装以鸡羽，呼为毽子。三四成群走踢，有里外廉、拖抢、耸膝、突肚、佛顶珠、剪刀、拐子名色。"可知踢毽脚法花哨多样。到了清代，踢毽又发展为数人同踢的技巧运动。踢毽还被列为八旗军的军操之一。北京有位踢毽高手"毽儿谭"，一只普普通通的毽子，在他脚上有踢、盘、打、压、掰、背、绕、碰、踹、翻等多种踢法，能踢出"倒插连环""凤凰展翅""金丝缠葫芦"等三十几套动作。他79岁时，还能一口气踢毽7000多下，被人誉为"毽王"。

踢毽子在我国民间流行普及很广。清代《广东新语》说，每年正月十五，广州有踢毽子会，男女老少云集在五仙观进行比赛。比赛有不同踢法，小踢叫小式，或称文式和盘踢，技巧难度低些，适宜老少参加。大踢又叫大式，或称武踢和交踢，花式甚多，组成一套，踢起来不能前后乱序或漏踢一种。比赛场面精彩可观。河北承德市素有"踢毽之乡"的美称。在承德，几乎家家有毽，人人会踢。当地过年成为踢毽的节日，男女老少结伴出门，在街头空场踢毽不停。延续至今，一些学校工矿还经常举行"踢毽运动会"。北京厂桥南侧有一处先哲祠(今为黄城根小学)，也曾是一处爱好踢毽者的聚会之地，在此曾锻炼出一批踢毽好手。其中有位谭俊川，能踢出100多种花样。中华人民共和国成立后他随中国杂技团出国访问表演踢毽，引起国外观众极大兴趣。

毽子有鸡毛毽、皮毛毽、纸条毽、绒线毽等多种，制作简单。踢毽不仅是青少年健身娱乐的玩具，也是中老年人锻炼腿脚的佳物。踢毽子形式多样，且不受场地、时间、人数限制，运动量也可大可小。虽以脚踢为主，兼以转体、振臂为助，其实它是一种全身性运动。经常参加踢毽子活动，除可强筋壮骨、灵活关节、发达肌肉外，对体内脏腑器官也有很好的保健强化作用。踢毽时的举腿、屈体、跳跃等动作，可加速全身血液循环，促进血脉畅通。踢毽时呼吸加深加快，可吸入更多氧气，提高肺活量，促进身体的新陈代谢功能。此外，踢毽子还可以训练人的神经系统，提高感官的灵敏性，增强人四肢的协调能力。踢毽子与人合踢，在锻炼身体的同时，还可陶冶性情，培养乐趣，增进友谊。

32. 述说跳皮筋

跳皮筋为女孩子们所喜爱,是一项寓健康于娱乐的体育游戏。冬去春来,最适宜开展跳皮筋运动。在庭院、操场等空旷空气新鲜处,扯起橡皮筋,边唱边跳,对于正在长身体的女孩儿们大有益处。

跳皮筋是以四肢肌肉活动为主的全身运动,经常参加这项活动,能够提高人体新陈代谢功能,加强机体对营养物质的消化和吸收,促进毛细血管网增生,从而使肌肉变得结实丰满,尤其能促进下肢肌肉的发育,有助于增强体质。

孩子在跳皮筋时,随着跳动,人的血液循环加快,心肺活动明显加强。这不但能使心肌增厚,收缩力增强,心脏容积增大,还能加强呼吸肌的力量,增加肺组织的弹性,增大肺活量,对提高心肺功能有良好的作用。课间、课后跳跳皮筋,还可消除大脑疲劳,对神经系统来说,也是一种积极的休息方式。

女孩儿们在一起跳皮筋,皮筋由低升高,腰腿的动作也逐渐加大,这对下肢各部位关节包括腰、胯、膝、脚腕以至脚趾的柔韧性也都是很好的锻炼。另外,跳皮筋不仅要求动作准确、优美,还要合着节拍,伴以朗朗上口的歌谣跳动。这些都有益于孩子的节奏感、音乐感以及动作协调性的培养。跳皮筋还具有竞争比赛性质,跳得高、不失误即可连续一跳开跳,自脚踝高、小腿高、大腿高、腰高、腋下、肩上、小举,最后大举,一直往上跳。孩子们在锻炼身体的同时,也锻炼了毅力和意志。

跳皮筋是一项有益于孩子身心健康的活动,但要注意的是,活动时间不要太长,不要吃得很饱放下饭碗就跳,也不要在尘土多、很硬、湿滑的地面上跳。跳前还要活动一下下肢各部位关节,做一下准备活动。

女孩儿们跳皮筋不能闷跳,要唱着歌谣跳,这样才有节奏感。歌谣要轻快活泼、通顺上口,这样皮筋也才会跳得有劲。20世纪50年代初,孩子们跳皮筋都会唱这首歌谣:“猴皮筋,我爱跳,三反运动我知道:反贪污,反浪费,官僚主义要反对……”以后流行最广的跳皮筋歌谣是:“小皮球,香蕉梨,马莲开花二十一;二五六,二五七,二八二九三十一;三五六,三五七,三八三九四十一……”一直往上唱上去。这首歌谣以互不相干的东西起头,以数字组合、押韵,伴着孩子腾跳和皮筋高起数字节节上升,可唱至“一百五十六,一百五十七,一八一九一百六十一”。只要能在皮筋上跳过高度,歌谣也可以再往上唱。这饶有趣味的歌谣一直传唱至今。

33. 叙谈跳绳

跳绳运动在我国已有1000多年的历史。唐代时跳绳称为“透索”，宋代时叫“跳索”，明清时期谓之“跳飞”“跳白索”。《松风阁诗抄》有诗云：“白光如轮舞索童，一童舞索一童唱，一童跳入光轮中。”从诗中可知，古时儿童跳绳，还用歌谣伴唱，运动、娱乐两相宜。

跳绳是很多青少年乐于参加的活动。跳绳既健身有趣，又简单易行。它是以跳跃为主的运动，可使身体各部位都参加活动，得到锻炼。经常跳绳能增强四肢肌肉的力量，改善机体的血液循环，增强体质；还能提高身体素质，有益于培养韵律感；对于冬季御寒、防止冻疮发生，也有明显的功效。常跳绳的人，腿肌丰满结实，走路富有弹性，充满青春活力，给人以动态美。

以跳绳减肥，在欧美已为越来越多的人所采用。1985年，在美国约翰斯敦成立了世界上首家跳绳减肥俱乐部。有来自世界各地的1400多名学员学习跳绳，潜心减肥。许多肥胖者经过为期一年左右的锻炼，均获得明显的减肥效果。前任美国奥委会运动医学委员会主席达尔迪克指出：跳绳的减肥作用大于跑步，而且跳绳对肌肉和骨骼的压力远比跑步要小，因为跳绳时多为双足着地，腿部肌肉、骨骼所受的冲击力可减少很大的一部分。练习和参加跳绳需要注意的是，要穿弹性好的鞋子，开始跳绳时每次跳三五分钟已足够，慢慢增加时间。跳前要做一下准备活动，尤其是冬季。

跳绳的方式可谓五花八门，不下百余种。常见的有单人跳、双人跳、多人列队跳、双脚并跳、单脚跳、单脚换跳、集体同时跳、编花轮换跳等；也可一摇两跳、三跳或更多跳。摇绳的方向可正可反，使用的绳子可长可短，只要摆绳与跳跃合拍，不断练习，自能跳出种种花式，乐趣频生。

跳绳运动不仅活跃于我国，也遍及世界各地，并涌现出众多跳绳好手。美国35岁的科马斯曾是一名心脏病患者，手术痊愈后坚持体育锻炼，以连续跳绳12小时15分18秒的成绩荣登《吉尼斯世界纪录大全》。加拿大36岁的皮尔逊，体重曾达到130公斤。他在约翰斯顿跳绳俱乐部接受训练后，体重减轻60公斤，并以连续跳绳13个小时的纪录将吉尼斯世界纪录改写。不久，两位美国人康默斯和施奈德又创造了一项双人并排连续跳绳13小时15分47秒的新纪录。日本青森县16岁的学生馆田秀征，以一次跳起转动绳子绕体6周，成就了一项“世界之最”。2016年，日本青年三木正雄计时30秒，跳绳倒编花56个；中国13岁的少年岑小林计时30秒，单摇跳绳208个，也都成为《吉尼斯世界纪录大全》中的新纪录。

34. 拔河集趣

拔河,我国古时称“牵钩”“拖钩”。这项活动早在战国时期就出现了,在民间有着广泛的群众性。

唐代时拔河之风甚盛,兴至宫廷。唐中宗时,曾于清明节这天组织臣侍搞拔河游戏。宰相、驸马为一方站东侧,三相五将结伙立西向,一声令下拔将起来。仆射韦巨源、少师唐休璟因上了年纪,力弱随绳倒地,呼哧好半天爬不起身。中宗看得大笑。连年迈大臣也参加拔河,可见当时的拔河盛况。古代拔河使用篾缆,至唐代改为麻绳。麻绳的绳两端另有分股,可供更多人参加比赛。玄宗时曾举行多至上千人的拔河比赛。张说有诗云:“今岁好拖钩,横街敞御楼。长绳系日住,贯索挽河流。”记述了当时众人拔河的气势。

拔河这项古老的游戏和运动,在中国流行,在世界很多国家和地区也有广泛开展。1933 年,瑞典还成立了拔河协会,专事设定拔河比赛规则,组织不同地区的民众举行拔河比赛活动。1960 年英国成立了拔河协会,与瑞典开展了国际间的拔河比赛较量。以后两国拔河协会通过协商,制定了国际拔河比赛规则。不久又发起创立了国际拔河联合会,并发展有多个成员国。

英国海丁顿市有一种名副其实的拔“河”比赛。埃扎河贯穿该市,拔河时发令员、裁判员都站在河中间,南北两岸的选手各自紧握横跨河上的大绳发力拉拽。将对方绳扣拉过河中线三次,算为夺标。

日本爱知县三河湾的兔岛与猴岛隔海相望,相距 700 米。这里举办着一项“隔海拔河”。拔河用的粗尼龙绳长 850 米,比赛时两岛以对等人数各站在自己小岛上,而裁判船则停在两岛中间的海面上。这一别开生面的拔河比赛,吸引了众多国内外游客前往观赏。

澳大利亚的水下运动迷,推出了一项海底拔河比赛活动。双方选手各 10 名,身穿潜水服,站立浅海沙地,手握缆绳用力拉扯。裁判也着潜水装备在海底指挥裁决。当然观战助威的水下运动迷们也都要着装潜入水下了。

近年来在美国一些大学里,流行一种“平衡拔河”。这是一种对拔河推陈出新,更富趣味刺激的娱乐活动。比赛人数对等的双方都站在一根长约 20 米、宽仅 30 厘米的平衡木上。在这木条上面拔河,不仅要用力气,而且需要保持身体平衡。比赛时如有人“落马”,比赛仍继续进行,只是“落马”者要退出这回合比赛。一番比赛中,两方纷纷有人掉落在平衡木下。现场充满了哄笑声、助威声和戏剧性,使这种“平衡拔河”大受青年人喜爱和欢迎。

35. 踩高跷搜趣

踩高跷是民俗表演中常会看到的一个项目。艺人们双脚绑在长木条上，扮成各种神话、戏剧人物，伴着锣鼓音乐，做出许多高难动作，引人围观喝彩。

在我国，踩高跷始于春秋时期。据《列子》记载，春秋时的宋国有位叫兰子的人，善于玩耍这种技艺，“其技以双枝，长倍其身，属其胫，并趋并驰，弄七剑迭而跃之，五剑常在空中”。这是说某人脚踩高跷，手耍七剑，技法高超，从而也说明踩高跷在我国至少已有2500年的历史。

踩高跷在晋代称“长脚”“乔人”“双木继足之戏”。北魏“百戏”中称“长跷伎”，宋代叫“踏跷”。《阅微草堂笔记》写踩高跷者“皆上上楼齐”，“岂可惜人家飞檐为其坐席也”。早年间民居虽低矮，但也可见踩跷人站立之高。那时高跷与秧歌结合，“文高跷”穿戏装，饰演八仙等道教人物；“武高跷”则表演下腰、劈叉、鲤鱼打挺、叠罗汉等技巧。清代时高跷秧歌在宫廷和民间都十分流行。北京海淀西北旺的“高跷会”，曾被慈禧太后封为“天下第一会”。艺人足蹬高跷，不时变换队形，交错穿插，7尺高的双腿劈叉后能轻捷腾跃而起。另一拿手节目是把18张方桌叠成3层，艺人踩跷攀上桌顶，摆成“巨象”造型，其精彩跷功可见一斑。

踩高跷风靡我国各地，在国外也有很多人喜欢这种技艺。相传早在3世纪时，西班牙的君主亚尔佩特给一位总督出了个难题，要总督派一队士兵出城到他那里去，但既不能骑马，又不准步行。聪明的总督就让士兵踩高跷前往。此举颇受君主赏识，下令从此免去该城啤酒税。1891年，法国人西尔万用了58天时间，踩着高跷，从巴黎赶到莫斯科，创造了一项踩高跷最远的世界纪录。

近年来，一些国家广泛开展踩高跷运动，花样翻新，参加者众多。俄罗斯举办过高跷拳击；中北美国家开展过高跷排球。在法国有踩高跷长途旅游；南部卡尔卡松市每年都举行高跷赛跑，全程105公里，分4段进行，据记载此项比赛已有200年以上的历史。家住纽约的美国人富曼在码头附近水域踩高跷，在流水中连续踩踏达5小时38分钟，创造了又一项纪录。瑞士青年吉姆曾多次尝试踩高跷登山，经一段时间训练后，他成功登上了阿尔卑斯山脉一座海拔2166米高的山峰，首次开创了踩高跷登山的世界纪录。澳大利亚有一位朗格，则是以踩超高之跷为能，他踩的高跷高7.3米，穿着有人向他提供的世界上最长的裤子进行表演。朗格胆量过人，正向踩跷的新高度发动冲击。

几年前，英国制造出一种可升降高跷，供建筑、园林工人施工和完成作业使用。用于体育娱乐的高跷，给生产建设也带来了便利。

36. 撑竿跳录趣

撑竿跳高是田径运动中技术最复杂的项目。它包括持竿、助跑、插穴、腾空、越横竿、下垫等一系列动作。由于动作惊险，姿势优美，遂成为大受观众关注的竞争项目。

撑竿跳有着源远流长的历史。古代欧洲弗兰德和诺曼底的居民都擅长持竿跳跃泥沼地。英国渔民过节时，喜欢持竿跳跃过河；这至今仍是不少英国渔民的娱乐项目。保加利亚人把撑竿跳称之为“牧人跳”，这是因为从前牧人在山上用竿子轰赶羊群时，也爱借助竿子支撑身体跨沟过坎。有记载表明，撑竿跳的娱乐比赛，18世纪初也曾在我国西藏出现，当时是在两根木棍顶部拴上绳子，撑起木竿从绳上跳跃过去。

从中世纪起，欧洲等地的民间节日和骑士比武时，都举办撑竿跳比赛。19世纪时撑竿跳已被列为一项专门的体育运动。1866年，英国人麦契尔创造出3.21米的撑竿跳比赛成绩，他当时用的撑竿是一段又粗又重的松树枝。撑竿跳比赛至19世纪末，规则并不完善。1904年，在美国圣路易斯奥运会撑竿跳比赛时，日本选手佐间代富士将撑竿用力插进沙地，然后手脚并用，攀竿而上，轻松翻越横竿。这一突兀之举，引起观众哄然大笑。裁判在惊愕之后宣布成绩无效。此后，撑竿跳规则中有了这样明确的规定：“比赛时，运动员必须手持撑竿直线助跑，单脚起跳，在竿子上禁止倒手爬竿。”

撑竿跳在取得进一步发展后，1924年挪威健儿托弗，首次使用加工的木撑竿越过4.25米高度。1942年美国人沃梅达姆，用轻而有弹性的竹竿跳跃过4.55米。1960年美国的布雷格，用钢材质的竿创造出4.80米的成绩。几年后，用化学纤维制造、弹性强、弯度大的玻璃钢竿问世，撑竿跳的新纪录不断被刷新。1985年，苏联男子撑竿跳名将布勃卡跃过了6米横竿，6年后又跃过6.12米。

撑竿跳早年一直是女子运动的“禁区”，直到20世纪初，女子撑竿跳运动员才同男子一样在田径场角逐。1929年芬兰女子詹尼，以2.35米的高度创造了第一个女子撑竿跳纪录。而到了1937年后，以女子不适宜从事这项运动为由，又把女子撑竿跳比赛取消了。沉寂多年后，随着跳高泡沫海绵“坑”的出现，消除了女运动员下落跌伤的后顾之忧，女子撑竿跳成为“必须恢复的艺术”。1982年法国两位姑娘双双跃过了3.15米高度。2000年，女子撑竿跳高被列为奥运会比赛项目。

近年来，男女撑竿跳世界纪录接连被刷新。2014年法国男选手拉维涅越过了6.16米的高度，打破了布勃卡保持了20年的撑竿跳纪录。俄罗斯女选手伊辛巴耶娃于2005年在芬兰创造了越过5.01米的世界纪录。

37. 呼啦圈述略

20 世纪 90 年代初，北京等地兴起一股“呼啦圈热”，但见赤橙黄绿青蓝紫各种颜色、各种规格的呼啦圈到处在摇晃。小学生几乎人手一个，将呼啦圈套于腰间，旋来转去。耍弄呼啦圈的也不乏寄予减肥愿望的女性和以此活动身体的长者。

呼啦圈是外来语译音。从夏威夷群岛盛行的草裙舞得名。这种舞蹈的基本动作是舞者以手和手臂做优美的波动起伏动作，配以腰部以下身躯的扭动，是一种宗教舞蹈。此舞蹈有时加用舞圈，即成为呼啦圈舞。呼啦圈的大小，圆环的粗细，形态不一，但都是以树条花枝制作。舞蹈时呼啦圈能在舞者腰部上下，作长时间旋转而不掉落。1958 年，摇舞呼啦圈在美国各州盛行起来。加州环欧制造公司受澳大利亚流行的“大木圈”启发，生产出一种用塑料管弯制的圈状玩具，定名为 HULA HOOP，直译成中文，就是“呼啦圈”。

呼啦圈的玩法，主要是以躯干和髋部肌肉群协同运动，不停扭动臀部和躯干，颈部、四肢肌群关节协调参与的全身运动。适当做呼啦圈运动，其强度与慢跑、跳绳、中速游泳运动量相当，属于非剧烈运动。有传闻说以腰摇动呼啦圈会造成内脏损伤。其实只要摇晃得法，不使用过亘过大的呼啦圈，每次时间在 20 分钟左右，对健康是有益的。对于腰肌劳损、脊椎有伤、骨质疏松患者，还是以不玩呼啦圈为宜。

呼啦圈玩法多样，可晃圈，可将圈当跳绳用，还可以圈做游戏，如滚圈赛跑、滚圈接力、滚圈比远、健身圈套物等。另外可为儿童编排健身圈操、形体操或艺术操。可配乐练习，对塑造儿童健美体形十分有益。

呼啦圈的盛行，参与者多，也创造了众多“纪录”。1992 年，北京的女子双红在 1 小时时间内绕身体旋转呼啦圈 7325 次，轰动一时。美国人玩呼啦圈，创造了多项吉尼斯世界纪录。1973 年，14 岁的女子罗琳以同时摇转 15 个呼啦圈创造了一项吉尼斯世界纪录；1999 年她摇转了 82 个；两年后她又提高到 83 个。男子弗曼在 2004 年，以 14 分 40 秒摇动呼啦圈跑出 1200 米，创造了一项吉尼斯世界纪录；2005 年，弗曼用泡沫护住腰身，捻转一个重 7.3 公斤、直径 4.5 米的重大呼啦圈旋转了 19 圈，完成了又一项吉尼斯世界纪录；2007 年，弗曼又以特制的金属呼啦圈，在水中随身摇动了 2 分 20 秒，让《吉尼斯世界纪录大全》中又多了一项呼啦圈竞技的纪录。2011 年，我国的女子金琳琳，在中央电视台春节联欢晚会现场，摇转中成功晃动了 305 个呼啦圈，一时间吸引住全球众多目光。

38. 古今冲浪

冲浪是以海浪为动力的极限运动。一说冲浪，人们往往认为是由国外兴起的。其实，我国早在唐代就已经有了类似冲浪运动的水上表演——“弄潮”，亦称“弄涛”。唐诗《江南曲》中有“早知潮有信，嫁与弄潮儿”之句，“潮有信”指的是潮汐，是海水受日月引力而涨落的自然现象。我国潮汐以钱塘江潮最负盛名。每至农历八月十八、十九日，潮水最大，常有弄潮的人，撑小舟迎潮而入，冲浪嬉浪，随潮水上下浮沉进退而不避其险，这弄潮的人就称作“弄潮儿”。

古代弄潮与现在的冲浪运动非常接近，所不同的是弄潮的用具为小舟，要用桨来掌握其进退和平衡。历代关于“弄潮”的记载很多。南宋《忆余杭》词中云：“弄潮儿向涛头立，手把红旗旗不湿。”赞叹了“弄潮儿”的好功夫。从清代《鸿雪因缘图记》绘图上可以看到，两个弄潮健儿站立在一只小船上，艺高胆大，默契配合，驾驭小船在波峰浪尖上穿行，表现出高超的冲浪斗潮技巧。

现代的冲浪运动，源自澳大利亚波利尼西亚人的古老文化。这里的古代酋长们都是部落中技术最好的冲浪驾浪者，并拥有和使用着最好的树木制造的最好的冲浪板。后经一代代演变，冲浪有了众多花式和冲法，冲浪板也有了多种材质，且形状大小、颜色不一而同。

流行的冲浪运动，一般是冲浪者在有适宜海浪起伏之处俯卧，或坐于冲浪板上等待，当合适的海浪逐渐靠近时，冲浪者调整板头方向，俯卧在冲浪板上顺着海浪的方向划水，使冲浪板有足够的速度，置于海浪前头。当海浪推动冲浪板滑动时，冲浪者站立于板上，利用身体重心、肩和后腿控制冲浪板走向，起伏穿行于浪峰间。冲浪可以让人体验一次次与海浪搏击、驰骋在波谷浪尖的愉悦，是一项勇敢者的极限挑战运动。

世界上有不少著名的冲浪场地，如夏威夷北岸的哈纳雷、爱尔兰的多伦、澳大利亚的拜伦湾、法国的亚里茨、日本的湘南、印度尼西亚的巴厘岛等。我国海南的三亚、深圳、青岛海滨等处，也都是著名冲浪景区和俱乐部活动之所。在台湾还有十大海滨冲浪点，每年吸引大批冲浪爱好者光顾。在国内外冲浪风景区，经常举办各种冲浪竞技比赛。几年前，在澳大利亚南部塔斯马尼亚海域，一艘船拉着 154 人同时滑水冲浪，创造了一项多人冲浪世界纪录。按世界纪录的相关规定，每位参赛者须完成 1 海里（约 1.85 公里）的距离。虽然有 9 个人没能坚持下来，但是最后还是有 145 人完成了这个壮举。

39. 接力赛趣话

接力赛有着十分悠久的历史。据考证，最早出现的接力赛，是非洲土著以速度比赛的接力方式，将丛林中的木材运出山地而演变出来的。以后不同形式、不同趣味的接力赛四处风行。

巴西有个钦毕鲁部族，那里的人们喜欢举行负重接力赛跑。有趣的是男子用的接力棒是重达 75 公斤的大树干，女队的接力棒也重达 30 公斤。每个队由 15 人组成。比赛开始，参赛的人轮流扛着粗大树干向前跑去，交替搬运着树干奔向终点。周围的观众和不负重的人为负重者呐喊助威，场面火爆。

17 世纪中叶，非洲几内亚湾一带流行着一种有意思的接力赛——将人分为数队，比赛中各队先由一人拿一个空坛，跑向水池，盛水倒向一个大坛子；然后跑回将空坛子交给另一人，这人接替前一人奔跑、盛水、倒水；一人接一人做下去，以先将水注满大坛子为优胜。后来这种古老的“接力游戏”传到欧洲，又加以改进，就形成了现代的接力赛。

接力赛在欧洲开展起来后，形式多样，很多民众也参与其中。1985 年，英国举办了一项为时 28 天的长途趣味接力赛跑。由英国健康教育理事会发起，旨在鼓励人们更多地参加体育活动，减少疾病。这次接力赛跑的距离长达 3520 公里，途经英格兰、威尔士和苏格兰的大小 87 个城镇，起点和终点均为伦敦的海德公园。参加比赛的包括赛跑世界纪录和奥运会纪录的保持者及跑步爱好者，总共 500 人，分成 20 个队进行接力。每天赛程约为 160 公里。不参加当日比赛的选手乘车跟在队伍后面。这次比赛是参加活动人数最多，赛程距离也最长的接力比赛了。

各种各样的接力比赛过去一直是民间的赛事。直至 1912 年瑞典斯德哥尔摩奥运会，男子 4×100 米、4×400 米接力才列为正式比赛项目。在那届奥运会上，英国队以 42 秒 4 的成绩创造了 4×100 米的奥运会纪录。1928 年，在荷兰阿姆斯特丹奥运会上，女子 4×100 米被列为正式比赛项目。以后，男女接力比赛的纪录不断得到突破和刷新。

近年来，随着一批短跑、中长跑新人的加入，接力比赛接连诞生好成绩。在 2012 年伦敦奥运会上，以博尔特领衔的牙买加队，以 36 秒 84 创造了男子 4×100 米接力赛的世界纪录。美国队则以 40 秒 82 创造了女子 4×100 米接力赛的世界纪录。4×400 米男女接力赛的世界纪录，现今都为美国队所保持，男队纪录为 2 分 54 秒 29，女队为 3 分 15 秒 17。接力赛是田径锦标赛的比赛项目，也是速度滑冰中的比赛项目。只是在滑冰接力赛中，不使用棒棒，后面的选手以猛推前面选手的臀部为“交接棒”。“棒”的“交接”可谓别具特色。

40. 马拉松纵横谈

马拉松长跑是体育比赛中的一个著名项目。这项运动起源于古希腊。公元前490年,雅典军队在马拉松平原与波斯军决战,取得胜利。为了把大捷的消息迅速告诉雅典人,派出了长跑能手斐迪庇第斯去报喜讯。斐迪庇第斯不负众望,长途跋涉,一口气从马拉松跑到雅典城中心广场,对盼望消息的人群呼喊说:“大家欢乐吧,我们胜利啦!”终因疲劳过度,倒地牺牲。为了纪念这位勇士,便产生了“马拉松长跑”的比赛。

在1896年首届雅典现代奥运会上,“马拉松”成为比赛项目,比赛距离为40公里。1908年伦敦奥运会,马拉松赛起点为温莎城堡,终点设在奥林匹克运动场内,起终点的距离经丈量为42.195公里,以后便确定此为马拉松赛的标准距离。女子马拉松赛开展较晚,1984年才列入第23届奥运会比赛项目。马拉松赛开展至今,男子的最好成绩为肯尼亚选手丹尼斯于2014年创造,成绩为2小时02分57秒。女子的最好成绩为英国选手拉德克里夫于2003年创造,成绩是2小时15分25秒。

马拉松赛是最具盛名的长跑比赛项目,在世界很多国家都设置了“马拉松”比赛。由这项比赛还派生出多种样式的马拉松赛。1988年,在非洲撒哈拉沙漠地区,举行了一场“纵贯沙漠马拉松”比赛。比赛全程为200公里。来自世界各国的165名选手参加了比赛,开始了体力、耐力与智慧的竞争。最后跑完全赛程的共有148人。

1982年,一位叫安特斯的瑞典人,在船甲板上以4小时跑完了42.195公里的距离,首创甲板马拉松跑的世界纪录。一年后在航运公司担任大副的苏联青年维达列,以3小时33分刷新了这一纪录。

1980年,法国男子波洛经过一段时间练习,创造了一项倒跑马拉松赛纪录,倒跑42.195公里,用时4小时30分46秒。1982年,美国男子马拉松选手艾伯特在正式马拉松比赛中,以倒跑跑完全程,跑出了3小时59分7秒的好成绩。

2017年,第32届沙漠超级马拉松赛在摩洛哥南部的撒哈拉沙漠举行,全程250公里。这不仅是一般马拉松赛程的6倍,而且选手会全程都处于极限环境中。参赛者除要递交近期的体检表、血型,还要缴纳高达2200欧元参赛费,其中包括尸体遣返费。比赛时间为6天,分6个赛段。参赛者需身负食物、药品、水、帐篷和求救火箭上路,携带背包达10公斤。在烈日下长途奔走,被称为“地狱极限环境中挑战自我”。

41. 百米飞人传奇

百米赛跑是体育运动中最古老的比赛项目，也是奥林匹克运动的基石，最能体现奥林匹克更快、更高、更强格言的真谛。

百米赛跑是田径比赛的一个重要比赛项目，属于极限强度的项目。参加百米赛跑，在短跑技术上要求人的躯干稍前倾，但不能低头弯腰，两臂应弯曲在体侧的前后摆动；是一项技术要求高，讲究全身配合，反应快捷，灵活性强，强度又大的动作激烈型运动项目。

在1896年现代第1届雅典奥运会上，百米赛跑是唯一的短跑项目。当时，起跑姿势五花八门。只见美国选手托马斯·伯克两手撑地，屁股高高撅起。他这一姿势并不被人看好，反遭到取笑。但他的姿势却产生了很好的爆发力。随着发令员一声枪响，伯克如同压紧的弹簧突然松开一样，一下子就向前弹射出很远。他迅速甩下对手，第一个冲向终点，以12秒的成绩夺得冠军，成为奥运史上第一位“飞人”。

继伯克的百米12秒成绩之后，100多年来百米比赛的成绩提高了2秒多。看似很少，但每提高1秒、0.1秒、0.01秒，都极为艰难。1900年，美国的贾维斯在巴黎奥运会上，以11秒夺魁。1968年，美国的海因斯在墨西哥城奥运会上，突破了10秒大关，以9.95秒获得冠军。2008年，牙买加选手博尔特在北京奥运会上，以9.69秒刷新世界纪录。一年后，这位博尔特在柏林田径世锦赛上，以9.58秒再次创造百米比赛世界纪录，并保持至今。

女子百米比赛，在1928年荷兰阿姆斯特丹奥运会上列为正式比赛项目。多年间成绩一直在11—12秒之间徘徊。在1984年洛杉矶奥运会上，女子百米比赛的成绩出现了突破。美国选手阿什福德，以10.97秒冲进了10秒大关，成为改变女子百米赛跑历史的重要标志。1988年，在汉城奥运会上，美国选手乔伊娜以10.49秒再一次创造了百米比赛的好成绩，并将这一世界纪录保持了近30年，无人能破。

1929年，我国短跑名将刘长春在沈阳举行的华北运动会上，以10.8秒创造了男子百米赛跑的全国纪录，三年后他又跑出了10.7秒的好成绩。20世纪50年代，短跑名将陈家全先后6次改写男子百米赛跑全国纪录，1965年还在重庆跑出了10秒，平了世界纪录（按国际田联换算规则的电子计时成绩为10.24秒）。近年来，男子百米赛跑成绩又有突破。2015年，在国际田联钻石联赛美国尤金站男子百米比赛中，我国选手苏炳添以9.99秒的成绩获得比赛第3名。他的这一成绩创造了中国男子百米赛跑的新纪录，也让他成为第一个跑进10秒大关的黄种人。

42. 国防体育小识

中华人民共和国成立后，从1951年开始，我国的体育运动，是由军事体育（1952年始称国防体育）和一般体育两部分组成的。一说国防体育，人们会想到是现代的事。其实把体育作为军事教育和训练的手段由来已久。3000多年前，在我国殷商时期就已盛行射箭比武；东周时孔子便把射、御和礼、乐、书、数合称为“六艺”。这都可以看作古代开展的国防体育活动。

20世纪50年代初期，我国开展的国防体育主要包括跳伞、滑翔、航空模型、射击、摩托车、无线电等。其开展活动的目的，是对广大人民群众进行军事知识教育和军事技术训练，以培养后备兵员，为国防建设和生产建设服务。到了20世纪60年代，随着科学技术的发展，国防体育除了包括射击、摩托车、摩托艇、无线电、航海、航海模型、航空模型、飞行、滑翔、跳伞等10大项，还增加了军事野营、工程兵、装甲、潜水等相对来说是非竞赛性的项目。在一些国家还增添了火箭模型、人力飞机等项目，使国防体育的项目内容更为丰富。

国防体育是体力和智力高度结合的运动。它既能发展人的智慧，强健体格，又能培养勇敢、机智、果断、沉着的优良品质和高度的组织性、纪律性。党和政府一向重视国防体育教育，把国防体育视为向青少年进行爱国主义教育和国防教育，服务于国防和经济建设的重要手段。参加活动的人数逐年增加，运动水平提高很快。在1958年后的10年间，就有32项104人在射击、跳伞、航空模型等项目上，先后创造或打破了78次世界纪录。其中无线电操纵模型飞机升高6880米，是当时的世界绝对纪录。在无线电快速收发报方面，也一直保持着国际最高水平。

我国在实行改革开放后，对国防体育（军事体育）也加以改革，不再分国防体育与一般体育，统一实施国务院确定的国家体委职能。对运动项目也加以调整，从过去开展的具有军事技术特点的项目中，选择了一些已参加国际组织和国际竞赛，并已成为传统体育项目的如射击、跳伞、滑翔、航海模型、航空模型、无线电、摩托车、摩托艇、滑水、潜水等统称为体育运动项目。在开展群众性活动基础上，根据国际竞赛的需要，建立一定规模的运动队，在国际比赛中创造好成绩，为国争光。通过改革，“国防体育”就此成为历史，但它的历史精神却在延续。一些被“国防体育”影响过的射击等运动项目，运动员、教练员在奥运会赛场、国际大赛中屡创佳绩。近年在国际单项军体比赛中，我国参赛选手更是战绩辉煌。

43. 体育报道中常用的掌故

人们在收看收听体育新闻报道时，常常会遇到一些含有汉语典故的词汇，如果能了解一下这些语汇的出处，则能加深对其含义的理解。

在“独占鳌头”成语中，鳌指的是传说中的大龟。唐宋时皇宫前石阶上刻有大龟。翰林学士等朝见皇帝时，要站到石阶的鳌上，为此翰林院得称“上鳌头”。另称状元及第为“占鳌头”。“独占鳌头”用在体育竞赛上，是指获得第一名。

“冠军”一词最早见于《汉书·黥布传》，说项羽的部将黥布“布常冠军”，骁勇为众军之最。又据《史记·项羽本纪》载：“诸别将皆属宋义，号为卿子冠军。”因宋义是“诸军之上”的上将军，故为“冠军”。他就此成了中国历史上首位荣获“冠军”称号的人。如今“冠军”一词也被引申为体育比赛的“第一”。

在“夺魁”一词中，夺为竞取、争取，魁即第一。明朝时科举制度以五经取士，第一名为经魁，由此魁成为首和第一的代名词。现在把体育比赛中争取或获得第一名叫“夺魁”。

“执牛耳”源于古代诸侯歃血为盟的仪式。在这个仪式中，由主盟者执盘，割牛耳取血。《左传·哀公十七年》有“诸侯盟，谁执牛耳”之语。“执牛耳”一词现指在比赛某一方面占主导地位或夺冠。

“脱颖而出”一词的颖，即颖片，指禾本科植物小穗基部的两枚苞片，引申为尖端的意思。脱颖可视为冒尖。“脱颖而出”比喻运动员已展现出出众的才能。

“角逐”的角为较量、竞争，逐是连续、追赶。“角逐”源自《国策·赵策三》：“且王之先帝，驾犀首而骖马服，以与秦角逐。”“角逐”在今日体育比赛中泛指竞争、竞赛、顽强求胜。

“囊括”的囊，即袋子、口袋。汉代贾谊《过秦论》有“囊括四海”之语，有注说：“括，盛也，犹囊盛而结之。”囊括就是把口袋装满而结扎起来，有包罗之意。用在体育方面，是说要取得某项比赛所有奖牌或名次的胜利。

“蝉联”是连续相承的意思。可解释为蝉脱壳而使本体得到连续，或蝉鸣不绝如缕。“蝉联”一词出自《南史·王筠传》：“自开辟以来，未有爵位蝉联，文才相继，如王氏之盛也。”在体育报道中常指连续保持某个名次。

“挂拍”一词为近代所创，脱胎于“挂冠”。《后汉书·逄萌传》载“解冠挂东都城门”，以“挂冠”喻辞官。现以“挂拍”喻运动员就此离开赛场，结束运动生涯。

44. 妈妈“奥运冠军”

女运动员结婚生育后，还能再创佳绩吗？答案是肯定的。在奥运史上，获得“奥运冠军”的妈妈有好几位呢。

1935 年，17 岁的荷兰姑娘范妮 · 科恩，决心当一名奥林匹克冠军。就在她表现出田径比赛天赋时，第二次世界大战爆发，奥运会中断了两届。1948 年，已经是两个孩子妈妈的科恩终于迎来了伦敦奥运会。她在 4 个项目的 12 次预赛、复赛、决赛中全部获胜。她的胜利来之不易，在夺得 80 米低栏和 100 米跑两项冠军后，又跑完 200 米预赛，体力渐感不支。再创佳绩的心愿让她抖擞起精神，全力以赴，继续投入 200 米跑的复赛、决赛，夺得第三枚金牌。在与其他 3 名队友参加 4 × 100 米接力赛决赛中，科恩接得最后一棒，奋力奔跑，以领先对手 0.1 秒冲过终点线，获得第四枚金牌。荷兰王室给了科恩最高的荣誉：一种玫瑰花和一家糖果厂都以她的名字命名。

美国女子跳水运动员麦考密克，也是一位夺得奥运会 4 枚金牌的“妈妈冠军”。她包揽了 1952 年和 1956 年两届奥运会跳板跳水和跳台跳水金牌。1956 年，她在参加奥运会之前 5 个月生下一个男孩。怀孕期间，麦考密克每天坚持游泳训练，至少游半英里以上。经过不辍的训练准备，她以大比分领先对手，成为妈妈“奥运冠军”。

在 1984 年洛杉矶奥运会上，美国女子短跑选手胡克斯发挥极其出色。她不但包揽了女子 200 米、400 米和 4 × 100 米接力跑三块金牌，而且还打破了这三个项目的世界纪录。这不可思议的成绩足以赢得所有人的敬意；更不可思议的是，这时的胡克斯已经是一个两岁孩子的妈妈。

中国也有一位妈妈“奥运冠军”。2004 年，女子柔道选手冼东妹获得了奥运会金牌。婚后第三年她生下女儿，当上了快乐的妈妈。然而即将在家门口举办的北京奥运会，诱惑是如此之大，已宣布退役的冼东妹重新复出。因为要减轻体重，恢复力量，她狠心给女儿断了奶，然后以高强度的训练减重。在柔道训练馆里，已是 32 岁“高龄”的冼东妹，与一群比她小十几岁的小队员一起摔练，她的运动量总是小队员的两倍。2007 年，冼东妹在重回赛场 3 个月时间里，成功减掉 11 公斤体重，夺得全国柔道冠军赛 52 公斤级冠军。经过一场场比赛，状态逐渐上升。2008 年 2 月，冼东妹夺得了巴黎国际柔道世界杯赛的冠军。这是中国在 2008 年的第一个世界冠军。她再接再厉，参加北京奥运会并在柔道比赛中一举夺魁，成为第一个蝉联奥运会冠军的中国柔道选手、第一个做了妈妈后夺得奥运会金牌的中国运动员。

45. 老年竞技者的出色纪录

在体育竞技场上，一些年长者所取得的成绩是颇为令人惊叹的。

在美国密歇根州举行的一次老年妇女举重赛上，一位名叫明妮的69岁老妇夺得冠军。她举起了100公斤重的杠铃。明妮身高1.51米，体重54公斤，是一名经常参加体力劳动和体育锻炼的农村妇女。

“为生命而运动”是加拿大多伦多城举行的一个运动会的名称。这里聚集了几千名老人，参加各种年龄组的比赛。79岁的阿伦德，以1.95米创造了撑竿跳高年龄组的世界最好成绩。他所使用的一根金属竿，陪同他训练、比赛已达半个世纪。

美国65岁的妇女卡罗尔成功登上大洋洲最高峰查亚峰，成为征服七大洲最高峰的最年长女性。她61岁征服了海拔5894.83米的非洲最高峰乞力马扎罗山，2008年登顶世界最高峰珠穆朗玛峰。在她征服了最后一座高峰，回到家乡犹他州盐湖城时，朋友们到机场迎接她，在打出的横幅上写道：非关年龄，而在态度。

加拿大有位叫奥尔佳的老妇，年高91岁，在运动场上创造了多项纪录。2009年，奥尔佳参加了在芬兰举办的“世界户外大师田径锦标赛”，1.5米身高的她，掷标枪成绩是41英尺(约12.5米)，掷铅球16.1英尺(约5米)，在她最喜爱的掷链球项目上，更取得了45.5英尺(约13.8米)的好成绩。在这次赛会上，奥尔佳共创下了她所在老年段的23项世界纪录。

世界最老的马拉松选手福雅·辛格，出生在印度，英国籍。他89岁时开始跑步锻炼，绰号“头巾旋风”。2010年，他在香港举行的马拉松赛上，以1小时32分28秒跑完10公里级别的比赛。他曾先后在英国伦敦、加拿大多伦多和美国纽约，共9次完成42.195公里马拉松赛跑，最好的成绩是5小时40分4秒。辛格跑完生涯中最后一场比赛，已是101岁高龄。

《吉尼斯世界纪录大全》“双人滑翔伞最老女性参与者”所记载的是美国犹他州101岁的老妇玛丽·哈迪森。2011年，在玛丽庆贺过百岁生日这天，她在教练陪同下创造了这项纪录。飞行相当顺利，以至玛丽鼓励教练做出一些颇有难度的动作。她的四代子孙现场见证，报以欢呼。

2013年，巴西103岁的老妪阿依达完成了一项高空跳伞运动，成为世界上年龄最大的跳伞者。这是阿依达在过百岁之后的第3次跳伞。此次，“跳伞老将”从3000米高空起跳，为了感受自由落体，还延迟了开伞时间。全程用时近6分钟。她神情轻松地把握伞绳，欣赏眼前景色，着陆动作也是无可挑剔的。全程有摄影师陪同，如实记载了她打破世界纪录的过程。

46. 出众的娃娃选手

在运动竞技场上,一些少年儿童在小小年纪已有不俗的表演。

在澳大利亚维多利亚市举行的一次滑水表演中,16 个月大的女孩普鲁,有模有样地站在滑板上滑水向前。有趣的是她脖子上还挂着一个奶瓶,以便在航程上吮吸。

在德国的曼石里市,有个叫斯特法妮亚的小姑娘,她刚生下 9 天,父母就抱着她下水学游泳。在她 1 岁半时,已能在池水里自如的游水 20 多分钟。

在英国约克郡举行了一次竞走比赛,全程 6.5 公里。一个叫博曼的两岁小姑娘,走在 2000 名参赛者中,坚持走到终点。创造了小运动员竞走距离最长的纪录。

美国有个叫马歇尔的男童,他 3 岁时,在一次表演中创造了两小时内做俯卧撑 3078 次的纪录,被传为佳话。

2002 年,年仅 3 岁的中国维吾尔族男童阿不利孜,在一根长 50 米、高 10 米、直径 2 厘米的钢丝绳上,手握 4.5 公斤的平衡杆,走了 4 个来回,还在钢丝上小跑。挑战吉尼斯世界纪录成功。

英国有个叫佳恩的男孩,从小爱看赛车并学会了驾驶。5 岁那年,他已能熟练地开着父亲为他特制的一辆时速 100 公里的小型电赛车,在赛车跑道上急速飞驰。

在法国巴黎附近一个机场上,6 岁的里马诺和哥哥一起进行跳伞训练。两次勇敢地从高达 50 米的机场塔上跳下来,成为年龄最小的跳伞者。

1998 年,中国北京的 6 岁女孩王雪,在月坛滚轴溜冰场,冲击轮滑最低过杆的吉尼斯世界纪录,从 14.6 厘米横杆下轮滑贴地而过,打破了原 15.2 厘米的纪录。

在英国举行的一次摩托车表演比赛中,7 岁的男孩杜克,驾驶着一辆摩托车,从容地飞越过宽 7.32 米的河道,创造了一项吉尼斯世界纪录。

在美国新墨西哥州有个叫达密的女孩。她从小练习举重,9 岁时在一次表演中,成功举起 56.7 公斤杠铃,记入《吉尼斯世界纪录大全》。

挪威一名爱好跳台滑雪的 10 岁男孩托尔克哈根,从 70 米跳台起跳后,跳出 78 米远。专家对他起跳和空中飞行技术给以好评,认为他是一个跳台滑雪的好苗子。

日本一名 10 岁的女孩岛田勇子成功地从日本最高山富士山滑雪降下。岛田先用绳子将自己和父亲绑在一起,他们从山顶降到第 8 号站。随后岛田单独滑雪下降,她在 3 分钟内下滑了 2000 米。

47. 各具特色的体育场馆

随着体育运动的开展,在世界各地修建起许许多多的体育场馆,用于各种体育比赛和民众锻炼健身。其中有不少因建筑独特而闻名于世。

美国密苏里州有个恒温运动馆。它是利用废石灰矿坑道建造的。坑道内的气温经常保持在摄氏 13—15 度左右,凉爽宜人。在此建运动场,可以节省 70% 的能源。为此建成了这座室内运动馆,无赛事时也出租当储物仓使用。

在美国夏威夷,建有一座四周可以挪动的体育场。体育场每边有 14 层楼房高,重 1778 吨,却可以用空气液压装置,将其抬起,离开地面,推向一个新位置。随着场地的大小变化,这个体育场今天举办足球比赛,明天又可以变身垒球运动场了。

地处地中海之滨的欧洲小国摩纳哥,把一座"路易二世"足球场建在了 5 层楼顶上,离地面 13 米高。球场铺有天然草皮,看台设有 20000 个座位;三面有盖,一面无盖用于通风。这座屋顶足球场一应现代化设施齐全,在此进行足球比赛,让运动员和观众都感觉别具情趣。

在日本东京一座高楼平台上也出现了一座体育场,为高尔夫球场。这里是一座百货大楼的平台楼顶,原来设有儿童游戏场,有攀登架、滑梯、钓鱼池及小动物园等。随着体育热的升温,楼顶铺设了人工草坪,建起高尔夫球场,让顾客在购物之余还可享受一番"贵族运动"。

日本东京专为残疾人建成了一座体育馆,馆内所有设施都是根据残疾人的特殊需要设计建造的。体育馆分上下两层,有可供轮椅自由活动的篮球、排球场地,有太阳能温水游泳池,还有适合残疾人活动的乒乓球室、健身房等。每天来此锻炼的残疾人络绎不绝。

中国的国家体育场,为北京 2008 年奥运会主体育场。工程总占地面积 21 公顷,场内设观众座席 91000 个。体育场形态如同孕育生命的"巢"和摇篮,寄寓着人类对未来的希望。2008 年北京奥运会的开闭幕式、田径比赛、足球比赛决赛都在这座体育场举行。北京奥运会后,这里成为北京市民参与体育活动及享受体育娱乐的大型专业场所,并成为地标性体育建筑和奥运遗产。

世界上最大的体育场坐落在哪里呢?巴西于 1950 年建造的马拉卡纳球场,为椭圆形,周长 940 米,可容纳观众 20.5 万人。近些年经几番整修,现在仅能容纳观众 8 万多人。如今最大的体育场在朝鲜,1989 年建于平壤的五一体育场,有 16 个半圆形的屋顶,形如一张展开的降落伞。建筑面积达 20.7 万平方米,拥有 15 万人的容量,可用于大型体育赛事和团体操表演。

48. 别具一格的游泳池

许多江河湖海为游泳爱好者搏浪击水提供了天然水域。各国各地还建造了众多人工游泳池，成为人们游水健身的优雅之所。

世界上最大的游泳池，原为摩洛哥卡萨布兰卡的奥斯利布海水游泳池。它长480米，宽75米，面积达3.6公顷。最大的陆地温水游泳池是美国旧金山的弗莱希海克游泳池。它长304.8米，宽45.72米，面积达1.39公顷，最深处为4.26米。1995年，智利一家酒店建起了一座世界上最大的游泳池，占地面积达8万多平方米，泳池长1公里，可容纳25万立方米的水，相当于6000个标准游泳池。这座游泳池不仅面积最大，同时保持着最深游泳池的纪录，最深处为35米。建造这座游泳池共耗资10亿英镑。

近年来，国外又兴起一股使用小型游泳池热。在欧洲一些国家市场上，出现了一种用汽车牵引的活动游泳池。到达预定地点后，接通水源，灌入自来水便可使用。法国制造的一种充气型游泳池，为一个凹形气囊。使用时只需把折叠的气囊打开，充足气体，再注入清水即可入内游泳。这种池子长13.5米，宽9.2米，深1.3米。用毕放水撒气，将其折叠起来就可安放于轿车后备厢，移动方便。在美国还出现了一种微型家用游泳池，以塑胶制造，长3.5米，宽2米，配有调温器、滤水器、安全装置和报警装置，还装有供下水用的小梯子。使用时将池子充气放水，家人让小孩子顺梯子下水，一家人就可以进行各种泳姿练习和戏水玩耍。不用时也可折叠一下让泳池变身为卫生间的浴盆。

奥运会的举办，让一些大都市拥有了超一流大型游泳馆和游泳池。中国国家游泳中心，又称水立方，是为2008年北京奥运会修建的主游泳馆，为奥运会标志性建筑之一。设计方案是经全球设计竞赛产生的“水的立方”方案。总建筑面积约8万平方米。在北京奥运会上承担了游泳、花样游泳、跳水、水球等水上比赛项目。游泳馆设座席1.7万个。奥运会后，这座具有国际现代化设施的游泳馆成为集游泳、运动健身、休闲为一体的运动中心。

2012年伦敦奥运会，其主游泳馆“海浪”是个“能屈能伸”的建筑。“海浪”的一对“翅膀”建筑，能使原本只有2500个座位的场馆增加到1.75万个。由于有巧妙的设计，“翅膀”处两侧的座位，自然光线会形成阴影，使坐在看台的观众不会受到两侧观众的影响，而将注意力集中在比赛上。奥运会后，“海浪”的“翅膀”被移除，泳池中原有的3条泳道改为5条，并且对外开放。

49. 跑道的演变

田径比赛的“径”是指跑道，“径赛”是在跑道上举行的竞走和各种类型赛跑的比赛。

最早的跑道可不是平坦好跑的。对于早年间运动员来说，简直是噩梦。1896年举办第1届现代奥运会，雅典帕纳辛奈科体育场的U形跑道为碾压后的泥土层，由于工程粗糙，无论表面平整度和软硬均匀程度都让参赛运动员感到头疼。4年后运动员来到巴黎奥运会赛场，发现跑道更是惨不忍睹。赛场的跑道坐落在林场中一片修剪后的草地上，不仅场地狭小，而且林木横生，土质松软，坑坑洼洼，让跑在上面的运动员苦不堪言。

到了1904年美国圣路易斯奥运会，参加径赛的运动员终于在赛场看到了第一条像样的跑道。华盛顿大学体育场内铺设了煤渣跑道，透水性和摩擦力均得到改善。运动员们庆幸，最糟糕的土加草跑道总算甩在身后了。

在现代奥运会初期，跑道的长度一直飘忽不定。在圣路易斯奥运会上，跑道周长为536.45米，直道长220米，是历届奥运会中最长的跑道。在1912年斯德哥尔摩奥运会上，跑道又减至383.30米；至1920年安特卫普奥运会，跑道终于圈定为400米。当时安特卫普市兴建了一座能容纳3万观众的体育场，铺设了周长400米的煤渣跑道。这是奥运会第一次使用标准跑道，堪称标准跑道鼻祖；尤其是它两头圆、中间直的“曲别针”模式被一直沿用下来。

在1936年柏林奥运会上，美国黑人选手欧文斯在百米比赛中，创造了10.3秒的世界纪录。而那个时候，他的脚下还是传统的煤渣跑道，而他起跑时的“起跑穴”，竟是要自己挥锹挖出。欧文斯曾介绍说：“大家都是一样的，比赛前每人拿一把铁铲，在起跑处的煤渣地上挖好两个坑，来安顿自己的双脚。‘挖坑’是那个时候每个人都必须熟悉的一项技术。”那时的跑道虽然平整了些，但仍难如人意。跑道材料沿袭了煤渣与泥沙、石灰混合的“配方”，让运动员跑上去感觉疏松而没有后蹬的反弹力。而且在激烈的比赛后，跑道连挖带踩，千疮百孔，极易造成摔伤。

1968年的墨西哥奥运会，在墨西哥大学城综合体育场首次铺设了一条塑胶跑道。它相助美国选手海因斯在百米赛跑中以9.95秒冲过了10秒大关。

在2008年北京奥运会的鸟巢体育场，跑道由意大利一家公司专门铺设。表面形状由传统的条纹首次改造成了凹凸感不强的颗粒，底面的小气囊像球鞋底下的气垫可以增加弹性。更为独特的是，在跑道表面和底面之间还使用了气压设计。在这届奥运会期间，鸟巢的跑道上先后打破了5项世界纪录。100米、200米赛双破纪录的牙买加选手博尔特赛后感言：“我喜欢这里，这座令人震撼的巨大田径场！”

50. 规则修改与比赛精彩

体育竞赛规则是各个体育项目自身的游戏规则，是人们在体育竞赛中形成的决定体育参与主体行为的一种规范性文化现象。它包含着顺应社会文明化进程要求的价值标准。在体育比赛实践中，根据所发生的不合理现象和问题，规则会有不断的修改。

在1912年斯德哥尔摩奥运会上，由于对田径赛场抢跑运动员不做惩罚和取消比赛资格，于是导致出现美国选手克雷格在复赛中抢跑8次，仍继续比赛的怪事。为了击败同组中实力最强的德国选手劳耶，狡诈的克雷格在发令枪响前一次又一次故意抢跑。接二连三地冲出起跑线徒劳往返，使劳耶心力交瘁，疲惫不堪。就在劳耶打不起精神时，克雷格趁机在第9次起跑后一举击败了劳耶，进入了决赛。此后的跑步比赛便规定：第一次抢跑给予警告，第二次再抢跑逐出赛场。

在足球、篮球比赛中，有的球队为了拖延时间，就打一些“老爷球”。在足球场上，一队后方球员接连将球回传守门员；守门员手接球再抛给一个个后卫，再回传。这样的比赛让观众看得无趣也无奈。于是有了回传球守门员不得用手接，接了便判罚点球的规定。篮球比赛一方总是慢慢悠悠传球倒球也不允许，5秒（NBA比赛为3秒）内必须发出场外球，10秒（NBA比赛为8秒）内必须将球从后场传到前场，30秒（NBA比赛为24秒）内必须将球投入对方篮筐或碰到篮板篮筐，否则便是违例。有了这样的规则修改，比赛自是精彩好看多了。

排球比赛以前是15分为一局，五局三胜。比赛中先要争得发球权，再胜一球，才能得一分。发球权反复易手，最多能打十几个回合，使比赛沉闷而拖沓。1999年对规则加以修改，在五局比赛中，前四局各为25分，第5局15分，不再争夺发球权，而是每球直接得分。这使排球比赛变得紧凑而紧张激烈。乒乓球比赛三局或五局，原为21分制，也要争得发球权，再胜得分。2002年改规则为七局四胜，每局11分，每球直接得分。羽毛球比赛也进行了相应的改革，三局两胜，每局由15分改为21分制，不再争发球权，也是每球得分。

乒乓球比赛自1999年后进行了多次规则修改，如将38mm球改为40mm，球拍海绵体由有机改为无机，减少弹性，以限制快攻打法；21分制改为11分制，增大偶然性；每两球换发一次，限制多变发球；发球无遮挡，以限制前三板的威力等。有人说这些都是针对中国乒乓球运动强势而做的修改，其实，放平心态从长远说，这些修改也是公平的。中国乒乓球运动员在新规出台后，积极去适应，去探索，避免故步自封，勇于保持优势，对他们再创新的辉煌是十分有益的。

51. 模仿与体育健身

人类很早就模仿动物进行体育锻炼。我国古人早在2000多年前就以熊攀树自悬、鸟飞翔伸脚等动作，编制出活动四肢的体操运动。以后汉末名医华佗又将其充实为包容了虎、鹿、熊、猿、鸟五种禽兽形体动作的“五禽戏”。

在我国武术运动中，各派拳路的一招一式几乎都与动物息息相关。“猴拳”“蛇行拳”“螳螂拳”等等，顾名思义就是取动物动作创编出来的。从“金鸡独立”“鹞子翻身”“蜻蜓点水”“猛虎扑食”“野马分鬃”等动作中，更能反映出动物的矫健神态。

在现代体育竞技中，由模仿动物而来的体育项目和技术动作更是不胜枚举。在水域，人们欣赏青蛙的游泳姿势，发明了蛙式游泳；模仿蝴蝶拍动翅膀和海豚摆浪姿势，产生了蝶泳。在跑道上，蹲踞式起跑是美国运动员在澳大利亚向袋鼠学来的。精彩的“鱼跃”动作，无论在体操、武术竞技场，还是球场上，都会博得喝彩和掌声。20世纪30年代，日本优秀跳远选手南郭中平，为了提高跳远成绩，曾经长期观察猴子的活动。他总结了猴子跳跃的特点，发明了一种叫“悬挂式”的跳远技术，在当时创造了7.98米的跳远世界纪录。

近年来竞技体育在不断快速发展，体育仿生学已成为一个重要学科，并在改进运动技术和训练手段等方面显示出它的重要作用。人跑的速度，以百米世界纪录速度计算，最高时速也不过30公里。而跑动时速超过70公里的动物却很多，甚至有的动物每小时能跑100多公里。科学家经过观察、分析、研究发现，所有跑得快的动物体形特征均为大腿粗大、小腿细，肌肉集中在大腿上部，小腿上肌肉少，但韧带多。仿生学家于是设想，在跑步训练中可以采用某些训练手段去发展大腿的肌肉，使小腿的肌肉变细变长，以增加步伐的频率，提高跑步的速度。这样的设想，正在许多训练场上得到实施。

如今的一些仿生运动法，在提高运动员身体素质和民众健身方面都有明显的实效。如仿长颈鹿转颈动作，双手前伸，踮脚，头颈向上转动，此动作能锻炼脊柱下部，改善支气管功能。仿猫拱腰动作，趴在床上，撑开双手，撅起臀部，像猫拱起脊背那样拱腰，一起一落反复多次，可促进全身气血通畅，防治腰背疾病。仿熊抖腿动作，一足站稳，一足抬起，两脚轮流轻轻抖动，同时双手带动肩部前后摆动，与脚部动作协调一致，每天几做，可舒展筋骨，预防瘀血。仿兔下蹲动作，下蹲，双腿叉开，手掌扶地，踮脚，摆动腿部，带动臀部运动，此法有益于肢体和消化系统健康。

52. 光彩夺目的奖杯

在体育竞技场的一些单项球类锦标赛上，一些夺冠的球队多会获得一座奖杯。奖杯也称“爱杯”，流传着这样一个掌故：英国有位叫爱德华的国王，公元978年的一天，他骑在马背上，接过别人敬献的一杯美酒，正当他仰头喝酒时，被人从背后刺中一剑而丧命。由此以后，英国人举行宴会便派生出这样一种礼仪：主人以很大的酒杯盛酒，在来宾中依次传递，轮流啜饮。一位宾客捧杯饮酒，两旁的人要站立起来，以示簇拥保护。这种大酒杯遂称为“爱杯”，喝毕还会视为贵重礼品奉献给上等客人。后来经过演变，便有了将“爱杯”赠送给体育比赛优胜者的表彰仪式。如今，向各项竞赛冠军获得者所颁发的奖杯还保留着当年“爱杯”的遗韵，奖杯通常较大，许多都带有两个长长的耳朵。

现代世界最高规格竞赛所颁的奖杯，其来由、命名、形状、质料等，都有着各自的不同。如世界乒乓球锦标赛的7项奖杯，虽然都是银质杯，却各有特色。男子团体是斯韦思林杯，女团是考比伦杯，男单为圣勃莱德杯，女单为盖斯特杯，男双称伊朗杯，女双称波普杯，混双叫赫杜塞克杯。奖杯所列的名字，都有来历和纪念意义。

世界球类锦标赛所颁的奖杯很多，让人津津乐道的还有羽毛球世锦赛的男团奖杯汤姆斯杯，女团奖杯尤伯杯；苏迪曼杯则是世界羽毛球混合团体赛的奖杯。网球比赛澳大利亚网球公开赛男单奖杯为布鲁克斯挑战杯，女单奖杯为阿赫斯特纪念杯。法国温布尔登网球公开赛男单为挑战者杯。美国网球公开赛女单为玫瑰露水盘。法国网球公开赛男单是火枪手杯，女单为朗格朗杯。美国NBA(男篮)总冠军奖杯是奥布莱恩杯。

在世界体育比赛所获诸多奖杯中，最让人倾慕的当属世界杯男足奖杯“大力神杯”。1928年，国际足联规定世界冠军球队可获得一个为纪念世界足球创始人并以他的名字命名的“雷米特”冠军奖杯，也称“金女神杯”。由法国雕塑家弗列尔完成。奖杯高35厘米，以1.8公斤纯金雕制。巴西国家队因3次荣获世界杯冠军，获得奖杯的永久保留权。让人没想到的是，奖杯却遭窃贼盗窃并焚化。1971年，第二座“大力神”奖杯由意大利著名雕塑家加扎尼亚雕制完成。奖杯用18K金塑造两个大力士高擎着地球，杯重5公斤，价值约3.5万美元。为防窃贼猎取，奖杯每至一地，必有装甲汽车、直升飞机和大批军警护卫，存放于国家银行里，一直到授奖时才让这“大力神”现身。

53. 竞技“魔鬼”兴奋剂

兴奋剂是现代体育运动中的坏疽。借助兴奋剂，以获得附加的“力量”来战胜对手，不仅与奥林匹克宗旨相背离，对运动员身心也会造成极大的伤害。事实上，对于兴奋剂带给体育运动的不公和危害，人们有着一个逐渐认识的过程。

使用兴奋剂并不是现代人的发明。传说中欧洲勇士巴萨卡斯在战斗前要服用一种名为“脑神”的饮料，可以大幅提高战斗力。后人考证这种饮料含有毒蘑菇的成分，而毒蘑菇据传是古代奥林匹克运动员赛前经常会使用的振奋剂。中国古代，每当将士出征，都要饮酒以壮军威。武松打虎的故事更是家喻户晓。而酒的主要成分是乙醇，正是当今兴奋剂中的一种限用药物。

在现代体育竞技中使用兴奋剂，始自 19 世纪下半期。1877 年，英国耐力赛的夺冠成绩达到了 500 英里。一年后又提高到 520 英里，即近 840 公里，冠军为此连续奔跑了 138 小时。兴奋剂的奇效迅速在体育界传播。1886 年，在一场 600 公里自行车比赛中，29 岁的英国运动员阿尔蒂尔中途坠车，送入医院后抢救无效死亡。经查，他是服用了过多的苯丙胺，就此成为已知的现代体育中因兴奋剂致死的第一位运动员。

第二次世界大战前后，人工合成的化学药物陆续出现，而且很快为运动员所使用。直至 20 世纪 50 年代，对麻黄素类、苯丙胺类药物，人们往往只看到它能提高运动成绩的一面，而看不到它对运动员健康产生危害的一面。在 1960 年罗马奥运会上，丹麦运动员詹森参加 100 公里自行车计时赛，突然倒地身亡。经尸体检验查明，他是服用了过量的苯丙胺和酒精的混合剂，才造成了奥运史上的一大悲剧。詹森的死震动了世界，让人们认识到兴奋剂实属披着面纱的恶魔。

在 1968 年墨西哥奥运会上，首次进行了兴奋剂的检查。抓捕兴奋剂这只老鼠的猫正式亮相。但最初，检验人员对当时常用的“大力神”等兴奋剂难以查获。1988 年汉城奥运会成为反兴奋剂进程中的一个转折点。在男子百米飞人大战中，加拿大人本·约翰逊夺冠并大幅提高世界纪录，不过金牌在他脖子上只挂了几小时，他就被查出服用禁药“康力龙”，金牌被收回。此事推动兴奋剂检测技术取得突破性进步。2004 年雅典奥运会，又有创纪录的 27 名运动员栽进了检测兴奋剂的药瓶子。

兴奋剂虽已成为“过街老鼠”，但有的“老鼠”仍心存侥幸。在 2012 年伦敦奥运会上，尽管组委会宣称有着奥运历史上迄今最先进的反兴奋剂实验室，也很难彻底震慑兴奋剂使用者。奥运会开幕仅一周，已接连爆出 5 起兴奋剂丑闻。看来，体坛查禁兴奋剂的斗争任重道远。

54. 闲说吉祥物

说起吉祥物,人们就会想到北京奥运会上的吉祥物——五个福娃。五个福娃是火炬、藏羚羊、熊猫、燕子和鱼的化身。自古以来,被称作吉祥物的动植物很是不少。我国传说中的龙、凤、龟、麒麟合称“四灵”,自古被视为吉祥的灵物。龙飞凤舞的图案历来是人们所崇拜的吉祥之兆;青鸾、鹤象征着吉祥;喜鹊和梅花合为“喜上眉梢”;金鱼和海棠寓意“金玉满堂”;莲花和鲤鱼喻为“连年有余”;松、竹、梅彰显品德和气节,称“岁寒三友”。这些鲜活的吉祥物,反映出古人的丰富想象、美好愿望,历久流传不衰。

到了现代,在一些重大的国际体育赛事上,组织方纷纷精选出本国标志的动植物做吉祥物,以表达对运动会的良好祝愿。世界性规模最大的奥运会,是设置吉祥物最早的运动会。出现在1972年墨西哥奥运会上的吉祥物,是一只流传很广的德国种小猎狗“瓦尔迪”。1976年加拿大蒙特利尔奥运会的吉祥物是一只水獭“阿米克”。1980年莫斯科奥运会的吉祥物是一只叫“米沙”的小熊。1984年洛杉矶奥运会的吉祥物是一只兀鹰“山姆”。1988年汉城奥运会的吉祥物是“虎多利”,虎在韩国被视为“山灵之神”,不仅象征力量,也象征着尊贵和友好。

1986年,在墨西哥举行的第13届世界杯足球赛上,吉祥物是一个名叫“比克”的辣椒形墨西哥人。他的胡须卷曲,头戴宽边草帽,身穿红白两色足球运动服,右手扶着一个大足球,左手有比克字样,意为“对抗”,在墨西哥是“决心取胜”的同义词;用在足球上,意味着“闪电突破”。

我国的稀世珍宝大熊猫,在1990年成为北京第11届亚运会的吉祥物后,再次被选为北京奥运会吉祥物之一。1987年,我国第6届全运会在广州举行,广州素有“羊城”之称,其吉祥物是一只逗人喜爱的温驯小羊。2010年广州获得亚运会举办权,其推出的吉祥物仍然是羊,但这次的形象是运动时尚的五只羊,分别取名“阿祥”“阿和”“阿如”“阿意”“乐羊羊”。以五羊象征祝盛会圆满成功。

近年来重大国际赛事上的吉祥物形象更为广泛,并多了情趣。2010年南非世界杯足球赛,官方指定的吉祥物“扎库米”,是一只长着绿毛发的豹子。2012年伦敦奥运会推出的吉祥物“文洛克”,是只有一只眼睛的金属机器人。2016年巴西里约奥运会,吉祥物“维尼修斯”是一个巴西动物的综合体,其中有猫的灵性、猴子的敏捷及鸟儿的优雅,望之使人产生联想。

55. 趣话啦啦队

常看体育比赛的人们，都能注意到赛场上啦啦队的激情热烈表演，并受到感染。从而让人觉得，精彩的体育比赛如果没有啦啦队呐喊助威，就会使比赛大为逊色。

啦啦队是以团队形式出现的欢呼、助威方式。它的最早亮相，可以追溯到原始部落时期。那时战士狩猎凯旋，人们便会结队向他们欢呼，并做出鼓励动作。到了近代，啦啦队于19世纪80年代出现于美国大学校园，举行橄榄球比赛时，常会有一位领队站在观战的己方人群前，领导他们为自己的球队呐喊助威。

随着现代足球运动的开展，啦啦队已由松散的少数人的团体，演变为声势浩大的组织。啦啦队的助阵方式也变得无奇不有。有的狂舞狂跳，乱吹乱擂，有的施放烟火，制造噪声。更离奇的要算非洲乌干达克汪古地区的一支啦啦队了。这个队总是把一个巨大的录音机带到现场，当比赛进行到紧张、激烈时，他们就把录音机打开，用最大音量播放事先录好的“狮吼”叫声。其声音十分恐怖吓人，常常吓得对方球员脚软，惊慌失措。在“狮吼”啦啦队的助威下，克汪古球队几乎屡战屡胜。后来许多球队提出抗议，乌干达足协出面干涉，才制止了这种恐怖的啦啦战术。

啦啦队要情绪高涨，也要讲究文明，体现文化。在现代的一些重大体育赛事上，有的啦啦队不但有队歌、队旗，还有严密的组织，且在事前进行训练。巴西、荷兰、英国、法国、日本、韩国和我国等许多国家的足球迷组织的啦啦队，经常穿着和场上运动员一样颜色的服装，立于看台为本国球队加油助威。美国斯坦福大学的啦啦队，在一场独特的泥浆排球赛上，为给本队队员打气，助威队员也从头到脚涂满泥巴，使场上队员备受鼓舞。美国得州一支足球队的啦啦队，由40名能歌善舞的女中学生组成。比赛时啦啦队员分成4组，在球场四角指挥观众为场上队员加油助威；比赛前和球赛中间休息，她们又上场表演舞蹈、技巧、体操等节目，能有效解除观众等待开场的烦闷，并增强人们对球队的好感。

近年来，NBA等赛场上竞技啦啦队受人瞩目。啦啦队结合舞蹈、托举技巧等高难动作，配合音乐、队形变化及指示物品（彩球、口号板、喇叭、旗帜等），进行表演，打开了啦啦队开展活动的新局面。如今啦啦队已成为一种独特的运动文化。日本、韩国都建有啦啦队协会。1999年，中国第一支专业舞蹈啦啦队在上海成立。2001年，中国大学生健美操艺术体操协会将技巧啦啦队从美国引入中国。同年，在全国举办首届大学生啦啦队大赛获得成功，以后啦啦队的表演比赛在我国各地开展活跃。中国学生动感啦啦队锦标赛，是代表中国技巧啦啦队最高水平的赛事，如今已成功举办了多届。

56. “预测帝”章鱼保罗

在2010年南非世界杯足球赛比赛期间，有一只动物也火得不得了，不时出现在媒体新闻的头条。它就是德国奥博豪森水族馆的章鱼保罗。

章鱼保罗在2008年的欧锦赛上已被用来预测比赛胜负。由于预测与结果毫无差池，到了两年后的世界杯上，以章鱼保罗预测获胜的一方，就成为令人瞩目的大事。德国电视台为直播章鱼保罗的选择而几次打乱了正常的播出计划。每次章鱼保罗的预测是这样进行的：在并肩排列的两个食槽内，迎面上方悬挂两个国家国旗，槽内放有章鱼喜欢吃的螃蟹、大虾等海鲜。章鱼保罗用触手打开哪个食槽盖子取食，哪个即是两国球队比赛获胜的一方。世界杯开赛后，章鱼保罗接连预测德国队对英格兰队、阿根廷队、乌拉圭队获胜，一次次神准；预测德国队对塞尔维亚队、西班牙队告负，也全算对了。在西班牙队与荷兰队决赛前，众多国家的电视台对德国水族馆直播，成千上万名观众屏息凝神聚焦章鱼保罗，只见它来到标有西班牙国旗的食槽前，停留了3分钟，便卷起里面的食物大快朵颐。几天后西班牙队果然夺冠。

章鱼保罗的一次次预测成功，让不少人尊称它为“预测帝”。但也让相关国家球队的球迷爱恨有别。德国队止步四强后，保罗在德国引起“公愤”。在社交网站有大量言论提出，应该把它煎炸、烧烤，做成海鲜美味，或者制成海鲜沙拉、西班牙菜饭，还有的球迷提出把它喂给鲨鱼。“章鱼哥”保罗预测德国队战胜阿根廷队成真，保罗也成了不少阿根廷人的“眼中钉”。它的同类在阿根廷也遭了殃。那期间阿根廷各地饭馆纷纷推出以章鱼为原料的菜肴，“烤章鱼”“章鱼沙拉”“章鱼海鲜饭”等卖得火爆，让饭馆老板都大赚了一笔。章鱼保罗在西班牙则大受欢迎，被球迷视为吉祥物，希望保罗能“移民”西班牙。西班牙首相萨帕特罗在广播讲话中还说：“我很关心这条章鱼，我想把它送到一个保护它的团队中去。”

研究发现，章鱼有3个心脏、2个记忆系统，大脑中约有5亿个神经元，具有一定“概念思维”。奥博豪森水族馆的工作人员也透露，经过测试，保罗的智商大概相当于一名两岁儿童的智力水平。对它爱也罢，恨也罢，它不过是一只不谙世故的小动物。其实人们心里也都明白，章鱼哪有什么超能的预测力，为保罗的预测或欣喜，或苦恼甚至愤怒时，想想影片《功夫熊猫》里的乌龟大叔所说，“世上没有偶然之事”，也就应该释怀了。这届世界杯打到决赛，荷兰队和西班牙队难道不是凭借实力才一路走过来的吗？章鱼保罗的预测成功，既有运气成分，也有凑巧，但更多的是娱乐成分。不管怎样，章鱼保罗的表演，给当事国球迷和其他观赛国的球迷，都留下了一段难忘的回忆。

57. 足球点滴

发明于我国的足球——蹴鞠，早在3000多年前的殷代，已是一种受欢迎的游戏。战国时期蹴鞠在军队和民间更为流行，已由蹴鞠舞发展为两个队以一定行列进行比赛的形式。汉代时的蹴鞠赛场，每队上场人数为6人；到宋代改用单球门比赛，比赛双方各为12—16人。

在西方，英国足球赛的出现比我国迟了1000多年，规则也不完善。他们最初的比赛双方不限人数，有时一方多达100多人，蜂拥而上，如同打仗。后来规定双方人数要相等，一方人数仍有20—50人。直至现代足球的兴起，1863年，在英国才有了正式规定，比赛双方各出10人，另加1名守门员。这条人数规定维持至今。

1863年10月26日，英国各地的足球俱乐部代表在伦敦聚会，成立了世界上第一个足球运动组织——英国足球协会，并制定了统一的足球规则。人们习惯把这一天视为现代足球运动的诞生日。1904年，法国、西班牙等7国足球协会在巴黎成立了国际足球联合会。足球从第2届奥运会起被列为正式比赛项目。奥运会的足球比赛主要限于业余运动员参加，因而有“二流比赛”之称。国际足联举办的世界杯足球赛是世界上规模最大、水平最高的足球比赛，它兴办于1930年。世界杯足球赛每4年举办一次，至俄罗斯2018年举办的一届，已举办了21届。

足球运动是世界最普及、开展最广泛、影响最大的体育项目。许多国家把它称为“世界第一运动”。足球运动有着很高的艺术性，它技术复杂，既有难度，又有强度。不但要求运动员用脚掌握各种技术，还需要有头、胸、肩、腿等部位的协同配合。足球运动有接、控、传、射、突、顶、防等技术，运动员还要熟练掌握抽、击、弹、拖、推、挑、铲等多种脚法。这一系列技术不是在静止中进行，而是要在激烈、快速的拼抢中完成。这就需要运动员具有短跑的速度、长跑的耐力、体操的柔韧性，还要具有较强的弹跳力、爆发力、灵活反应能力等。据统计，一名优秀的足球运动员在一场正式比赛中，跑动的距离可超过15000米，冲刺达200次，一脚踢球的力量可达1200公斤，球的时速可达100公里。在一场剧烈的比赛过后，一名运动员要消耗体重3—5公斤。

足球比赛因为场地大，对抗性强，富有刺激性和戏剧性，所以深受各国民众的喜爱。一些国家的球迷对于本国球队获胜，更是欢喜若狂。巴西足球队参加1958年瑞典世界杯比赛，当队员们获得世界杯冠军，手捧“金女神杯”坐飞机回国时，因机场上欢迎的人数过多，竟使飞机难以降落。

58.足球门的故事

足球被称为“世界第一运动”。足球以队员将球攻进对方球门决定胜负,并成为最激动观众的时刻。在足球比赛中,足球门无疑是最受瞩目、最被聚焦之处。

足球被公认是起源于中国的蹴鞠。在汉代时,蹴鞠之戏已出现了球门。那时的球场两端,各有6个在围场上砖筑或在地上挖出的圆形“鞠室”(或称“鞠域”)。把球踢进“鞠室”即得一分。这可以说就是最早的足球门了。到了宋代,“蹴鞠疏狂”,踢球踢得很是热闹。那时盛行只设一个球门的比赛。球门设在球场中部,竖两根长3丈多的木柱,两柱间拉一张网,网的上段有一个直径3尺左右的圆洞,称“风流眼”(即球门),双方队员就站在网的两侧。一方开球后,先由一般队员将球调整传给“次球头”,再由他将球踢给“球头”射门。球射过“风流眼”,对方接球后若能再通过这个球门眼洞踢回去,即为胜一球,反之为败。宋代宫廷内经常举行这种比赛,比赛双方各十余人,分穿红、青锦衣,跑动在球门两侧,比赛获胜一方可获得重赏。于此可知,在我国古代体育史上,挂网球门的出现,比西方早了1000多年。

英国开展的足球比赛,最初并没有球门,只要将球踢过对方端线就得一分。到了16世纪中叶,英国在足球比赛中出现了纸糊的球门,纸门被球踢到便会破碎,频繁摆换纸门是个让人不胜其烦的事。直至1863年,才在球场两边端线中间各竖两根柱子,比赛时要将球踢过两柱中间才算得分。这就是现代足球门的鼻祖。这样踢了几年后,为限制进球高度,在两根立柱顶端拴了绳子。踢到1878年,又以横木架住立柱,代替了绳子,由此有了现代足球门的模样。

足球门虽然成形,但在激烈的比赛中,双方却经常为球是否入门而发生争执,裁判也经常发生错判。后来在一次比赛中,英国一家渔具工厂的老板鲍尔吉观看比赛,发现有这么个入球的纠纷,便把一张渔网兜在了球门后面。再比赛时,进球便一目了然,得到了球员和观众的称许。1890年,鲍尔吉设置球网的革新做法,得到英国足球联合会的认可,并获得生产球门网的专利权。足联对球门的大小也做出了相应规定:球门高为2.44米,宽度为7.32米。100多年来,这种球门的设置规定一直为世界各国沿用。

在20世纪50年代,国内外足球场上的足球门柱多为固定的方木柱,这样的球门不能搬动,方棱还容易因碰撞伤人。后足球门柱改为金属的圆柱形,减少了碰撞伤人的可能性,也便于搬动。

59. 足球进球趣闻

足球比赛精彩激烈，各国各地的比赛不乏一些有趣的进球，让人忍俊不禁。

1900 年，在英国足球联赛两支球队比赛中，一名队员顶球时，球外皮的绳头正巧落在他嘴边，让他一口咬住，然后飞奔跑到对方门前，放下球并用脚将球扫入球门。因规则中并无禁止咬住球绳一款，故裁判宣布进球有效。不过以后场上就禁止使用带绳头的足球了。

在一场两支欧洲球队的比赛中，一位腕力极好的球员，在前场场边掷界外球，他右手把球勾住，像掷铁饼般猛力把球向对方球门投去，球投得急速、突然，对方守门员毫无防备，未等做出反应，球已滚入网窝。双方发生争执，裁判判进球有效。赛后便出现了新规则：掷界外球要用双手，高举过头，不能直接抛入对方球门。

在 1935 年德国柏林的一场足球比赛中，忽降大雨，一名队员射门时，用力过猛，将球鞋带子挣断，鞋子与球一齐飞向对方大门。雨水中守门员见有两物飞来，慌乱中扑住一件，不料是那只球鞋，而足球却落入球网。

在瑞士洛桑举行的一场足球赛上，主队前锋带球向队方球门猛射一脚，就在守门员欲扑救时，观众席有个球迷把手中毡帽抛出，帽子正巧落在守门员面前，遮住他双眼。就在守门员手拨开帽子的瞬间，那球已飞入网底。裁判判决进球有效。

在 20 世纪 50 年代英国联赛中，一位叫芬尼的队员身高仅 1.3 米，但他担任前锋，带球过人技术娴熟，令人防不胜防。一次对方身材高大的后卫叉开两腿，摆好阻挡他的架势，只见芬尼把球挑向他身后，低头从后卫两腿间穿裆而过，直捣龙门，把球射入。联赛后这名矮前锋入选国家队。

在 1982 年英国足球甲级联赛中，沃特福德队守门员看对方门将站位靠前，猛开一大脚，这一脚球借助风势照直越过对方门将头顶，蹿向大门。待门将反身去追，已来不及。

足球比赛最快的进球是多少时间？在 2002 年世界杯赛场上，开场仅 11 秒钟，土耳其的苏克就以一脚远射，攻破了韩国队的球门。1998 年，乌拉圭罗尼格罗队的奥利维拉，开场 2.8 秒便踢入索里亚诺队一球。2004 年，英国业余球员布罗斯代表考斯队，攻入对方一球，借助风力开场仅用了 2 秒钟。

足球比赛最悬殊的比分是多少？在亚洲国家队比赛中曾出现过 30 多比 0 的纪录。1979 年南斯拉夫联赛出现了134:1的惊人比分。到了 2003 年，在马达加斯加联赛中又创造了140:0的纪录。这是由于在一场举足轻重的比赛中，埃米内队与当值裁判发生争执，认为受到不公正待遇，便泄愤，开球便向自己球门猛射。主裁又未中止比赛，才有了这骇人的比分。

60. 点球逸闻

在足球比赛中时常要罚“点球”。罚球点距离球门为 11 米,英制距离单位是 12 码,所以也称为“12 码球”。在距球门 11 米的地方攻门,球的速度高于人对球体反应的速度,所以守门员对这种球很难扑到。

罚点球的规则是 1892 年确定下来的。当时的守方后卫队员为阻挡对手在禁区内射门,便不惜使用各种粗野手段,甚至拳脚相加,造成伤害。于是在观众舆论的压力和裁判的呼吁下,实施了罚点球制度。以后,形成的规则是,只要在禁区内出现严重的犯规或手球,防守方就要被判罚点球。在淘汰赛规定时间内两队不分伯仲,也会以罚点球决出胜负。

在 1988 年阿根廷国内足球联赛上,甲级球队青年人队与竞技队2:2战平,之后两队互罚点球。经双方罚了 22 轮,44 个,青年人队才以20:19胜出。2005 年,在纳米比亚杯足球赛上,KK 宫殿队与公民队2:2战平,以罚点球定胜负。双方共主罚了 24 轮,48 个,最终 KK 宫殿队以17:16获胜。这是迄今世界足坛罚点球轮数最高的纪录。

美国麻省理工学院的一位专家利用电脑进行了一项有趣的统计。他选出了自 1930 年以来,世界各地举行的 53274 场重大的足球比赛判罚点球的记录,发现在判罚的 15382 个点球中,有 11172 个射入,命中率为 72.6%。还发现在罚点球分胜负时,命中率会降低,为 65.9%,这是因为事关胜负,球员的情绪往往格外紧张。

在百年足坛,曾诞生多位以踢点球而得名的球员。西班牙的最佳罚点球好手是西多罗,1944 年他独进 27 球,1945 年踢进 38 球,1946 年罚入 40 球。在 20 世纪 70 年代,联邦德国最好的罚点球名将是卡尔茨,据统计,在他整个运动生涯中,罚点球从未失误过。他的罚点球特点是站位离球远,心态平和,射门力量适中,触球部位和力量巧妙结合,射出的球刁钻而精准。

罚“勺子”点球,需要一定的脚法和力度,以罚出的球在飞行时划出的弧线类似“勺子”而得名。在 1976 年欧洲杯决赛上,捷克斯洛伐克名将帕连卡,首先使用了这种精巧、唯美的罚球入门脚法。

有罚点球的名将,也有扑点球的高手守门员。巴西国家队守门员迭戈·阿尔维斯,于 2014—2015 赛季加入西甲联赛瓦伦西亚队。在伯纳乌,他曾扑出了 C 罗踢出的点球。在对莱加利斯队一役中,他面对对手罚点球,沉着冷静,做出准确判断,快速降低重心后,一跃将射来之球托出门柱外。这关键的扑救,成就了球队连胜。这次扑救,也是他 37 次面对罚点球而扑出的 17 个,使扑点球成功率达到 44%。阿尔维斯也由此被称为善扑点球的“门神”。

61. 欢庆进球的怪异表现

足球比赛在一方将球攻入对方球门后,欢庆胜利,与看台球迷共同分享欢乐的时刻,进球的球员常常会欣喜若狂,做出五花八门的庆祝动作甚至是一些怪异的表演。

球员进球后在绿茵场猛跑仰面滑出一大段距离,等待队友扑上来向他祝贺,这种庆祝方式是常见的。也有的球员以正面向前扑倒滑行。英超曼联队在切尔西队的主场获胜,前锋鲁尼攻入了全场唯一的进球之后,居然做出了一个“头朝下用脸滑行”的夸张动作。

在世界杯比赛中,尼日利亚队员菲迪尼,在攻击对方球门得手后,跑向球场一角,四肢着地,学起狗叫。其他队员围过来,拍他的头,表示欣赏、喜欢这只“哈巴狗”。他们表现的是一种舞蹈动作,尼日利亚人在各种聚会上常跳这种“舞蹈”。

尼日利亚球员耶基尼,在攻进对方一球后,随同进球也趁势滚入网底,然后还揪着网子把自己裹起来。喀麦隆队的恩贝攻入对方一球后,跑到场边一角,扭动屁股,大跳蛇形舞。这一庆祝方式是喀麦隆人常用的。

特里和贝克汉姆在英格兰队是一对好哥们儿,进球后两人居然在球场上搭肩勾手跳起了“探戈”。在1998年世界杯赛上,英格兰队进球后,队员们跑到场边拿起水瓶,互相泼水狂欢。在德国足球甲级联赛中,一位球员在进球后戴起面具,在球场上扮起了“蜘蛛侠”。瑞典队的安德松在进球后,则把手放在额头,做出敬礼的姿势,队友们跑过来,也学着他一起向看台上的观众敬礼。

丹麦球王劳德鲁普首创的入球侧卧草地的“睡美人”造型,已是“经典”,常被袭用。罗纳尔多平伸两臂,仿基督像造型,令人印象深刻。贝贝托的“摇篮”、托雷斯的“剑指长空”、吉拉迪诺的“拉提琴”以及一些球员的“擦鞋”“打高尔夫球”“后空翻”,我国球员李金羽的“弯弓射箭”等众多欢庆样式,都给人留下了深刻印象。女球员进球后,两手在头上弯成“心形”,也是不少比赛中常见的。

在形形色色的欢庆进球表现中,也存在着一些不利于足球发展的不良现象。为此国际足联发表声明并提出新的规定:在足球赛射进一球时,禁止队员在球场上拥抱和接吻的欢欣举动,并对得分队员通常显露那种挑衅性得意扬扬的姿态表示不满和谴责。

62. 有一种进球叫“乌龙”

有一种球踢进球门后,却让对方球员和球迷拍手称快。这就是防守方球员不慎将球踢或碰入自家球门的“乌龙球”。

“乌龙”是我国的方言,意为糊涂。足球场上的乌龙球是说,队员绝非本意,却鬼使神差将球弄进自家的球门。说到乌龙球,不能不说爱尔兰人理查德·邓恩。他加盟英超从2004年起,共出场244次,7年间竟打进了9粒乌龙球,平均27场便进一球,效率令人惊叹。但这位球员绝非一个“糊涂蛋”,而是一位“铁血后卫”。教练评论他,作风硬朗,“总是能及时补位到最后一道防线”。邓恩在防守中不惜一切解围,勇猛逼人的气势常让对方前锋“双腿发抖”,但也难以防备到自己,一次次自摆乌龙,对英超本队球迷来说,对邓恩最恨,也最爱;他踢的乌龙球是不幸,但更代表着这位爱尔兰专业球员的专注和奉献。

在世界足坛,多年来各式各样的乌龙球层出不穷,其中不乏经典之作。1975—1976赛季的英格兰顶级联赛,阿斯顿维拉队与莱切斯特城队2:2战平,克里斯·尼克尔先是为本队打入两球,随后在后场防守中又打进两个乌龙球,帮对手扳平了比分,一人包办了比赛的4个进球。他的表现堪称“最无私的乌龙”。

足球比赛开场最快的一粒乌龙球要追溯到1977年,哨声响起,剑桥联队的球员克鲁斯一记大脚踢球回传门将,正在门前做准备动作的门将猝不及防,眼睁睁看着皮球蹿进了自家大门。此时比赛仅仅进行了6秒钟。

2005—2006赛季,意甲国际米兰队客场挑战恩波利队,补时阶段马特拉济在中线处遭遇对方前锋逼抢,这位意大利国脚看也不看,直接就是一个大脚回传。而本方守门员塞萨尔全无防备,转过头看时球已入网。这一球在空中飞行了50多米,成为“最远的乌龙”。

1998年,南亚老虎杯比赛中,泰国队和印度尼西亚队为在半决赛中避开东道主越南队,上演了争相往自家球门送球,对方却加以阻挡的荒唐一幕。伤停补时阶段,印度尼西亚的艾芬迪突破泰国队的防守,将球送入自家球门。此球成为“最无耻的乌龙”,艾芬迪也被永久禁赛。2002年,马达加斯加联赛一方球员为报复裁判,向自己球门灌入149球,门将即攻入35球,则被称为“最疯狂的乌龙”。

在1994年美国世界杯比赛中,哥伦比亚队后卫埃斯科巴在与美国队比赛中踢了一个乌龙球,回国后遭人枪杀。这残酷的“足球大过生命”的事件引起世人震惊,埃斯科巴的一脚也成为“最悲情的乌龙”。

63. 足球迷奇趣录

足球比赛对抗激烈，场面扣人心弦。随着足球比赛观赏性的增强，大批球迷应运而生。一些球迷对球队不仅表现出狂热，而且表现出忠心。他们的一些做法也非同一般，令人惊叹。

德国的一些球迷，为了使他们心仪的球队队员在比赛期间喝上可口的啤酒，特意赶往660公里外的法国比亚里茨，然后将一个装有50公升上好酒液的啤酒桶推到西班牙的希洪赛场。酒桶穿城过境，上山下坡，在路上滚动了长达62个小时。球队队员们喝到啤酒，士气大振，在比赛中奋力踢出了好成绩。

英国的德克尔·戴尔顿身患小儿麻痹症。但每逢罗瑟勒姆俱乐部队比赛时，他都乘上为他专门制作的可居住大篷车，前往赛场观看助威。无论刮风下雨，场场必到，每年看球往返奔波的路程达几千公里。他也因此被评为年度“最佳球迷”。

美国西雅图有一对夫妇，迁入新居后几经磋商，决定使用蓝、绿、银三种颜色，仿照当地海鹰足球队的队徽式样粉刷室内墙壁。这夫妇二人和家中上辈都是海鹰队的忠实球迷。如此装饰房间，既能流露出他们对球队的热爱，也能表达对球迷父亲的怀念之情。

美国人特雷佛·乔治是个足球迷，他给新生女儿取名时，除用劳·乔治代表他女儿名字外，还在名字之前加上他所崇拜的12位世界足球明星的名字，有詹尼弗、贝利、查尔顿、波尔、布洛林等。他的妻子被他这样取名气得大哭，返回娘家后为女儿重新取名。

在意大利都灵，有一对球迷夫妻，他们喜爱两家足球俱乐部，当这两个俱乐部的队比赛时，这对夫妇必定到场，为自己着迷的球队加油。球赛争夺激烈，他们情绪激动。一次看完球，他们回到家仍争执不休，由争吵发展到动武。直打到丈夫满脸是血，妻子鼻青脸肿。就这样二人感情破裂，走进法院提出了离婚。

24岁的巴西球迷德索萨非常想看世界杯比赛，但缺少经费。于是他动身骑自行车从里约热内卢出发，穿过南北美洲，进入欧洲，赶到西班牙，如愿以偿观看了巴西队在第12届世界杯足球赛上的全部场次。为解决旅行费用，德索萨沿路给餐厅洗盘擦桌，吃尽了苦头，但毫无怨言。

在第13届世界杯开赛前夕，乌拉圭队“收”下了一位名叫曼努尔的老队员。这位老人年过花甲，为观看本国球队的比赛，他从乌拉圭动身步行326天，途经4个国家后抵达墨西哥。球队队员见到他，群情激奋，让他在厨房帮做杂活。身为“球队一员”的曼努尔，自然可以从容步入赛场观看比赛了。

64. 足球场上的天灾惨祸

在现代足球发展史上,一些场次的比赛曾发生难以预料的气候无常、天灾等事件,值得以后的主办方引以为戒。

1902 年,在英国的格拉斯哥,苏格兰队与英格兰队正激烈对决,突然发生地层滑动,造成看台倒塌,死 25 人,伤 517 人。1962 年,在古巴一处足球场,刚果联队与巴西队激战正酣,也发生了地层滑动,发生看台坍塌,使 9 人死亡,30 余人受伤。1981 年,在希腊的皮雷夫斯市,一场足球比赛行将结束时发生了地震,人们惊慌失措,夺路而逃中发生踩踏,造成 19 名观众死亡。1985 年,在英国布拉福市,一场足球赛下半场开球后,木结构的看台上突然失火,看台被烧毁,死 53 人,伤 200 多人。

1945 年,在英国阿申纳尔市,当地俱乐部与来访的苏联莫斯科迪纳摩队进行一场比赛。这天气候阴冷,浓雾重重。队员们出场时甚至辨不清球门所在的方位。由于大雾,场上竟出了这样的怪事:英队右内锋德鲁利因粗暴冲撞守门员被罚下场,但他以大雾为掩护,又偷偷进场,继续比赛。就这样,英队以满员阵容打完了比赛,而裁判和对手却都蒙在鼓里。

1983 年,在葡萄牙里斯本市,一场比赛开场不久,裁判皮涅罗宣布停赛 20 分钟。只因赛场上被黑烟完全笼罩,能见度极差,运动员和裁判眼前灰蒙蒙一片,看台上观众更是什么也看不见。这是由于球场附近一家橄榄油工厂烟囱所排出的浓烟大量聚集,难以飘散,恰逢遇到气压低,才使球场成为混沌之境。

1985 年,在中非共和国的首都班吉,一场足球赛忽然遭到了蜂群的骚扰。当时正是杀人蜂肆虐之际,运动员和观众人人惊恐,赶忙四处逃窜,哪还顾得踢球和观看比赛。裁判立即将比赛中止。

1988 年,在尼泊尔国家体育场,正在进行尼泊尔队和孟加拉队的足球比赛,突然一场罕见的冰雹从天而降。露天而坐的观众为夺路逃生而横冲直撞。但此时球场八个出口只开了一个,人们互相践踏,导致了 700 多人丧生、700 多人受伤的惨剧。

在开放式露天赛场,上空云层和场地形成了一个巨大的“电容器”,球员在场地上跑动,存在着“跨步电压”,遇雷雨很容易被雷电击中。1990 年 12 月 9 日,在圣罗莎州一座足球场上,两支足球队在滂沱大雨中激战争胜,突然一道闪电当空劈下,雷声贯耳,场上 22 名球员几乎同时都被雷电击中,猝然倒地。其中 1 人当即死亡,4 人全身被烧伤。其他球员也不同程度受伤并在心上留下阴影。

65. 足球场悲剧

足球比赛对抗激烈,球迷摇旗呐喊,情绪狂热。过于激动的球迷有时还会做出种种不理智的事情,以至于导致惨案发生。只近半个世纪以来世界各地球场就发生重大惨案26起,死亡900多人,受伤约5.4万人。

1964年,奥运会预选赛秘鲁对阿根廷一役在秘鲁的利马体育场举行。因观众对裁判的判罚不满,发生骚乱。警方不得已使用了催泪弹,惊慌失措的观众四散奔跑,互相冲撞,拥挤踩踏,结果造成了318人死亡,500多人受伤。

1968年,阿根廷河床队与圣洛伦佐队在布宜诺斯艾利斯比赛,主队进球后,一些狂热的球迷竟将垫坐的纸板点燃乱扔,结果发生大火。大量观众向球场大门拥去。结果挤踏造成了74人死亡,200多人受伤。

1971年,英国联赛流浪者队对切尔西的比赛在格拉斯哥进行。临近终场,球迷已陆续离场,场上却又出现进球,许多球迷又拥挤跑回看台,结果发生了混乱,造成跌倒踩踏,66人死亡,150多人受伤。这次惨案发生后,英国制定了严格的体育场安全法。

1974年,埃及队和巴拉圭队在埃及开罗举行足球比赛。开罗大批民众拥向体育场,并向场内挤入,引发骚乱,造成48人死亡,500多人受伤。

1982年,莫斯科斯巴达克队和荷兰汉莱姆队在莫斯科体育场比赛。退场时有观众乱挤,醉汉斗殴,引发了混乱,有69人死亡,100多人受伤。

1985年,在比利时布鲁塞尔的海塞尔球场进行欧洲杯决赛,由英国利物浦队与意大利尤文图斯队争霸。球赛未开始,双方球迷就发生暴乱,推倒了一面看台的围墙,打斗中造成39人死亡,400多人受伤。

2001年,在南非甲级联赛一场比赛中,可容纳7万名观众的约翰内斯堡埃利斯球场被赛会组织者卖出了12万张球票。开赛后场外仍聚集了大批球迷。当主队进球的消息通过扩音喇叭传到场外,球迷的情绪被点燃,发疯般向各个入口猛冲,引起踩踏和极度混乱。事故造成47人死亡,160多人受伤。

2012年,埃及两支足球劲旅在联赛中相遇,阿赫利队做客塞得港,对阵埃及人队。两队历史积怨很深,比赛中充满了火药味。实力占优的阿赫利队先入一球,而后埃及人队以逆转进三球获胜。看台上1万多名兴奋的主队球迷大肆嘲骂约1000多名客队球迷。愤怒的客队球迷很多人随身携带了武器,攻击冲进了主队一方,双方下狠力厮打。现场100多名警察不能控制局面,造成了79人死亡,上千人受伤。不久埃及法院判处冲突中犯罪的21人死刑,却又引发了劫狱事件,又造成了30多人丧生。时任世足联主席的布拉特称,这是“新世纪世界足坛最黑暗的一天”。

66. 篮球的演变

篮球是奥运会的一项核心比赛项目,是以手为主的对抗性体育运动。

1891 年,一位名叫奈·史密斯的加拿大博士,在美国马萨诸塞州大学里任教。冬季的一天,他将两个藤篮固定在离地 3 米的两面墙上,然后将全班 18 个人分为两队。游戏时争抢一个足球,将球投入对方藤篮内,以进球多为优胜。这种游戏使用的器具是“篮”和“球”,由此产生了“篮球”。

篮球的出现很受欢迎,玩的人逐渐多起来。很快有了原始的十几条规则,如投中一球算 1 分;限制对方的粗野动作,一方连续犯规三次,算对方得 1 分;队员不能持球跑,也不能运球,必须原地接球传球,否则算犯规。使用的藤编篮子形状像纸篓,有筐底。每当球投入篮,就要由人登梯子把球取出,然后再赛。几年之后,打篮球的人更多,篮筐也规定出大小,并由藤编改为铁制的,像个铁笼子。这时的篮筐仍有筐底,但是活动的,可拉动一根绳子开合,把进球从筐里翻出来。由于篮筐底部低矮,很容易碰伤人的手,甚至头。过了十几年以后,才有人想到取消筐底,只架了一个铁圈。为便于判断进球,也为了观之悦目,以后铁圈上又装了小网子。

篮球运动发展起来后,传到了南美洲和欧洲。开始使用的球是足球,后来变为个头较大的专用篮球。篮球比赛在初期没有人数限制,只要双方人数对等就赛起来;最多时每方上场 15 人。直到 1936 年的柏林奥运会把篮球列为正式比赛项目,世界各地都不尽相同的篮球比赛规则才开始统一。包括:每队上场 5 人;设中线、中圈、罚球线;不允许有带球跑以及抱人、推人、绊人等犯规动作。1976 年,女子篮球比赛被列为奥运会正式比赛项目。

随着篮球运动的广泛开展,为增强比赛的紧张激烈程度,对双方球队球员投篮出手、后场运球、掷界外球和在对方限制区内持续停留的时间,都做出了一系列限制。如今大型的国际篮球赛事有奥运会,世界男、女篮锦标赛,各洲篮球锦标赛等。美国的篮球运动不仅在于是发源地、开展时间长,而且形成了庞大的体系。成立于 1946 年的美国国家篮球协会 NBA,下辖 30 支球队,每年的 NBA 比赛球星争霸精彩纷呈,受到世界各国各地的瞩目。所涌现的球星张伯伦、“魔术师”约翰逊、乔丹、科比、奥尼尔和曾在火箭队打球的中国球星姚明等都为人们所熟知。以 NBA 中美国选手组建的“梦之队”,参加奥运会篮球比赛,常常横扫对手,夺得金牌最缺少悬念。

67. 三大球之一的排球

排球是体育运动中的三大球之一,也是以手为主、跳跃触球、击球的运动项目。

排球起源于美国,是由美国马萨诸塞州约克市一位名叫摩根的体育工作者在1895年发明的。当时网球和篮球运动盛行。摩根感觉篮球运动过于激烈,打网球运动量又小,他想寻求一种运动量适中而富有趣味、男女老少咸宜的室内娱乐性活动。于是便把网球网挂到篮球场里,让人们站在网子两边,把一个篮球胆在网上打来打去,不使其落地。这就是最初的排球。一年后摩根制定了世界上最早的排球比赛规则,包括每局15分、网高、击球不能触网等。同年在斯普林菲尔德专科学院举行了最早的排球赛,被称为“空中飞球”。

排球运动在欧美流行后,起初上场人数并不固定,对等即可。直到1918年才确定为6人制。对场地大小也做出了规定。随后几年又规定了用球以皮革外壳内装球胆,以及发球得分制,每队可击球3次(拦网触球除外),将球击回对方场区等。1949年,举办了首届世界男子排球锦标赛。1964年,排球列为奥运会正式比赛项目。20世纪50年代,苏联、东欧的男子排球处于领先地位,到了80年代身材高大、实力雄厚的苏联男排仍屡夺世界冠军。60年代日本女排曾勇夺世界冠军,到了80年代初,女排形成了中、日、苏、古、美五强对峙的局面。日本排球协会为了推动排球运动的发展和竞技水平的提高,以150万美元的版权费购得了世界杯男女排球赛的永久主办权,成为世界杯排球比赛的永久东道主。这也让世界排坛轰动一时。

中国国家女子排球队,是中国各体育团队中成绩最突出的代表队之一,曾在1981年和1985年世界杯,1982年、1986年世锦赛,1984年奥运会夺得冠军,成为世界上第一个女子排球“五连冠”球队。又在2003年世界杯、2004年奥运会、2015年世界杯、2016年奥运会、2019年世界杯五度夺冠,十度成为世界冠军,是中国三大球唯一拿到冠军奖杯、金牌的队伍。国家女排成绩的取得不是偶然的。它体现了主教练和女排队员百折不挠、团结奋斗的精神:在强手面前,刻苦训练,积极备战;在赛场绝不放弃任何希望,把握住每个机会,每分必争,敢于进攻,放手一搏,实现逆袭,打漂亮翻身仗;用实力和汗水延续神话,历尽坎坷挑战,将女排精神在历史沧桑中不断发展、丰富,并一代代传承。女排的顽强拼搏精神,是伟大民族精神的体现,既是一种体育精神,也是一种前行的力量,不但能激励运动员创造佳绩、为国争光,也深深扎根于亿万人民心中,鼓舞着各行各业的人们砥砺奋进,取得理想成就。

68. 乒乓球运动花絮

自20世纪60年代以来,乒乓球在我国民众中开展得十分广泛。

打乒乓球始兴于欧洲。相传最早的乒乓球是用象牙做的,造价昂贵,因此只是那些豪门贵族的玩物。最早打弹性乒乓球的是南美洲的印第安人,他们利用得天独厚的天然橡胶树的汁液,做成有弹性的实心球,在石面上击打娱乐。哥伦布到达南美洲后,看到这种球惊讶不已,把它当作珍品带回欧洲,以后这种橡胶球便在欧洲和北美逐渐传开。1839年美国人古德意发明了橡胶的硫化技术,出现了空心的橡胶球。30年后,随着乒乓球运动的流行,美国人海亚特将没有酯化的纤维素溶于乙醇,除去溶剂后得到一种富有弹性的物质,制成一种性能良好的乒乓球,沿用至今。

乒乓球比赛开始于19世纪70年代。在欧洲,乒乓球代替了草地网球,人们茶余饭后以木板在大桌面上往来击打,因发出乒乓之声,故称"乒乓球",也叫"桌球"。20世纪初,英国一位叫左德的年轻男子,很喜爱打乒乓球,心里总琢磨着为球拍增加弹性。一天他到药店买药,零钱落到胶皮垫子上弹跳了一下,这让他顿生灵感。他买下胶皮,跑回家剪裁后粘到球拍上。第二天他使用这个球拍战胜了一个个对手。他使用的球拍也成了世界上第一个胶皮球拍。1926年,在英国伦敦举行了第1届世界乒乓球锦标赛。1988年,乒乓球被列为奥运会正式比赛项目。

乒乓球是一项高科技与高速度相结合的竞技体育项目。据仪器测定,在各运动项目的运动员中,乒乓球运动员的反应速度最快,平均为0.14秒左右,篮球运动员的反应速度为0.162秒左右。不常运动的人反应速度则在0.26秒左右。在激烈的乒乓球比赛中,一秒钟内球可在球台往返二三次。此外,乒乓球运动员在比赛中动作强度也是最大的。如今的乒乓球选手大力扣杀,时速可以达到160公里。

直拍和横拍是乒乓球拍的不同握法,各有其优点。今天,在乒乓球比赛规则允许的范围内,选手之间可以进行心理战,如瞪视对方,通过擦汗、系鞋带等动作稳定自己的情绪,搅乱对手的节奏等。尽管乒乓球运动相对而言是较文明的项目,但比赛中扣杀、推挡、搓削却极为激烈,争夺扣人心弦,选手赢下一分常会大声吼叫,以发泄情绪,表达得分的喜悦。

69. 冲撞激烈的橄榄球

英国是足球的故乡,也是橄榄球的发源地。

橄榄球产生于19世纪20年代。在英格兰的沃维克郡,有个叫拉各比的城市。1823年,拉各比一所学校的一名叫维廉·韦布的孩子,在一场足球比赛中违反规则,用手抱起足球往前跑,其他人也随着打破常规,用手抢球奔跑,掷球射门。这个偶然的场面就此演变为后来的橄榄球比赛。以后很长一段时间,人们都称这种运动为“拉各比足球”。拉各比球体形似两头尖的橄榄,中国译名统称“橄榄球”。

当今的橄榄球比赛,最著名的有两种。美式橄榄球也称美式足球,是美国最流行的运动,为北美四大体育之首。这种运动源于英式橄榄球,传入美国后将规则加以改进,改为采取攻防线进行回合制争球,没有跑位限制,并且可以向前抛掷传球,以把球推进到对手端区得分多为优胜。1874年,美式橄榄球首先在哈佛大学与蒙特利尔麦基尔大学之间以系列赛开展起来。1895年,在宾夕法尼亚州举行了首场美式橄榄球职业赛。20世纪初,因使用“连环进攻”等阵式,球员对抗性加剧,常有猛烈的身体冲撞,造成伤残频发,引起对比赛安全性的重视。因此球员需穿戴头盔和护具上场。到了20世纪中叶,美式橄榄球职业赛有了快速发展,超越了棒球,成了最具观赏性的运动。以后每年一二月,AFC和NFC两个联会冠军会在指定城市争夺隆巴迪奖杯。争夺的这个总冠军,也就是“超级碗”,成为年度大戏,拥有超过一半美国家庭的电视收视率,同时全世界有150个国家的电视台也都会转播这场比赛。

橄榄球打法中另外一种有影响的是澳式橄榄球,又称澳式足球。这项运动源于澳大利亚墨尔本地区的球类运动。1857年,澳大利亚学子汤姆维斯在英国学成归国,将英式橄榄球也带回本土,经一番改造,创立了澳式橄榄球运动。各地纷纷成立了俱乐部,常有比赛。澳式橄榄球的传球方式,有脚踢球、拳击球,比赛中充满了火药味。双方队员互相推搡、冲撞、拉拽,以至斗殴、群殴,受伤常有发生。与其他球类运动相比,澳式橄榄球的最大特色是速度快,球的移动自由度大(取消了越位规则),踢出的任意球离门柱更远。裁判两臂向前平伸宣布进球得分,更是令人难忘的手势。如今在澳大利亚,澳式橄榄球拥有最多的爱好者,每年吸引600万人次观看比赛,45万人每周都会参加此项运动。

对于美式和澳式两种橄榄球运动,亚洲人更适合参加后者。中国、韩国、日本等国也都有本国的比赛或联赛。每队含替补在内有队员18人,比赛在草地球场进行,球场长度185米(200码),约为足球场4倍大。橄榄球的比赛还有加式(加拿大)、爱式(爱尔兰)等,球场大小、上场人数及打法也不尽相同。

70. 有“贵族运动”之称的高尔夫球

高尔夫球是 GOLF 的音译，它是一种将享受大自然乐趣、体育锻炼和游戏集于一身的运动。打球者以棒击球入穴，动作从容优雅，穿着时尚尊贵，使用器具精巧。这使高尔夫球已成为“贵族运动”的代名词。

国际流行的现代高尔夫球，与中国古代的“捶丸”有着渊源。捶丸是中国古代丰富多彩的球戏之一。骑马持杖打球的“击鞠”，最早出现于汉代。唐代时帝王、贵族多尚击鞠，随后又分化出一种徒步持杖打球的游戏方法，称“步打”。“步打”所用之球是由骨角制作的，《丸经》详述了“步打”的场地器材、竞赛规则、技术运用，以及对促进身心健康的作用，研究极其全面。众所周知，欧洲的高尔夫球最早见于荷兰保存的 14 世纪末古画中，这和中国唐代的“步打”相比较，要晚六七百年。有研究认为，13 世纪时蒙古帝国军队西侵，中西文化交流增多，中国的“捶丸”之戏就是在这一时期传入欧洲的。

现代高尔夫球运动，起源于 15 世纪的苏格兰。当时有人看到牧羊人爱用赶羊的棍子玩一种击石的游戏，看谁击得远、击得准，于是制定出规则，规定了使用的器具，演化成了高尔夫球运动。这项运动在 19 世纪传入北美。1860 年在英格兰举行了最早的公开赛，以后高尔夫球便风行于欧洲和北美等国。

高尔夫球一般在室外临近水域的草地进行，设 9 或 18 个穴，逐一击球入穴，以击球少者为胜。比赛一般分为单打和团体两种。如今世界杯、英格兰、美国三项公开赛，是高尔夫球最高水平的比赛。高尔夫球大牌球星有美国伍兹、英国麦克罗伊、澳大利亚亚当·斯科特等。

1987 年，在非洲小国贝宁首都波多诺伏有一个 42 岁的高尔夫球迷马修·勃亚。他在棉田干完活，拿着球杆来到贝宁空军基地附近一块空地，想过过球瘾。马修挥杆打出一球，小球飞过基地的铁丝网，恰巧打中一只飞翔的小鸟，受伤的鸟儿坠向飞机跑道，此时一架喷气式飞机正在起飞，下坠的小鸟落入尚未关闭的座舱，撞在飞行员头盔上。这“天降横祸”让飞行员惊恐慌乱，飞机失去控制，一头扎进停靠在跑道边的机群里。五架幻影战机相继爆炸起火，贝宁的全部空军力量付之一炬。铁丝网另一边的马修吓傻了，他说什么也不会想到自己的一击竟毁掉了本国的空军。他走上法庭，法官判决马修要么赔偿 4 亿美元，要么坐牢。马修选择了后者，因为他的年收入大约只有 275 美元。马修发誓，若能出狱，再也不会摸高尔夫球杆了。

71. 曲棍球拉杂谈

曲棍球是一项非常古老的运动。出土于雅典凯拉米克斯遗址的大理石浮雕上，已出现了公元前500年人们玩曲棍球的图像。我国唐代盛行的“步打”球和蒙古地区达斡尔人以弯棍击球玩的“背坑”游戏，也都与现代曲棍球相仿。

现代曲棍球运动，是18世纪中叶自英国学校开始流行起来的。英国人将这项运动形象地取名为“牧羊人拐杖”，在1875年制定了曲棍球比赛的场地大小、所用器具和一些规则。1886年在伦敦成立了曲棍球协会，以后这项运动传播到英联邦各国，得到广泛开展。1908年，曲棍球被列为奥运会正式比赛项目。1924年，国际曲棍球联合会成立，总部设在比利时的布鲁塞尔。继英国之后，印度和巴基斯坦成为曲棍球强国。印度在1928年到1956年期间，曾经保持了24场奥运会连胜的纪录。巴基斯坦曲棍球队，在1960年创造了一种全面改进型的打法，击败印度队而进入世界强队行列，以后又获得奥运会、世界杯等多个冠军。印度和巴基斯坦都将曲棍球当作“国球”。

曲棍球是一项快速、激烈，对技术要求非常高的运动。近年来，由徒步草地打的曲棍球派生出多种新型曲棍球比赛，同样对抗激烈，具观赏性。在欧洲开展了一项水下曲棍球比赛，比赛在边长25米、水深4米的游泳池水下进行。球是铅制的，重1.5公斤。比赛时每队6人，头戴防护罩，插有呼吸管，在水下持棍将球打入对方球门即得分。目前已有近30个国家开展了此项比赛运动。

北欧国家中兴起了一种冰上曲棍球运动，开展的比赛在长110米、宽65米的冰面上进行。球重60克，为直径6厘米的塑料球。比赛时每队上场11人，脚穿冰鞋，身着护具，以曲棍球拍将球打入对方球门得分多为优胜。如今每两年还会举办一次世界冰上曲棍球锦标赛。

在英国创办了一项轮滑曲棍球比赛，比赛在长36米、宽18米的平坦场地上进行。比赛时每队上场5人，身着护具，足蹬双排四轮轱辘鞋，手持曲棍击球，将球击入对方球门便得一分。场上队员风驰电掣般在场上滑行，赛况激烈。目前这项运动也有了正式比赛。

美国加州独轮车爱好者发明了一项独轮车曲棍球比赛。比赛时队员们骑着人们在杂技表演中看到的独轮车，手中挥着曲棍球球杆，追打曲棍球比赛用球。队员因冲撞等有脚落地，便要以违例从己方底线重新登车入场。目前这种新型的“四不像”运动，因比赛还在创办初期，尚无完整规则。

72. 冰球溯谈

冰球运动是一项争夺激烈的集体运动项目。它包含着快速多变的滑冰技术和熟练的曲棍技巧,以及复杂全面的战术素养,大受观众球迷的喜爱。

冰球运动出现在足球、曲棍球和速度滑冰之后。古代印第安人的"拉克罗斯"棒击球、中国的"冰上足球"、欧洲的"冰上曲棍球"等,都有冰球运动的雏形。据记载,早在欧洲人到达北美洲之前,加拿大的印第安人已常在冰上玩棒击球的游戏了。英法殖民主义者侵入北美,沦为奴隶的土著印第安人常群起反抗。有一次,在城堡驻守的英国官兵见一些印第安人围拢在冰上,用木棒击打石球,觉得有趣,便放下武器,纷纷凑过去看热闹。这时做游戏的印第安人,一齐挥动棍棒,包围了英军官兵,冲进城堡,缴获了大批武器和物资,获胜而去。

19 世纪初,加拿大在英国的留学生尝试把曲棍球在冰上打,进而创立了冰球运动。球队每队比赛上场 6 人,使用缩短的曲棍,场地也用木制的板墙围起来。1858 年这种冰球游戏从加拿大蒙特利尔、魁北克等地流行到全国。为此原始的冰球也叫"加拿大球"。到 1875 年,打冰球的人越来越多,于是制定了一些比赛规则。以后这项运动被引进了欧洲。1908 年,在德国柏林举行了第一次欧洲冰球赛。1924 年在法国夏慕尼举行了第 1 届冬季奥运会,在冰球比赛中,加拿大冰球队战胜了所有对手,荣获世界冰球赛的第一个冠军。

观看冰球比赛,心细的观众会发现:冰球并不是个球,而是一个圆饼。它打在板墙上"咚咚"作响。这"圆饼"形的球厚 2.54 厘米,直径 7.62 厘米,重量约 160 克,用硬橡胶制作而成。球员挥杆击球,球飞行的速度可达每秒 60 米,比一般火车速度快两倍。这样高速飞行的球,如果打在物体上,其作用力时间是 0.01 秒,而作用力可达 100 公斤左右。如此大的作用力落在运动员身体上,足以使运动员受到伤害,为此运动员上场必须穿戴保护装备。

冰球运动员运动服里面装备有护腿、护袜、护膝、短裤、护身、护裆、护胸、护肩、护肘、手套、头盔等。守门员还要另戴面罩。当运动员全部着装完毕,俨然成了一位超凡的"勇士"。世界冰球运动的发展趋势告诉人们,冰球运动员身高体壮,对接受猛烈冲撞是十分有利的。当几十斤着装重量加在一个运动员身上,还要完成运球、传接、抢截、射门等多种技术,敏捷应变从不同方向飞来的球,没有强壮的身体和良好的素质,是绝对不行的。

73. 优雅的冰壶竞技

冰壶又称掷冰壶、冰上溜石；也有人美其名曰“冰上国际象棋”，诠释了冰壶的神秘和优雅。

冰壶是以队为单位，在冰上进行的一种投掷性竞赛项目。冰壶为圆形，由不含云母的苏格兰天然花岗岩制成。值得一提的是，世界上所有制造优质冰壶所用的花岗岩，均产自苏格兰近海一个小岛，这里的花岗岩吸水性弱，可有效防止冰面对石头的侵蚀。也只有苏格兰人掌握着世界顶尖水平的冰壶制作技术，如今 16 只一套的冰壶，售价可达到约 1 万英镑。

16 世纪时，苏格兰人开始在冰冻的湿地上玩一种“推石球”的游戏。很多织布工以此来放松身心，他们所使用的石头是从织布机轴上取下的重石。在苏格兰小镇佩斯利的教堂珍藏着一只 1541 年使用的冰壶，它没有手柄，只是一块浑圆的大石头。而这一年，正是冰壶比赛在苏格兰首次亮相的年份。1795 年，第一个溜石俱乐部在苏格兰成立。10 年后冰壶竞技传入加拿大，并在美国流行。20 世纪初冰壶竞技规则趋于完善，比赛移入室内。1959 年举办了首届世界溜石锦标赛，也称苏格兰威士忌杯赛。60 年代冰壶运动在瑞典、挪威、瑞士、法国、联邦德国、丹麦和意大利等国家广泛开展。冰壶曾 6 次被列为冬奥会表演项目，1998 年被列为正式比赛项目。

冰壶比赛的目的在于让冰壶停在预先确定的位置，或将对方冰壶击出。比赛时运动员需手持冰壶，以手抵壶，向几十米外的“大本营”投出，冰壶滑出后，有两名本队队员追随清扫前方冰面，冰壶越接近 1.5 毫米半径的圆点，越能获得较多的得分机会。漂亮的一掷让人赏心悦目。在冰壶竞技中，所用的冰壶直径 29.44 厘米，高 11.43 厘米，壶重 19.96 公斤。冰壶石的上下表面都是凹面，并经高度打磨。比赛中队员跑动用猪毛刷子刷冰，是为了减小冰壶与冰面摩擦，让冰壶滑行得更远。冰壶运动员所穿的鞋子很是独特，一只鞋的鞋底极为“光滑”，是用厚特氟隆制成的，另一只鞋的鞋底以自然绉胶制作，便于控制身体。

悠久的冰壶历史让苏格兰人爱屋及乌，有些人畅言：“即使找老婆，也要找个会玩冰壶的。”在近年的冬奥会上，各国冰壶竞技美女成为紧张赛事之外人们津津乐道的话题。有评论家还专事评论道：想要“冰壶女”是颇有道理的，首先冰壶选手的身体素质一定很好；其次玩冰壶需要准确的计算和谋略，这样的人多半是丈夫的贤内助；至于最后一点，常年练习擦冰的女选手，在家也一定是拖地、除尘的清洁好手。这样的姑娘为什么不娶回家呢？

74. 由“死囚”而来的跳雪

跳雪是跳台滑雪的简称。参加比赛的运动员不带雪杖,不借助任何外力,只以脚着特制的滑雪板,沿着跳台的倾斜助滑道下滑,借助速度和弹跳力,使身体跃入空中,身体在空中飞行4—5秒后,落在坡地上。比赛按两次飞跃距离分和飞跃姿势分计算成绩。

跳雪运动相传是由“死囚”“创造”的。传说古代有个残暴的挪威帝王,他爱以观赏杀人取乐,别出心裁地想出了一种处罚犯人的刑法。让人在犯人的两脚上各缚上一块雪板,沿着陡壁把他们向高山下推去。高速下滑,许多人跌落山下被摔死,也有人借助坡道下滑而落幸免一死。以后这种跳跃滑雪的方式,在冰雪之国就演变为跳雪运动。

1860年,挪威德拉门地区的两名勇士来到奥斯陆,在举行的首届全国滑雪比赛中表演了跳雪动作,此后跳雪逐渐成为一个独立项目并有了广泛开展。该项运动从1924年第1届冬奥会即被列为正式比赛项目。在1964年第9届冬奥会上,统一了跳台级别,规定为70米、90米两种跳台高度,另规定助滑道的坡度为35—40度,长度80—100米。为达到最大跳跃距离和动作美观大方,运动要求跳跃者身体前倾,与滑雪板尽量平行,以便更好运用飞行中的空气升力,减少空气阻力;着陆要能够与地面坡度圆滑相接。跳雪比赛场面壮观,这项运动对培养人的勇敢果断、沉着机智等意志品质有重要的作用。

英国有一位冬奥会跳雪选手艾迪。根据他的经历曾拍摄了一部电影《飞鹰艾迪》。艾迪生于1963年,他体弱多病,却梦想成为一名冬奥会选手。为实现梦想,他到美国训练,练了一阵高山滑雪后,感觉竞争激烈,便改练跳台滑雪,以求参加冬奥会。艾迪并不是有钱人,他在美国生活困顿,要靠水泥匠工作维持生计和训练。在他被通知获得冬奥会参赛资格时,他正借宿在一家医院里。这位艾迪以唯一英国申请人的名义,参加了1987年跳雪世界杯赛,进入了1988年冬奥会跳雪选手名单。他冬奥会上的成绩糟糕,70米、90米高台成绩相继垫底,但他的表现体现了一种突破自我、坚持自我、与困难抗衡的奥运精神,并得到赞许。然而在这届冬奥会之后,国际雪联听取一些投诉,增加了一项“飞鹰规则”,规定只有在世界排名前50名的运动员,才能参加冬奥会。由此,艾迪便被随后的冬奥会拒之门外了。北京申办2022年冬奥会成功,艾迪对此非常高兴,非常期待。他表示即时他将59岁,不能参赛,也要来观赛,他期待中国选手训练好、准备好,在冬奥赛场赢得更多奖牌。

75. 有争议的拳击

拳击是一项对抗极为激烈的运动。历史学家根据古埃及绘画考证,认定拳击在6000年前的埃及已然出现。公元前3700多年,拳击运动在希腊民间大为流行,青年常围成一圈,互相展开拳斗,竞技场面火爆。这迎合了奴隶主残忍好战的心理,遇有婚丧大事或节庆,就强使奴隶拳斗取乐,以示排场。

最早的拳击手套,是用柔软的皮条扎在手指至肘的部位,用以保护骨节。到公元前400年,拳手开始用坚硬的皮条扎在手上,充当打人致死的“凶器”。罗马拳击手所用的“手套”,竟是以铁或铜锻打,嵌在皮条上。拳手戴着这样的“家伙”上场相拼,非死即伤,这也让当时的拳手心理变得异常残忍起来。

18世纪的英国开始进入全盛时期,当时人们把男子的勇猛和不屈不挠的精神视为美德,鼓励青年们参加拳击练习。先后涌现了詹姆斯·弗格、杰克·布劳顿等拳击名家,他们开办格斗学校,设擂台与各方拳手较量,并赢得“拳王”称号。布劳顿在1743年制定了拳击规则,包括:一方倒地后,另一方不得再行攻击;倒地者在30秒钟内不起即算失败;禁止打击腰以下部位,等等。今天的拳击规则也是在几百年前布氏规则基础上修改制定的。装填毛絮的拳击手套也是由布劳顿最先发明使用的。

世界上最早的拳击锦标赛于1867年在英国举行。1872年拳击比赛开始划分等级,当时只分为3种。19世纪末在英美两地规定了8个体重等级,20世纪初又增加了3个,此11个体重级别沿用至今。在1904年第3届奥运会上,拳击被列为正式比赛项目。

拳击比赛长期以来既引人注目,也是争议颇多的一个运动项目。主张禁止的人认为,这种运动不但野蛮,而且有害健康乃至危及生命。反对禁止的人则说现在的拳击比赛有严格的规则,一旦危险裁判会马上终止比赛;而且在40年中,因拳击致死的人只有12名,这个数字与其他运动致死的人数相比,并不算高。主张禁止的人士针锋相对又指出,不能只以死亡人数来讨论,因为有许多拳击运动员,虽未挨打致死,但因脑部受伤,后来也成呆傻病患者。英国医学协会研究发现,拳击选手在长期比赛击打中,脑子不同程度受伤是确实的。有时会在运动员退出此项运动后很久,才会显现生理或心理上的严重病症。目前世界上大多国家未禁止拳击运动,因为这是一项非常受欢迎的比赛项目。在一场职业拳击比赛中,不论比赛输赢,参赛者都可拿到几万、十几万,甚至上百万美元奖金;现场与电视观众人数动辄几千万人。所以要想在全世界范围内封禁拳击运动,似乎很难做到。看来应否取缔拳击这项运动的论争,也还会继续下去。

76. 赛艇运动几知

赛艇是一项古老的运动。早在公元前 1430 年埃及著名法老阿蒙霍特普二世的墓志铭上，就有关于赛艇的记载。到了 13 世纪，水城威尼斯的船夫们常在桥梁之间划船穿梭，开展比赛。这成为赛艇运动的雏形。15 世纪后，在英国泰晤士河上，有很多船务公司提供轮渡服务。为争客源，抢到更多的客人，便在水手间组织了“谁先到达对岸有奖”的划艇竞赛，由王公贵族、富人名流掏钱提供奖品。河面常有比赛，有钱人还会借此设置赌局。

现代赛艇运动就这样在泰晤士河道上萌芽诞生了，从伦敦桥到切尔西的水面也成为常用于艇赛的水道。进入 19 世纪，更多的赛艇比赛在这里展开，获胜者会成为伦敦乃至整个大不列颠的偶像。赛艇在牛津和剑桥两个大学都非常流行，双方都认为自己的赛艇划手最为优秀，便于 1829 年在泰晤士河上举行了“牛津—剑桥赛艇对抗赛”，以后每年一赛，形成传统。

牛津、剑桥两校的艇赛，赛道全长 6779 米。比赛除了受到两所学校的重视，也有很广泛的社会关注度。每当比赛日，数以十万计的英国民众会沿河观战，最多时能聚集 25 万多观众。比赛组织方精心为观赛者设计了行走路线和自行车路线，让观众可以用各种方式看好比赛，沿途设置酒吧和休闲场所，让比赛现场也成为人们的狂欢之地。有更多的观众是通过电视收看直播，人数可达 600 万人，可与英超决赛、温网男单决赛及英国 F1 大奖赛媲美。如今这项学子之间最能体现团队精神的运动项目已经推广开来，美国哈佛大学和耶鲁大学每年也仿效进行赛艇对抗赛。1999 年，北京的清华、北大两所高校，也在北京昆玉河上展开赛艇较量。

现代赛艇是由坐在艇上的一个或几个桨手运用其肌肉力量，以桨和桨架作为简单机械杆划水，使小艇背向桨手前进的一项划船运动。男子赛艇于 1896 年被列为首届奥运会比赛项目，但因浪大未能举行。1900 年再度列入。女子赛艇于 1976 年被列入奥运会。奥运会赛艇比赛是继田径、游泳后的又一个大项，按乘坐人数、体重、有无舵手，以及使用单桨还是双桨划分项目。男子有单人双桨、双人双桨、轻量级双人双桨、双人单桨无舵手、双人单桨有舵手、四人双桨、四人单桨无舵手、轻量级四人单桨无舵手、四人单桨有舵手、八人单桨有舵手 10 个项目。女子有单人双桨、双人双桨、轻量级双人双桨、双人单桨无舵手、四人双桨有舵手、四人单桨有舵手、八人单桨有舵手 7 个项目。赛艇形似织布梭子，两头尖而窄长。所用的桨一端为圆杆，另一端为桨叶，呈长铲状。赛艇比赛距离男子为 2000 米，女子为 1000 米。以艇首到达终点的先后顺序判定名次。

77. 驭风的帆船运动

利用风力推动风帆让船只向前，是继舟、筏之后更为先进的水上交通工具，已有5000多年的历史。这项运动同人类文明史一样悠久。

现代帆船运动起源于欧洲荷兰。1660年荷兰将一艘名为“玛丽”的帆船送给英国，两年后英王查理二世举办了英国与荷兰之间的帆船比赛。1870年美国和英国首次举行横渡大西洋的美洲杯帆船赛。1900年帆船列入第2届奥运会比赛项目。1988年第24届奥运会增设女子比赛项目。这项依靠自然风力作用于船体，驾驶船只前进的比赛，是一项集竞技、娱乐、观赏、探险于一体的项目，广受欢迎。

奥运会帆船赛、沃尔沃环球帆船赛和美洲杯帆船赛，是世界著名的三大帆船赛事。奥运会帆船比赛分为稳向板帆艇和龙骨帆艇两类。稳向板帆艇轻快灵活，可在浅水中行驶，奥运会项目中的470型、星型、托纳多型等均属此类；龙骨帆艇船体大，稳定性好，帆力强，只行驶于深水中，奥运会项目中的索林型等均属此类。奥运帆船比赛为绕标航行，共进行7场，取其中成绩最好的6场之和评定总分，总分少者名次列前。

沃尔沃环球帆船赛和美洲杯帆船赛都是全球顶尖、远离海岸的大型帆船赛事。沃尔沃赛的前身为始于1973年的怀特布莱德环球帆船赛，2001年沃尔沃集团（瑞典汽车）成为赛事拥有者，改为现名。赛事也由每4年举办一次改为3年。沃尔沃环球帆船赛素有“海上马拉松”之称，比赛通常要进行10个月，航程近3.9万海里，穿越全球最变幻莫测的海洋，停靠数十个国家港口。2008年，被誉为中国“帆船之都”的青岛，以优越的地理条件、浓郁的帆船文化氛围及完善的港口设施与沃赛结缘，成为国内唯一的经停港。这也让青岛为国人和世界呈现了一场精彩的帆船盛会。2011年，海南三亚再次成为沃赛的经停港。沃赛的每支船队由11名船员组成，有好几支船队曾招募拥有多名中国船员。

南美洲帆船赛自1870年首办，到今天已有150年的历史，至2016年已举办至35届。南美洲帆船队的参赛船队，每船有船员17人，所用的帆船为碳素钢材料赛船，长达25米，重约25吨。南美洲帆船赛每4年举行一次，26届后设分站赛。2005年成立的“中国之队”，成为第34届美洲杯第8支被批准参赛的船队，在2013年参加了分站赛的海上角逐。美洲杯赛是由投资人带动的高端赛事。帆船上除17名船员外，还为赞助商或者其他VIP预留有“第18人”位置。坐上过这一特殊位置的有路易·威登、车王舒马赫、新西兰总理等名人。国内汇源果汁、华谊兄弟、俏江南、信中利投资控股有限公司、晨兴创设的董事长、总裁等，也都坐上过此位，并随同船员出海小试风浪。

78. 降落伞和跳伞运动

降落伞是借用气体的阻力,使人或物体从空间稳定减速下降的一种航空工具。降落伞的原理在我国古代就被认知。《史记·五帝本纪》记载,虞舜利用两个斗笠从着火的桁条上跳下来,一无损伤,这使他从中找到了自高处下落时减速的原理。后来有人制作了原始的降落伞,作为技巧在宫廷表演。这说明我国在2000多年前就发现和掌握了降落伞的原理。

17世纪时类似于现代降落伞的布制伞面雨伞出现于欧洲。1628年,意大利有个名叫拉文的人,被关入监狱,他不想忍受狱中的非人待遇,将几根细绳连在一起,拴在带进监狱的雨伞支架上。他抓住这自制的"降落伞",趁夜黑跳出高高的狱墙,安全落地。虽然拉文后来又被抓回监狱,但他却成为世界上第一个跳降落伞的人。

航空降落伞的出现,是在飞机上天之后。1911年,俄国退役炮兵中尉克杰尼柯夫,创制了第一个适合航空使用的背包式降落伞。他在彼得堡附近做了一次表演:让一个木偶背着他设计的降落伞,从高空的气球里被推出来,3秒钟后布伞张开,木偶缓缓地平稳落到了地面。以后随着航空业的发展,降落伞的种类和应用不断拓新。

如今的降落伞结构类型多样,分为方形伞、圆形伞、带条形伞、导向面形伞、旋转形伞以及各种形状的表演伞。根据降落伞的用途特点,又分为人用伞、物用伞、阻力伞、特种伞等。航空部队用它作为安全救生器,是伞兵部队执行空降作战任务的重要装备;还可以用它来运送空投食品、武器、汽车,甚至火炮、轻型坦克等。在高速飞机着陆时,降落伞可用作缩短着陆距离的减速工具。降落伞还能用于回收人造卫星、火箭和无人机等,用途极为广泛。

由人携带降落伞开展的跳伞运动,长期以来一直都很活跃。定点跳伞、多人踩伞空中造型等纪录不断被刷新。1960年美国军人基廷杰,从升空3.1万米的气球吊篮上跳下,此纪录一直保持了半个多世纪。2012年,奥地利极限运动员鲍姆加特纳,乘气球升至3.9万米高空,身背降落伞跳下,下落的最高时速达到586.4公里,自由坠落大约3分58秒后打开了降落伞,整个下降过程持续了9分14秒钟,并成功落地,一举打破了最高海拔、自由落体等3项世界纪录。也是在这一年,21个国家的100名造型跳伞运动员,齐聚美国南加州,乘5架飞机升至3900米高空,一齐跳下,然后以129公里的时速,始终保持菱形队形,在空中滑行了3.2公里,创造了新的吉尼斯世界纪录。

79. 横渡英吉利海峡

英吉利海峡的两端，一边是英国的多佛，一边是法国的加莱，最窄处为 33 公里。横渡英吉利海峡，是世界上影响极广、难度极大的壮举。人类最早横渡这道大海峡是在 19 世纪初。1815 年，法国统帅拿破仑的近卫老兵萨拉第，在滑铁卢战役中被英军俘虏。他潜逃泅渡英吉利海峡成功。以后横渡英吉利海峡就成为一种光荣的标志。

1926 年，美国女子游泳好手埃迪尔，一举横渡了英吉利海峡，成为世界上第一位游过海峡的妇女。当她返回纽约时，受到抛彩带的盛大欢迎。

1964 年，美国 14 岁的女孩莫德尔，在父母兼教练伴护下，游过了英吉利海峡，成为世界上第一个游过海峡的女孩子。1988 年，英国 11 岁的男童格雷，长游了 56 公里，成为横渡海峡的最小儿童。

1977 年，加拿大 19 岁的女学生辛迪·尼古拉，以 19 小时 55 分钟的成绩往返横渡英吉利海峡，成为世界上第一个成功往返横渡海峡的女子。1981 年，尼古拉又来了，她不停顿地连续 3 次横渡英吉利海峡。这是一个至今男子也不曾达到的纪录。人们称尼古拉为当之无愧的“海峡女王”。

1979 年，美国 85 岁的康西尔曼，竭尽全力，游过英吉利海峡，是世界上横渡海峡年龄最大的人。

1986 年，长期居住在波多黎各的豪克一家，共同来横渡英吉利海峡。全家 6 口，豪克 57 岁，夫人克里斯蒂娜 49 岁，一个女儿和三个儿子，最小的儿子亚松才 17 岁。这一家人从英国海岸下水，用了 11 个半小时，游抵法国海岸。成为世界上第一个全家一起横渡英吉利海峡的光荣家庭。

1982 年，失去小腿的埃及人哈桑，从英国海岸下水，顽强游水 12 小时许，安全抵达了法国一端，成为世界上第一个游过英吉利海峡的残疾人。

2016 年，因触电失去四肢的 42 岁法国人菲利普·克罗松，挑战英吉利海峡。他下水后一路口含呼吸管，靠假肢末端的脚蹼打水前进，用残存的手臂划水并保持平衡，用时 13 小时 30 分钟，艰难游过海峡全程。完成横渡后，克罗松说自己是“最快乐的人”。

来自北京体育大学的教师张健，于 2001 年 7 月 30 日凌晨，只身横渡英吉利海峡。他从英国多佛港下水，以自由泳约每秒 1 次的划水频率前行，间或也游蛙泳。由于海流的影响，他长游了约 50 公里的距离，耗时 11 小时 55 分钟，在法国加莱成功登陆。张健就这样用胆识、毅力和拼搏，在横渡英吉利海峡名册中第一次书写上了中国人的名字。

80. 与树木相关的比赛

在世界的一些地方,经常举办与树木相关的比赛,生活气息浓郁,饶有趣味。

新西兰的塔曼斯尼亚岛民喜欢举行一种伐木赛。参加比赛的伐树选手听到口令,争先爬到一棵棵大树树顶,抡斧伐树。他们从上向下砍,砍碎一段,人降低一段,当人落到地面,一棵大树也完全砍成碎片。百年来这种比赛年年举行,夺冠者会获得1000镑奖金。

瑞士的尼德瓦尔登地区,经常举行锯木比赛。远近的伐树锯木好手们,纷纷手持巨大的拉锯、单片的马锯或小巧的手锯,聚集到赛场一比高低。比赛时随着唰唰的锯木声响和木屑飘落,粗大的原木转眼间拦腰而断。

阿根廷的巴里洛城,经常举办传统的劈柴比赛。一声令下,选手们抡动长柄利斧,各向一段两米长的树干劈去。只见板斧飞舞,树干先被劈成均匀的长条,再截为小段,围观者的喝彩声响成一片。对比赛优胜者奖给雪橇。

美国的海沃德市,自1960年起每年举行世界伐木工人大赛,设有5个项目:横砍原木、立砍原木、锯原木、爬木杆和滚木赛。其中的滚木赛趣味十足,由一组两名选手同站在浮水的一根原木上,选手用脚转动原木,看谁能使对手失去平衡落水,即为胜者。

击木比赛在东欧一些国家开展得十分广泛。比赛选在平坦的场地,用5根20厘米长的木段摆成一个圆形"阵垒",选手站在6.6米处,投出木棒,将"阵垒"木段击出多者为优胜。在俄罗斯,这种击木比赛还列为全国运动会比赛项目之一。

斯里兰卡境内长满了高大笔直的槟榔树,当地经常举行爬树比赛。事先选好碗口粗、四米来高的树干,打光后再抹上椰油,十分光滑。参赛者轮番爬树,中途滑落为失败;一爬而上,摘得插在树顶的小旗为优胜。

荷兰南部的鲁罗法伦辛地区,每年都举办一次坐木桩赛。由各地选拔出"坐桩"好手,"打坐"在立于湖心的树桩上,看谁坐定的时间最长。自1971年开始,这种有趣的比赛与环境保护联系在一起,举办者希望通过这项比赛引起人们对荷兰境内的莱茵河等水域污染问题的关注。

2015年,英国举办了一项"圣诞树投掷大赛"。主办方准备了100多棵从尺寸到重量都较为标准的圣诞树,每棵长约1.8米,重10公斤左右。参赛者要举起一棵这样的树,用力抛过一个栏杆,并尽力抛得高,抛得远,以此计算成绩。举办这项比赛是为英国伤残士兵慈善机构筹款,所有收入全部捐给了士兵援助机构。

81. 与泥泞相关的竞技

跳入泥潭，滚一身泥巴，在泥沼中竞技，是一些人喜爱参加的体育活动。

在美国佐治亚州每年都会举办一个泥坑跳水比赛。于大坑中灌满红色泥浆，由选手依次往坑中扑跳。以溅起泥花之高和砸在泥浆上声音之大计算成绩。体胖块大者自然占据了这项比赛的先机。

英国的小镇勒兰蒂德威尔斯，是沼泽潜水锦标赛的发源地。在这里开展的比赛中，参赛选手要不怕脏地潜水往返于沼泽泥水中竞技比拼。污浊的泥水和茂盛的芦苇大大增添了比赛的观赏性。只有那些在污水中能够自如控制呼吸的选手，才是冠军的有力争夺者。

英国每年 1 月都会在斯塔福德郡举办一项“硬汉挑战赛”，邀请世界各地的硬汉们一决高低。比赛全程 12 公里，设置有 21 道障碍。其中之一是要爬过一个泥浆，在黏稠的泥浆水中憋气冲刺。这要求参赛者要以充沛的体力和顽强的毅力战胜泥浆，冲过此一大关。

在欧洲有一项泥地世界杯足球赛，参赛球队多达 40 多支。每两年一届，由参赛国轮流举办。这项比赛的特点之一，并不要求球员有多么高超的球技，而是需要参赛者在泥地善于抢球、传球、射门和团队配合。而这种比赛取胜的关键是，球员先要让鞋牢牢套在脚上，然后能够迅速灵活地在泥泞中奔跑。

美国有一家乔利埃特教养中心。为了活跃狱中的文化生活，管理方组织了一场女子泥地摔跤比赛。狱警和女囚犯报名后，抽签两两对阵。开赛后每对选手站上泥地，先被泥浆水浇头，然后揪扯在一起较量。比赛历时 3 个半小时，有 800 名犯人饶有兴致地观看了几十对选手的对战。

在美国得克萨斯州兴起了一项泥潭汽车大赛，参赛的车为经过改装的小汽车或小吨位运货卡车。比赛在一个长 61 米、宽 23 米的人造泥潭池中进行。一辆辆汽车开足马力，在黏稠的烂泥沼中奔突，车身顷刻间便被泥浆层层覆盖。比赛以在泥潭中开动时间久为优胜，目前这项比赛最好的成绩为 9 秒钟。

美国密歇根州底特律郊区一座公园内，开展了一项“泥浆日”活动。公园设置了一个长 45.7 米、宽 22.9 米的泥浆池，池内泥浆由 9 万升水加 200 吨表层土搅拌而成。当日有 2000 多个孩子冲进泥浆池，追逐、嬉戏，弄得浑身满是泥巴，成为“泥猴”。通过评比，8 岁的女孩埃米莉夺得“泥浆王后”的称号，她戴上树枝花草装饰的泥制“后冠”，接受大家的祝贺。这里的“泥浆日”活动开始于 1987 年，已举办了 29 届。当地学者认为，泥浆是一种天然皮肤净化物，在其中畅玩，有助于孩子释放天性。为此，这里的活动，每年都会吸引当地和远道而来的成人携带儿童参加。

82. 与饮食相关的较量

体育比赛是各个行业的人都喜欢参加的活动。有些与饮食相关的比赛尤带有行业的特点，让人乐于观赏。

在意大利一些城市，经常举行由女厨师参加的端油锅赛跑。每名选手都手端一锅烧沸的油，随着比赛开始的一声令下，选手们喊一声“当心油!”便一齐冲出起跑线。途中选手要平稳端锅疾行，如锅中有一滴油洒出，即被取消比赛资格。

在法国巴黎，曾多次举行端酒马拉松比赛。比赛要求选手把一瓶酒、三个杯子放一托盘中，总重1.8公斤，一路托举着跑完全程。长途奔跑还要手托酒具，其难度可想而知。自一位餐厅招待以3小时36分54秒跑完全程马拉松，其纪录一直未被打破。

英国一些城市每逢新春封斋节前，都要举行翻热饼比赛。参加比赛的选手都是饭店的厨师和男女服务员。比赛时选手举着煎锅奔跑，还要按规定次数翻动热饼，并不使其跌落。比赛路程分400米、1000米两种，以最先抵达终点为优胜。

在法国波尔多市，有一种推酒桶比赛。参加比赛的选手必须是在葡萄园和酒库工作的。比赛时选手要争相把一个盛满酒液的大桶推向目的地。赛程为800米，每逢比赛都会吸引大批市民围观助威。

在英国西南部的格洛斯特郡库珀山，每年5月都要举办滚奶酪比赛。比赛开始先从山坡上丢出一块奶酪，参赛的数十名选手便蜂拥冲下，追逐那块奶酪。选手们不畏山势陡峭，从山坡翻滚而下，很多人因此弄得伤痕累累。尽管受伤危险，获得冠军也只是得到一大块奶酪，但这项比赛总能吸引大批“勇士”参加。

美国密歇根州有一家农场，年年举办一项传统的吐樱桃核大赛。参赛选手先要选挑大樱桃入口，吃下肉汁，口中含住樱桃核，然后站在横线后用力把樱桃核向前吐去。近40年来，吐樱桃核的最远纪录为93.5英尺。

澳大利亚悉尼市别出心裁，举行了一场“掷奶油馅饼”的比赛。比赛根据参与者的投掷距离、命中目标的精度和投掷数，分设3个竞赛项目。这次比赛共消耗馅饼1000个，参赛者身上大都沾满了黄色奶油，赛后不得不洗澡。

英国自2006年每年都举办一项肉汁摔跤锦标赛。选手们先是穿着奇装异服入场，然后两两踏入盛放了肉汁的气囊中摔跤，看谁能在黏滑中将对方摺倒。为增加赛场的气氛，工作人员不时往选手身上浇洒肉汁，让选手从头到脚都浸润在红褐色肉汁中。选手在赛场上角斗拼搏的同时，观众们时时笼罩在浓郁的肉香之中。

83. 胖人的体坛争胜

体育竞技并非只是身体矫健者的专利，很多肥胖者为减肥也开展多种形式的锻炼。胖人进行的一些比赛更是别开生面。

在意大利的卡诺凡城，经常举行一项独特的胖子赛跑。参加比赛的人体重必须在100公斤以上，跑程为400米。当参赛者跑完一半后，限定休息5分钟，然后继续跑完全程。在一次比赛中，冠军的获得者竟是一位体重140公斤的60岁老者。

肥胖者多为大腹便便。澳大利亚兴起一项撞啤酒肚比赛。比赛在4米直径的圆圈内进行。比赛时不得动手、动脚，只许以肚子碰撞，被撞出圈外算负。33岁的潜水员杜塞，体重165公斤，以有力的大肚子横冲直撞，一举夺魁。

加拿大举办了一次别开生面的胖子跳水比赛，它被称为"肚子先着水的像炮弹一样下沉的世界锦标赛"。参赛者入水时，以肚子溅水花高、拍水响声大为优。许多个头高大、体胖肚圆者都来一显身手。参赛的美国人帕特体重竟达200公斤。

在巴西圣保罗市举行了一场别致的足球赛，比赛只进行了10分钟，但绿茵场上参赛的两队选手却一个个累得气喘吁吁，汗流浃背，几乎瘫倒。原来在球场上踢球的都是体重100公斤以上的大胖子，举行这场比赛是为了选拔一名狂欢节上"王子"的扮演者。

日本举行了一场胖女子蹦床大赛，参赛的女选手们体重规定为75—90公斤。这些胖女子，虽然有的上蹦床还要用人帮扶，但她们蹦起来却高低自如，能做出空中分腿、俯身跳起等难度很高的动作。动作颇具美感，引起台下观众阵阵喝彩。

日本相扑是一种角力格斗技，有75种技法，被尊为日本"国技"，已有1300多年的历史。职业相扑运动员称"力士"，一个个身高体胖、膀大腰圆，体重为110—150公斤。比赛时几乎全裸的两个大胖子，在直径4.55米圆形"土表"上扭抱一起，角逐相撞，极富戏剧性。日本人喜爱相扑运动，出类拔萃的相扑选手一直受到日本国民，尤其是青少年的崇拜。

世界大力士比赛起源于美国，历年创造的许多纪录载入《吉尼斯世界纪录大全》。大力士比赛的参加者，个个具有巨大的骨骼框架，长得人高马大、虎背熊腰，为此肥胖强壮是进行大力士较量的先天条件。为满足比赛的需要，他们大都猛吃高热量食品。在尝试了各种运动比赛后，大力士们来到争霸赛场，扔啤酒桶、水上拔河、举鼎、搬重物、拉汽车，甚至拉动百倍于体重的飞机，让人惊叹于他们的力量。

84. 好玩的掷赛

在世界的一些地方，举办有不少以“掷”比高低、决胜负的比赛呢。

美国纽约市有一种“掷冰块”比赛。比赛要求每两名参赛者将一方冰块在融化前互相投掷接住，以次数多者为胜。11 岁和 14 岁的费尔兄弟以掷接 743 次夺冠。但不久，普雷维茨兄弟就刷新了这个纪录，掷接了 1043 次。

美国一些州在开展“掷马蹄铁”比赛中不断创造出赛事新纪录。加利福尼亚州一个 6 人组成的团队，连续不停地投掷马蹄铁，总共达 120 个小时。在北欧一些国家也有掷马蹄铁比赛，但那里比赛是比谁掷得准。

第 2 届世界“掷马桶”锦标赛在美国加利福尼亚州举行。马桶使用统一型号的陶瓷马桶。这一届比赛男女两组的冠军都创造了新的掷马桶世界纪录。男子组冠军掷出 8.13 米，女子组掷出 4.55 米，各获 200 美元奖金。

在芬兰锡利尼亚尔维市，经常举行一种“掷鸡蛋”比赛，两名选手以 96.9 米的成绩保持着掷鸡蛋世界纪录。掷鸡蛋并非易事，将鸡蛋远远掷出，对方须稳稳接住，还要避免在手上开花，才能计算成绩。

在澳大利亚经常举办“掷飞镖”比赛，还举行过掷飞镖世界锦标赛。所用的飞镖用硬木制成，呈弯曲形，曾是土著人用来狩猎的武器。掷飞镖比赛吸引人之处在于，选手掷出飞镖，向前绕过 20 米外标记，要能准确再飞回原处，故又称“飞去回来”。当飞镖飞回到 11 米、7 米、3 米圈内，可分别得 2 分、4 分和 6 分，若能接住掷出飞回的镖，可再加 4 分。比赛以三次掷飞镖得分加在一起总分高者为优胜。

在澳大利亚有一项“掷靴子”比赛。选手将靴子掷出，以靴子落点计算成绩。比赛有严格的规定，有固定的靴子型号和重量，投掷时遇到顺风则成绩作废。近年来这项比赛活动已传至欧洲。

在澳大利亚一些州的农业展览会上，还会举办一项“掷麦捆”比赛。麦捆是一包包塞满燕麦秸秆的麻袋，重 3.6 公斤，选手要用两齿叉把麦捆掷过 16—18 米高的横杆，在一定时间内，以掷得多者为佳。这要有很好的耐力，并掌握好节奏。为了决出冠军，有时比赛要持续好几个小时。

瑞典果特兰岛南部的民众，热衷于进行“掷原木”比赛。比赛用的原木长 4 米，重 25 公斤。每当比赛时，当地人踊跃助威加油。一位叫松德曼的男子，以 9.49 米保持着掷原木的最好成绩。

如今欧洲又出现了一种“掷手机”比赛。无论选手投掷何种手机，采用任一姿势，只要把手机扔得最远，就能获得冠军和嘉奖。目前一位英国人掷出的世界纪录是 94.97 米。

85. 有趣的水赛

一些传统的体育项目，如果和水结合就会成为别致有趣的新型竞技活动，吸引人们参与和观赏。

水上排球是近年来在欧洲流行的新兴体育项目。这种在游泳池中进行的排球比赛，也是采用6人轮位制，比赛规则和打法与正规排球赛大同小异。所不同的是，这项运动对运动员的技术要求更高，他们在水中不仅要具备灵巧的传球、垫球、发球、扣球、拦球技术，而且要有良好的泳技。

水上篮球是德国泳联推出的一个新型运动项目。在游泳池内两边设置充气的浮体，安装篮板和篮筐，就形成了一座“水中篮球场”。浮体和篮板便于移动搬运，还可放置在湖面江河中。为防止水深漂动，可在下面坠以重物固定。这项运动兼有水球和篮球的韵味，别具一格，又很好掌握。比赛规则也很灵活，比赛时间、上场人数和一些细节，都可由参赛双方事先商定。

在俄罗斯莫斯科的一家俱乐部开展了一项水下摔跤比赛活动。比赛时运动员头戴装有呼吸软管的面罩，挂上负重带，下到游泳池里。双方徒手相搏，奋力把对方推出限制线外，或使之贴到池壁上，或置之于地30秒，便获1分。每局比赛为3分钟。规则禁止击打、抓呼吸管等，裁判和运动员有义务相互保护。

在水中慢跑和跑步是流行于美国的一项运动。跑步者身穿一件水中跑步背心，头部即可浮出水面，还能使人保持身体前倾的姿势，就像在地面上跑步的姿势一样。在水中慢跑，脚接触不到地面，可减少脊椎、脚部的运动伤害发生率，又是一种很好的减肥方法。

在美国、日本等国家，还开展了一项水面竞走竞赛运动。运动者两脚各套一只滑水板，其板用浮力很强的夹层泡沫塑料制作，面积大小以运动者能浮走在水面上为宜。运动者两手各撑一支划水杖划水并平衡身体，在水面上踏走前进。这项水面竞走运动，颇受青少年喜爱。

与水相关的比赛多种多样。土耳其有位叫亚丁的游泳爱好者，嬉水爱水，有一次在水中足足泡了43个小时。其间，他吃了14块牛排、12块巧克力、20片夹肉面包、10瓶橘汁、8磅桃子、4罐蜂蜜。创造了水中停留和进食的吉尼斯世界纪录。可是不久，美国人维克和基库里奇就双双打破了他的水中停留纪录，他们在水中竟泡了108小时。意大利有个“水下击剑队”，在地中海水域进行了一次击剑比赛，数十名剑客逐对在强光灯下各厮杀了15分钟。更有趣的是在海底举行国际象棋赛了，澳大利亚两位国象大师全身披挂潜入海底，摊开防水磁力棋盘，鏖战了两小时，有3位棋迷也身穿潜水服下到海底观战助兴。

86. 汽车大赛

汽车是现代社会最为重要的代步和运输工具。形形色色的汽车在给人带来便捷的同时,在竞技场上还能一比高下,让人乐于观赏呢。

当汽车还处于发明和改型更新阶段,1894 年,在法国巴黎举行了世界上第一次汽车比赛。路线是从巴黎到莱茵,然后折返回巴黎。参加比赛的汽车共有 102 辆,包括汽油车、酒精车、蒸汽车、电动车等。通过比赛,只有 9 辆车抵达终点,蒸汽车轻而易举获得第一名,但时速仅为 24 公里。自此以后,欧美等国家每过几年便会举行一次汽车比赛,并逐渐出现了早期的赛车。

澳大利亚自 1987 年首次举办世界太阳能汽车拉力赛,赛程全长 3200 公里,几乎纵贯澳大利亚国土。在 2003 年比赛中,荷兰制造的太阳能汽车夺冠,这辆车子用时 30 小时 54 分钟跑完全程,最高时速达到 170 公里。

英国伦敦市每年都要举行一次"老爷车"比赛,参赛的车辆都是过了时的老旧汽车。各式各样的老式车排在一条线上竞驰,总能吸引众多观众到场观看助威,连皇室成员也分乘时髦轿车前来观赏。令人忍俊不禁的是,有些赛车需由人推上一段路才能发动并跑起来。

美国夏威夷檀香山市交通比较拥堵。一家报纸为了解何种交通手段最快,组织了一次"交通车较量赛"。参加比赛的有长跑运动员、出租汽车、小汽车、自行车和公共汽车等。比赛结果,出租汽车跑第一,其次是小汽车,然后是骑自行车者、长跑运动员,跑最末的是公共汽车。

美国和德国等国开展了一种新式足球运动,参赛的运动员不用脚踢球,而是要开动着甲虫形状的汽车追击足球,把球撞进对方球门。这种比赛用球比一般足球大很多,而且经挤压、耐碰撞。场上的运动员也都头戴防撞头盔,车身四周也加装了防护设备,以防相撞时发生意外。

1988 年,在西德曾举行了一次撞车大赛。由于比赛属"破坏性"缘故,政府已决定以后不再举行,致使这"最后的疯狂"颇具规模。撞车赛分男女两大组进行,每场有十多辆旧车乱冲乱撞,比赛以撞击次数多为优胜。尽管有的车给撞得四轮朝天,但并未发生意外,因为赛场选在了泥泞地,车速低,车子都拆除了玻璃,加装了种种防护设施。

世界上超长距离的汽车比赛,是东非的"萨法里"汽车马拉松赛。这项比赛从 1953 年起,每年举行一次,路线长达 6000 公里,途经肯尼亚、乌干达等国家。1977 年,新加坡组织了一次更长里程的汽车马拉松赛,路线从英国伦敦至澳大利亚悉尼,全程达 31000 公里。

87. 摩托车比拼

两轮摩托车出行方便，轻巧灵活。由摩托车生发出的一些竞技比赛，一直受到人们的喜爱。

摩托车和潜泳并无共同之处，瑞典人奇厄利斯特勒姆却把二者结合了起来。他发明制成一辆可在水中骑行的摩托车，穿上潜水服可沿河驾驶这辆摩托车奔驰。潜水摩托车出现后，受到不少人喜爱，很快就有人操办起潜水摩托车比赛了。

在北欧一些国家，流行着一种骑摩托“滑冰”赛。比赛用的摩托车与普通摩托车的不同之处，主要是前者轮胎上装有5厘米长的钢钉，用于刹车。比赛时，摩托车在直道上的最大时速可达140公里，即使是转弯时时速也在100公里以上。骑摩托滑冰场面惊险，有不少喜欢寻求刺激的青年热衷此道。

在欧美等国家流行着一种摩托车障碍跳远比赛。运动员驾着摩托车飞驶冲向起跳板，然后腾空飞越过横列成串的小汽车，看谁飞越的车多。由最初的22辆，跨越越来越多。如今又从飞越98米，创纪录地达到了118.97米。1975年出生的中国小伙朱朝辉，曾成功驾驶摩托车飞越黄河。另有一名大连男子曾倒骑摩托车飞越长城。

在奥地利阿尔卑斯山和加拿大洛基山一带，经常有摩托车运动员驾车在崎岖的山地间翻山越岭，举行摩托车登山赛。健儿们在规定的路线上，穿越峡谷、陡坡、岩壁和乱石堆，有时还要涉过水流湍急的溪流。摩托车登山比赛分150公里和250公里两项，沿途设有数十台监督站，一旦有运动员坠落或陷入困境，便有人速去施救。

40岁的美国人戴维斯，既喜爱摩托车运动，又钟情跳伞。于是他把这两项运动融为一体，骑着摩托车跳伞。当人驾车驶离飞机机舱后，一张特制的降落伞打开，摩托车以时速40公里的速度落向地面。摩托车的发动机一直高速运转，车轮一着地，又快速在地面向前奔驰起来。

瑞典十分重视摩托车运动，为了培养优秀的摩托车选手，他们从儿童抓起，有目的有计划地进行训练。瑞典曾多次举行幼儿摩托车比赛，参加者的年龄在5—10岁，他们驾驶着特制的幼儿摩托车，有模有样疾驶争先，个个身手不凡。

法国有位最老的摩托车运动员让·戴鲍莎姆。在她99岁高龄时还驾驶摩托车骑行了500多公里。在她100年的生活中，有74年未间断驾驶摩托车，而且从来没发生过任何事故。她在庆祝百岁诞辰时表示：还要再驾驶她喜爱的“达扬”摩托车，在法国大地上再飞驶几年。

88.自行车竞驰

骑自行车出行方便,健身又环保。在世界的一些国家开展着不少用自行车竞驰争先的比赛活动哩。

澳大利亚厂商研究生产出一种可在水面骑行的自行车,并在佩思举行了人类史上第一次水上自行车赛。这种自行车是三轮的,车体也大。17 名水上骑行好手参加了这项比赛。来自悉尼的劳伦斯第一个骑达终点,他的 3 公里角逐成绩是 5 分 29 秒。

美国还曾举办过水中自行车马拉松赛。所用的车也是三轮自行车。选手要穿潜水服入水蹬骑。冠军在水底行驶了 64.96 英里,用了长达约 60 个小时。

日本有一项传统的骑自行车敲木牌比赛。相传这是模仿幕府时代武士们进行骑射比赛而流传下来的。比赛时,在 200 米跑道内立有十几个木架,上挂圆木牌。号令发出,选手各蹬自行车,手持小木槌,争先恐后向前,挥槌向着一块块架上木牌敲击,然后再蹬向终点争胜。

在美国一些体育爱好者中开展着一项自行车滑坡比赛。他们所骑的轻便自行车无脚蹬,先要把车扛到高处,然后骑上车靠人和车本身的重力,沿着下坡道快速向下滑行。由于修有专用的滑车跑道,对骑车人的安全有一定保证。自高处向下滑落,自有其独特的趣味。

欧洲开展着一种自行车足球赛。比赛场地较小,长 14 米,宽 11 米。每方连守门员在内仅 3 人。除守门员可用手、脚触球外,另两名队员只许用车轮驱动足球,射门也靠翘起前轮来“敲打”。这种足球称之为“轮球”,似乎更为贴切。

旅行到达北极圈已属不易,更不用说从欧洲中部骑自行车做这样的行程了。1983 年冬,30 岁的捷克斯洛伐克人巴维尔·克鲁斯,骑自行车从布拉格启程,用了 14 天时间,行程 800 公里,到达了芬兰北部的罗瓦涅米城(北极圈在该城偏南处划过)。巴维尔历尽艰险,是在厚厚的积雪中通过瑞典斯德哥尔摩的。平均每小时仅骑行 7 公里。北方的冬季夜长昼短,因此他的这次旅行,大部分时间都在黑暗中度过。

1986 年 2 月的一天,为呼吁治理环境污染,墨西哥城举办了一场规模盛大的自行车比赛。清晨人们从四面八方汇聚到了比赛出发地点,参加比赛活动的人数超过了 45000 人。活动开始,自行车的洪流涌上大街,看不见头尾。由于停止了一切机动车在大街上通行,看不到卡车、公交车和小轿车的踪迹,听不到马达轰鸣。沿途挂满了保护环境的标语和宣传画。人们骑着自行车欣赏着古城的优雅风貌,倍感快乐轻松。

89. 骑赛驾车拾趣

骑驾动物竞驰争先,是人们乐于观赏的竞技项目。在骑驾动物比赛中,以骑马争胜的花样最是繁多。

在阿富汗北部地区,赛马抢羊是传统的竞技娱乐活动。参赛的两队,各有骑手二三十人。先将一只无头的小黑羊放在一篮筐内,置放赛道前圈内。号令一发,两队人都纵马冲向前去,抢到羊后,要围绕广场跑一圈,同队的人要保护他手中的羊不被反夺回去,将羊重新放回圈内为得分。这场抢羊和争夺的激战要进行多个回合。获胜的骑赛高手广受爱戴。

在印度尼西亚经常举行传统的跑牛比赛。比赛在一块方形的大草地上进行。参赛的牛在前一天便由主人兼骑士带到赛场。晚间主人守在牛身边,用笛子吹奏动听的乐曲,让赛牛安睡。比赛预备信号响起,满身装饰着彩带和铃铛的赛牛各就各位,小白旗一挥,比赛开始,骑士抽鞭策骑,群牛奔驰争先。颁奖时,获胜的牛脖子上挂满了奖章、绶带,看起来比它的主人还要神气十足。

在我国台湾澎湖地区,有一项春季旅游观光活动,常以"驾牛车比赛"作为序幕。比赛分为速度竞赛和趣味竞赛两种,速度竞赛赛程为 200 米,以驾车跑完全程用时评定成绩。趣味竞赛赛程为 100 米,以跑完全程,及通过载重、绕筒、过窄门障碍等所耗时决定胜负。在多达几十个队驾牛车比赛竞技中,还穿插了大鼓阵、舞龙舞狮表演。每年都吸引大批国内外游客前来观赏。

澳大利亚的赖依特林格市,有一项传统的驾牲畜拉车赛跑,每年圣诞节前于市内主要街道上举行。沿途观众呐喊助威,热闹非凡。一只得名弗列德的山羊,驾车以 17 秒的时间跑完 120 码(约 110 米)的距离,取得了超越马车的好成绩。

在美国科罗拉多州的斯提波特镇,当地居民开展着一种传统的骑锹比赛。这属于一种滑雪技巧运动,选一把铲雪的大铁锹,锹把系绳索,绳的另一端套在马上,人骑锹板上,马带着坐锹的人滑跑。一位老练的"骑锹手"时速达到 58 公里。

美国阿拉斯加盛行一种女子长距离狗橇赛,女选手们驾着狗拉的雪橇,从安克雷奇出发,冒着风雪严寒,穿越冰冻山区,跑完 1863.2 公里,到达诺姆。1988 年,33 岁的苏姗历时 11 天 11 小时 41 分钟夺得第一名,这已是她的"三连冠"。

在美国俄勒冈州本德城外一处山地,举行了一次骡子登山比赛。比赛时选手们骑着骡子奋力登山,距离为 1 英里(1.6 公里)。途中骡子可以停下来饮用啤酒,但骑手必须坐在骡背上等候。参赛骡子共 31 头,一头名叫"里斯"的骡子以 9 分 33 秒最先登顶。

90. 驾驭动物比赛

能驾驭的动物有马、牛、骆驼、大象等。在世界的一些地方，人们也尝试驾驭一些奇特的动物，还组织了有趣的比赛哩。

骑鸵鸟赛是流行于非洲的一项运动。鸵鸟不会展翅飞翔，但它奔跑起来速度并不慢。北非地区在搞庆典活动时，常举办骑鸵鸟比赛，以增添喜庆气氛。比赛时，鸵鸟背负着六七十公斤重的骑手，仍能维持 60 多公里的时速。比赛距离一般为 8 公里到 16 公里不等。在激烈的骑鸵鸟比赛中，常常要以鸵鸟嘴先冲过终点线来决定胜负。

居住在北美洲西印度洋群岛的居民，闲暇时常举行骑鲨鱼的比赛。他们对附近海域活动的鲨鱼习性多有了解，能辨别哪种鲨鱼性情温顺，不会伤人，便于每年 9 月举行骑鲨鱼比赛。比赛开始，一声令下，参赛选手争先恐后扑入大海，入水后各自寻找一种可骑的鲨鱼，骑在它的背上，游向岸边，谁首先抵岸，即为优胜者。骑鲨的另一种比法是，驾驶这些“海上魔王”，在波涛中看谁骑的时间最长。

骑公牛是美国牛仔文化的一个标志。美国亚利桑那州普雷斯特拓荒日，成为世界上最古老的牛仔竞技节，自 1888 年以来已是体验美国西部牛仔文化，感受牛仔风情的绝佳之地。在每年的竞技节上，都会举行骑公牛大赛。盛装打扮的骑手伏坐牛背，一任暴烈的公牛狂颠奔窜，以一手挽缰，坚持坐牛背时间最久者为优胜。

美国一些州都举办过少年儿童骑绵羊比赛。得克萨斯州专门举行过 4 岁儿童骑绵羊竞速比赛。4 岁的儿童倒骑伏在绵羊背上，两手抱紧羊肚子，一任绵羊狂奔。在规定的距离，以用时最少为佳。

在我国河南郑州，有头公猪长到体长 2.1 米，重 750 公斤。这头猪性情温和，任人坐骑。驮着一个大人仍走动灵活自如，并且不忘悠闲地寻草吃草。

奇特的动物之骑还有很多。美国宾夕法尼亚州曾举行过骑非洲斑马大赛，在美国有人还骑鳄鱼、骑海豚；南非举行过骑长颈鹿、骑河马比赛；中国和蒙古举行过骑牦牛比赛；芬兰有骑驯鹿比赛；南亚有骑水牛比赛；阿根廷则有人较量骑狮子。

塞舌尔群岛是世界著名的旅游区，在那里常举行骑象龟赛跑。在指定赛场，每人骑上一只象龟，用长棍挑着食物引诱象龟向前爬行。尽管“骑士”很想取胜，象龟就是漫不经心，甚至停爬或向左右乱爬。能在半小时内，让象龟向前爬行 10 米，即算获胜。

91. 趣味船赛

在世界一些地方，开展着不少民间体育竞技活动，其中的“船赛”，尤为样式繁多，趣味横生。

在日本东京北部的利根川，每年都会举办几次水上猜测赛。比赛规定参赛的小船都由赛手自造，船的形状不拘一格，可以稀奇古怪，但不得使用汽油发动机，以免污染河水。规定中特别有一条：禁止携带任何钟表上船。这看似荒诞，却与猜测赛相吻合。船赛的趣味之处就在于要准确预测出小船在两座桥之间行驶15公里所用的时间。一艘荣膺冠军称号的船主，实际用时与预测的时间，仅相差30秒，为历届比赛中所罕见。

哥伦比亚的桑坦德市也有一项奇特的划船赛，其新奇之处在于它设置了一项特别奖，奖给参加比赛的船只中最奇持的一艘。当250艘船一进入赛场，观众即被它们古怪的款式所吸引：有带轮的独木舟、有手划的海盗船、有上悬气球的卡车型小艇，还有城市汽车型的木船等，五花八门，煞是壮观。夺得比赛头奖的，是一艘由一对新婚夫妇划坐的床船。这艘船上铺着床垫、被褥、枕头、毛毯等床上用品，夫妻俩穿着古装睡衣，手摇船桨，悠闲自在，如同正度蜜月。他们的床船获得一致好评。

在芬兰和瑞典的界河上，有一项“北极独木舟赛”。这是一项马拉松式的划独木舟比赛，航程达537公里。在蛮荒之地，参赛者需要克服种种困难，是一种比毅力、耐力和勇气的比赛。比赛为期一周，每次比赛都有德国、比利时、法国、英国、爱尔兰、瑞典和芬兰的几十名独木舟比赛爱好者报名参加。

加拿大开展着一项“国际洗衣盆漂行大赛”。参赛者乘坐自选的木制家用洗衣盆沿河顺流而下，看谁航程远、航速快。一名澳大利亚选手曾在1小时29分钟内漂行了54公里。

法国在与意大利交界的一条河上，会举行一项划浴缸比赛，赛程为500米。每年都会有各国几百名参赛者携带木制或轻型塑钢的浴缸参赛。一声令下，划手们便划桨驱动那些不同颜色、不同样式的浴缸破浪争先。浴缸倾覆，划手落水，是常见的事，夺标便无望。但划手们并不在意，他们会摆好浴缸，坐上去再划，以充分享受参赛的乐趣。

在澳大利亚北部，每年都会举行一次独特的“瓶船”比赛。比赛时，选手乘坐的“船”都是自己用各种瓶子绑扎而成的，驾驶“瓶船”先到达终点为优胜。在加拿大的新科斯舍，也举办有特殊船体的争先赛。一位叫迪尔的农民，将一个重1600磅的大南瓜掏空，坐上去划桨，在赛舟会上大出风头。

92. 另类“马拉松”

马拉松长跑比赛以距离远、时间长而著称。在另外一些体育项目中，也产生了不少以耗时为多的比赛记录。

1977 年，在法国昂古列姆市举行了一场创纪录的室外“马拉松足球赛”。比赛进行了 35 小时零 1 分钟。比赛中每隔两小时场上队员可以小憩 10 分钟。看台观众则是不断更迭。接着爱尔兰人不甘示弱，又组织了一场室内马拉松足球赛，耗时长达 65 小时零 1 分钟。1979 年，南斯拉夫两支足球队再进行一场马拉松式较量，竟踢了 4 天零 5 小时。

1974 年，在澳大利亚南部，海滩大学的两支篮球队进行了一场“马拉松篮球赛”。比赛中反复轮换场上队员，连续打球达到 200 个小时。

1978 年，联邦德国的两个排球队，举行了一场“马拉松排球赛”。队员不停地轮换上场，发球、击球、扑救，比赛时间长达 51 小时 5 分钟。

1977 年，美国佛罗里达州的乒乓球运动员华尔和斯佩瑟之间进行了一场单打“马拉松乒乓球赛”。这场比赛共进行了 120 小时 30 分钟。

1978 年，新西兰垒球协会的两支垒球队，开展了一次“马拉松垒球赛”。两队队员你击他打，互不相让，比赛足足打了 51 小时 5 分钟。

1978 年，英国凯泼海尔游泳俱乐部，组织了两个水球队，进行了一场“马拉松水球赛”。两队队员泡在水池里攻防不已，一连比赛了 63 小时 13 分钟。

1975 年，英国的汤姆斯完成了一次“马拉松步行”体验。他不停步地走完 314.33 公里路程，共耗时 123 小时 28 分钟。

1974 年，法国的里夏尔创造了一项“马拉松竞走”纪录。在巴黎到斯特拉斯堡之间，以 63 小时 29 分钟走完 523 公里路程。

1977 年，在英国班夫郡达夫城一家柔道俱乐部里，两位柔道选手进行了一场旷日持久的“马拉松柔道赛”，历时长达 200 个小时。

1980 年，美国新奥尔良市两位拳击家鲍尔恩和布尔卡，进行了一场“马拉松拳击赛”。他们共打了 110 个回合，进行了 7 小时 19 分钟。两位拳手旗鼓相当，最后握手言和。

1983 年，在美加边境的佛蒙特举行了一场冰上“马拉松速滑赛”。赛程为 200 公里。荷兰的一名律师克鲁伊佐夫，以 74 小时零 43 秒的成绩获得冠军。这是他连续第 8 年获得这一赛事的冠军。

93. 残疾人的“马拉松”

马拉松比赛全程 42.195 公里，没有充沛的体力、顽强的毅力是难以跑完全程的。而一些残疾人面对漫漫长途，毫不示弱，历尽艰辛，书写出一页页令人惊叹的“马拉松”纪录。

1983 年，在日本大阪举行了一届全日本盲人马拉松赛。竞赛有 5 公里、10 公里等 16 个项目，参加者共 177 人，年岁最小的 14 岁，最年长者 69 岁。比赛人员分两组，一组需要伴跑，一组不要。在伴跑队和家属的鼓励下，134 人跑完了全程。51 岁的三原正一以 53 分 1 秒的成绩跑完了 10 公里，同健康人的成绩不相上下。

缺腿少脚的残疾人坐在轮椅上，也是可以“跑”完全程马拉松的。美国曾多次举办轮椅马拉松赛，1981 年，在波士顿举行的轮椅马拉松赛中，参赛的残疾人有 50 人，其中有 49 人坚持“跑”到了终点。接着在北卡罗来纳州举行了一次规模更大的轮椅马拉松赛，参加者超过了 150 人，比赛沿途有数十万观众热情为参赛者鼓掌喝彩。1982 年，澳大利亚主办了一次“轮椅马拉松国际大赛”，参加的运动员来自五大洲共十多个国家，有 460 多人，年龄最小的马拉松轮椅选手仅 11 岁。夺魁选手的成绩不到 2 小时，超越了健康人的马拉松长跑最好纪录。

美国一位曾患有小儿麻痹症的妇女林德，拄着拐杖，参加了 1982 年举行的纽约马拉松赛。她的成绩是 11 小时 54 秒，成为跑完全程 13528 人中的一员。当 25 岁的林德拄杖迈步不停，气喘吁吁，抵达终点时，位于终点处的中心公园已沉浸在朦胧的夜色中。

1986 年，在美国纽约举行的马拉松赛上，40 岁的美国人鲍勃 · 威兰，于发令枪响后 98 小时 48 分 17 秒越过了终点线，成为这项著名大赛的第 19413 名。他不仅战胜了近 600 名中途退赛者，而且创造了一项奇迹：用双臂而不是双腿“跑”完了马拉松。威兰在越南战争中失去了双腿。参赛时他坐在一个 15 磅重的皮垫子上，双手戴着他戏称为“1 号跑鞋”的皮套子。他以强健的双臂当拐杖，撑地跃进。每撑一次跃前一米，全程共“跑”了 46000 多“步”。威兰的体力和耐力是惊人的，他连续“跑”了近 40 个小时，才停下来打个盹。他在比赛进入到第四天的时候，“跑”到了纽约第五跑道，开始向终点冲刺。他一边前进，一边大声呼喊：“比赛没有结束，我来了！”工作人员见状，赶快把早已收起的计时器和终点线放置好。威兰在观众的欢呼声中“冲”过了终点线，就此成为马拉松比赛“跑”得最慢的人，但他也是第一个以手征服马拉松的无畏勇士。

94. 别开生面的足球赛

足球有“世界第一运动”之称。除举行正规比赛,在一些国家和地区还开展着种种别开生面、独具特色的足球赛,让人觉得新奇、有趣。

在太平洋的拉罗利岛上,由于气候炎热和地理条件的限制,当地的足球赛通常在椰树林中举行。比赛中双方队员奔跑于林间,争夺虽激烈,但他们都很注意不将球踢得过高,以免撞下成熟的椰子,砸到脑袋。有趣的是,在裁判裁决下,比赛一般都会以平局而告终。

加拿大和阿拉斯加的爱斯基摩人,十分喜爱在雪地或冰上进行足球比赛。他们踢的球,是在皮革里塞满苔藓、草、鹿毛和砂土。球赛通常在两个村庄之间进行,进村的路口就是“球门”。“球场”之大可长达 10 英里。比赛中男女同踢,以球始终远离自己的“球门”为优胜。

英国开展着一种障碍足球赛。他们在足球场上放置几十个跨栏的栏架,运动员在比赛时,既要不时跨栏,又要顾及传球、接球、攻门。撞倒栏架即为犯规。由于场地设置了障碍,运动员的表现失态,动作变形,却让观众们看得别有情趣。

在匈牙利南部平原上,一年一度都要庆贺“牧夫与骑手节”,活动期间有个主要内容是举行“马上足球赛”。比赛中两队选手驾驭马儿往来奔驰,催动马匹腾起后腿去踢踏一个直径 1 米的硕大编织圆球。纵马传球、接球、射门,比赛场面争夺激烈,吸引着成千上万观众呐喊助威。

美国华盛顿州有一支西雅图足球队,队员都是只有一条腿的残疾人。这支球队每周都和一些大学里健康的大学生进行足球比赛,但限定大学生们必须架起拐杖,以单脚踢球。这一来,比赛的结果往往是大学生踢不过残疾人。

在希腊一所盲人学校里,经常进行足球比赛。盲人少年能熟练地传球、接球、头顶球和射门,踢得有板有眼。盲人踢球的奥秘在于球内装有 6 个小铃铛,球一滚动,就发出清脆响亮的铃声,让盲人便于掌握球的方位和去向。

在瑞士一个足球场上,两队消防队员身着防火衣,戴着防毒面具,背着氧气瓶,全副武装奔跑抢球、带球、射门。这是一种训练,也是一种娱乐,引起了看台上观众的极大兴趣。

在日本的神奈川县,举行了一场母子足球赛。对垒的一方是小学六年级学生组成的“神鹰”儿子队,另一方是同年级学生的妈妈们组成的“宇宙”妈妈队。比赛中妈妈对儿子不讲谦让,儿子对妈妈也毫不脚软。最后儿子队以技术上的优势获胜。

95. 精彩的耍球

许多足球、篮球运动员在比赛和训练之余，常爱把球耍玩一番。有些人对耍球情有独钟，乐此不疲，还创造了大批吉尼斯世界纪录哩。

1980 年，古巴颠球高手赫尔南德斯参加一次表演，在 30 秒时间内，用头颠球 169 次，成为一分钟内世界最快颠球 338 次的第一人，荣登《吉尼斯世界纪录大全》。中国成都小伙王楚，在锦州大礼堂举行的球技比赛中，以 40 分钟内用头颠球 5207 次，创造了另一项吉尼斯世界纪录。一位英国 17 岁的少年海里拉洛，更是创造了连续用头顶球 12100 次不落地的世界最好成绩。不久，一位居住于美国的 23 岁匈牙利足球运动员哈拉斯，在众目睽睽下表演耍球技艺，他在 2 小时 7 分 40 秒内，用头颠球 13275 次，未使球落地，这一纪录 30 多年来一直保持至今。

1977 年，爱尔兰一位名叫沃尔休的足球运动员，在公园里表演颠球，他用头、肩、胸、背、腹、腿、脚等身体不同部位触球、颠起，创造了 2 小时 3 分 30 秒球不落地的纪录。1980 年，有 20 年球龄的瑞典足球名将帕尔姆克维斯，在哈尔夫市创造了新的颠球世界纪录。他用头顶球、双脚颠球，连续 10 个小时未让球落地，共颠、顶了 80357 次。

在捷克斯洛伐克的普里叶维德查市，也有一位耍球高手苗利什科，他曾当过矿工和足球运动员，因年龄过大，不得不告别绿茵场。但他不想离开心爱的足球，便献身于一项有趣的项目——足球杂技表演。他不断提高自己的球技，能用头和身体各部位一边颠球，一边向前走，向前跑跳，并用 7 小时 29 分 20 秒跑完了 45 公里的路程，在前 20 公里内，他没让球落地一次。他的这项成绩被列入《吉尼斯世界纪录大全》。苗利什科除颠球走、跑，还能颠耍着球上下楼梯、跳华尔兹舞。他经常应邀参加各种体育集会，他的表演总能受到最热烈的欢迎。

喜欢耍足球的人为数不少，喜欢耍篮球的也大有人在。美国北卡罗来纳州有位叫费雅特维拉的小伙，经多年苦练，他能用前额、鼻尖、双手、膝部和足尖的 8 个部位，同时转动 8 个篮球。每逢他进行表演，都引起轰动。得克萨斯州也有位 25 岁名叫马克 · 哈维尔的小伙，他拍着篮球运球行走胜过旁人。在洛杉矶马拉松赛上，他拍着篮球疾行了 26 公里，就此跻身《吉尼斯世界纪录大全》。他还创造了另外一项纪录，即拍着篮球沿楼梯走上达拉斯一幢 50 层高的大厦，用时只是 6 分 05 秒。哈维尔对自己创造的纪录并不满足，他还有带球走上海拔近 6000 米的非洲乞力马扎罗山等计划。他表示，希望一直创造纪录，直至无能为力为止。

96.妙趣横生的比赛

世界各国的民间体育竞技活动形形色色,种类多样,有些竞技活动趣味横生,颇为引人注目。

美国缅因州临海地区盛产龙虾,当地人用木格板集装箱装运。此地常举行一种跨木格箱比赛。组织者将二三十个箱子连成一串,选手在上面快步跨越往返走,以走动时间最长、跨箱最多者为优胜。一名 14 岁的女孩曾创造了连续跨箱 2300 次的纪录。

苏联的黑海之滨举办有一种“车骑人”的比赛。选手们肩扛自行车,在泥泞的山路上行进,还要穿越茂密的森林和湍急的溪流。扛车赛虽然路途艰苦,却引起很多人的兴趣。这项比赛在周围地区也争相开展起来。

苏联的高加索地区在冬季还开展着一种“爬冰杆”比赛。在碗口粗的木杆表面泼上水,冻成一根“冰柱”,上悬奖品。参赛者要攀爬冰杆十几米乃至几十米,到顶端夺取奖品。这是一项传统赛事,每逢比赛必是观者如堵,助威声响成一片。

索马里每年都会举行几次沉游比赛。赛前要用绳索绑住选手身体,但不绑手臂,绳头另一端系在船上。然后选手一齐下水,最先解开绑身绳子上船的选手为优胜。为防意外,选手下水在 5 分钟之后未冒出水面的,就要把他从水中捞出。

美国阿拉斯加州的费尔班克斯有“爱斯基摩和印第安传统运动会”,运动会中的比赛项目都是来自爱斯基摩人和印第安人日常生活和劳动,深受当地人的喜爱。其中的“耳朵拔河”颇具趣味,参赛双方选手需用细线绕在一耳上,然后用力拉拽。选手以忍住疼痛,扯得对手放弃为优胜。

美国纽约帝国大厦有一项传统的爬楼梯比赛,号称为“奥林匹克爬楼梯运动会”。参赛的选手们要以最快的速度跑完 86 层,共 1576 个阶梯,这对体力是极大的考验。在 2010 年这届,共有 238 名男女选手报名参加。来自德国的托德以 10 分 16 秒的成绩赢得男子组的冠军,他也是连续第 5 年在这项比赛中称霸。来自新西兰的 40 岁女子穆恩,第一次参赛就夺得女子组冠军,她的成绩是 13 分 13 秒。

在俄罗斯莫斯科市中心的红场,2007 年举行了一场别开生面的“高跟鞋赛跑”。比赛由俄罗斯一家时尚杂志主办,规定参赛者的高跟鞋不能低于 9 厘米,报名参赛的 70 名选手要跑过 80 米距离。比赛结果最好的成绩为 13.52 秒,获得 10 万卢布(约合 3 万元人民币)的奖金。比赛除设速度最快奖,还有“最具品位选手奖”“最佳高跟鞋奖”“最顽强意志奖”等奖项。组织方还为每位参赛者买了意外险,这可不是多此一举。比赛中一位姑娘着鞋跟 12.5 厘米高的鞋子半途摔翻,伤了腿和肩部,即得到了很好的医疗和经济补偿。

97. 奇特的运动

大千世界，光怪陆离。在体育竞技场上，也产生了一些奇特的运动方式。

在美国华盛顿州的奥玛克地区，开展着一种极为惊险的骑马比赛。骑手要乘马从一个很陡的山坡上直冲山下，并要纵马渡过一段水流湍急的江面。不坠马和最先渡过江者算为优胜。

奥地利开展着一项“国际跃马体操赛”。比赛中由管马员挽缰牵马走圆周慢步，参赛选手从旁跃上马背，进行一系列体操动作表演，包括骑坐、全旋、侧腾越、站立平衡等规定动作，所有动作要在马绕行一周时间内完成。这项跃马体操与正规体操比赛不同，但更具趣味性和戏剧性。

法国萨瓦省山区一些跳伞爱好者，发明了一项“山峰跳伞”运动。跳伞者发现，当风力很大时，降落伞落地并不是收缩成一团，而是涨满了风，还可以再把人带到空中。这些跳伞者便选择大风天，测定风力和风向，先轻轻跳起，待风将降落伞鼓满，顺势从山峰跳下去，享受飘飘而下的快乐。

在中东阿曼的萨姆里特地区，开展着一项“国际陆地帆船比赛”。比赛在一片平坦的佐法尔沙漠地带上进行，有14艘利用风力行进的陆地帆船，并驾齐驱，竞驶在沙地上。行进时速最高达65公里。

雪橇运动在美国阿拉斯加的安克雷奇市已有多年历史。这里除了举行传统的雪橇冠军赛，还举行一项“乘雪橇跳远比赛”。参赛者乘着装有发动机的雪橇跳远，既要有非凡的勇气，又要有娴熟的操作技术。该项目的最高纪录是跳过一排靠紧的17辆汽车。

美国的一支通讯部队，为了消除士兵的恐高症，想出了一个新颖的训练方法，就是让士兵在高高的“电线杆顶部打排球”。新兵入伍就让他们攀上电线杆，以皮带支撑腰部，腾出双手进行发球、传球、击球训练。这种寓训练于娱乐的活动方式，对于帮助有恐高症的人逐渐适应高空工作，颇见成效。

法国人佩罗是一位勇于征服急流和瀑布的游泳运动员。他只身独闯法国、印度等大河急流瀑布。在美国境内的科罗拉多河泳行300多公里，“跌游”（在瀑布中出没）17处瀑布，进出11处急流险滩。在急流中一次次征服险恶，出奇制胜。

在墨西哥风景秀丽的阿卡普尔科海滨，举办有一项极受旅游者欢迎的“悬崖跳水赛”。自1948年以来，已先后举办了56届。在这项赛事中，几十名参赛选手要从38.40米高处的凯布拉达峰顶上，往深3.65米的海水中跳下。在悬崖的下方，岩石凸出6.4米，跳水者起跳时必须向前跳出8.2米，否则就有触岩的危险。这里的悬崖跳水比赛，被公认为世界最惊险的跳水赛。

98. 极限耐力竞技

世界各国传统的体育项目开展得红红火火。在一些地方,有不少人还热衷于进行极限耐力等各种各样的竞技,并创造了众多不俗的纪录。

葡萄牙消防队员维埃拉,当着 5000 名热心捧场者的面,蹬自行车脚蹬 191 个小时,打破了原 187 小时 28 分钟的纪录,成为荣登吉尼斯世界纪录的葡萄牙第一人。

新西兰的保尔·威尔逊,在运动场跑道拼命奔跑,他不是奋力前冲,而是背向终点向后跑,最终创造了百米倒退跑 13 秒 3 的世界纪录。

美国纽约 25 岁的男青年阿什里塔,于 1980 年在纽约中央公园接连翻跟斗 10 英里。他还创造了用手指顶着奶瓶步行 24 英里的纪录。几年后阿什里塔再次创造翻跟斗新纪录,他上午 8 点从马萨诸塞州列克星敦出发,连翻了 8800 个跟斗,于下午 6 点 40 分抵达波士顿,全程 19394 米。此举让他的名字列入了 1985 年出版的世界纪录名册。

美国加利福尼亚州男青年弗里曼,在一条人行道上大跳踢踏舞。在朋友们一路放鞭炮为他助威中,他一共跳了 7 英里长的路,打破了两名女子跳 6 英里的原世界纪录。

美国得克萨斯州圣安东尼奥的一名 3 岁男童马歇尔,创造了在两小时内做俯卧撑 1000 次的纪录。其父亨利是俯卧撑世界纪录保持者,在 1980 年曾 5 小时做俯卧撑 9075 次。他的纪录在几年后被接连打破。1987 年 7 月,美国人沃威克一天一夜创下了做俯卧撑 32251 次的纪录。仅过两个月,英国的 27 岁空手道教练林奇,在不到 24 小时内又创造了做俯卧撑 32573 次的新纪录。

1987 年,在瑞士的苏黎世举行了一场耐力比赛。奥地利的比利克夺得了水中忍耐不动的冠军,创造了在水中静止停留 6 小时 15 分钟的世界纪录。在另外一项耐力比赛中,一名叫塔科的青年,把自己的双腿当枕头,双手抱住屁股,保持这种睡姿 30 分钟 22 秒,创造了又一项世界纪录。

斯里兰卡科伦坡一位名安南达的人,在 1980 年以单足立地持续 33 小时,创造一项世界纪录。美国人维克斯,从 1974 年 3 月 9 日至 12 月 7 日,一直端坐在乔治亚州奥古斯塔一根高达 9.6 米的旗杆上,历时 273 天之久。这项纪录迄今无人打破。南斯拉夫人米吕坦,从 1969 年 6 月 24 日至 1970 年 9 月 30 日,在本国斯夫利尔格山的萨马尔洞穴里连续留置 463 天,创下了人类在地下停留时间最长的世界纪录。

99. 多样的民间竞技活动

在世界很多国家和地区，都各自开展着具有独特创意而风趣的民间体育竞技活动，吸引民众参与和观赏。

跳板活动在朝鲜有着悠久的历史，民间经常举行跳板比赛。跳板一般长 5 米，宽 30—40 厘米，垫木高 30—35 厘米。比赛分为单身腾空、轮番腾空和技巧腾空三种。依传统，选手参赛时身穿民族服装，腰束彩带，表演中做出对跳、旋转、套环等高难动作，惊险动人。

马来西亚在举行水上运动会时，都有一项捉鸭比赛。比赛前先准备好数筐活鸭。参赛的男女老少站在船头，一声哨响，鸭子放入水中，参赛者争相入水，追逐游鸭，以擒到多者为优胜。

在俄罗斯一些河湖地区，冬季水面结冰后常举行一种冰上赛马大会。来自各地的骑马好手，在长约 2000 米的冰道上驱马角逐，当地成千上万居民观看助威，比赛场面激烈壮观。

日本山形县开展着一项挑担滑雪比赛。参赛者要肩挑一根 3 米长的扁担，担子两头各挂一个重 7.5 公斤的坛子，然后跃身从斜度 20 度、长约 200 米的雪坡顺势滑下，以顺利挑担抵达终点、用时少为优胜。比赛妙趣横生，很受旅游者欢迎。

在印度尼西亚东加里曼丹的达雅地区，每年都举行鞭打比赛。比赛时两名选手双手各执藤鞭和盾牌，双方各寻机以鞭抽打对方背部。比赛结束，裁判检查点数双方背上鞭痕，以少者为胜。

德国巴伐利亚人喜欢开展指钩拉力赛。比赛时根据参加者的体重分成多个等级。比赛双方对坐桌前，使用一只手的中指拉一个金属环，把对方手臂拉过桌子中线为获胜。这种比赛既是体力的较量，又是意志的考验，精彩激烈，在加米施地区已形成锦标赛，至今举办了多届。

在加拿大北部生活的爱斯基摩人，每年七八月都举办文体盛会。传统的体育比赛包括手臂、手指、耳朵、嘴巴、脚趾拉重比赛，单脚、双脚踢高比赛，绳上技巧比赛，跪跳比赛，掷毯比赛，划独木舟比赛等。与体育比赛同时举行的是"好媳妇"比赛，比赛项目包括缝纫、生火、煮茶、杀鱼、晒鱼、剥兽皮、唱歌等。每届文体盛会都吸引来大批各国游客。他们置身于爱斯基摩人中，领略异地的古老文化传统。

我国各民族的民间体育活动，近年来开展得红红火火。海南白沙的黎族同胞在"三月三"盛会上欢聚民族中学操场，参加传统的民间体育比赛，项目包括"背媳妇赛跑""提水抗旱跑""巧夹槟榔跑""抢收抢种大比拼"等。这些比赛项目贴近生活，能体现出新农民的精气神。妙趣横生，让观赛的男女老少都着实乐了一回。

100. 请动物陪练

动物是人类的朋友。一些动物勇猛过人,一些动物机敏灵巧,还有些动物奔跑神速,各自具有特长。有心计的运动员,认识到动物的"运动健将"特质,拜动物为"师",请动物陪练,在提高技能上取得了很好的成效哩。

乌拉圭著名足球运动员安德拉德,是1924年、1928年奥运会足球赛和1930年足球世界杯赛冠军乌拉圭国家队的主力球员。安德拉德以球技精湛、动作机敏灵活,被誉为"黑色的金盏花"。他平时训练常用鸡陪练。他会把一大群鸡赶到球场上,接着就追赶抓鸡,左一下右一下,健步灵活,徒手抓到一只只鸡,放回鸡笼里。凭着这种奇特的训练方法,他练就了带球灵巧过人,矫健奔袭破门的绝技,带领球队连连获胜。

肯尼亚国家田径队的教练看中了鸵鸟这个"长跑专家"。他"邀请"一只训练有素的鸵鸟为著名的中长跑运动员凯奈和威尔逊陪跑。按照教练的安排,凯奈和威尔逊在练跑时须尽力抓住鸵鸟的尾巴,但这并不容易做到。鸵鸟总是不慌不忙地跑在运动员前方二三米处,当运动员加速,鸵鸟也加速,不让运动员追上它。经过大半年的鸵鸟"陪跑",这两名长跑选手的成绩都大有提高。

乌干达长跑运动员阿基长年拜斑马为"师",以追逐斑马进行训练。斑马四蹄生风,跑起来总是遥遥领先。阿基奔跑中奋力去抓马尾,却常常滑掉而不得手。但这种别出心裁的训练方式,提高了阿基的竞技水平,在比赛中阿基终于创造了800米比赛的世界纪录。

埃塞俄比亚马拉松运动员比塞拉,驯养了一头狮子,让它陪着自己练习长跑。起初比塞拉跑不过他的"狮教练",狮子跑到前边要卧等着他追上来。以后比塞拉越跑越快,及至可以和狮子比试一番。正是得益于以狮子为"师"的苦练,比塞拉获得了罗马、东京奥运会马拉松比赛的金牌。

美国重量级拳击运动员佩治,驯养了一只老虎。他经常戴上拳套,让老虎陪同他训练。他招呼老虎扑向他,借此练习出拳、步法。经过这样不断的训练,他拳术大有提高,曾在后面比赛中连胜14场。佩治高兴地说,这全是老虎陪练得来的结果。

美国的埃思夫妇都是著名的田径选手。他们常常和爱犬一起练习跑步。每次与爱犬赛跑,爱犬总是遥遥领先,但夫妇俩紧追不舍,他们的想法是:力争不落后太多。长期的以狗陪练、追狗训练,让埃思夫妇在东京奥运会上获得了短跑一金二银三块奖牌。

101. 选婿和民俗婚礼中的竞技

从体育比赛的优胜者中选择女婿,在婚礼上开展体育活动,是古今中外皆有之事。

远在古希腊时,一些富翁在奥运会期间就曾为选婿而举办多种体育比赛。据记载有个叫克列斯特列斯的大富翁,在选婿前宣布,凡愿做他女婿的男子可在两个月内提出申请,他已为他们准备了跑道和摔跤场。后来经过一年多的比赛,一位叫麦克列斯当的瑞典人成为富翁的赘婿。

在我国元代时,海都王的女儿爱扎路是相扑强手。她通过角力选婿,言明谁能胜过她就可以娶她为妻,负于她则要输 100 匹马。比试的结果,每次都以她家马厩又牵进许多马匹而告终。

在德国的施特恩贝格镇,人人喜欢下棋。男子爱上一位姑娘后,到女家提亲先要与女方家长较量棋艺。求婚者弈胜,会使主人欣喜异常,对他刮目相看;若求婚者棋下输了,那婚事也就别提了。

巴基斯坦的欠孜甘米人至今仍流行着一种饶有情趣的箭婚。年轻姑娘要选佳婿时,先准备几只用布缝制的"箭球",然后邀请几名对姑娘有好感的小伙子前来参加射箭比赛。比赛时每位男子向箭球射三支箭,如果成绩相同,则要把箭靶距离拉大,再行复赛。即使小伙子很受姑娘青睐,但射箭成绩糟糕,婚事仍会告吹。

非洲的希黑布人,凡是男子要入赘女家,新郎先要背上一块二百来斤重的花盘石到女方家中,以示健壮。新娘看新郎到来,把一个花环戴到新郎头上,然后二人站上花盘石履行婚礼事宜。

我国彝族青年举行婚礼时,常搞摔跤活动。婚礼的前一天,男方派到女家的迎亲人员里,必须有摔跤队。到新娘家吃罢酒饭后,第一个仪式就是摔跤对抗赛。虽是比赛,双方要互有胜负,以示情谊为重。

我国台湾雾台乡的鲁凯族同胞酷爱长跑运动。在娶亲婚礼上也以跑的形式进行。新郎要背起新娘跑出门外,来到族人为他俩举行庆祝舞会的广场,在歌舞声中接受祝福,再绕场跑完两圈,将新娘迎娶回家。

罗马尼亚民间有一种习俗,举行婚礼要伴随骑马比赛。男女双方预先都邀请骑马好手参赛,以优胜象征着谁是婚后美好生活的创造者。罗马尼亚还有民谚曰:"逢有婚礼,马要先哭三日。"可见婚礼中赛马的激烈程度。

马达加斯加的吉马那人,举行婚礼有一个奇特的仪式,游向深海。新郎新娘在亲友簇拥下来到海边,卸去婚装,只着泳衣,携手入水,向大海深处游去。在亲属的眺望中,经过约半小时他们游回上岸,在"婚礼歌"中再穿婚装,返回家中。

102. 独特的体育婚礼

一些新人标新立异,以独特的方式举行婚礼,在他们是难忘的时刻,也为人们所津津乐道。

美国一对新婚夫妇以潜水的方式举行婚礼。新郎新娘身穿潜水服,下潜到6米深的水底。证婚人也身着潜水服深入水下,主持了婚礼仪式。

美国西雅图一对新人,以参加该市马拉松赛跑的形式举行了婚礼。他们穿着结婚礼服,历时4个多小时,跑完马拉松全程,最后手挽手冲过终点。

美国还有一对恋人,选择了犹他州一座海拔3125米的高山山顶为婚礼圣地。他们相互搀扶,攀缘而上,最后居高临下完成了结婚仪式。

我国台湾台北县一对男女,举行了滑翔翼结婚典礼仪式。新郎驾着滑翔翼,盘旋在400米上空,先撒出一串挂着喜糖的降落伞,然后降落在新娘身边,两人携手走向证婚人。

意大利一对青年男女举行了一个跳伞婚礼。两人身穿鲜艳的跳伞服,乘飞机双双从1500米高空跳伞,然后做出种种优美惊险动作。地面上千名观礼者不住地热情欢呼挥手,向新人送上祝福。

英国一对新人的婚礼,是在横渡英吉利海峡中进行的。当日新郎新娘穿上漂亮的新式泳衣下水,在亲友陪伴下畅游向前,直游了两天时间才抵达对岸。虽疲劳不堪,但新人愉快地表示:这是共同生活所战胜的第一个困难。

中国花样滑冰运动员申雪、赵宏博,在两人合作18年后夺得了中国体育史上首个花样滑冰奥运会金牌。2010年2月16日,二人在北京首都体育馆1.8万人热烈的掌声和欢呼声中完成了他们幸福又浪漫的冰上婚礼庆典。这场“2010冰上雅姿盛典”,既是婚礼,又是一场商业演出,欢呼喝彩声持续不断。

周嘉威是中国男子游泳队队员,是男子50米、100米蝶泳佼佼者,曾获得九运会、十运会100米蝶泳以及多哈亚运会50米蝶泳金牌。在备战北京奥运会期间,他与上海前游泳运动员施闻相识,广州亚运会后,二人在广州长隆水上乐园举行了浪漫别致的水上婚礼仪式,吸引了大批民众围观致贺。

2008年11月7日,奥运体操全能冠军杨威与女友杨云在海南三亚举行了一个独特的“海空娶亲”婚礼仪式。婚礼由美女主播鲁豫主持。新郎在奥运五虎兄弟黄旭、李小鹏、肖钦、陈一冰、邹凯陪同下,乘坐快艇从海面疾驰而来;而新娘则是乘坐热气球自上徐徐飘下。双方同抵现场后共行大礼。

103. 不看棋盘下盲棋

不看棋盘、不用棋子下棋即为下盲棋，也叫蒙目下棋。棋手把对局全记在脑子里，以记录法道出对弈招数。这种盲棋表演比赛是很吸引人的。

相传，在我国古代有一位围棋高手，他夜宿一村舍，半夜忽听隔壁有二女子在相互交谈，细听才知是婆媳二人在蒙目对弈。天亮后围棋高手邀二女子对弈，竟连遭惨败。这大概是古代有关盲棋最早的流传逸事了。南宋末文天祥喜欢游泳，又爱下棋。据《涌幢小品》一书介绍，入仕前他每逢暑天就偕象棋国手周子善去溪水里游泳，并“于水面以意为枰，行弈决胜负，愈久愈乐，忘日早暮”。这里是说文天祥能置身水面与友下盲棋哩。

西方最早创造下国际象棋盲棋应战对手的是法国人菲利道尔。18 世纪中叶，他在巴黎一人分别与三人对弈，取得全胜。到了 19 世纪，下盲棋已成为西方时髦的表演项目。1932 年，苏联国际象棋高手阿列辛应邀远赴美国，在芝加哥一人同时蒙目与 32 名棋手分别对弈，几乎全胜。1951 年，另一名苏联国际象棋名手考尔坦诺夫斯基，在美国旧金山下盲棋一人分别对弈 50 人，比赛结果是 43 胜、5 和、2 负，创造了下盲棋对弈人数最多的世界纪录。

在我国当今棋手中，能同时下几盘盲棋的也大有人在。中国象棋“十连霸”胡荣华，颇擅下盲棋，他曾在北京、桂林、温州、香港等地进行盲棋表演，最多曾出战过 14 人，使人大感兴趣。1995 年 2 月 25 日，在北京中国棋院二楼大厅里，由特级象棋大师柳大华做盲棋表演。柳大师面向数百名观众而坐，对着麦克风流利地报出每盘棋的应着。他身后并排坐着 19 位对手都是三级以上的棋士，个个功力不凡。这场表演从午后开始，到晚间结束，在 7 个小时的车轮大战中，柳大师没有离开赛场一步，始终背对应战者，神态从容自信。最终他以 9 胜、8 和、2 负的战绩结束了比赛表演。有人为他算了一笔账，如果平均每盘棋 40 个回合，80 着，19 盘棋就是 1520 着。他不但要记住自己的每着棋走到什么位置，还要记住对方的每着棋走到什么位置，而且走子后棋是什么局面，都要记得一清二楚。同时蒙目下这么多盘棋，记住如此之多的着法，有人说他一定是有特异功能。对此柳大华解释说：“我哪里有什么特异功能！还不是和大家一样，是平平常常的人。就算有点天赋，记忆力比较好，但关键还在于平时的勤学苦练。”

2017 年 6 月 18 日，象棋特级大师蒋川在吉林“辉南蒙目棋吉尼斯世界纪录挑战赛”上，与 26 位棋手蒙目对决，经过 16 小时 24 分钟鏖战，最终以 21 胜、3 和、2 负的成绩挑战成功。

104. 棋子趣闻

喜爱下棋的人众多,爱好收藏棋子的人也为数不少。说起古今棋子,可谓种类繁多,形形色色。国内外都举办过由真人当“棋子”的棋赛,“活棋子”身穿盛装,在棋盘上以舞步走动,趣味横生。这种“棋子”当然是不能收藏的。

北京师范大学 85 届毕业生,为母校建造了一副巨型象棋。在 100 平方米大的水磨石棋盘上,放置 32 个黑白两色的巨型棋子,棋子高一米,底部装有滑轮,由棋手推动这些“庞然大物”对弈。罗马尼亚造型艺术家用白桦木制作了一副特重国际象棋,每个棋子重 40 公斤。棋子均据童话故事中的人物形象塑造,一个个“棋子”美轮美奂。这些“大块头”的棋子,也是难于收藏的。

便于收藏的棋子一般较小巧。我国古代的象棋子都不大,为立体的,用金、玉或铜雕制。《玄怪录》一书记录了出土于唐代的棋子,说它“列马满枰,皆金铜成形”。这样的棋子如今在一些博物馆里有收藏。相传在唐代天宝之乱中,嗜好下棋的太子李亨隐匿民间,使用了一种软木制成的棋子,从此我国才有了木制的棋子在棋盘上走动。

象棋子以圆盖形的居多。但日本的象棋子前狭后宽,字是长方形的。朝鲜象棋子个头并不一致,而是“将”大“卒”小,这引起了收藏家的兴趣。如今的棋子不但有塑料的、玻璃的,还有竹制的、铝制的、带香味的、发光的种种。一种有磁力的金属制象棋棋子不易坠地,不易丢失,尤其适用于在大型场地进行竖放挂棋表演。哥伦比亚有一种“酒棋”,棋子为 37 只装了酒的小瓶子。走输了棋就要喝“棋子”中的酒,让下棋者在过棋瘾的同时,还过足了酒瘾。我国南方一家食品公司生产了一种圆形象棋饼干,双方对弈时,吃对方一个子,就可当即把棋子放到嘴里品嚼一番。想长久收藏这种“美味棋子”,不进行特殊的加工处理怕是不行的。

天津工商界知名人士、年近八旬的杨健庵先生,收藏有一副玛瑙围棋子。据说这副棋子最早为袁世凯所有。杨健庵得到后,几十年一直爱不释手。此棋黑白各 180 枚,均为玛瑙制品,白棋名“鱼冻”,白中带粉,晶莹光洁;黑棋蓝绿中透着亮光,棋身有草纹,大小均匀,手感极佳。棋子放在棋盘上,闪闪发光,望之赏心悦目。能观赏到这副珍藏的玛瑙棋子,是棋坛名家的一件快事。在首届中日围棋擂台赛后,为庆贺聂卫平凯旋,杨健庵将心爱的玛瑙围棋送到国家体委,请他们将宝物转赠聂卫平。杨老勉励国手的一片深情厚谊,为棋界所赞赏。

105. 垂钓趣闻

钓鱼是一项有益身心健康的活动,并成为体育运动项目之一。国内外有着不少与垂钓相关的趣闻。

美国马里兰州制定有“钓鱼法”,垂钓者在郊外钓鱼必须持有“钓鱼执照”,同时规定钓鱼钩上不得有“倒刺”,以免从钩上取鱼时给鱼儿造成“伤痛”等。违规者要受重罚。

日本小豆岛流行举行传统的“钓鱼婚礼”。按当地习俗,新郎新娘在结婚的当日,要双双到海边专心钓鱼。有公证员陪同裁定,二人必须在同一天各钓到一条重5千克以上的大鱼才能举行婚礼,否则便将婚礼推迟。

1971年,英国诺佛克举行了一次钓鱼大赛,不比谁钓的鱼大、鱼多,而是比赛谁钓的鱼最小。最后一名叫克莉丝汀的女垂钓手钓到一条名称不详的鱼,仅重1.77克,获得冠军。

1985年,英国10岁的少年威特,钓到一条比他身体更高的“大龙趸”。此鱼重196磅,是在海边钓到的,当时鱼挣扎了半个小时才被拉上岸。威特的父亲也是钓鱼好手,他将儿子的“战利品”拍照并制成标本留念。

1986年,美国两名垂钓者在英国北部一条河里垂钓,13个小时总共钓到1600条虹鳟鱼。不过这一成绩不能算为“世界纪录”,两人钓到的鱼都是从鱼场逃出的,这些鱼对人缺少警觉。

1988年,法国里昂一名警官到河畔钓鱼,一扬竿钓上一个沉甸甸的布袋,里面有项链、戒指等值钱之物。警方推测,这包东西应属贼赃,是盗贼把最贵重首饰拿走,其余的丢进河里。后警方以布袋为线索,抓获了贼犯。

在沙漠里钓鱼似乎让人难以置信。但在非洲撒哈拉大沙漠的一些地方,当地居民却能从沙层到新土层之间的地下暗河里钓出鱼来。暗河是由附近降雨积水,渗透沙层形成的。暗河里生长着一种没有眼睛的盲鱼。在茫茫沙漠里钓鱼,先要挖一个深坑,找到暗河,以鱼钩放饵食垂钓。当地民众还举行沙漠钓鱼大赛哩。

在我国台湾台东、花莲一带,盛行着一种“放长线钓大鱼”活动。要钓的鱼全是10—50千克的“大家伙”。前来钓大鱼的人使用重装备:粗硬的钓竿,用车轮大的轮盘绞动粗实的尼龙线,钩是6枚一组的连环鱼钩,上挂新鲜的炸弹鱼为饵。钓大鱼的要点是放长线,当大鱼上钩,钓鱼者便要与鱼展开漫长持久的拉力对抗,一面放线,一面陪着急欲脱逃的大鱼沿着海岸疾走。经常发生的趣事是,在一处钓到鱼,拖上岸时竟跑出了数公里。

106. 球　　趣

球是孩子的玩物，是人们休闲健身的器物。多种运动项目是以球得名形成的。如果没有了球，辉煌体育世界的光彩将会暗淡很多哩。

据考证，球是人类发明的第一件用于娱乐运动的器材。在5000年前的古埃及，扔石头是孩子们所喜爱的一种游戏，但是玩这种游戏很容易打伤人。有位智慧的长者，灵机一动，用葛藤将水草和树叶捆扎成一团，成为球状，叫小孩子玩耍，就这样发明了第一个球。以后有人又把兽皮缝成球状，装入羽毛或干草，或掷或踢，渐渐吸引成年人也玩起来。在埃及宗教圣地卢克苏尔陵墓内的壁画上，就有多幅孩子们玩投球游戏的图景，那时的球有棕榈叶制作的，也有兽皮的、黏土的、木头的。

11世纪，英国出现了用猪膀胱充气的球，这就是现代足球的雏形。中世纪的欧洲，发明了用棒拍击球的各种游戏，后来逐渐演变成为网球、棒球、曲棍球和高尔夫球。19世纪后，又发明了排球、篮球、乒乓球、水球等。如今仅奥运会上球类比赛项目就多达十几项。

孩子们都是喜欢踢球玩的。如果没有足球踢，有些孩子也会就地选“材”，找到能踢的“代用品”。我国广东农村的孩子，常常以柚子树上落下的小柚子充当足球，踢“柚子球”。虽然小柚子弹力不足，却也让孩子们踢得不亦乐乎。在埃及海域生长着一种球鱼，球鱼常能鼓足气，又硬又胀。埃及渔村的孩子捉到这种圆鼓鼓的鱼后，晒干当足球踢，很耐用哩。南美洲巴拉圭农村的孩子，更喜欢把犰狳当球踢。当地生活的三绊犰狳遇到危害，便会将有鳞甲的身体蜷曲起来，形成球状。孩子们便捕捉这种动物当球踢。不过踢这种“球”不能间断，稍有闲歇，“球”趁人不防，伸展开四肢就溜掉了。

目前流行于运动竞技场上的球，多达几十种。最大的球制造于美国，称笼球，外用皮革或帆布，内装橡皮球胆，直径约1米，重约5磅，用于多人高举、抛投。最重的球当属保龄球，重达7.26千克，玩时手指伸入插洞握球，以击倒排列的木柱多者为优胜。美国制成一种会发光的球，是为没有灯光设备的球场进行晚间比赛设计的。球壳是透光的乙烯材料，球胆内装有抗震的发光棒，可连续使用12小时。欧洲使用了一种专为盲人设计的“声球”。球内装有小铃，一滚动就会发出清脆的铃声。盲人据此即可准确判断方位，传接自如。高尔夫球场广阔，为使打出的球便于寻觅，英国科学家在高尔夫球内装入微型无线电发射装置。这样，无论球飞到哪个位置都能很快找到。

107. 明星绰号也流芳

体育爱好者对自己熟悉和喜爱的明星，会起绰号。不少明星的绰号起得亲昵、形象、生动，除包含了赞许、凝聚了期望，还闪耀着科学知识之光呢。

美国游泳运动员施皮茨在 14 年运动生涯中，先后创造了 32 项次世界纪录，获得 9 块奥运会金牌，有泳坛“飞鱼”的绰号。美国黑人跳高运动员雅各布斯身高 1.72 米，却跃过了 2.32 米，超过自己身高 60 厘米，享有了“跳蚤”的美名。巴西运动员奥列维拉，在 1975 年以 17.89 米大大超出男子三级跳远世界纪录，被人们敬佩地称为“袋鼠”。中国女排的主攻手郎平，扣球威力巨大，让对方难以招架，在比赛中发挥了举足轻重的作用，被人誉为“铁榔头”。

足球是“世界第一运动”，场上对抗精彩激烈，一代代有天赋、有绝技的足球明星层出不穷，所获绰号也多。巴西国家队的加林查是参加 1958、1962 两届世界杯足球赛的英雄。加林查是葡萄牙语中一种小鸟的名字，这种小鸟飞行时轻盈、优美而神速，正如同加林查踢球的风格。人们遂赋予他“小鸟”的绰号，以形容他是非凡的足球天才。

从 20 世纪 80 年代初开始，为足球明星起绰号成为时尚，具有知名度的球星都享有自己的绰号。其中飞禽走兽云集，如“独狼”罗马里奥、“黑豹”尤西比奥、“猎豹”埃托奥、“老虎”埃芬博格、“矮脚虎”哈斯勒、“金毛狮王”巴尔德拉马、“野猪”戴维斯、“卷毛狗”麦克马纳曼、“黑天鹅”里杰卡尔德、“白头翁”拉瓦内利、“花蝴蝶”坎波斯等，组成了绿茵场上的“动物园”。

在球星绰号中还显现了人鬼神灵汇聚，如“怪物史莱克”鲁尼、“魔鬼”弗兰、“魔术师”德科、“小巫师”贝隆、“小飞侠”罗本、“圣婴”托雷斯、“疯子”帕勒莫、“屠夫”加图索、“小老板”马斯切拉诺、“刀疤男”里贝里等，同在绿茵场上竞技。

球星绰号中的人物也是洋洋大观，如“球王”贝利与马拉多纳、“足球皇帝”贝肯鲍尔、“忧郁王子”巴乔、“芭蕾王子”范·巴斯滕、“绿茵王子”莱因克尔、“冰王子”博格坎普、“乌拉圭王子”弗朗西斯科利、“罗马王子”托蒂、“斑马王子”皮耶罗、“西班牙金童”劳尔、“英格兰金童”欧文、“意大利金童”罗西，还有“外星人”罗纳尔多、“火枪手”亨利、“大顽童”加斯科因、“风之子”卡尼吉亚等，各色人等都登场亮相。

球星绰号之多还能开个“杂货铺”，如“铁扫帚”巴雷西、“小钟摆”卡福、“钢门”佐夫、“玉观音”伊瓜因、“竹竿”克劳奇、“黑珍珠”德塞、“手术刀”斯内德、“中场发动机”马特乌斯等。一个个球星的绰号，形象，有趣，又能体现其踢球风格。球迷津津乐道于球星的绰号，甚至都忘记了他们本来的名字。

108. 体坛明星的文身

文身是用带颜色的针刺入皮肤底层,让皮肤上显现图案或文字。对经常在竞技场上展示健硕身材的体育明星来说,文身就是一种身体广告,或体现个人的精神和信仰,或向亲近之人表达感情,堪称体育场上一道独特的风景。

足球、篮球大牌明星文身者众多。今日 NBA 球员 95% 都有文身。而在 20 多年前,美职篮文身者却很少。有研究表明是“花大虫”丹尼斯·罗德曼开辟了文身时代。在罗德曼身上,几乎是一个文身博物馆。有飞跃太阳的鲨鱼,有未合拢的“8”,有埃及象形文字,有月亮,有骰子,有女儿阿列克斯的像,还有一串教练查克家的电话号码……“花大虫”坦言:文身的初衷,只是为出道时壮胆。

文身在一些球星身上代表了一种反抗不屈精神。球王马拉多纳和阿根廷队中场组织者贝隆的文身,都是阿根廷革命者切·格瓦拉的头像,以此表达自己的坚强奋斗精神。“罗马王子”托蒂胳膊上文了罗马角斗士图案,是激励自己勇于夺取胜利。“忧郁王子”巴乔手臂文身是一个印第安战士的标志,象征内心蕴藏着无穷的力量。

动物是文身的一大题材。加斯科因臂上纹了咆哮的豹子,卡拉泽左臂上有一头猛虎,斯塔姆右臂上是一只凶狮。舍甫琴科的文身则是一条中国龙,造型优美,雕法极高。葡萄牙球星德科的文身更为养眼,他在背部文了一幅古代仕女图,被誉为“最漂亮的文身”。一些球星将家人、孩子的名字文在身上,巴西球星罗纳尔多刺的是儿子小天使的图案。有天使也有魔鬼,西班牙铁卫拉莫斯背上的文身是一个手捧足球的魔鬼,创意独特。

球星中也有搞笑的文身。挪威高中锋卡鲁在脖颈侧方文了 4 个法语单词,组成“我的生活、我的准则”。但卡鲁不太熟悉法语,在一个单词中标错了音节,结果成了“月经周期”的意思,脖子上的文身成了“我的生活、我的大姨妈”,看了让人忍俊不禁。

不少球星喜欢用汉字文身。作为中超推广大使,英格兰“万人迷”贝克汉姆在北京大学做客时秀出了肋部的汉字文身“生死有命,富贵在天”,引起网友们热议。NBA 也有多名球员用汉字文身。96 届榜眼秀坎比曾在手臂刻下汉字“勉族”,他解释,文此二字是要提醒自己记住两件事,“族”是对家庭的热爱,“勉”则要努力做到最好。艾弗森在脖子上文了“忠”字,他想表达的也是对球队的忠心、对家庭的忠心。马布里到中国打球后,在左胳膊文了中文名字“马布里”,然后还有英文“I”加上一颗“心”,后面是“CHINA”。这让他有了一颗中国心。

109. 明星的兼职和副业

参加奥运会或世界性体育比赛的选手,有的取得佳绩,但其中一些人并不是职业运动员,而是“兼职”的,他们从另一个侧面印证了奥林匹克参与精神的伟大。

谈到奥运会上“不务正业”的鼻祖,还得从1896年首届奥运会说起。在马拉松比赛中,希腊人路易斯第一个冲线,为希腊赢得了唯一金牌,成为希腊人的英雄。而路易斯来自山村,常年以放羊、拉水叫卖为生,这让他练就了极佳的耐力。他得了金牌也只是希望得到一辆车和一匹马,并回到村子当了一名邮差。

在1948年的伦敦奥运会上,法国女选手奥斯特迈尔获得了铁饼和铅球比赛的金牌,而她的本职是钢琴演奏家。在参加伦敦奥运会前3个月,她才从巴黎音乐学院毕业。奥斯特迈尔外出比赛,旅行箱除了带上运动服,还要带上晚礼服,因为比赛期间免不了要去音乐厅演奏乐曲。这位爱好运动的钢琴家极受欢迎。

芬兰23岁的维伦本是一名警察,半路出家,杀进了1972年慕尼黑奥运会,参加10000米长跑比赛。比赛中他突然被绊倒,爬起奋力追赶,最终第一个冲破终点,打破了长达7年的世界纪录。10天后,维伦又夺得5000米金牌,成为奥运赛场上的长跑“双冠王”。4年后又参加了蒙特利尔奥运会,先后夺得4块奥运金牌。

挪威人奥拉夫·图福特,在2000年悉尼奥运会上与队友合作,获得赛艇双人双桨银牌,在雅典奥运会和北京奥运会上获得单人双桨金牌。而他的本职工作是“种田”。他要自己开着播种机或收割机在大田劳作,闲下来他也不是全情投入赛艇,而是做救火队员,得空还要参加“农夫挑战赛”等极限体育活动。

在伦敦奥运会马术障碍越野赛中,日本选手佐藤贤希遗憾落马,但他的传奇经历却留在了伦敦。佐藤出生于马术世家,他毕业于明治大学法学系,却没有投身法律界,而是在明松寺做了一名修行和尚。每天他要早早起床,“做和尚当做的事”,之后,他会练习马术。佐藤认为,修行和体育之间并无冲突。在广州亚运会上,他获得团体和个人两块金牌。伦敦奥运会后,他表示自己将不再比赛,而是做他的全职和尚。

从北京奥运会到伦敦奥运会,巴拉圭姑娘弗朗哥绝对是个“大名人”。她以标枪选手先后代表巴拉圭参加了三届奥运会,虽然没有一次拿到过像样的成绩,但每一次出场,有“枪花”之称的弗朗哥都为巴拉圭奥运代表团赚足了眼球,还被称为“北京奥运第一美女”。这位有着性感红唇、黑发大眼的南美美女,曾经参加环球比基尼小姐大赛并获得亚军,2004年后被模特经纪公司相中,走上了自己的演艺道路,并在2006年获得世界小姐称号。看来模特才是她的正差,在奥运会上掷标枪只能算她的“副业”。

110. 闲说“体育王国”

一些体育项目在一个国家开展的历史悠久，民众参与广泛，在国际比赛中又屡创佳绩，这样的国家就会被称为这项运动的“体育王国”。

通常被认为是“体育王国”的国家有：足球王国——巴西；篮球王国——美国；冰球王国——加拿大；网球王国——英国；羽毛球王国——印度尼西亚；乒乓球王国——中国；曲棍球王国——巴基斯坦；长跑王国——芬兰；游泳王国——澳大利亚；举重王国——保加利亚；登山王国——日本等。

在“足球王国”巴西，人们对足球的酷爱登峰造极。男人不会踢足球要被当作笑话，据说不会踢足球的人不能参加总统竞选。巴西的男女老少最感兴趣的事是观看足球赛，看球时情绪激昂，欢呼雀跃。巴西各级足球俱乐部都有自己的支持者和铁杆球迷，当球队获胜，球迷们欢喜若狂，彻夜在酒吧狂欢，还会举行盛大的集会庆祝活动，欢庆场面极其壮观。

美国是世界上开展篮球运动最早而且最普及的国家。1891 年由美国一学校体育教师奈·史密斯发明了篮球运动。1896 年美国第一个篮球组织“全国篮球联盟”成立。后来，美国两大篮球组织合并为“全国篮球协会”（简称 NBA）。现 NBA 分为东西部联盟两大赛区，每赛季有 30 支球队参赛。在美国各地几乎都有职业篮球队和业余篮球队。美国的篮球运动水平在世界上一直保持着领先水平，并涌现了一大批篮球巨星，如张伯伦、乔丹、约翰逊、贾巴尔等。美国篮球队（梦之队）在奥运会上连连夺得金牌。称美国为“篮球王国”实至名归。

乒乓球是我国的“国球”，半个多世纪以来，在乒乓球历史上一直占有很高的地位。1959 年，容国团获得了第一个世界冠军。1961 年北京承办了新中国第一个国际赛事——第 26 届世界乒乓球锦标赛，夺得了男团、男单和女单 3 项冠军。这样的胜利让全国人民欢欣鼓舞。在神州大地的工厂、学校、农村、部队到处出现了“乒乓热”。1972 年，毛泽东主席用“小球”推动“大球”，“乒乓外交”促进了中美关系的解冻。在世界范围内，还没有哪个国家的发展变化与一项体育运动产生如此密切的关系。自 20 世纪 60 年代以来，我国选手取得了世界乒乓球比赛的大部分冠军，甚至多次包揽了一届赛事的所有冠军。中国的“乒乓球王国”为世界所公认。

东邻日本国土四分之三是山地。日本每年有 1200 多万人参加登山活动，为此日本有“登山王国”之称。在日本登山运动普及，常常是举家出动，将不满周岁的婴儿也背在身后，一同登高。在上山的人流中，还有盲人、伤残人，在亲人们的搀护下，攀爬向上。有些团体、教育部门建有登山组织，坚持开展登山旅行，深受青少年的欢迎，并将其列为野外教育的课程。

111. 特色浓郁的“体育节”

奥运会和足球世界杯举办期间，是世界上热爱体育和足球的人们最为盛大的体育节。除此之外，在世界一些国家还设置了种种体育节。

每当春夏之交，尼泊尔首都加德满都的洞尼克尔广场就会彩旗招展，人山人海。上自国王王后，下至百姓游客，共庆这里的“赛马节”。在赛马比赛中，有骏马飞驰争先，有“钻火圈”和跨越障碍物等比赛，骑手们表现出驾驭骏马的高度技巧。各项比赛始终扣动着观众的心弦。最后由国王为优胜者颁发奖赏。

“奔牛节”是西班牙北部山城潘普洛纳的古老传统节日，每年从 7 月 7 日开始，历时一周。在每日上午的活动中，数百名穿着传统白衫白裤的男子，佩戴红色围巾和腰带，挑逗一群公牛追击，在长 900 米的鹅卵石街道上同牛竞跑。场面热烈紧张，虽有人被牛角顶翻、受伤，人们仍欢乐其中。

非洲多哥北部的拉马卡腊地区，是著名的摔跤之乡，生活在这里的卡布列族每年 7 月都要举办“摔跤节”。节日期间族民穿起盛装，喜气洋洋。各跤场上人头攒动。摔跤比赛是以村为单位的对抗赛，一声号令，一对对矫健的青年便开始了搏摔，进行体力、技巧和智慧的较量。双方村民也会吹打演奏乐曲，为跤手加油助威，欢声笑语不断。

在加拿大，为纪念身患癌症但坚持长跑的温哥华市青年泰里 · 福克斯，创设了一个“跑步节”。1977 年，泰里因患骨癌失去了右腿，面对死神的逼近，他没有选择坐以待毙，而是决定徒步穿越加拿大。1980 年，泰里开始了举国瞩目的长征。他在 143 天跑出了 5565 公里，将途中募集到的 100 余万加元全部捐给癌症治疗机构。为纪念泰里，也为促进公民健身活动，加拿大每年 9 月都举办“跑步节”活动。

在美国密歇根州的洛维尔镇，每年夏季一个周末都会举办“民间篮球节”。镇的大街、空地到处竖起篮球架，成为世界上篮球场地最为密集处，到处有人举办“三对三”对抗赛。这里的“篮球节”开始于 1986 年，征集外来球队参加比赛。比赛按年龄和性别、球技分组，不设裁判，由选手自行计分。这里别具特色的篮球狂欢活动，吸引了众多游客前来观赏。这种自发的、纯民间的大众化体育活动，已得到许多城市效法。

中国山东潍坊是世界风筝发源地，制作风筝历史悠久。有统计，世界上 70% 的风筝都出自这里。1984 年，潍坊成立了国际风筝会，举办风筝节，至 2016 年已举办 33 届。在风筝节会举办期间，活动内容丰富多彩，包括开幕式和风筝放飞仪式，国内外风筝比赛，评选风筝十佳，参观风筝博物馆、文艺演出，经贸洽谈，风筝理论研讨等，游人客商常达 10 多万人次。

112. 独特的体育学校

体育学校是培养体育专门人才、裁判和体育科研人才的校园。在世界的一些国家所开办的体育学校有的独具特色。

在奥地利的维也纳王宫里,有一座“西班牙骑术学校”。学校建于1736年,已有280多年的历史。从西班牙引入良种马后,经种马场喂养,将最佳牡马送到这座学校进行专门训练。经严格训练,骑术学校的骑术表演精彩至极。上场的所有牡马高矮、形态难分差别,在骑士驾驭下各就各位,在优美悦耳的圆舞曲中,按节拍翩翩起舞,舞步整齐自然,和谐娴熟。能入宫观赏到这样的表演,让旅游者慕名而至,大饱眼福。

西班牙的斗牛士闻名于世。为系统地传承这一文化,西班牙政府于20世纪80年代在马德里创办了世界上唯一的一所斗牛士高等学校。学校规定,凡报考的男女青年,不仅要有足够的勇气,还要参加严格的文化考试和“人牛角逐”。在为期4年的学习中,除从事斗牛技巧的理论学习,还要在城镇小型斗牛场磨炼两个学年。按规定,学员只有击毙三头身躯巨大、训练有素的公牛,方能获得学士学位。就读于这所学校的西班牙青年有1000多人,另有外国留学生200多人。

在阿根廷首都布宜诺斯艾利斯有一所“装伤技巧”学校。学校专门教授学员在足球比赛中的冲撞后,怎样表现受了伤的样子。如教怎样表现在地上“痛”得打滚;如何呻吟;如何抽搐;如何躺下不动,如昏死过去一般;如何瘸拐着,似乎真被对方重撞过等。学习“装伤技巧”并做得逼真,目的是骗惑裁判处罚对方,使己方得到发球权,甚至罚点球的机会。

在日本东京郊区有一所附属于日本体育大学的体育幼儿园,招收3—5岁的儿童,除一般学习,主要是接受体育训练。园里的儿童每天要花很多时间玩方木,站、坐或躺在上面,以全面锻炼肌肉,增强体质。儿童还通过玩铁环锻炼身体的平衡能力和协调性,并获得一种技艺感。竹竿操则可以伸展儿童很少得到锻炼的一些肌肉群,培养他们的律动感。幼儿园相信,早期的体育锻炼对儿童的身心健康和成长是十分必要的。

美国的一些名校,虽不是体育门类的学校,所设体育课程是很有特色的。森特学院辟有“行走的艺术”课,由教授带队,率学生穿越自然保留地、战地、墓地等,到完全自然的情境中游历、考察、实习。康奈尔大学设有“爬树课”,教导学生如何使用绳械攀爬各类树木,并在树间穿梭移动。弗吉尼亚理工大学则有传统的“储备军官训练团课”,于冬季雪后组织学生打雪仗。使用雪球发射器等,但见漫天雪球飞舞,学生们持雪球击打,使意志、体质和团队精神都受到锻炼。

113. 种类多样的体育博物馆

体育运动蓬勃发展，记载运动历史，展览体育运动实物、影像的体育博物馆应运而生，成为体育文化的重要组成部分。

奥林匹克博物馆坐落在瑞士洛桑城乌希湖区。它建成于1993年6月，是一座白色建筑，外用护墙和圆柱，使用了世界上最白、纹理最少的大理石。这是世界上最大的记录奥林匹克运动发展史的博物馆，也是世界上奥运资料最齐全的收藏所。

俄罗斯莫斯科建有一座奥林匹克光荣博物馆。馆内有藏品近2000件，包括珍藏的顾拜旦写的关于奥林匹克运动的书籍，并保存着1980年奥运会许多国家的彩色体育宣传画、国际奥委会送的奥运会会徽等，都引人注目。

在英国伦敦北部的西金镇建有一座足球博物馆。它专门收藏陈列各种足球、球衣、队旗、队徽、纪念章、足球明星照片，以及有关足球运动的文史资料等，每年吸引大批游客参观。

英国伦敦市内还建有一座板球博物馆。展出了英国早期板球运动所用的球、球拍和球墙，还介绍了英国板球的起源、发展和战绩。

日本东京建有一座乒乓球博物馆，里面收藏陈列了大批有关乒乓球运动的文物，包括乒乓球、球桌、球网、球拍、照片、书刊、报纸等。在柜台里还放置有100多年前使用的“牛皮纸球拍”。

日本于1954年在东京创建了相扑博物馆。馆内收藏参展的物品极其丰富，包括历代与相扑相关的艺术作品、工艺品如画卷、板画、偶人等；历代相扑力士的饰布、兜裆布；书籍、报刊剪贴册的文章、照片等；历代比赛节目表、成绩单等。文物种类繁多而充实。

以滑雪为国技的挪威，早在1923年就在首都奥斯陆建成一座滑雪博物馆。博物馆内展陈了从纪元前以来人类用来滑雪的实物，包括从拉普兰沼泽地挖掘出来的2500年前的滑雪板；还有4000年前石器时代遗留下来的猎民画的滑雪壁画，令人吃惊的是，画上与今日所用的滑雪板外观并没有多大差别。在展品中还能看到长3.74米、重11公斤的挪威最大滑雪板，还有用于踢雪游戏的挪威宽边滑雪板等。游客到此参观，对冰雪运动会又加深了解，眼界大开。

2008年北京奥运会圆满举办成功后，为进一步传播奥林匹克文化，振奋中华民族精神，在北京鸟巢体育场南侧兴建了北京奥运博物馆。这是一座永久性建筑，占地2.3万平方米，由5大展区和3大剧场组成。展品包括奥运开幕式各种服饰道具、奥运赛场各种运动器械及赛会使用的各类文字、电子资料等共638件。观众入内参观可重温北京奥运会一幕幕令人难忘的盛况。

114. 献给运动员的纪念碑

世界上的纪念碑成千上万,形形色色。一些国家的政府和民众,为表彰本国运动员在体育运动竞技中的优异表现,专门建立了纪念碑,以志永久的纪念。

在美国洛杉矶市有一座冠军博物馆,馆内高高竖立着一个冠军纪念碑。碑上铭刻着美国在历届奥运会上取得冠军的运动员名字,以表彰他们为美国争得的荣誉。纪念碑上首个赫然醒目的名字是詹姆斯·康诺利。他在 1896 年第 1 届奥运会三级跳远比赛中,为美国夺得了第一枚金牌,这也是现代奥运史上诞生的第一枚金牌。

在美国的卡列斯尔小镇,建有一座纪念印第安族运动员吉姆·索普的纪念碑。索普曾代表美国参加 1912 年第 5 届奥运会,以出色的成绩夺得了十项全能和五项全能两枚金牌。赛会结束后,索普遭到美国国内种族主义者的打击,告发他曾是“职业运动员”,迫使索普交回了奥运会获得的奖品。但这并未能使索普失去威望,相反印第安族同胞对他更加崇敬。索普死后,整个部族一致同意为他建造了这座精美的纪念碑。

在芬兰首都赫尔辛基,建有一座高达 72.71 米的剑形纪念碑。把碑建为如此高度,是为了纪念芬兰杰出的标枪运动员马基·雅尔维尔。雅尔维尔在 1932 年第 10 届奥运会上,以 72.71 米的成绩打破了男子标枪世界纪录,并夺得了金牌。艺术家根据他的成绩,设计建造了这一高高耸立的纪念碑,充分表现了民众对雅尔维尔的敬意。

在巴西里约热内卢的玛拉加那体育场入口处,建有一座献给球王贝利的纪念碑,以纪念贝利踢出的精彩一球。1961 年 3 月 5 日,在这座体育场举行的足球比赛中,贝利单枪匹马从本方禁区带球连过数人,穿越全场,奔入对方禁区,拔脚踢球入门。这一球让全场观众欢喜若狂,赞誉这个球是体育场有史以来最精彩的一球。球迷们对这一球津津乐道,以后经倡议就在体育场外建造了这座纪念碑。

在我国闽南名城漳州市有一座三角形的金属纪念碑,这是为纪念中国女排荣获“三连冠”而建立的。碑身高 27 米,碑顶镶嵌着一个半吨多重的不锈钢排球,碑前耸立着一尊矫健的女排姑娘铜像。福建漳州是中国女排崛起的摇篮,是这支世界排坛劲旅腾飞的地方。1976 年,袁伟民教练受命在漳州组建中国女排,以后又先后 5 次来这里集训。女排姑娘在这里流下了拼搏的汗水,锻炼了起飞的翅膀,从这里起步一次又一次登上了世界冠军领奖台。漳州也因此享有了为女排姑娘建纪念碑的殊荣。

115. 体育收藏家

世界上爱好体育的人众多,喜欢搞各种体育收藏的也大有人在。

英国的拉斯马森夫人,从1949年开始收藏足球,历经40多年,前后收藏到各式各样、各种牌号的足球2746个。

荷兰的阿德里先生,从1965年开始收藏乒乓球,经他不懈的努力,收藏到各种质地、有大有小、花花绿绿的乒乓球3002个。

日本围棋爱好者水野吉夫,经半个多世纪积累,已收藏到不同质地的围棋子2000多副。

日本钓鱼高手巷水夫,收藏了大同年代以来的200多根钓竿、100多个不同样式的钓钩、50多个绕线轮以及数百本垂钓书籍。

法国妇女安娜是桥牌大师的妻子,因丈夫而迷上了桥牌收藏,现已收藏桥牌3000余副。

美国人朗以恩喜爱网球拍,已收藏有网球拍900多种。其中包括一件19世纪的藏品。

德国篮球裁判奥普凯是收藏比赛哨子的有心人。借去各处比赛的机会,他先后收藏到世界各地各种原料制作、不同型号的哨子300余个。

英国的一位老奶奶甄妮,酷爱收藏球星的球衣,已收藏到各式球衣100多件,其中的不少汗渍斑斑。著名球星贝利比赛时穿过的球衣、马拉多纳撕了两个口子的球衣,都是她收藏到的珍品。

捷克斯洛伐克的冰球爱好者约杰夫,喜欢收藏冰球比赛用的曲棍,他精心收藏到355根曲棍和200多个冰球赛用球。其中大部分藏品都曾参加过重大国际比赛和世界锦标赛,在很多曲棍上留有著名运动员和教练员的亲笔签名。

西班牙人潘列斯热衷于收藏足球方面的历史、发展等各种资料,包括历年来的足球比赛广告、报道、球队教练和队员合影以及比赛照片等。他收藏的资料已达10000多件,为此他建立了一座私人“世界足球历史博物馆”。

体育比赛结束后,场上往往散落各种观众抛掷的物品。捷克冰球裁判尔·盖内热心收藏观众的抛掷物。他的藏品五花八门,洋洋大观。有花束、空酒瓶、饮料罐、保温瓶、鞋帽、领带、手帕、钥匙、皮夹、打火机、小刀、口红、眼镜等,凡是人们能够携带、口袋能装的物品,在他的收藏柜中几乎应有尽有,种类有160种之多。

116. 好看的体育电影

体育电影是电影中的一个门类，它展现了人们对于体育运动的热情，以及体育所传达给人的激情、鼓励、团结，更包括了人们希望超越自我，达到梦想的种种因素，有着旺盛的生命力。

早在1934年，由孙瑜导演拍摄的体育题材电影《体育皇后》，即成为中国体育电影的开山之作。女主角黎莉莉健康、活泼、向上的女性形象，在旧时代引领了一股新的时尚。中华人民共和国成立后，陆续拍摄了多部体育题材的电影，如《女篮5号》《水上春秋》《大李、小李和老李》《冰上姐妹》《碧空银花》《女跳水队员》《球迷》《小足球队》等，在影坛和观众中都产生了很大影响。

中国在实行改革开放后，电影事业蓬勃发展，银幕上出现了更多的体育健儿形象。拍摄了《排球之花》《沙鸥》《乳燕飞》《黑眼睛》《京都球侠》《元帅与士兵》《一盘没有下完的棋》《神行太保》《现代角斗士》《高中锋矮教练》《拳击手》《女足九号》等受欢迎的体育影片。之后，周星驰执导的《少林足球》、周杰伦主演的《大灌篮》，以及《女帅男兵》《防守反击》《激战》《破风》《一个人的奥林匹克》《翻滚吧！阿信》等，也都有较大的影响。但中国的体育电影与好莱坞体育题材多部获奖影片相比，中国作为体育大国，在体育电影拍摄中存在的经典少、类型少、作品少、获奖少的“四少”问题，是值得重视的。

一个时期以来，国际影坛体育励志片层出不穷，名片荟萃。如《胜利大逃亡》《百万金臂》《洛奇》《愤怒的公牛》《篮球梦》《火爆群龙》《一代拳王》《奔腾年代》《一球成名》《和平战士》等，纷纷获得奥斯卡等奖项，票房价值极佳。《百万宝贝》讲述了拳击教练帮助女拳手成为拳王的跌宕起伏故事，囊括了77届奥斯卡最佳影片、最佳导演、最佳女主角、最佳男配角4项大奖。《一球成名》2005、2007、2009年为电影史上首部足球三部曲，由国际足联赞助拍摄，总投资近一亿美元。片中出现的大腕级球星如贝克汉姆、齐达内、劳尔、阿兰·希勒等不下10位。

除美国好莱坞的体育大片，英国的《我爱贝克汉姆》、日本的《水男孩》《棒球英豪》、韩国的《马拉松》等体育电影，也有很好的口碑。2016年出品的印度电影《摔跤吧！爸爸》，通过一位跤手顶住世俗压力，训练女儿摔跤，在英联邦运动会上实现了夺冠梦想，很好地演绎了国家荣誉、个人梦想、家庭情愫几大现实主题。影片给人启迪，催人上进，上映后很快火遍全球。

117. 飞天的热气球

热气球是人类最早的飞行工具。最早的类热气球相传为三国时期诸葛亮发明的，称“孔明灯”，被认为是热气球的始祖。孔明灯以铁丝或竹子作底部框架，上面为宣纸制作的纸袋，底小顶大，底架燃料燃烧，空气产生的浮力就会将灯体托举起来。制作孔明灯起初是为传递讯息之用，后被当成节日祈福的工具。

1783 年，法国造纸商蒙特戈菲尔兄弟看到碎纸屑在炉火中不断升起，受到启发，萌生了利用热空气制造飞行物的念头。那年 6 月，两兄弟制作了一个圆周为 110 英尺的模拟气球，升起后飘行出 1.5 英里。3 个月后，这对兄弟在国王路易十六面前放出热气球，气球搭载了一只羊、一只鸭子和一只鸡。气球升到 500 米高空，飘行了 8 分钟，飞出 3500 米降落，三只动物安然无恙。又过了两个月，蒙特戈菲尔兄弟成功进行了世界上第一次热气球载人空中航行，球体飞行了 25 分钟，在飞越半个巴黎后降落。这次热气球飞行比莱特兄弟的飞机要早 120 年。

近代热气球发明后，被用于军事中的通信联络和侦察。在 1870 年的普法战争中巴黎被困，法国人曾用热气球将人和信件送出包围圈。第二次世界大战后，随着经济和高新技术的发展，化学纤维的研发和丙烷气体的应用，热气球运动在航空和游览观光中都得到迅猛开展。在国外，乘坐热气球已成为航空体育、高空旅游的热门项目。

热气球由球囊、吊篮和加热装置三部分构成。球囊皮由强化尼龙制成，质量很轻，却极结实，球囊不透气。吊篮一般为藤条编制，着陆时能起到缓冲的作用。吊篮四角放置专用液化气瓶，置计量器；吊篮内还装有温度计、高度计、升降表等飞行仪表；燃烧器是热气球的心脏，使用高能量燃烧压缩气；点燃的火种不怕风吹雨打。一天中太阳刚刚升起或太阳下山前的一两个小时，风速平和，气流稳定，是热气球升空的最佳时段。放飞时在空地把球囊大布包铺开，将吊篮横放，用鼓风机向布包鼓风；待布包展开，手按燃烧器阀门点火，火苗蹿出，热气球便慢慢直立起来；再添几把火，几层楼高的热气球就起飞了。它缓缓从周边景物上掠过，眼前景观如此清晰，让人心情激动愉悦。

热气球运动受场地和气候的影响较大，需要在空旷的场地上空飞行。它受风速和风向左右，乘坐者并不能控制它在哪里降落。为此类似加拿大、澳大利亚和非洲一些国家比较适合热气球运动。20 世纪 80 年代，热气球运动已引入我国。我国内蒙古和新疆都有较为空旷的地面，景色壮观，有待热气球运动的开发。

118. 探险极限之最

以超人的胆量胆识向自然界和人体发出挑战后，一些人成功完成了探险之旅，创造了多项令人咂舌的吉尼斯世界纪录。

1936 年，英格兰女子贝里尔驾驶着一架只有一个发动机的单人小飞机，从英国阿密顿机场起飞，在波涛汹涌的大西洋上空飞行了 32 小时，安全降落在加拿大的新斯科舍，成为世界上第一位飞越大西洋的女飞行员。

1979 年，法国人布瓦万独自一人攀登世界第二高峰乔戈里峰。他在海拔 7600 米处驾悬挂式滑翔机飞下来，创造了悬挂式滑翔机起跳高度的世界纪录。

意大利的航海家福加尔，于 1983 年开始了他的个人北极之行。他从加拿大的哥伦比亚角出发，历经 50 天的长途跋涉，行程近 1000 公里，完成了世界上第一个单独徒步抵达地球极地的壮举。

美国 54 岁的帆船运动员摩根，在 1986 年 4 月 11 日开始了他的单人环球航海旅行，历时 150 天零 1 小时零 1 分，历尽艰辛，完成了他的环球之旅。打破了此前英国人保持了 15 年之久的 202 天的纪录。

俄罗斯 28 岁的姑娘捷兰特娃，身高 1.75 米，体重 54 公斤。她可以弯曲身体的各个部位，做出用手从后方碰触脚后跟等常人不能完成的动作，还能将自己“扭”成一团，轻松塞进一部冰箱里。被誉为“世界上最柔软的人”。

美国 28 岁的谢尔兹是一位名人摄影师。他的出名不是作品，而是创下了 40 天不睡觉的“最耐困吉尼斯世界纪录”。2010 年 9 月，他的 10 名朋友见证并监督他完成了这一“耐力挑战”。不过事后吉尼斯总部表示，鉴于“极端危险”今后将不再认可这种活动。

2010 年，美国著名魔术师大卫·布莱恩在一次表演中，于水中屏息长达 17 分 4 秒，改写了水底憋气时间最长的吉尼斯世界纪录。

2010 年，在埃及历史名胜吉萨金字塔前，25 岁的埃及人阿里·金霍姆仅以右手两根手指撑地做俯卧撑，在 49 秒时间内完成 46 次，创造了吉尼斯世界纪录。

2010 年 9 月，英国男子菲尔德在一小时内，连续从超过 160 英尺(约 55 米)的高度蹦极 42 次，打破了此前 19 次的吉尼斯世界纪录。

2010 年，我国东北人董长生在长春国际会展中心表演用眼皮拉动飞机的绝技。他用两只钩子钩起他下眼皮后，用眼皮拉动一架总重 560 公斤的水陆两用轻型飞机，移动了 5 米。

印度人库玛，有着用耳朵提起重物的能耐。在一次表演中，他用左耳吊起了 75.6 公斤的重量，打破了他此前保持的 71 公斤的纪录。

119. 用于健身的剑道

近年来，一项格斗技术型的剑道，已经成为国际性的体育运动项目。全球目前已有上百个国家和地区在开展着剑道运动，累计从事剑道训练的有 700 多万人。

谈到剑道，有不少人认为日本人擅长于此，剑道的发祥地是日本。其实日本剑道的始祖出自中国。“剑道”一词，最早源于中国先秦时期古籍《吴越春秋》，书中记载了越王勾践与剑客越女的一段对话。在此番剑道之论中，融合孔孟之道的仁、义、礼、智、信，蕴含了中国传统文化的精髓，并有着一定的禅意。剑道言及的刀法在隋唐时期传入日本，后经不断演变，到了日本江户时代，剑法流派众多，古剑道体系已完备成熟，剑道中也增加了浓厚的艺术色彩。这时期模仿日本盔甲的样式，制作出了剑道护具和竹刀，这更有了现代剑道的雏形。近代日本的剑道曾被军国主义所利用，成为“武士道”精神的象征。“二战”后包括剑道的所有武道在日本被全面禁止。1950 年后，剑道的竹刀比赛等在日本又得到恢复。1954 年，全日本剑道联盟成立，“磨炼身体与心智，塑造强大的精神力量”，成为开展现代剑道运动的主要宗旨。

剑道是一种武道，习练者身穿剑道服，手持竹刀，一对一进行刺击。基本打法有击面、击手、击腹、刺喉、摆震、击面切返、碰体等。剑技只是一种手段，双方出手前的对峙，则是心对心的交锋。就剑技看，动作利索，姿势优美，精神饱满，是气势强而有活力的表现；从心理而言，临场情绪冷静、稳定与否，敏捷判断力、妥适应对力如何，则可显示习剑者的修炼水平。

习练剑道，既可以锻炼身体，也可以磨炼意志。剑道训练可增强人的自信，塑造明朗的性格。紧张的对抗训练，可让人的头脑得到适当的刺激，使头脑更为灵活。剑道训练和比赛中的礼仪要求，也会培养人的礼法和为人之道。有专家指出，“剑”（竹刀）是一种兵器，加上一个“道”字，便成为一种境界。剑道也成为一项具有哲学内涵的运动，它高雅深邃，蕴藏了东方哲学智慧。近年北京等地建立了剑道友会等会所、俱乐部，参加习练剑道的有不少大学生、白领人士、警察、教师、公务员、演艺界人士等。剑道所重视的不是比赛输赢，而主要在修身养性。这让剑道成了一项可以从小练到老的运动。练习人群当然也并非只限于年轻男子，女性、少年儿童、中老年人也都可以习练剑道。当然，参加比赛时还是与自己年龄相仿的对手较量一番为宜。

120. 舒展按摩练瑜伽

“瑜伽”一词，是从印度梵语演变而来，其含义为“一致”“结合”与“和谐”。

瑜伽源于古印度，是印度六大哲学派别中的一支，已有5000多年的历史，是一种关于身体、心理及精神的练习。2014年，69届联合国大会将6月21日定为国际瑜伽日。

瑜伽发展到今天，已成为世界广泛传播的一项身心锻炼修习佳法。进行瑜伽锻炼好处多多。它能增强人的身体力量和肌体弹性；能预防和治疗多种与身心相关的疾病，如背痛、肩痛、颈椎痛、头痛、关节痛、失眠、痛经、脱发、消化系统紊乱等，可改善血液循环，增强免疫力；能促进内分泌平衡和身体四肢的均衡发展，使人体态轻盈，内在外在气质都得到提高。在精神方面能消除烦恼，集中注意力，使人内在充满能量，坦然迎接生活中各种挑战。

进行瑜伽练习要在专业指导下进行。练习中还要掌握热身、呼吸、放松、专注、平衡、坚持等要领。做瑜伽很讲究姿势。瑜伽的主要姿势有前倾坐姿、弯曲坐姿、跪姿、站姿、平衡姿、放松姿等。瑜伽的不同姿势相对性地能带来不同的功能效果。如缓解颈椎痛的动物三式：金刚鱼式为跪坐吸气，缓慢身体后仰，使头部触地；牛面式为两腿交叉，双手在背后相扣；猫伸展式为跪地臀部上翘，垂头引颈向上，背部向上拱起，都会收到疗效。

练习瑜伽的环境场地也很重要。最好在干净、舒适的房间内进行，有足够伸展身体的空间，避免靠近、碰触家具、器物。房间内要空气清新、流通，以便能自如地吸入氧气。周边可摆放绿色植物或鲜花。室内可播放轻柔的音乐以助松弛神经。当然也可以选择在露天场地进行，黎明时分，光线柔和，花园、海滨等环境优雅处，都是做瑜伽的好场所。应注意的是，千万不要在大风、寒冷或空气污浊处练习，也不要在阳光强烈照射下进行。

近些年来，瑜伽从印度传到欧美和亚非等国，以其对心理减压和对生理保健等明显作用而备受推崇，同时不断演变出各种方式的瑜伽分支方法，如热瑜伽、双人瑜伽、养生瑜伽、水上瑜伽等。水上瑜伽就是将水上锻炼和瑜伽姿势巧妙结合的一种创新运动形式，配合腹式呼吸利用水压来按摩皮肤，达到舒活筋络、强健心肺、松弛心神、健美身材等功效。目前美国、日本都有数以万计的人热衷于水上瑜伽。在中国的许多游泳馆也开设了相关健身项目，受到了人们欢迎。

121. 攀爬疾走乐跑酷

跑酷,即 parkour,亦称作"城市疾走"。它最初是由参加越战的法国士兵发起的,正式诞生于 20 世纪 80 年代的法国。"跑酷"一词,出自法文的"parcourir",直译就是"到处跑",此外还含有"超越障碍训练场"的意思。

跑酷把整个城市当作一个大训练场,一切楼层、围墙、屋顶,都可以成为攀爬、跨越的对象。这项街头疾走极限运动,很受青年人欢迎,非常有观赏性。这是一项新型运动,没有既定规则。运动的人只是将房屋建筑等设施当作障碍物或辅助运动器具,在其间跑跳穿行。因此跑酷也被视为城市"移动的艺术"。法国有部著名电影《暴力街区 13 区》,把跑酷这种街头文化展示得淋漓尽致,而主角大卫·贝利就是现代跑酷运动的创始人之一。

法国人大卫·贝利,从小就喜欢在学校的屋顶上跑跑跳跳。他受军人父亲的影响启发,进而开创出跑酷这种运动方式。大卫认为,人不应该被任何障碍物所阻碍,不论它是墙、窗、栅栏、树木、岩石、壕沟、交通工具等。生活就是由障碍和挑战障碍所组成的。跑酷所经历的就是这样一个过程,因此这也是一种生活态度和生活方式。大卫发现,跑酷能使人通过敏捷的运动来增强身心对紧急情况的应对能力,不仅对身体有利,对精神意识的磨砺也是相当大的。人在练跑酷时,必须精神专注,充满自信,这样才能克服恐惧,掌握冲破一切障碍的主动。大卫坚信,跑酷看似危险,却能最大限度地激发人的身体潜能,让人充满活力和快乐,并受益终身。

进入 21 世纪后,跑酷在英伦三岛非常流行。那里建有 25 家跑酷俱乐部,有会员几千名。大的俱乐部在亚洲、北美还建有分支机构。在伦敦跑酷活动中有室内、室外、女子、儿童、家庭组等不同人群的各种训练。经常开展的比赛主要分为花样跑酷和竞速跑酷两种,前者主要是以花样见长,后者则以竞速为主。参加跑酷的孩子小的只有几岁,在家长陪伴下,欢蹦乱跳,自由飞跑,展现出跑酷运动的勃勃生机。

近年来,跑酷运动也流传到我国。一些人想跑酷,是从网上跑酷视频学起的。因为没有专业指导,很多动作全凭感觉摸索。大家相互指点,竟也逐渐掌握了猩猩跳、猫挂、猫跳等动作,每天会练上几小时,并越发上瘾。北京等地建起了"城市猴子""风飞"等跑酷俱乐部后,让酷爱跑酷的人们"总算找到了组织",竞相加入。参加者以青年人为多,职业有警察、教师、厨师、邮递员、医生等,也有中年人。人们在专业指导下,在跑酷中尽情释放自我,感觉像风一样自由。2013 年,在山海关还举行了第 1 届跑酷大赛,让酷爱这项运动的人有了一个充分施展才华的空间。

122. 训练场上的机器人

在现代体育竞技场上,高科技开发已研制出各种机器人,协同参与运动员训练,成为提高运动员竞技水平和成绩的有力帮手。

比利时研究人员研制出一种足球机器人,它高 1.7 米,灵敏过人,发出的球角度精确,球速可调,时速最快可达 140 公里。可将球射向球门不同部位、高度,并且可发射高球、直球甚至"勺子"弧形球。有了这样的机器人,对守门员的训练大为有益。

日本还研发出一种网球机器人,其击球力量比普通男子网球运动员大 5 倍,发球时速达 225 公里。它的反应速度也比一般运动员快,每秒钟即可击球一次。和这样的网球机器人对阵,能大大增强网球手的对抗能力。

日本研制出一种击剑机器人。当习剑者向这种机器人攻击时,它会按照电脑发出的指令,对进攻者进行有效的防守,动作完全符合剑术的规范;同时,机器人还能向对手的弱点之处还击,动作敏捷利索,耐力持久。这一机器人在训练场上可供多人同时使用。

英国研究人员研发出一种乒乓球机器人,这种机器人装备有电子控制系统,在特制的乒乓球台进行训练比赛时,具有识别来球和回球的传感技术。机器人发球灵活迅速,回球、击球有力准确。和这样的机器人同台竞技,让选手能更多发现自己的不足,并找到对策。

英国研制出一种竞走机器人。这种机器人能以规范灵便的双足竞走,并针对每一步提供测量数据,诸如位置、速度和加速度之类的参数,计算出每步的能量。机器人还装有压力和加速度传感器,连接计算机后即可指导运动员如何竞走。

德国研制出一种拳击陪练机器人。这种机器人动作灵活,在受到攻击时能够迅速弯腰、侧身或后仰,及时巧妙地躲避拳击手的攻击,并可进行快速还击。机器人有升降装置,以根据拳击者的身材高矮来调整高度。

奥地利研究人员研制出一种棋赛机器人。这种机器人能根据不同棋类帮助棋手进行棋艺训练。它思维敏捷,反应迅速,其高超的"棋艺"常使对弈者措手不及,让许多棋坛高手也纷纷败下阵来。当然,与棋赛机器人交手,也使棋手的棋艺大有长进和提高。

2017 年 12 月,阿联酋迪拜举办了一届"世界未来体育大会"。来自不同国家的机器人代表队角逐 9 个项目的比赛,包括无人驾驶汽车竞速、无人操控飞机竞速、遥控飞机竞速、机器人足球赛、机器人赛跑、机器人游泳赛、机器人摔跤赛、机器人拳击赛、机器人乒乓球赛等。这是一个完全属于机器人的奥林匹克运动会。

123. 人与机器人对弈

在高科技快速发展的今天，多种多样的机器人被开发研制出来，进入人类生活的各个领域。其中能与人对坐下棋的机器人有多牛呢？

1996 年，由美国 IBM 公司设计的国际象棋机器人“深蓝”，与当时国际象棋世界冠军俄罗斯人卡斯帕罗夫进行“人机大战”。结果，“深蓝”以3.5∶2.5的累积比分获胜。专家分析认为，这是因为一般棋手能想到后 7 步已很不错，而“深蓝”能想到 12 步，甚至 40 步。棋手应对机器人当然要落下风了。

阿尔法围棋，即 AlphaGo，是一款围棋人工智能程序，由位于英国伦敦的谷歌旗下团队开发。2016 年 1 月，AlphaGo 在没有任何让子的情况下，以5∶0完胜欧洲围棋冠军、职业二段选手樊麾。计算机程序能以不让子的完整围棋竞技中击败专业选手，这是第一次。两个月后，AlphaGo 与围棋世界冠军李世石进行 5 局“人机大战”，并以4∶1的总比分获胜。

2016 年 7 月，世界职业围棋排名网站公布最新世界排名，谷歌旗下的人工智能系统 AlphaGo 以 3612 分，排名世界第一。而这时的 AlphaGo 所走出的只是 1.0 的招法，并没有脱离人类的理解，而且也没有走出人类棋手曾经熟识的棋谱。2017 年 5 月，谷歌携带升级的 AlphaGo2.0，来华挑战中国围棋高手，地点选在浙江乌镇。2.0 版本的 AlphaGo，意味着它已完善极致地接近了围棋手数估值函数，能利用它自我对局并进行“深度学习”，它也将不再受棋谱的局限，下出真正属于“人工智能”的围棋。

在 5 月 23 日到 27 日，AlphaGo 与中国排名第一的围棋手进行了一系列对决。26 日这天，AlphaGo 对阵由时越、芈昱廷、唐韦星、陈耀烨和周睿羊 5 位世界冠军组成的中国围棋“天团”，最终执白中盘即杀败“天团”获胜。转过天在围棋峰会下午，在世人关注的“人机大战”中，中国年轻的围棋世界冠军柯洁经三局对弈，最终以0∶3完败于 AlphaGo。赛后柯洁一度哽咽称，它太完美，我很痛苦，看不到任何胜利的希望。

人与人工智能的对弈告一段落。有关专家评论说，在棋艺范畴，人工智能与人类棋手携手探索棋道，是一件非常美好的大事。比赛无论谁胜谁负，实际上都是人类的胜利，正是有了人类的努力，才让人工智能产生了如今的突破和进展。人工智能应用于棋坛竞技，也可用于多个领域，包括医疗、交通、环保、航天、探险等。在科技人员的不懈努力下，未来人工智能将会在更多的方面为人类带来帮助。

124.足球场上的高科技

随着足球运动越来越受到世人喜爱和关注,各种用于足球比赛的革新性装备不断被开发出来。2014 年的巴西足球世界杯是各路球星的竞技场,也成为足球高科技的展示台。

在足球比赛中,一脚球踢到球门横梁上弹下,整体是否越过了门线,很容易造成争议,主裁判的判定也不一定准确,曾留下了一个个永远难解之谜和一笔笔说不清的“糊涂账”。这种容易发生的“冤案”在巴西世界杯上不复出现。因为这次杯赛引入了球门线探测技术,由德国一家公司提供。球门处安装了 7 台高速摄像机,以 500 帧/秒的速度追踪足球的三维立体位置,经软件快速分析可判定足球是否越过了球门线,并会在 1 秒钟内向裁判的智能手表发送是否“进球”的信息。这是经过 2000 多次测试成功后才采用的。

根据足球比赛规则,罚任意球时,防守队员需站在罚球点 9.15 米外的地方构建防守。为阻止防守方队员往前蹭动和攻方往前摆球,这届杯赛裁判员使用了一种可消失的水基泡沫喷剂。裁判将喷剂放于特制腰带上,测出罚球距离后,使用喷剂在草皮上画出醒目的白色警戒线,越线者黄牌“伺候”。这种神奇的喷剂,无毒无味,泡沫在 1 分钟后会自动消失。

巴西世界杯的官方用球“桑巴荣耀”,是阿迪达斯公司推出的一款最先进的产品。它由 6 块聚氨酯面板拼接,最为浑圆,这使得球速更快,运行轨迹更加精准。球体的摩擦颗粒进行了创新设计,从圆点、菱形、条形变成为方形,呈波浪曲线排列,这使球的摩擦系数和弧线都有增强。本届世界杯看点之一是进球超多,“桑巴荣耀”对此功不可没。

在巴西世界杯赛场上,很多球员的穿着也格外给力。葡萄牙球星 C 罗等脚上穿了耐克公司的新款球鞋,面料采用三针编织法,与脚部的贴合更为自然。一个类似跟腱的支撑装置,将鞋的上部与跟部连接,形成弹弓状,有助于推动球员向前。跟部鞋钉稳定性更好,能为脚趾提供额外的牵引力,获得更大的抓地力和推进力。耐克推出的凉爽型球衣,将体温调节技术融入制作工艺中,既有纯棉的舒适度,又拥有聚酯的热量调节性能。

在本届世界杯上,巴西政府专门购置了 30 个背负式机器人辅助做安保工作。这款机器人可以检测温度、伽马辐射、爆炸性气体和有毒化学物质等,为世界杯的正常运行提供了保障。本届世界杯主办方尝试通过 4k 信号进行了三场比赛的转播,包括决赛;高清晰的画面将人眼角鱼尾纹的变化都展现出来,给在家观看世界杯的观众球迷带来了身临其境的现场感。

125. 奥运会代表团礼服

历届奥运会,各国运动员在开幕式上的亮相都是一大看点。国与国之间的较量,首先是从运动员方阵服装“斗艳”上开始的。在2016年里约奥运会的开幕式上,各国选手身着各自代表团礼服步入体育场,从服装展示角度看,就等于是体育模特身着时尚服装在走T台。

加拿大代表团的入场礼服,以长袖T恤配黑色铅笔裤,外罩火辣辣的红夹克衫,背部的大片“枫叶”成为极为抢眼的元素。这让他们的礼服有了鲜明的国家特色。

美国代表团的礼服设计主题是“清新和动感”。从Polo衫的底色到腰带,再到手环,大量使用蓝白红三色,这就是美国的国旗色。其设计理念就是诠释美式时尚风情和表达美式生活态度。

瑞典代表团的礼服,也是灵活运用了国旗色这一元素,在礼服服装上巧妙进行国旗色的多样化拼接,恰到好处地展现了对时尚风向的捕捉力,突出了美观优雅的主题。

法国代表团的礼服,所演绎的是在“表达主张”和“简单随意”中达到平衡。上下身颜色搭配深浅相宜,穿着舒适、高雅,低调奢华又有内涵。

韩国代表团的礼服,以隐约的华丽感和细腻之美为灵感来源,直线与曲线相协调,长袖长裤,展现了乡村俱乐部的风格。韩服的特点之一是在布料中加入了驱虫剂,这是为了免受之前肆虐巴西的寨卡病毒的侵袭。

亮相于里约奥运会的中国代表团礼服,由著名服装品牌“恒源祥”量身定制。男子内着白衬衫、白裤子,外搭鲜红的国旗色外套,领带则糅合了里约奥运会的黄绿颜色。女子套裙呈国旗黄,丝巾用色斑斓奔放。这是经典国旗色的又一次崭新演绎。

东道主巴西代表团的礼服,为体现巴西风情,将海滩风的里装与校园范的礼服相结合,进行了艺术混搭,留给人的印象是既耐看又经典。

格鲁吉亚代表团的礼服,借用了传统着装元素,很有民族特色。但该国网民纷纷嫌弃这“满满的民族风”,批评它“裹得太严”,“没有运动感,也谈不上风格”。尽管如此,这款“最炫民族风”的礼服还是在里约奥运会上亮相了。

里约奥运会倒计时10天,伊朗代表团以橘黄和浅蓝为主色调的入场服,遭到伊朗网民疯狂吐槽。差评之下,伊朗官方还是顺应民意,宣布重新设计本国运动员的奥运入场服。

人体健美

1. 我们的身体

每一个正常的人，都是由多种特征构成的一个独特的组合体。这些特征包括身高、体形、面容、发色、肤色、声音及眼睛的颜色等。

尽管每个人都各有特征，但所有人的身体又都以同样的模式构成，并按照同样的方式运行。从外表来看，整个人体可分为头、颈、躯干、四肢四个部分。头部有眼、耳、口、鼻等器官。颈部把头部和躯干部联系在一起。躯干部的前面分为胸部和腹部，后面分为背部和腰部。四肢包括上肢和下肢各一对。

在人体的表面，覆盖着皮肤。皮肤里面分布着骨骼、肌肉和血管等。在人体的内部，骨骼和肌肉围成了颅腔、胸腔和腹腔。位于头部的颅腔，护卫着指挥人行动的大脑。位于躯干上部的胸腔，保护着人体的心、肺。腹腔内则排列着胃、肠、肝、脾、肾和膀胱等器官。正常人的体内器官的位置和大小相对是一样的。

在功能十分复杂的人体结构中，细胞是构成人体的基本成分。相同的细胞构成了组织，几种不同的组织结合在一起，又构成了具有一定形态和功能的器官。许多在结构和功能上密切联系的器官结合在一起，共同构成了人体的八大系统，即神经系统、循环系统、呼吸系统、消化系统、泌尿系统、内分泌系统、运动系统和生殖系统。

神经系统主要由脑、脊髓和神经共同组成，它是人体的信息网络。循环系统主要由心脏、血管及其流动的血液共同组成，心血管系统负责向全身各个组织运送营养物质和氧气，并携带免疫细胞来抵御感染。呼吸系统主要由呼吸道和肺两大部分组成，它通过气体交换机制和血液循环，将氧气运送到全身的各个器官，呼出代谢物二氧化碳等。消化系统中，消化道包括口腔、咽、食管、胃、小肠和大肠，附属器官由唾液腺、牙齿、舌、肝、胆囊和胰腺等组成，它们共同担负着食物的消化吸收功能。泌尿系统主要由肾、膀胱和尿道组成，它负责把血液里的废物和多余的水分转化为尿排出体外，并起着调节体温和体内激素的作用。内分泌系统主要由大小不同的各类腺体构成，它控制着人体平衡运转和生长发育的许多重要过程。运动系统主要由骨骼和肌肉组成，它受神经系统支配，完成各种灵巧多变的动作。生殖系统由生殖腺、生殖管道和附属器官等组成，使生命得到延续。

通过 X 射线透视人体和 B 超等影像观察，人们会发现，人体如同一架装配着高科技的精密仪器，总是在有条不紊、没有间歇地工作着。

2. 构成身体的细胞

地球上的生物体,除病毒等少数种类之外,都是由一种有生命的小单元——细胞构成的。

人体由细胞构成,其细胞的数量极其庞大。经科学家粗略计算,构成人体的细胞多达 800 万亿——1000 万亿个。这些细胞虽小,但若将它们全部排列在一条直线上,长度可达 700 万千米,这相当于地球到月球距离的近 20 倍。

人体的细胞多达 200 个以上种类,每个种类的细胞都有其独特的形态和功能。细胞的形状有圆形、椭圆形,也有圆饼形、柱状、纤维状等。人体最大的细胞是成熟的卵细胞,直径约 200 微米,但看上去也只有针尖大。其他种类的单个细胞透明而微小,最小的淋巴细胞直径只有 6 微米,只有在显微镜下才能看清它们的“尊容”。研究发现,细胞中也有很长的,专管大脑与肌肉之间联系的神经元(神经细胞)长达 1 米。尽管细胞形态大小存在差异,但细胞的基本结构是相同的。

人体内数以兆计(一兆为一万亿)的细胞,都是由一个受精的卵细胞发育而来。这个单细胞不断地分裂而成为一个人的过程,也是细胞不断分裂和产生差异的过程。人在出生以后的成长发育中,直至老年,始终处于动态的过程,它每天要通过细胞分裂产生几十亿个新细胞来代替那些患病、受损、脱落的细胞。细胞分裂是生命体生长、发育和繁殖的基础。在人体中,皮肤细胞的寿命较短,它们持续不停地进行分裂,以新细胞替换损坏的细胞。而神经细胞的寿命却很长,一旦形成便不会再分裂。

人身体中有个坚硬的组织是骨头,骨头一直有着旺盛的活力。研究发现,人的骨结构每隔十几年就会全部更新一次。也就是说,一个人 15 岁、30 岁、45 岁时骨骼是完全不一样的。骨头的生命力之所以强盛,是因为构成骨头的大量骨细胞活力充沛。它们的强大分裂能力保证了脆弱的骨头在磨损后能较快得到修复。但医学家也发现,骨细胞又像个“淘气的孩子”,对它管束越严,它越要逆反惹事。如果人体某处长年受压,或刺激过度而磨损严重,就很容易生出多余的骨组织,这就是产生骨刺等骨病的由来。

各种类的细胞在有丝分裂中,其功能是再无变化的吗?2012 年,诺贝尔生理学或医学奖揭晓,英国科学家约翰·戈登和日本科学家山中伸弥因为“发现成熟细胞可被重编程变为多能性”而获奖。他们的发现改变了“细胞命运一旦决定便不可改变”的传统观念,革新了对细胞和有机生命体发育的理解,同时他们所开创的技术具有巨大的应用前景。

3. 人体不可缺少的营养

细胞是人体结构中的最小单位，大群执行相同或相似功能的细胞构成了组织。人体基本的组织可分为上皮组织、结缔组织、肌肉组织和神经组织四类。营养是供给人体用于修补旧组织、增生新组织、产生能量和维持生理活动所需要的食物。食物中能够被人体吸收利用的物质是营养素。蛋白质、脂肪、碳水化合物、维生素、矿物质和水是人体所需的六大营养素。

蛋白质是生命的物质基础，是构成细胞的基本有机物。蛋白质约占人体全部质量的 18%，通过代谢吸收成为生命活动的主要承担者。人体的重要组成部分——血液、肌肉、神经、皮肤、毛发等，无不是由蛋白质构成的。蛋白质还参与组织的修复和更新，调节人体的各项生理活动，并以产能营养素为少年儿童的生长发育提供主要的能源。

脂肪也是组成人体组织细胞的重要成分。脂肪是人体贮存能量的“燃料库”，1 克脂肪能释放 9 千卡热量。脂肪中还含有人体所需的卵磷脂和胆固醇，它对于增强人的记忆力大有帮助。脂肪还有利于脂溶性维生素的吸收，维护人体正常的生理功能，体表脂肪可为人隔热保温，减少体热散失，保护体内各种脏器、关节等不受损伤。适量摄入脂肪对人体保健是有益的。

碳水化合物是由碳、氢和氧三种元素组成的，由于它所含的氢氧比例为二比一，和水一样，故称碳水化合物。碳水化合物是人体最主要的热量来源，是细胞膜及不少组织的组成部分，并参与许多生命活动。食物中的碳水化合物有两类：人体可吸收利用的有效碳水化合物，如单糖、双糖、多糖；人体不能消化的无效碳水化合物，如纤维素等，都是人体不可缺少的物质。碳水化合物在人体中不仅是营养物质，有些还具有特殊的生理活性，如有抗凝血作用，提高免疫活性等。

维生素是维持人体正常生理功能必需的一类化合物，在膳食中绝对不可缺少。如人体中某种维生素长期缺乏或不足，即可引起代谢紊乱，继而出现病理状态。

矿物质也是构成人体组织的重要原料，是人体不可缺少的又一类营养素，它包括钙、镁、钾、钠、磷、硫、氯等共 25 种为人体营养所必需。矿物质可对体内酸碱平衡、肌肉收缩、神经反应等起到调节作用。

水是细胞与体液的重要组成部分，人体的每个细胞、组织都含有水分，蛋白质也只有在水的参与下方能进行一系列分解代谢。为此水有“生命的摇篮”之称。水在人体内以渗透维持酸碱平衡、促进食物消化吸收和新陈代谢、润滑关节、调节体温。

人体有了这 6 种营养素的充足供应，就有了保持身体活力和健康的基础。

4. 基因的性能

俗话说:“种瓜得瓜,种豆得豆。”这是说生物体具有产生与自己同一类生物的本能。在人类,这种由父母双亲把长相、高矮、胖瘦、肤色、发质,甚至一些疾病等各种特征传给下一代的现象,称为“遗传”。人体细胞核中有一种构造称为染色体,它就是主管遗传的。染色体中储存着人体生长的全部遗传信息,其中的遗传物质称为脱氧核糖核酸,简称 DNA。它如同一条纷乱缠绕的长线,上面记载着构造人体的密码。用显微镜可以看到,细胞分裂时,DNA 分离出染色体,确保全部信息完整地传递给下一代细胞。这使亲子鉴定的准确率达到了 99.999999%。

近年来越来越多的研究显示,一个人能否长寿,基因起着重要的作用。医学家在对很多长寿人群调查中发现,有些地区的人生活条件并不富裕,但因文化背景、饮食习惯影响,使当地的人拥有了“加强版基因”,影响着他们吸收能量、调节体温并获得高寿。这使一些专家认定,一个人能否长寿,基因发挥着 25% 的作用。英国一项新研究表明,在人体几万个基因中,约有 400 个不完美基因。这部分有缺陷的 DNA,变异并不活跃,很可能一直沉睡下去,在特殊条件下也可能会被触发。它能导致人患上各种疾病,也有可能造就成人的不同专长和能力。美国一家研究所的专家研究发现,在对酵母细胞株删除了某个基因后,细胞的分裂更趋活跃。这意味着“闭去”人体某些基因,能大幅延长人的寿命。

人们的口味不同,与很多人对小时候故乡的味觉记忆强烈有关,更是由基因决定的。科学家通过实验确认了一些与味觉、嗅觉相关的基因,就此知道不应过多去责怪挑食的人,因为他们或许只是体内与食欲相关的基因迫切需求而已。德国波恩大学的研究人员在测试 101 位年轻男女玩一款赌博电脑游戏中发现,这些人中的 1/4 拥有“吝啬基因”,他们赢钱后仅有 2% 的人向慈善机构捐赠,而不携带“吝啬基因”的人,慷慨捐赠超过了 20%。

科学家在研究中已经发现了人体中 200 多种与运动能力有关的基因。在完成的人类基因组计划“工作框架图”上,DNA 中含有基因的 2 万多个区域的定位,它们就像人体的说明书,也揭示了决定身体成长的密码。与运动密切相关的基因,有的与骨密度和握力相关,有的控制肌肉的供氧能力,有的关系到腿部垂直起跳能力,还有的则与腿部肌肉力量产生联系。基因的影响程度有多大恐怕暂时还是未知数。

5. 人体有座“生物钟”

在生物体中，都有着随昼夜交替、四时更迭的周期性运动，揭示了生理活动的周期性节律。就人体而言，其体温、脉搏、血压、耗氧量、激素的分泌水平等，均存在着昼夜节律的变化。由此，生物体内近似“时钟运转”的结构，被称之为“生物钟”。

每当到了夜晚，人们就容易感觉疲惫而思睡眠。这一方面是由于白天的劳累和黑夜来临，更主要的是生物钟在起作用。当人从一个地方抵达另一个遥远的地方，由于时差会觉得不适应，这也是由于身体的生物钟尚未调整过来。生物钟可以合理而有效地安排人的生活和工作，如早晨 8—10 时、晚 7 时左右，人的记忆力最佳，将此段时间用于学习，其效果远胜于其他时间。

生物钟在人体内主要有着提示时间、提示事件、维持状态和终止停顿四项功能。提示时间是指让人到一定时间会想到和去做某件事情。提示事件是说遇到某事，会让人产生联想，以合理的方式加以相处和解决。维持状态是让人能够聚精会神，坚持连续去把一件事情做好。终止停顿是说遇事应对有方，不能一味蛮干，如睡眠、劳作都要适可而止。相对这四项功能，在人的大脑中有相对应的四个中枢：时间中枢、空间中枢、功能中枢和终止中枢。这使生物钟能伴随着人昼夜不停地运转。

长期以来，人体各种生理活动和周期变化节律所具有的生物钟效应，一直受到生理学家的关注和研究。生物钟运转良好与否和人的健康、衰老、死亡有着密切联系，为此近年来一种适应人体活动规律的“生物钟养生法”，正被越来越多的人所熟知。这种养生法主要就是要顺应生物钟，要规范人的一切活动与体内的生物钟运转合拍、同步。建立和形成良好的生活规律，养成按时起居，定时进餐、排泄，按计划工作、学习等习惯，这对于增强身体健康，提高工作、学习效率和生活质量都是大有裨益的。人的大脑皮层是人体各种生理活动的最高指挥、调节器官，其基本活动方式是“条件反射”。人们长期、定时、有规律地从事各项活动，就会形成良性的条件反射，生理学上称它是“动力定型”。一旦形成了“动力定型”，生物钟得以自如运转，就不要随意打乱，以免给身体健康带来危害。有史料记载，17 世纪时英国什罗普郡有位叫托马斯·伯尔的老人，过着普通人的生活，活到 152 岁仍很健康。英国国王查理一世召见了这位老寿星，把他请进了皇宫，尽情款待他吃喝玩乐。由于生物钟的骤然紊乱，“动力定型”遭到破坏，伯尔老人在皇宫仅快活了一周就死去了。这个事例也从反面说明了违背生物钟对健康、寿命带来的伤害之大。

6.发达的大脑

人类被称为“万物之灵”,灵就灵在人有发达的大脑。大脑指挥着复杂而精细的人体器官协调、高效、有条不紊地运转,是人体的最高“司令部”。

脑位于人体头部的颅腔内。脑可分为大脑、小脑、间脑和脑干几部分,它们有着严格的分工,分管着人体的各项感觉和运动。大脑占据了脑的大部分,外形有些像核桃仁。在解剖学上通常把它分为左右两部分,两部分由胼胝体连接起来,各称为大脑半球。身体各部位的运动和感觉等机能在大脑皮质都有代表区。更重要的是,大脑是思维和意识活动的器官,这是人类历经上百万年同大自然斗争,通过劳动和不断对各种刺激做出反应,逐渐进化和发展起来的。

人的大脑是由一层2毫米至6毫米厚的灰质覆盖,称大脑皮质。大脑作为人体的重要器官,从妊娠后期的胎儿阶段发生变化,脑重随着生理的变化不断发育增长。婴儿出生时脑重0.35千克,5岁时脑重达到1千克,成年后脑重能达1.1—1.4千克。有统计表明,男子平均脑重1.325千克,女子平均脑重1.144千克。人是不是脑子越大、越重,就越聪明呢?并不尽然,俄国作家屠格涅夫脑重达2.012千克,而法国作家佛朗哥脑重仅1.017千克,都是著名才子。伟大的物理学家爱因斯坦的脑袋也是偏小的。可见大脑的大小与智商之间的联系微乎其微,大脑的质而非量才是关键。

美国科学家近年来研究指出,大脑黄金年龄应该在40岁到60岁之间。大量跟踪测试发现,大脑并不像身体许多部件那样,在中年阶段开始衰老。脑组织中维持脑功能的髓磷脂含量在中年阶段是最高的,它能强有力地推动大脑的运转。

体育运动能延缓衰老早已为人们所认同,而“脑力运动”能延缓衰老却鲜为人知。所谓“脑力运动”即指勤奋用脑。有关科研资料表明,早年用脑较多的人比用脑较少的人晚年的智力要高50%。另有一些研究资料指出,在人一生中的各个年龄段,脑神经细胞均可生长发育,即使步入老年阶段也不例外。只要不断地供给大脑以新的信息,持续用脑,不仅可以维护原有的脑功能,还能改善并增强脑的功能。

科研人员对人体大脑的研究在不断深入。美国科学家在一项研究中发现,人类大脑在过去2万年间逐渐缩小,体积由1500立方厘米,下跌至1350立方厘米。研究者指出,这是由于人类社会日趋复杂,人们可以专注发展所长,不用兼顾多样技能,进而导致脑部一些功能退化,令脑部缩小。这并不代表人类智慧也在衰退。由于人类的用脑量终其一生也不会超过大脑总容量的20%,大脑稍有缩小,并不影响其使用功能。相反,较小的脑部会消耗较少能量,整体利用率却得到提升。

7. 神经网和神经元

神经系统是人体所有系统中最为复杂的一个。人的神经系统由中枢神经系统和周围神经系统两大部分构成。神经网是神经系统的主要联络通路，从脑和脊髓处呈扇形展开。神经系统通过特殊的神经元工作。神经元是身体中一种独特细胞，是神经系统中最小的功能单位。人体全凭神经元接受某些形式的信号并对之做出反应。

中枢神经系统包括脑和脊髓，是神经系统的指挥中心。中枢神经系统协调整个人体的活动，接受和分析来自感觉器官和其他感受器观的信息，并根据已有经验发出指令到肌体和腺体。周围神经系统的功能是，传递来自身体感觉和外界变化的信息，将中枢神经系统的指令传到身体的器官和腺体，支配骨骼肌加以应对。

脑所连接发出的神经叫脑神经，共 12 对，即嗅神经、视神经、动眼神经、滑车神经、三叉神经、外展神经、面神经、位听神经、舌咽神经、迷走神经、副神经、舌下神经各 1 对。这些神经有的与大脑相连，有的通过脑干与大脑相连。神经系统调节生命活动的基本方式是反射。反射可分为两类：一类是生下来就有的先天性反射，也称非条件反射，如手碰到烫物会缩回，感觉皮肤刺痒要去挠挠等。另一类是在生活过程中逐渐形成的后天性反射，也叫条件反射，如“望梅止渴”“谈虎色变”等。参与反射活动的神经结构叫反射弧，它包括接受刺激的感受器、传入神经纤维、神经中枢、传出神经纤维和发生反应的效应器等几部分。

神经系统的基本结构单位是神经元。一个典型的神经元由两部分组成，一部分接收信号，另一部分是一个长的轴突纤维，把信号从一个部位传递到另一个部位。神经元这种独特的细胞，一旦成熟便不会再分裂；如果它们有了严重损伤，也不能再修复。位于神经元之间并包围着神经元的，是一种胶质细胞，这种细胞在神经系统中占全部神经细胞的一大半以上，它们支持神经元并维护其功能，但不参与神经冲动的传导。与神经元不同，胶质细胞为非兴奋性细胞，在受到损伤的情况下可以自行修复。

有人统计，人的大脑里传送最快的神经搏动可达每小时 402 公里。当人打乒乓球时，视神经把情况报告给大脑的速度是每秒钟 120 米；大脑做出反应，判断的速度是千分之一秒。人体内的神经网，如果把它们拉成直线连接起来，长度可达 72.4 公里，这相当于一个普通人身高的 4 万多倍。

8. 记忆力之谜

人从懂事起，通过五官和身体，把外界的很多事物，如声音、气味、色彩和感触都记在脑子里，还会随时回想起它们。这就是记忆。

记忆是人体大脑半球的重要功能，是经历过的事物在人脑中的反映。当我们通过视觉、听觉、嗅觉、味觉、触觉等感官，来感知周围事物时，很多种感觉都能引起大脑神经细胞的兴奋，这些兴奋都会在大脑半球留下痕迹，刺激越大，次数越多，痕迹越深。这种痕迹一经巩固，可以长久地留在大脑皮层中不会消失；即使事物不再作用于身体，曾经经历过的感觉在一定条件下也能重现出来。

研究发现，掌管人们记忆的是埋藏在两个脑半球深处，两个叫作“海马”的小小卷曲结构中。人们所经历的事情，首先进入感觉记忆，这是短时记忆。储存之后，思维、情感等得到分析，在海马处转为长时记忆，就此可储存伴随一生的信息。一般认为，将短时记忆变为长时记忆，需要不断巩固。

人与人之间记忆力的好坏强弱是不相同的。人在年轻时，精力充沛，条件反射既容易建立，又容易巩固。所以青少年的记忆力特别好。人在青少年时期应该抓紧大好时光，多学习记忆一些科学文化知识，以利于以后的发展。人的记忆能力有不同，人在一天中有利于记忆的时段也是有差别的。一般来说，人在睡眠后，早晨空气清新，这时段用脑是有益于记忆的。但是有规律地安排好时间，使神经系统的活动均匀协调，在下午和晚间读书学习，也是不错的选择。调查发现，与记忆相关的有睡眠、营养、心情及学习环境等因素。而人们所学习、需要记忆的内容，越是感兴趣，越是容易记得有效率，记得扎实和牢固。

人没有记忆是不可思议的事。记忆是人们进行正常生活、工作的基础；失去记忆，就等同于失去了生活和工作的能力。记忆的反面是遗忘，人没有了遗忘同样是难以想象的事。心理学家指出，若对生活中的任何事情都记忆犹新，未必是好事。许多事例说明，一般的遗忘并非完全遗忘，而是暂时或部分遗忘，一段时间后在某些因素的作用下又能回忆起来。据科学家测定，人所记忆的东西，一天后便会忘掉25%。一个人如果对需要记忆的知识与事物不分轻重主次，全部塞满头脑，必显杂乱无章，受无关紧要信息的干扰，反倒阻碍了重要信息的记忆和吸收。研究表明，记忆使脑神经绷紧，遗忘却能让脑神经放松。遗忘减轻了大脑的负担，降低了脑细胞的消耗。可见遗忘在人的思维活动中占有很重要的位置。人们完全应该掌握遗忘的规律，使其更好地为思维活动服务，促进身心健康。

9. 重要的睡眠

人的一生几乎有三分之一的时间是在睡眠中度过的。睡眠在人的生命活动中占有极其重要的地位,被誉为生命的天然补药。英国戏剧大师莎士比亚也曾把睡眠比喻为生命宴席上的“主要滋补品”。

睡眠是大脑和整个神经系统以至全身多个组织、器官最彻底的一种休息方式。良好的睡眠对身体的健康起着重要的作用。英国萨里大学的科研人员调查发现,一组人员每晚睡眠时间不足6小时,持续一周后检测显示,参试者体内有711种基因的功能发生了不良改变,其中涉及新陈代谢、免疫力和抗压等功能;此外,睡眠不充足还造成了人体生物钟的紊乱,让人一天内的精神状态很不稳定。尽管此后只要保证一周有了正常的睡眠,就足以让受损的基因恢复到正常的模式,先前缺乏的睡眠仍为人体带来了健康隐患。

《美国国家科学院院刊》有研究论文指出,一旦正常的睡眠模式持续遭到破坏,将对人体器官和生理组织造成永久性的损伤,引发多种疾病。目前,癌症的发病机制虽众说纷纭,但有一点可以肯定,癌变细胞是在分裂中产生的,而细胞分裂多半是在睡眠中进行,一旦睡眠规律发生紊乱,机体就难以控制细胞裂变。若再有外界环境致癌因素的作用,就很容易引发癌变。睡眠在此成了预防癌症的首要因素。睡眠问题还与交通事故挂钩,2009年2月,一架从纽华克飞往布法罗的客机在途中坠毁,机上49人全部遇难。失事原因是驾机的副驾驶在事故前一昼夜没好好睡过觉。另有调查发现,汽车司机连续24小时不眠,或连续一周每天只睡5小时,其精神状态相当于血液中的酒精浓度达到了0.1%,或许已经符合了醉驾标准。

人睡眠多长时间为充足,是因人而异的。新生儿几乎日夜都在睡觉。2—4岁的幼儿一天约睡眠12小时。5—6岁的幼儿一天约睡眠11小时。7—14岁的孩子一天约睡眠10小时。15岁以上的人一天睡上8小时较适合。60岁以上的人睡眠时间常常降到6小时以下,甚至更少。睡眠充足的标准不要过于机械,以醒来后精神愉快,情绪饱满为佳。人“亏觉”于身体有害,贪睡而睡得过多、过久,对健康也是无益的。多睡久卧会使人昏昏沉沉,四肢无力,面部浮肿,精神颓丧;中年以上的人还易诱发心脏病和中风,也是要注意避免的。

人的睡姿多种多样,可分为仰卧、俯卧、左侧卧、右侧卧等,此外还有靠卧、跪卧、立卧等姿势。大多数人入睡后,每隔5—10分钟会改变一下睡眠姿势,8小时会有30—40次身体翻动。研究发现,睡姿中以右侧卧为最佳,可以最大限度地松弛全身肌肉;不会使胃受压迫,有利于食物的消化;胸部受压也最小。养成良好的睡姿,会使人在身心健康方面受益匪浅。

10. 说　梦

睡眠是大脑皮层广泛抑制的结果。由于各个神经中枢抑制程度不同，即使是同一个神经中枢，抑制的程度也会不断变化，因此整个睡眠是深一阵，浅一阵，交替进行的。当一部分脑细胞或细胞群处于兴奋状态，而它们之间又在杂乱无章地联系，这就会出现种种梦境。

日有所思，夜有所梦。梦的内容都是自己所看、所听、所说、所想过的事物。每个人睡觉都会做梦，甚至一晚做梦多次，只不过有的人醒来不记得就是了。由此可知，做梦是人的生活的一部分，是正常的生理活动。人们如果前一晚做了个好梦，第二天会感到心情愉快而安适。但如果做了噩梦，会觉得觉没睡好，心情烦躁，做事静不下心来。看来做梦又是与心态相关的重要环节。

人人睡眠中都会出现的梦境，可谓林林总总，五花八门。美国“心理中心网”载文指出，世界各地不论从事何种职业，在哪里生活，最容易做到的梦有 12 种，即被追或攻击、受伤或死亡、遇到自然或人为灾难、遭遇交通工具故障、心爱的物品损坏、财产丢失、跌落或溺水、考试、上班迟到、裸体或穿着不得体、迷路等。当一件事对人的心理刺激过于强烈，或是潜意识里特别希望得到某东西、非常担心失去某东西，便容易做同一内容的梦。当人睡得不熟，大脑的大部分受到抑制，而个别区域、个别点却呈现兴奋状态，如大脑中主管言语的部分没有被抑制，人就会“说梦话”了。

有些人睡眠时压了胸口，会做噩梦惊醒。也有人晚餐吃得过饱、过于油腻，导致食物在胃内滞留时间过久，胃酸反流烧心，而在入睡后被呛醒。这种情况在肥胖人群中较为多见。抑郁症患者或心理压力大的人群，入睡本就困难，即便进入有梦睡眠阶段，也容易从梦中惊醒，虽然他们的梦境情节并不紧张。

以梦预兆吉凶，占卜未来，这当然是迷信和无稽之谈。但当代的医学科研人员经细密的研究和观察发现，如果经常做内容相似的噩梦，这常常会是疾病的“前奏”。噩梦究竟为何能预兆疾病呢？这是因为疾病初起时，病理信号微弱，难以在人清醒时传至大脑指挥系统。当人入睡后，外界影响和自身干扰均下降到最低限度，大脑指挥系统处于休息状态，但病理信号仍照常传入，从而使大脑相应部位产生兴奋灶，出现与疾病部位和性质相同的梦境。

11. 让人困惑的梦游

梦游是一种病，医学上称“睡行症”。是指一种在睡眠过程中神志不清醒，而起床在室内外行走，或做些睡与清醒混合状态的举止活动。

这类梦游患者一般表现为反复在睡眠中起床行走，持续时间常为数分钟至半小时。梦游者发作时表情呆板，对他人的刺激基本上不做回应，也很难被强行唤醒。发作后多能自行回到床上，继续入睡。次晨醒来，对晚间发生的事茫然无知，全无印象。医学研究发现，正常人睡觉时，大脑皮层应当全面处于抑制状态。有梦游病的人，入睡后大脑皮层里支配运动的那一部分脑组织仍病态地兴奋着，致使他处于半睡半醒中，而出现了各种不随意的行走活动。

梦游患者睡着爬起，常做的怪事有随意行走、进厨房吃东西、用手机乱发短信等。有些梦游患者的行为更是离奇。丹麦 35 岁的主妇兰妮，在梦游中走向电话机，没完没了地向商家订货，订购了一大堆不需要的东西。被丈夫发现制止时，她已经花掉了两万多美元。英国 55 岁的妇女莱丝莉会在睡梦中闭着双眼，动作熟练地从冰箱中拿取食材，并端着煎锅烹饪。由于是在非清醒状态下进食，茉丝莉吃下过凡士林、洗衣粉、乳胶漆等，还曾啃食过沙发。英国北威尔士男子哈德文患梦游症 10 年，他醒着时毫无艺术细胞，然而只要他在梦游时作画，每幅作品都充满了灵感。他的画作一幅高达 5000 英镑，被誉为“梦游毕加索”。

梦游者睡梦中迷迷糊糊爬起，做出极端举动，也就容易发生意外事故。英国 26 岁的女子凯莉，夜间开车外出，意外撞到一棵树，不但造成长时间的昏迷，右腿因受伤严重还被截肢。不过对这次车祸，她醒来后却表示完全没有任何记忆。当时的她竟是在梦游，是在熟睡不久后独自一人开车外出的。在英国肯特郡还有一位身为人母的玛丽娅女士，她手握菜刀走进一家超市，扬言抢劫。警察在现场控制了她，后法庭对此案进行了审理。由于医学专家提供了证词，证实玛丽娅作案时处在梦游状态，根本不知道自己在干什么，最后法庭判处其无罪释放。

梦游症大都是从儿童时代留下来的。患病原因与家庭环境压力有关，另外也存在遗传因素和发育因素。民间有许多关于梦游的传闻，有一个说切莫惊扰梦游者，猝然惊吓会使梦游者丧命。唤醒梦游人的确要讲究方式，正确的做法是不要吵醒他，要温和地引导他回到床上继续睡觉，过后再以适合的方式与之沟通。

12. 智商和开发

智商是一种表示人的智力高低的指标。智商是智力年龄被生理年龄相除而得出的商数,智商越高表示人越聪明。

心理学家把智商看作是一种综合能力。它包括推理能力、创造力和洞察力、坚忍性、灵活性和脑子处理信息的速度等很多方面。研究发现,人的血缘关系越密切,智商就越接近,这证明了遗传与智力智商存在着重大关系。父母一定能决定孩子智商的高低吗?实际上,一个人的智力高低要受先天和后天两种因素的制约,智力的先天物质基础主要与遗传相关,是环境和基因的共同产物;但先天智力一般的人,凭借后天的勤奋和有效努力,也能成为智力超群的人。

俗话说,三岁看大,七岁看老。这是人们在用一个人小时候的智力表现来预见他今后的发展。古今中外都有许多与众不同的聪明孩子,被人们称为“神童”。但是这些“神童”中的大多数并没有一直“神”下去。我国北宋文学家王安石写有一篇《伤仲永》的散文,讲述了江西金溪一名叫“方仲永”的神童,原是一个很聪明好学的孩子,因父亲不让他学习而把他当作造钱工具,致使神童沦落为一个普通人的故事。这个故事强调了后天教育和学习对成才的重要性。在当今韩国也曾有一位神童,4 岁时智商达到 210。但由于缺乏正确的培养,到 16 岁时才考上大学,后来也仅是个普通劳动者。

智商是一种潜在的认识能力和创造能力。这种潜能如何发挥,受后天教育的影响,也与每个人大脑发育的步伐共进退。英国一家研究中心的人员在 2004 年测试了 33 名健康青少年的智商,10 年后再做测试,结果显示,20% 的人智商发生了变化:有低智商变高,也有高智商变低;有高智商变得更高,也有低智商变得更低。这项研究改变了不少人认为智商是基本不变的观念,让人们认识到教育和学习的重要性。

13. 人的幻觉

幻觉是指没有相应的客观刺激时所出现的知觉体验。这是一种比较严重的知觉障碍。由于其感受常常逼真生动,可引起愤怒、忧伤、惊恐、逃避以致产生攻击他人的情绪或行为反应。一个人产生幻觉,大多是病理性的。企图说服出现幻觉的人不相信幻觉,很多时候是徒劳的。

幻觉有两种表现,一种是简单的错觉,一种是深一层的错觉,即偶然间的幻觉。正常人在紧张、疲惫、饮酒后,也容易出现幻觉。如焦虑等待某人到来,忽然感觉有敲门声,其实是出现了一种幻听;这种幻听的出现与期待的心理有密切的关系。又如一个人深夜独自走在荒郊,由于紧张、恐惧,很容易把东西看错,疑神疑鬼,以至于草木皆兵,自己吓唬自己。这些都是在特殊情绪心理作用下容易产生的幻觉。

正常人在似睡非睡、将醒未醒之际,也会产生幻觉,出现幻听或幻视。如同做个梦一样,对情绪和健康并无影响。登山运动员登上几千米高峰后,因缺少感觉刺激会产生幻觉。老年人做了白内障摘除手术后,产生幻觉也是常有的事,并非病态。而有知觉障碍者的幻觉却是非常不易摆脱的。研究发现,病理性的幻觉可分为6种,其中听幻觉和视幻觉较多见。此外还有嗅幻觉、味幻觉、触幻觉和内脏性幻觉等。有嗅幻的人能嗅到一些特殊、让人反感的气味,如血腥味、腐败味等;幻味者能尝到水中、食物中的怪味或讨厌味道;幻触者会感到皮肤有电流通过的麻刺感或虫爬感;有内脏性幻觉的人则有内脏在扭转、撕裂、穿孔等难耐感受。所有这些幻觉,其共同特点是在现实生活中并不存在;即使能有也并没有在那一刻出现。

产生病理性幻觉的原因有多种。包括中枢神经病变、情绪影响等。如大脑颞顶叶长肿瘤或脑血管病及颞叶癫痫等,常会有幻视或幻嗅的症状出现;全身性疾病如肺心病,患者体内有二氧化碳潴留;患有严重肝脏疾病,血氨增高及慢性肾衰病人,体内有毒物不能排出,均会产生幻觉。老年性耳聋患者则容易产生幻听。人在高烧和异常心理状态下,患有精神性症状的抑郁症等,也会有幻觉产生。人在吸食毒品后,毒品直接刺激脑神经,会使人产生幻觉;长时间吸毒会发生毒品所致的精神病,也会产生幻觉。据吸毒者供认,有被人控制折磨、被人追杀等幻觉并难以摆脱。

一个人若多次、反复出现病理性的幻觉,家人应及时陪同患者到医院检查,以便对其所患疾病或心理障碍进行诊治,防止在幻觉发作影响下,发生出走、伤人或自残、自杀等意外。对于吸毒者则要对其强制戒毒,铲除其致幻之根。

14. 人为什么会晕眩

晕眩是一种常见的脑部功能性障碍。发作时的感觉是天旋地转，表现为头昏、头涨、头重脚轻、眼花、恶心、呕吐等。医学上称此为“脑供血不足”，诊断为“耳水不平衡”，是平衡系统有了毛病。

人体的平衡系统是非常精密的结构，其中牵涉视觉、本体感觉、内耳前庭及小脑的复杂运作。当人的肢体受到外界刺激，眼睛和本体感觉都接受了“停下来”的信息，但内耳前庭的淋巴液仍在流动，脑部维持平衡的功能便会发生紊乱。

晕车、晕船是平衡系统出现矛盾的典型例子。人乘坐交通工具除了向前的速度感，还会有左右拐绕、上下颠簸等。一些对平衡器官运作敏感的人，接受感官信息太复杂，脑部处理不来，就会产生晕眩。晕车、晕船只是人的身体在过度摇荡时不能适应所表现出来的一种反应性症状。这些人原本身体健康，举止并无异态，当过度的摇摆和震荡停止后，他们晕眩和剧烈的症状也会很快自行消失。因此，晕车、晕船不能算作一种“疾病”。有晕车、晕船经历的人也不要有“恐晕症”，外出旅行可行前服用有镇静作用的溴化剂，旅行中仰卧在车、船中心，用皮带固定身躯，对减轻晕眩是有帮助的。

有些人喜欢吹奏笛子等乐器。初学者练习的时间长了，改变了正常、匀称的呼吸节奏，吹气时间长，吸气短促，致使吸入的新鲜空气少。吹的时间一久，氧气向脑部输送不足，脑部神经细胞的活动就会大打折扣，让人发生头晕。同样在空气不新鲜、不流通的室内工作、学习或开会，时间长了有些人感到头晕，也是这个道理。

舞蹈演员和冰上花样滑冰运动员连续高速旋转，是他们的拿手好戏。而一般人只要旋转几圈就会眩晕，即使马上停下来，天旋地转的感觉还要持续一段时间，甚至无法站立，一直有难受感。这说明有些晕眩是能够通过后天的训练加以克服的。飞行员驾机在空中上下翻腾，有其身体素质好的一面，也是严格训练的结果。

神经医学专家指出，人出现晕眩很多并不属于病态，但病理性的也不少，需要引起患者重视。大部分中年人及不少年轻人，生活工作负担重，压力大，如果不能合理调整情绪，劳逸结合，就很容易造成神经系统功能失调，出现头晕、头涨、记忆力下降等症状，继而诱发低血压，造成大脑供血不足，让晕眩反复发作。为此专家认为，人们在生活中对晕眩应以综合性防治为主，尽量做到工作、家务、娱乐有张有弛，改掉不良习惯，加强营养摄取。一旦有晕眩连续发作，要及时到医院就诊查治。

15. 心脏是血液循环的“泵站”

人的心脏如同人的拳头般大小。心脏位于人体胸部正中左侧，在胸骨之下，肋骨的内侧。心脏是一个中空的肌肉器官，是血液循环的动力器官。它能将血液泵到全身各处，也就是将氧气和营养物质运送到全身的各个器官和组织。如果没有心脏，血液就不能流动，人体也就失去了活力。

功能重要的心脏，被组织壁分为左右两边，每边各有两个腔，一个在上，一个在下。上面的空腔为左右心房，接受来自静脉的血液；下面的空腔叫左右心室，可将血液推出心脏。心房和心室之间被瓣膜分隔开，瓣膜是能够阻止血液倒流的片状组织。心脏借助于内部独特的窦房结、房室结、希氏束一套组织，使心肌自发而强有力地进行收缩和扩张，形成血液循环。心脏便能不断地有规律地跳动。以手触摸手腕处时，可感到动脉的波动。通过触摸动脉的波动，可了解心脏收缩次数的规律性。中医即以此为“号脉”治病。

一般来说，人的心脏跳动速度，吸气时较快，呼气时慢些；卧倒时较坐着时为慢，坐着时又较站着时为慢；情绪激动时比心平气和时要快；环境温度高时较寒冷时要快；女子较男子为快。安静时男子平均一分钟心跳 65—75 次，而女子平均约 70—80 次。老年人较壮年人为慢，壮年人又较儿童为慢。胎儿心跳每分钟达 140—160 次，出生后减到了 130 次左右，两岁左右的婴儿变为了 100—120 次。人在情绪紧张时，刺激心交感神经，会使心跳加快。在激烈的跑步或进行球类等体育运动中，心脏输出血量的增加和运动的强度、时间成正比，每分钟输出的血液量可达 30—40 公升。这时的心脏蹦跳得又快、又重。

人的心脏若以每分钟跳动 75 次计算，一昼夜就要跳动 10.8 万次；对一位 80 岁的人来说，心脏已经跳动约 30 亿次啦！心脏每收缩一次，排到血管里的血液就达 70 毫升，每分钟累计 5250 毫升，重 5.25 公斤。一个心脏一年输送的血液量，可以充满一个奥运会比赛的标准游泳池。

一个人从出生到老死，心脏无时无刻不在工作着。若不知道善待它，人就容易患冠心病、心肌梗死、休克等严重病患。当心脏出现问题之始，器官往往会发出“报警信号”，如手脚冰凉、双脚肿胀、心跳加剧、呼吸短促、焦虑失眠、肩颈臂痛、莫名疲劳、盗汗反胃、常偏头痛及有绞痛感等。这些信息如果能被注意到，及时找心血管病医生检查甄别，或许能够避免一些悲剧的发生。

16. 纵横交错的血管

血管是指血液流过的一系列通道。人体除毛发、指(趾)甲、牙质、上皮等处外,血管遍布全身。这些纵横交错的血管,分布于人体内的每个角落,与心脏一起组成了封闭式的输送管道,四通八达,将血液源源不息地输往全身。血管包括动脉血管、静脉血管和毛细血管三种。

在皮肤表面能触摸到的跳动血管,是动脉。它用来将血液中的营养物质如氧气、糖、维生素、矿物质等输送到身体的各个组织,使各种组织细胞生长、繁殖,维持人的生理活动。在人体表面和四肢上见到的呈青紫色、不能跳动的血管,是静脉。它的作用是把各组织细胞代谢排出的废物如二氧化碳、尿素等带走;将二氧化碳送到肺部呼出体外,将尿素等送到肾脏再行排泄。顾名思义,比毛发还细得多,肉眼看不到,直径只有5—20微米的血管是毛细血管。毛细血管纵横交织成网状,遍布全身组织末梢,像灌溉渠道一样,将血液送达人体各个部位。人身体里的血管有粗有细,数量庞大,如果把一个人体内所有的动脉、静脉和毛细血管首尾相连,接在一起,将长达10万千米,这个长度足以环绕地球赤道两周半。

血管与人的健康关系密切。动脉血管硬化是冠心病、高血压、脑中风、糖尿病等一系列疾病的根源。静脉血管里的血栓会导致致命的肺栓塞。因此关注健康,关注心脑血管病,应当从关注血管开始。

动脉的血管壁,在正常情况下是有弹性的,内膜是光滑的。人在生活中吸烟、肥胖或有血管病家族史,患高血压、高血脂、糖尿病等,都容易使动脉管壁变硬,失去弹性,特别是内膜遭受破坏,形成溃斑,累生赘物,导致堵塞或破裂。出现这种情况就叫“动脉粥样硬化”。如果脑动脉硬化,破裂、出血,就是“出血性脑中风”;如果脑动脉的管腔被堵塞,则为“缺血性脑中风”。如果心脏的冠状动脉硬化变窄,就会引起“冠心病”,造成心肌供血不足,继而发生“心绞痛”,甚至“心肌梗死”。静脉一旦出现病变,静脉血液回流受阻,压力增高,就会在皮肤表面凸起,甚至出现扭曲变色等现象。这也是身体有恙的报警信号,反映出人体可能患上了痰、湿、淤、毒等积滞不能排泄出体外的病症,预示着人可能患有糖尿病、肺心病及更为严重的肝硬化腹水、肿瘤后期等。下肢青筋还会提示患有静脉曲张,进一步发展会肿胀、溃疡、出血等。有鉴于此,专家提出人们要力戒吸烟,增强体育锻炼,作息规律,调整饮食结构,为血管减压,让其保持“年轻态”。

17. 人类的不同血型

血型是对血液分类的方法。通常所说的血型是指红细胞膜上特异性抗原类型。

1900 年,奥地利病理学家兰茨坦纳在血液研究中发现,不同的人红血球中会含有两种不同的抗原物质;合成血液样本,有的能成功混合,有的却发生凝结。经多次混合验证实验,血型就这样被发现了,分为 A 型、B 型、AB 型和 O 型。血型的重大发现给人类带来了福音,从而使医师们找到了由于血型不合导致输血死亡的原因。

血型来自父母。子女的血型可能和父母亲一样,也可能不一样。这是因为人类的每一种血型由两条染色体上的等位基因组成,一条来自父亲,一条来自母亲,这两条染色体就决定了子女的血型。人的 ABO 血型就是由 A、B 及 O 三个基因控制的,而每一个人的血型,只含三个基因中的两个。A、B 血型可以各分为两种遗传型,而 AB、O 血型只具有一种遗传型。所以说根据父母的血型就可以知道子女所具有的血型。一个人的血型在受精卵形成之后就已经决定了,一般来说是终生不变的。医学科学的不断进步,让人们认识到血型远不止 ABO 系统。目前发现人类血型的总数已增至 32 种,其中的 Rh 阴性血十分稀有,被称为“熊猫血”。

一直以来不少研究认为人的血型与性格相关。如 A 血型的人,可能比较理智和谨慎;B 血型的人,比较乐观、热情;O 血型的人,较为自信和坚定;AB 血型的人,执着认真,甚至保守一些,等等。日本人非常相信血型之说,常会询问对方是什么血型。单身女性相亲更把血型看得很重。对血型的兴趣在日本热度不减,女性杂志总有大量篇幅讨论这一话题。

相比于血型与性格之说有些玄妙,医学专家对血型与健康的研究对大众更有参考价值。研究认为,A 型血的人耐受能力较强,不会经常受到疾病困扰;但血液黏稠度容易升高,消化系统功能不强。B 型血的人具较好的消化功能和适应能力,新陈代谢效率也较高;但如果长期处于压力下,容易患慢性疾病。O 型血的人具有很强的自身免疫功能和抵抗力;血液较稀,不利于血液凝固;胃酸含量也较高。有调查显示,O 型血的人心脏更健康。AB 型血的人血型具双重抗原,胃酸含量较低,影响对食物的消化吸收,容易形成肥胖。如此等等,每一种血型都有自己的优点和弱点。重要的是,人们应据此调整自己的生活方式,趋利避害。

18. 人体宝贵的血液

血液是一种结缔组织，由红细胞、白细胞、血小板和血浆组成。它不停地在血管中流动，在体内发挥着特殊的作用。

正常人体内约有25万亿个红细胞。红细胞也称红血球，它们在运送氧气和二氧化碳往来于身体各器官、各组织的过程中起着非常重要的作用。红细胞是由红骨髓以每秒200万个以上的速度产生的。一个红细胞在它的4个月寿命里能流动1600多千米。在人体循环流动的血液中，另一类是白细胞，也称白血球，它是专与致病细菌和病毒做斗争的“卫士”，能识别病菌和致病微生物，能穿过毛细血管壁进入组织，吞噬它们。血小板是很小的细胞碎片，当人的皮肤受伤，它在形成血凝块、止血方面起着重要的作用。这三种血细胞占血液总体的45%，另外的55%是血浆。血浆中约90%是水，10%左右为溶解在血浆中的化学物质，包括蛋白质、脂肪、葡萄糖和钙、磷、钠、钾等无机盐和维生素、激素、酶等。血浆中由于悬浮着含有大量血红素的红细胞，就使血液成为红色的了。

血液在人体生命活动中，主要功能是运送氧气和营养物质，将代谢产生的二氧化碳及废物送到肺、肾等处排泄；传递激素、酶、维生素等物质，参与体液调节；保持体内环境的稳定，维护水和电解质、酸碱度平衡以及体温的恒定；防御和杀灭入侵肌体的病菌和毒素等。一个健康的男性，每千克体重约有80毫升的血液，如果他的体重是60千克，那么他全身的血液量约为4800毫升。女性比男性要少一些，全身血液量大约在3800毫升左右。人的血液量不是一成不变的，正常的血液变化，一般不超过10%。一旦超过这个比率，如成年人一次失血500毫升以上，就可能出现轻度休克；要是血液量损失超过30%，就有生命危险了。

人体四通八达血管中的血液遍布全身，当身体某个组织、器官出现病患，血液中的某些成分就会在数量上或质量上发生改变。通过验血，便能准确了解哪些成分有了改变，改变到什么程度，这样就可以帮助医生诊断疾病了。随着医疗水平的提高，验血诊断技术不断获得突破。我国科研人员自主研发的超早期肿瘤分子诊断技术平台，只需抽取5毫升血，便可对人体与肿瘤相关的38个基因、198个突变位点进行全面筛查。这些位点的基因突变涉及结肠癌、胰腺癌、乳腺癌、肺癌、前列腺癌、肝癌、胃癌、肾癌、宫颈癌、甲状腺癌、白血病、膀胱癌和脑癌等共14种主要癌症。对于肿瘤患者来说，时间就是生命。简便准确的筛查，为及早治疗提供了有力的技术支撑。

19. 肺是呼吸的枢纽

人一刻也不能停止呼吸。人体的呼吸枢纽是肺，它位于胸腔，呈圆锥形，占据了胸廓的大部分空间。肺是一个装满了空气的器官，是身体中比重最轻的器官，像海绵一样柔软，它连接着分支管道，以肺泡为末梢，进行着气体交换。

肺部可以分为独立的部分，称为肺叶。肺叶又可分为左右两部分；两部分之间存在明显区别，左肺只有斜裂，分为上下两叶；右肺有斜裂和水平裂，分为上中下三叶。肺的基本单位是肺泡，普通人肺中约有3亿—4亿个肺泡。肺泡像一个个气球，结构巧妙，有很薄的壁，使气体分子能从容通过。在肺泡壁外部缠绕着毛细血管网和弹力纤维，这有利于肺泡和血液间的气体互换。

呼吸停止常被视为生命终结的征兆之一。短时间的缺氧人就会感到憋气。呼吸停止的时间越长，缺氧也越严重，甚至因严重缺氧而死亡。人们了解的呼吸，吸入氧气，呼出二氧化碳，是一种外呼吸。人体还有一种内呼吸，消耗氧气、产生二氧化碳，是在血液中进行的。人的呼吸动作通常是下意识的，但也可以在一定限度内有意识地加以控制。

早在300多年前，意大利学者博雷利就经研究、观察发现，人的肺本身实际上并不呼吸，肺的呼吸其实是被动的。由于膈肌的牵拉、推动，胸腔节奏性地伸展和收缩，于是带动了肺脏的呼吸。成年人的膈肌每分钟大约收缩16次，所以两肺的呼吸也是这个数。若以每分钟呼吸16次，每次呼吸进出身体的气量为500毫升计算，一个普通人每天约有1000多万毫升的空气进出呼吸系统。在一般情况下，人体需氧量并不是很多，通常只要1/20的肺泡工作就够用了。人如果因病切去2/3的肺，照常能维持生命的呼吸活动。

经检测，一般男性的肺活量为3500—4000毫升，女性为2500—3500毫升。有研究统计，当人躺在床上时，每分钟吸入约8.8升空气；假如坐着，每分钟吸入约17.6升空气；散步时，每分钟将消耗约26.4升空气；跑步时，身体每分钟可能需要55升空气。如果从事剧烈运动，每分钟换气量可达到100升左右。在运动场上可以发现，同样是跑步，缺乏体育锻炼的人跑起来气喘吁吁，而经常锻炼的人则显得轻松自如。

肺活量是体能的“晴雨表”，肺还是人体健康状况的“晴雨表”。肺在胸腔里占很大的位置，很多人到医院看病，检查到胸部，医生会用听诊器听听肺部发出的声音，听听声音清亮与否。如肺部有积水、化脓的情况，声音短促，显得浊而弱；肺部有了孔洞，声音实而低等。发现了病状，医生再依靠X光透视，以及B超检查等手段确定病症，加以医治。

20. 气管和支气管的功能

气管、支气管是人体的呼吸通道。气管是从喉部通向肺部的弹性管道。主支气管位于下方，与气管相接，管径较细，管壁较薄，分为左右两部分，各自通向左右两个肺门。

人体气管下的两条主支气管进入肺门后，出现分化，形成第二级支气管；接着第二级支气管继续分化，形成第三级支气管；这第三级支气管又经一次分化，形成终末支气管；终末支气管最终分化形成细支气管。这种气管结构被称为“支气管树”。气管是“树干”，支气管是“树枝”，细支气管是“细枝”。这形似一棵枝干繁茂的“大树”，其形态却是倒置的，“树干”气管在上，“枝条”支气管及分支气管在下。另外，“支气管树”是空心的，其管腔是气流的通道。

气管和支气管在从事呼吸的“本职工作”时，具有多种功能。气管、支气管不仅是吸入氧气、呼出二氧化碳，进行气体交换的主要通道，还具有调节呼吸的功能。吸气时肺及支气管扩张，气体通过气管、支气管进入肺部，当气量达到一定容积时，就会引起气管、支气管内平滑肌中感受器的兴奋，由迷走神经传至呼吸中枢，抑制吸气中枢，使吸气转为呼气。呼气时肺及支气管收缩，对气管、支气管感受器的刺激减弱，解除了对吸气中枢的抑制，于是吸气中枢又再次处于兴奋状态，进入了下一个呼吸周期。有了这种调节功能，就使人体的呼吸变得极为顺畅。

气管、支气管的另一大功能是清洁功能。气管、支气管内密布着一种纤毛细胞，每个纤毛细胞顶部伸出约 200 根长约 5 微米的纤毛，与气管黏膜下分泌的黏液形成黏液纤毛传输系统。人在呼吸中随空气被吸入的尘埃、细菌、各种微粒，都会沉积在黏液层上，经纤毛节律性击拍式摆动，由下而上被推向喉部咳出。经测，人体气管每日分泌黏液为 100—200 毫升。纤毛的摆动，每分钟即达 1000—1500 次。除了清洁，气管、支气管对吸入的气体还有加温、加湿的作用。

在气管、支气管黏膜内，活跃着巨噬细胞活化因子、淋巴毒素、转移因子、趋化因子等，包括溶菌酶、补体、转体蛋白等，都具溶菌、杀菌、灭活病毒的作用，有体液免疫和细胞免疫的功效。气管、支气管还具有防御性咳嗽和屏气反射功用。支气管黏膜下的感觉神经接受机械性或化学性刺激，便会经神经中枢支配呼吸肌引起咳嗽，排除呼吸道分泌物或异物。当突然吸入冷空气或刺激性化学气体时，可反射性引起呼吸暂停、支气管平滑肌收缩的屏气反射，使有害气体难以进入，保持呼吸道不受伤害。气管、支气管上连鼻、咽部，下接肺脏，就这样时刻发挥着重要的作用。

21. 胃是打磨食物的容器

胃位于人体的上腹部。上端与食管相连,入口称为贲门;下端通十二指肠,出口称幽门。胃是一个中空的囊袋,是消化道中最宽阔、最有弹性的部分。

胃的内壁有斜的、环形和纵形3层平滑肌,互成一定角度排列。它们的收缩和扩张,具有蠕动能力,能对进入胃部的食物加以揉搓、磨碎,加上胃液的作用,将食物打磨成粥样的食糜,经幽门排入小肠。食物在胃中被加工的时间并不一样,糖类食物较短,蛋白质食物次之,油脂类食物最长。肉类和含油多的食物在胃部停留时间长,让人有饱腹感,人便不容易觉得饥饿。

人的胃壁分布有数以百万计的胃腺细胞,能源源不停地分泌胃液。胃液主要由黏液、盐酸和胃蛋白酶原组成,其中的酶是一种能在体内加快化学反应速度的蛋白质。普通人每日分泌的胃液可达1500—2000毫升,健康人的胃液是无色透明的酸性液体。由于其中含量为0.5%的盐酸存在,使胃液成了身体中酸性最强的液体。胃液中的盐酸除参与打磨食物,还能杀灭多种病菌、病原体,成为消化道的一道防线。

胃中既然有浓烈的盐酸存在,为什么胃不能消化掉自己呢?事实上胃在某些情况下被胃液消化也是可能的。比如胃炎、胃溃疡病人就要服用中和胃液的药物以抵御胃液中盐酸的侵蚀。不过健康的胃的确能抵挡胃液中盐酸的为害,秘密就在胃黏膜上。胃黏膜上皮层的细胞能够不断更新并形成致密的连接。有了这一层防线,胃酸中的氢离子便无法扩散至细胞内,使胃壁细胞受到伤害。

据测定,普通人平均每天要在胃中消化1.68千克的食物,以维持人体的功能和正常活动所需。可知胃每日的工作十分繁忙,又极为重要。人对胃的保护不可掉以轻心。平时要养成定时、定量进食的习惯,不可暴饮暴食,过节更不能只图一时口福,毫无节制地大吃大喝,把胃撑得太大。饱食是胃的大敌,胃的消化能力是有限的。胃部过度膨胀,轻则食物停滞,发酵产气,重则腹痛、腹泻、呕吐,引起急性胃炎、腹膜炎等。大量饮酒也会直接损伤胃黏膜,出现炎症或出血,甚至导致胆囊炎、糖尿病、冠心病等病的急性发作。进食除了要有度,还要细嚼慢咽。食物在口里嚼得越细,越能减轻胃的负担,反过来又能让胃的加工更细致。细嚼又能引致慢咽,咽得缓慢最大好处在于能使胃的容纳量缓慢增加。这样就会使胃有舒适的感觉,而不会受到食物粗糙、剧烈冲击之伤害。

22. 肝脏的解毒作用

肝脏位于人体上腹部，略似楔形。成年人的肝脏重约1.5千克，是人体内最大的内脏器官。人们常将最心爱之物称为“心肝宝贝”，肝在心、肝、脾、肺、肾五脏中排名第二位，足见其对人体健康有着何等的重要性。

肝在腹腔的顶部被韧带分为左右两叶，其中左叶小于右叶，且有一部分将胃遮住。肝脏是由许许多多的典型六角形小叶组成的，而每个小叶又是由数十亿个肝细胞所构成。肝脏有多达上百种功能，它能储存各种维生素、矿物质，制造糖原，稳定血糖浓度，降解过量的氨基酸等。肝脏的最主要功能是解毒，能有效化解毒素、减弱化学品和麻醉品的作用。

人在正常的生理状态下，体内的物质代谢会产生少量的毒物，如氨基酸分解代谢产生的氨，血红蛋白分解产生的胆红素等。另外人还会从体外吸收一些毒物，如食物中蛋白质腐败产生的胺类、硫化物、酚等，以及长期接触毒性物质苯等或服用某些药物如磺胺等。无论是外来的毒物，还是体内产生的毒素，人体都必须及时地清理和排除。肝脏正是机体的主要解毒器官，它能将有毒物质变为无毒的、毒性较小的，或溶解度较大且易于排泄的物质，通过尿液或粪便排出体外。当有毒物质经过肝脏时，不超过10秒，这些毒物便会被“解除”毒性，让人不能不钦佩肝脏的“灵气”和威力。

人们在日常生活中所摄取的食物，有些是含有毒素的，如半生的水果、半熟的海鲜等，需要依靠肝脏来分解这些毒素；另有一些食物消化后腐败发酵而产生毒素，也会被送至肝脏化解。若肝脏功能变弱或缺失，毒素便要归心，引发百病丛生。由此可见，保护好肝脏绝非是一件小事。而肝脏又是很容易受损害的器官。有关健康专家指出，保护肝脏，防治肝脏疾病应从合理饮食、适量运动、药物辅疗和戒除陋习等多方面入手。吸烟为致肝癌的重要因素，要戒吸烟。酒精损害肝细胞，还可导致肝硬化，故饮酒要少量，更不可酗酒。进食高脂食物要加重肝脏负担，过多的脂肪还会加速脂肪肝的形成，故人不可贪口腹之快。此外，人在用药时须谨慎，一些药物对肝脏有损害，如四环素、土霉素、利福平、扑热息痛等，须权衡利弊，在医生指导下慎重服用。按时做体检也很重要，一年最好查一次肝功能和做一次肝脏B超检查。对于脸面发灰、发暗、发黄、无光泽的人来说，大多是肝功能出现了纰漏，更不可不查，讳疾忌医。对于老年人来说，肝脏的再生功能发生减退，更要戒烟、少饮酒，饮食以易消化的食物和蛋白质、维生素丰富的食品为主，以增强肝细胞的修复、更新、解毒的能力。

23. 胆囊的重要功用

人体中的胆囊位于肝脏的下方，很像一个大头朝下的梨子。胆囊不大，长约5—8厘米，宽约2—4厘米。它的主要作用是储存和浓缩肝脏分泌的胆汁。肝脏生成的胆汁是人体消化脂肪必不可少的分泌物，肝与胆有此密切的联系，“肝胆相照”一词也被引申为真心相见。

胆囊有着多种重要功能。它最主要的功用是贮藏胆汁。健康人每昼夜可分泌800—1000毫升胆汁，胆囊的容积却只有约50毫升。胆囊容量虽小，却可以接纳肝脏半日分泌的胆汁，这是因为胆囊的黏膜有非常强的吸收水和无机盐的能力，能将胆汁浓缩10倍。刚分泌的胆汁为金黄色，呈碱性，含有大量的水分和电解质。经胆囊浓缩，胆汁变为棕黄色或墨绿色，并呈弱酸性。

胆囊浓缩胆汁，又是储存胆汁的“仓库”。当人进食后，尤其所食之物是脂肪和蛋白质，就会刺激胃下端十二指肠分泌一种名为“胆囊收缩素”的激素，促使胆囊强烈收缩，将浓缩的胆汁排进胆总管，进入十二指肠。胆囊的20分钟收缩即可排出储存的大半胆汁。这些浓缩胆汁，对于消化高脂肪的食物最为得利、适用。

胆囊对胆道、胆管还有很好的缓冲和协调作用。胆囊壁弹性好，伸缩性极大。通过胆囊的收缩，使胆汁量减少，可以防止胆道压力过度增高。当发生某些疾病时，胆囊可以膨胀得很大，相对地也能避免胆道压力过高，保护肝胆管和肝细胞免受高压反作用的影响。从这方面说，胆囊可称作缓冲胆道压力的“调节站”，可视为整个胆道系统的安全装置。胆囊的协调作用也不可替代。在神经系统的调节下，胆囊和胆总管下段的括约肌工作协调默契。空腹时胆囊放松，下端堵住，胆汁可以源源不停地流入胆囊浓缩、储存。当人进食后，胆囊收缩，括约肌松弛，胆汁被排入十二指肠。一日三餐都能满足肠道消化食物的需要。此外，胆囊的黏膜还能分泌一种无色的黏液，这种黏液可以保护胆囊的黏膜不受酸性胆汁的侵蚀，并能像润滑剂一样，使浓稠的胆汁顺利通过胆囊管，去发挥消化功能。

胆汁味苦，应用色谱分析胆汁所含的成分，极大部分是水。水中溶有多种物质，其中包括能帮助脂肪消化和吸收的胆汁酸，还有胆盐、胆色素等物质。胆盐能促进胰脂肪酶的活性，从而加速了脂肪分解和吸收的过程。胆色素呈黄色，它随胆汁进入肠腔后，一部分经过细菌的作用和空气的氧化作用，转变成一种褐黄色的物质，并成为粪便的基本色。在发生肝病或胆道有了疾患时，便影响了胆汁进入肠道。如果胆汁成分大量进入血液，则会使白眼球和皮肤变黄，形成“黄疸”。有此症状要抓紧到医院检查诊治。

24. 令人刮目相看的胰腺

胰腺位于人体胃的后面，脊柱之前，形状细长，呈圆锥形，横截于腹腔后壁的上部，看着像一条“狗舌头”。成人的胰腺长14—18厘米，重65—75克。它在人体腹部深藏不露，个头不大，作用却很大，不可小觑。

胰腺是人体中仅次于肝脏的第二大消化腺。从功能上看，胰腺可分为外分泌腺和内分泌腺两部分。外分泌腺由腺泡和腺管组成，腺泡分泌胰液，胰液中含有碳酸氢钠、胰蛋白酶原、脂肪酶、淀粉酶等。碳酸氢钠有中和胃酸之效。几种消化酶在食物消化过程中扮演着重要的角色。胰蛋白酶可以使食物中的蛋白质变为氨基酸，脂肪酶可以将脂肪变为脂肪酸和甘油，淀粉酶则能使淀粉变成糖。这三种消化酶，都能起到使食物变为人体能充分利用的物质的重要作用。

胰腺内分泌系统具有多种内分泌功能，能分泌高糖素、胰岛素、胃动素等。这些内分泌激素除了参与消化吸收营养物质外，还担当着调节全身生理活动的功能。胰腺产生的胰岛素，在人体内有着特殊的作用。胰岛是胰腺里一簇簇的细胞团，由内分泌组织聚合而成，它们犹如胰腺海洋里星罗棋布的岛屿，为此被定名“胰岛”。胰岛产生的胰岛素，其重要作用就是促进血液里的糖变为能量，并能够把一时用不完的能量储存到肝脏里，以备不时之需。蛋白质、脂肪和糖是人体营养的三大要素，人的正常活动全靠它们供给能量，其中糖的供给量占70%。能让人体内糖代谢保持平衡，胰腺和其分泌的胰岛素功不可没。

胰腺对人体有着如此重要的功用，如对其忽视和缺少呵护也是很容易患病的。胰腺出了问题，会得两类病：炎症和肿瘤。炎症一般分为慢性胰腺炎和急性胰腺炎，症状有消化不良、恶心、呕吐、腹泻、腹胀、腹部疼痛等。胰腺的肿瘤分为良性肿瘤、恶性肿瘤和交界性肿瘤三大类。人们谈之色变的胰腺癌，指的是一种外分泌肿瘤，这是一种早期发现难的、发病快、较难治愈的恶性肿瘤。

最新研究显示，我国胰腺癌发病率呈持续上升趋势。为保护好胰腺，预防胰腺癌的发生，有关医疗专家指出，要注意生活方式和饮食习惯，管住我们的嘴，迈开我们的腿。在平时的饮食中少吃油腻、辛辣的食物，戒烟，少酒，多吃些水果、蔬菜，再适当到户外活动和进行体育锻炼。这些对防治胰腺疾病和肿瘤的发生，有着很大的帮助。

25. 小肠是营养吸收器

小肠弯弯曲曲盘绕在人体腹部。它名为小,却是人体消化道中最长的一段。人的消化道总长约 600 厘米,小肠全长即达约 500 厘米。

小肠在消化道不仅有长度,而且具有重要作用。它以充分从食物中吸收养分为天职。食物在小肠内停留、通过的时间不等,短为 1—3 小时,长可达 4—8 小时。简单的碳水化合物,有一两个小时就能分解完毕;若大吃一顿牛排,需要六七个小时才能消化完。小肠的消化速度,恰好能保证人一日三餐对营养的全面吸收,维护人的正常生理活动。

构成小肠的有三个不同部位,并以不同的工作方式发挥效应。前段第一部分为十二指肠,长约 30 厘米。因为这个长度相当于人的 12 根手指并排的宽度(指幅,25—30 厘米)而得名。十二指肠呈 C 形弯曲,可分为上部、降部、水平部和升部四部分,这里以吸收来自胰腺和肝脏的消化液作用于食物,是消化活动最初开始之处。小肠第二部分称为空肠,长约 200 厘米,有丰富的肠腺,分泌呈弱碱性的小肠液,成人每天约分泌 1—3 升,其中含有大量消化酶。这些酶能进一步分解食糜中的糖、脂肪和蛋白质,使它们具有更利于吸收的品质。第三部分也是最长的一段,称为回肠,主要用来吸收营养。小肠的这三部分都是以蠕动的方式推动食物前行,同时把食物压缩成小碎片段,以利于食物被充分混合,其养分被吸收。

小肠壁的结构共分为 4 层。最外面的一层保护膜叫作浆膜,往里一层是含有外纵肌纤维和内环肌纤维的肌层。再往里的一层是黏膜下层,这部分构造比较疏松,里面含有大量的血管和神经组织。最里面一层是黏膜,在食物的消化吸收过程中起着不可替代的重要作用。小肠黏膜形成了许多环形皱褶和大量绒毛,它们突入肠腔。每条绒毛的表面是一层柱状上皮细胞,每个柱状上皮细胞顶端的细胞膜又形成许多细小的突起,称微绒毛。这些呈游离状的微绒毛达 1000—3000 根。这使小肠黏膜面积陡增 600 多倍,达到 200 平方米左右。巨大的吸收面积,极有利于提高营养吸收效率。

随着小肠的蠕动,肠内食糜以每分钟 1 厘米的速度被向前推进。黏膜皱褶和绒毛同时也在伸屈摆动,反复地和食糜亲密接触,不放过食糜中可吸收的营养物质。这使小肠成为一个长长的"过滤袋",将人体所需的营养成分通过从长袋"网眼"筛留下来,余下的残渣排到大肠中去,准备排出体外。小肠吸收了营养物质后,通过毛细血管、毛细淋巴管等一步步将营养送入血液循环,运往全身,满足人体生理功能之需求。

26. 大肠是人体垃圾区

大肠位于人体的腹部，围绕在弯弯曲曲的小肠外侧，形似一个大大的问号。它是消化道的最后一部分。大肠比小肠短了不少，却比小肠粗壮得多。这也是大肠相对小肠得名的由来。

从解剖图上看，大肠壁松弛成一节节鼓鼓囊囊的袋形，这是由于沿着大肠侧面生长的肌肉比大肠本身短造成的。在大肠前端，连接小肠和结肠的有一个较短的盲袋，是盲肠。介于盲肠和直肠之间的部分，即为结肠。按其所在的位置和形态，结肠又分为升结肠、横结肠、降结肠和乙状结肠四部分。这是根据结肠部食物残渣推进向上、横行，再往下的走向而定名的。消化后的残余物在结肠形成粪便后，通过大肠的终点——直肠及肛门排出体外。

小肠是人体吸收营养的主要器官。当小肠的内容物进入大肠，大肠内并没有重要的消化活动。大肠的主要机能在于吸收水分以及为消化后的残余食物提供暂时的贮存所。食糜经小肠吸收进入大肠后，已沦为食物残渣。它们还要在大肠中逗留十余个小时，接受最后的加工处理。成年人在这很长一段时间里，会有水分被大肠吸收。食物残余失去水分会逐渐浓缩，形成黏稠的粪便。

大肠不是重要的消化器官，但大肠内也进行着一些消化活动。大肠的消化活动依赖细菌进行。由于结肠运动缓慢，温度和 pH 值适当等，使细菌得以在此大量繁殖。细菌中所含的酶能使纤维素和糖类分解、发酵，产生乳酸、醋酸等；还能将脂肪分解成脂肪酸、甘油和胆碱等；有些细菌则能将蛋白质分解成氨基酸、组织胺等。结肠中的细菌还能合成微量维生素，主要有 B 族复合物和维生素 K 等，由大肠吸收。这些物质对人体代谢和维持某些功能具有重要的作用。

大肠的运动由自律神经进行调节。进入大肠的食物残余，先是进行袋状往返运动。这种运动可使内容物做短距离位移，但不向前推进。通过这样的运动使内容物与大肠黏膜长时间大规模接触，促进水分与微量元素的吸收。大肠中的另一项运动是集团蠕动运动，它可以使横结肠中结成的粪便向乙状结肠移动。结肠的这种蠕动较弱，每天只有三四次蠕动较快、较强，可使粪便快速地向前移动。其中的某一次，可将粪便推入直肠，这时人就会产生便意。当人养成了定时排便的习惯，到时候就能快捷顺畅地排出。如果对排便不加留心，使粪便在大肠内停留时间过长，就会变得干硬，造成排便困难，经常如此就会患发多种肛肠疾病。

27. 盲肠与阑尾

在大肠开始的一段肠子，形状像个盲袋，称为盲肠。盲肠很短，约 6—8 厘米。它上与小肠相连接，在同小肠相通处，有一个瓣膜，医学上称“回盲瓣”。它守在两段肠子之间，如同一扇可自如开闭的大门。其主要功能是使在小肠已消化过的食物残余进入大肠，而不能反流。

在盲肠的内侧，有一条很狭小的肠子，一般长约 5—7 厘米，但也有长达十几厘米的。其形如蚯蚓，医学上称其“蚓突”或“阑尾”。这个地方细小，如果被食物残渣或寄生虫堵塞，很容易引起发炎。人们有时说“得了盲肠炎”，其实是弄错了。盲肠发炎的机会不多。一般发炎的都是阑尾。

盲肠与阑尾两段肠子形状各异，功能也完全不同。盲肠的功能除了防止大肠的食物残余倒流回小肠，还吸收水分，暂时贮藏食物，排泄机体代谢产生的废物，如肝脏的胆色素衍生物以及某些重金属（钙、镁、汞等）。另外盲肠中生活的许多细菌，能够利用食物残渣中的物质，制成人体需要的矿物质和维生素等。盲肠一旦发了炎，并不能轻易一割了之，而要采用其他方法医治。

阑尾若发了炎，主要症状是肚子痛；除了腹疼，还会恶心呕吐；发炎严重者还伴有高烧。阑尾发炎，轻者可用中草药、抗菌素药物保守治疗；重者已化脓、穿孔，则要动手术将阑尾割掉。以前人们对阑尾曾存在偏见，认为阑尾是人体腹内一个退化了的附属器官，没什么用处，不过是一段多余的小肠头，割掉也没什么可惜。近年来随着营养学和免疫学的快速发展，医学界对阑尾也有了新认识。有研究发现，盲肠容纳的残余食物中含纤维素较多，阑尾分泌的物质中恰恰有较好消化吸收纤维素的作用。有调查指出，切去阑尾恢复了健康的人，在进食纤维素含量较高的食物后，总会出现腹泻和消化不良等症状，让人不能不想到这是丧失了阑尾的作用而导致的结果。另有研究认为，阑尾在人体的防御体系中占有重要地位。人的阑尾具有丰富的淋巴组织，能够合成、贮存、释放具有抗病能力的抗体，对疾病特别是肠道传染病有较强的抵抗作用。此外，阑尾还能对抗有致癌作用的肠病毒，有预防肠道肿瘤的特殊意义。调查发现，在切除了阑尾的人中，恶性肿瘤的发病率明显升高。人们由不得要对阑尾高看许多，有人还将阑尾称为“腹腔内的卫士”。如今医生对阑尾发炎的患者更多的持切除慎重的态度，特别是儿童和青年，由于免疫功能尚未完善，治疗中尽可能将阑尾加以保全。

28. 肛门——人体的“后门”

肛门是大肠的末端和终点，位于臀部中间。功用为排泄粪便、释放废气，即放屁、阻止肠内内容物不自主溢出体外等。说到肛门，人们往往难以启齿，其实它是人体一个非常重要的器官。在中医学里，肛门称“魄门”，为五脏使。“使”在古代有使节的意思，用在这里是说五脏的病变都可以反映到肛门部位。

肛门平时紧闭，呈前后纵裂状；排便时扩张呈圆形，直径为 2—3 厘米。肛门部的皮肤呈黑色，皮内有行囊、汗腺及皮脂腺，因肌肉收缩会形成许多放射形的皱襞。生理研究发现，肛门具有良好的感觉控制能力，肛门部位的淋巴细胞其自洁能力、收缩能力，是其他部位皮肤不能比拟的，肛门血管组织的结构也非常巧妙。然而由于肛门处于肠道末端，一旦造成静脉回流不畅，肛门功能不佳，就会给人的生活带来诸多病痛和不便。

俗话说“十男九痔”。其实不分男女，痔疮的发病率都是很高的。肛肠病有多种。因粪便干硬，排便招致疼痛流血，会引发肛裂。直肠周围脓肿经久不愈，肛门附近有溃口和脓水流出，发炎致病，是患了肛瘘。直肠黏膜等组织自肛门脱出，称脱肛，多发于体质虚弱的妇幼老人。肛肠疾病的一大类痔疮，是由于静脉回流受阻，隆起成团而形成了血管瘤。痔疮分三种，内痔的主要症状是便血，可造成人体慢性失血和贫血；外痔常造成隆肿破裂、出血，疼痛剧烈；混合痔则内、外痔症状齐全，病情加重。其他类型的肛肠病还有肛门狭窄、肛门水肿、直肠癌等。

各种肛肠病其病因、病理各不相同，可是预防原则是比较一致的。养成良好的排便习惯对于肛肠保健至关重要。由于肛门处于人体躯干之下部，又有较丰富的血管网和神经组织，长期不良的便解习惯，会对这个部位造成慢性的刺激，发展下去会使肛门部血液瘀滞，回流变弱，血管弹性降低，以致引发各种肛肠病，甚至患直肠癌。为此，良好的排便习惯是每日定时，尽可能在早上起床或早饭前后进行。排便次数每日一至二次或一至二日一次，都是正常的。排便过程中避免分散思想，每次 3—5 分钟为宜，不要看书报、玩手机，以及长时间玩游戏。排便后以温水洗浴肛门则保健效果更好。

预防肛肠病与日常生活、饮食也大有关系。要多进行一些适当的体育锻炼，在饮食上应多吃些富含纤维素的粗粮、蔬菜、水果等，少吃辛辣等刺激性食物，不要吸烟、酗酒，不喝浓茶。为防止便秘，每天早晨可空腹饮一两杯凉开水。这些肛肠病的预防措施，大多是不难做到的。

29. 滤洁废物的肾脏

肾脏是泌尿系统的主要器官,俗称“腰子”。人有左右两个肾,分别位于人体腹腔后壁脊柱两侧的腰部。肾的大小和一拳相当,每个约有150克重。肾是制造尿液的器官,承担着清除血液中废物,保持血液清洁之职。

肾由皮质、髓质和肾盂三部分组成。皮质从血液中过滤出尿液;而在髓质中,人体需要的成分重新被吸收送回血液;肾盂是一个扁平、漏斗形的管道,它运送尿液进入输尿管,再到膀胱。肾的制尿部分由肾单位组成,一个肾大约有100万个肾单位。每个肾单位又是由肾小球和肾小管构成。肾小球是团形血管球,它有过滤的功能;当血液流经肾小球时,血浆中的废物如尿素、尿酸,以及一些有用的成分都被滤入肾小管里,形成了原尿。健康人每天生成的原尿约有多达150升左右,但实际排出的尿液仅为1%,其余99%都被肾小管重新吸收送归血液。同时,肾小管还将原尿中的有用物质也一并送回血液,任没被滤掉含多余废物的尿液流向肾盂,准备排出。

人体内血液时刻不停地向全身各处输送氧气和各种营养物质,同时收容各处组织产生的废物并及时从血液中清除。肾脏为此担负了巨大的工作量,血流量是相当大的。两个肾脏只占全身体重的0.5%左右,但流经肾动脉的血流量占了心脏血液输出量的24%,平均每分钟就有约1200毫升的血液流入肾脏过滤,人体内的血液大约在5分钟之内全部流经肾脏一次。就此可知肾脏劳作之辛苦。

肾脏除过滤加工尿液,吸收水分和有用物质,排除有害于机体的废物,还有着几项重要功能。在吸收水分的同时,肾脏有调节尿量的功能,从而能保持水的平衡,维持了体液电解质的平衡和人体的正常活动。肾脏还能通过排出酸性物质、吸收碱性物质的方式,控制酸性和碱性物质排出量的比例来调节人体体内酸碱平衡。此外,肾脏能分泌和合成一些物质,如肾素、前列腺素等,发挥调节血压和水盐代谢等作用。通过产生促红细胞生成因子参与造血,促进血红蛋白合成。

如果把人体比喻成一座大厦,消化系统可以看作是大厦的供水系统,以肾脏为首的泌尿系统便可视为下水道系统了。生活中常见的是,供水被人重视,下水道往往被人忽略。如同污水横流搞得家中一塌糊涂,肾脏出了毛病也会酿成大祸。为此有关医生建议大家要重视体检,及时了解自身的肾脏状况,因为化验一滴尿液就可知晓肾脏的功能如何,做一次B超扫描便能了解肾脏有无病变。若等到肾病缠身,患了“尿中毒”等症再去求治,则为时晚矣。

30. 膀胱与尿道

膀胱是暂时储存尿液的器官，它位于人体盆腔内，上边连着输尿管，下面接尿道。膀胱的形状、大小随着内存尿量的多少而变化。当膀胱排空尿液时，会收缩变小，呈锥体形；膀胱壁上的肌肉松弛，在其内层上皮形成折叠，称为皱襞。当膀胱充盈尿液时，会膨胀而大，呈卵圆形；膀胱壁肌肉拉长，使膀胱壁上的皱襞平展。

成人膀胱尿液容量为300—500毫升。正常排尿是一种受意识控制的神经性反射活动。当膀胱内的尿液积存到300—400毫升时，充盈感让膀胱肌肉壁扩张，并向大脑发出信息。经排尿中枢等一系列神经和肌肉组织传导，膀胱壁收缩，通向尿道的管口打开，排尿而下。

一个人排尿量的多少，主要取决于身体内部环境平衡的需要。除了排尿，身体还用排汗等一系列方法来排出体内多余的水分。脑子里有一个叫下丘脑的器官，它密切关注着体内的液量。当出现液量降低，就通知脑垂体向血液分泌抗利尿激素，使肾脏加紧回收水分，这时人体排出的尿量会减少。当人体摄入水分过多，下丘脑又会通知脑垂体减少抗利尿激素的分泌量，人排出的尿液则有增多。

人的正常排尿过程是一种受意识和神经控制的反射性活动。正常人可以随意排尿，并能在排尿过程中随意使尿流中断。一般人每天平均排尿4—6次，夜间入眠后为0—2次。在正常情况下，当膀胱胀满到一定程度时，就会刺激感受器，并经神经反射传至大脑产生尿意。此时如果强忍不尿，就称为憋尿。经常憋尿，会损伤膀胱壁内的感觉神经功能；膀胱内的压力增加，会对肾脏产生反作用力，久而久之势必要损伤肾脏代谢废物的功能，使水和代谢物在体内堆积、滞留，继而造成尿中毒，引发遗尿、尿路感染等多种肾脏病。

当人有较强的尿意时，可明显感觉小腹发胀，时间越长，情绪越急躁，身体会出现诸多不适。在憋尿引起的生理和心理双重压力下，高血压病人心跳加快，血压会升高；冠心病人会出现心律失常、心绞痛等症状。此外有的老人憋尿时间过长，一旦排尿还会突然昏倒在地，出现意外。因此老年人、体弱多病者、怀孕妇女有尿意时，一定要及时排出。

31. 尿液的价值

尿液也称小便,是人体自膀胱经尿道排出的含有代谢废物和毒素的液体。尿液中95%是水分,其余5%的成分为尿素、尿酸、无机盐等。尿液在排出人体时是无味的,只是当尿中的有机物质接触空气,被细菌分解、发酵,才发出了浓烈的尿臊味。

人可以两天不大便,而且也不一定是病态;但人不能两天不小便。因为人体新陈代谢产生的大量废物,必须通过尿液排出体外,否则就会产生严重后果。排尿的多少与喝水、出汗的多少有关,但一个人每天的尿量不能少于400—500毫升,以避免造成有毒废物在体内的存留。从排出体外的尿液看,由于含有黄色的尿色素,尿液呈黄色。不过颜色的深浅会随着成分的不同而变化。如果肾脏排出的水量大,尿液被冲淡,颜色就浅。若是肾脏排出的水分较少,浓度较高,颜色就深。人在眠眠时生理活动减缓,尿液就变浓,起床后排出的尿液颜色也会较深。

验尿是医院的一项常规检查,通过这项检查可发现诊断一般的肾脏疾病、炎症及多种内科病的病情、病因。如今的尿检新技术,仅用一滴尿液,即可检测出0—5岁儿童体内涉及氨基酸、有机酸、脂肪酸、糖类、碱基类五大类小分子遗传性代谢病400多种生化标识物,同步分析130余种遗传性代谢性疾病,为早期救助患者提供了技术支持和帮助。

人的尿液一直被用作廉价优良的有机肥使用。在现代社会中,以人尿发电的研究,也取得不错的成果。至于以尿为药,在我国很早就被古代医学家所认识,2000多年前的古人就把童便列为中药,在古籍中记载了107个用尿治病的秘方。明代医药学家李时珍在《本草纲目》中对人尿的价值做了详细叙述,并历数了40多种疾病以尿治疗的方法。近年来,日本、英国先后出现了"饮尿"热,推崇饮尿疗法的大有人在。如今国内外都组织有"饮尿协会"。

尿液因何能健身治病呢?科学研究发现,尿液中存留着一种人体激素,是非常宝贵的。它在血液中含量甚少,可在驱疴治病中作用极大。这些激素通过肾脏排出体外,仍能保留着活性。加以提炼出来,用于患者,就能成为特效药。国外治疗心脑病的尿激酶、有助受孕的排卵激素等就是这样的奇效新药。我国科研人员从成人尿液中提炼出绒促性素、女性激素和尿素酶三种贵重药物,前两种药物对治疗习惯性流产、不孕等病症有奇特的功效;后者是治疗心脑血管疾病的最新有效良药,对血癌也有一定疗效。在国际市场上,绒促性素比黄金价格贵100倍,而女性激素则比黄金还要贵上1000倍。

32. 没有导管的内分泌

人体的各项生理活动受神经系统的控制，同时也离不开内分泌系统的调控和协调。内分泌做出的反应通常比神经做出反应需要的时间长，但却能起到重要而持续的作用。

神经系统以一种电信号指示细胞做出反应，内分泌系统使用的化学信号是激素。内分泌腺释放激素，直接进入毛细血管，由血流带走。激素的释放由反馈机制自动控制，以确保人体内各类激素水平保持稳定。

激素发现于 1902 年。英国生理学家厄内斯特·史达林研究发现，一旦胃酸到达小肠，就会使胰脏产生一种中性液体。令他惊讶的是，将胰腺神经切除，中性液体并无缺失。于是这位专家推断：小肠自行产生了一种化学物质，并把这种物质称为“促胰腺素”。希腊语“激素”一词也由此创造而出了。

人体内分泌系统分泌的激素有几十种。内分泌腺散布于身体的不同部位，这些腺体产生所有支配身体的激素。激素分子如同一把把不同齿纹的钥匙，用于打开受体不同类型的锁。位于大脑下面的垂体是内分泌系统的控制中心，分为前后两叶。个头虽然比一个葡萄干大不了多少，却能释放 9 种激素，被称为“内分泌之王”。从解剖研究可知，垂体借助一个短柄悬附在下丘脑上。研究发现，是下丘脑促使垂体前后叶分泌激素，并产生作用，下丘脑才是内分泌系统的总控制腺。

人的成长离不开“生长素”。生长素由垂体分泌出来后，随着血液流动，促使组织细胞不断地摄取氨基酸，合成特殊的蛋白质，从而促进人体各部分组织、器官健康生长。生长素喜欢安静的环境，处于生长发育时期的青少年保证按时入睡，有充足的睡眠，对健康成长是大为有益的。由于一些尚不完全了解的原因，垂体发生过度抑制或过度活跃，都会引起生长素分泌的失调。小小年纪便长得过高、过重，是一种“巨人症”，这是由于垂体所分泌的生长素过多造成的；而小孩不能长高，成年后也仅有不足一米，称“侏儒症”，又是由于生长素分泌太少使然，都给人造成了病态。

垂体除分泌生长素，它分泌释放的男性激素和女性激素可调节睾丸、卵巢的发育和生殖功能。女性孕后分娩时，它分泌的催产素能促使子宫收缩，产下胎儿；催产素随后还会刺激乳汁的分泌。垂体分泌的抗利尿素，可调节尿液中的水分；血压下降时能加快动脉收缩；维持身体的生理活动平衡。肾上腺素是一种强烈的心脏兴奋剂。当人遇到令人激动或兴奋的事情时，往往会感觉体内有一股热流一下传遍全身，心跳变快，呼吸急促，这也是垂体分泌激素，输送至肾上腺皮质，刺激肾上腺相应靶腺分泌特异激素，所产生的应激反应。

33. 功能不凡的甲状腺

甲状腺位于人体喉部的下面，气管的上端，棕红色，分为左右两叶。它的形状如同一只蝴蝶，又呈 H 形，故此得名甲状腺。甲状腺重 20—30 克，由许多滤泡构成。

甲状腺是人体最大的内分泌腺。甲状腺以分泌甲状腺素为己任。甲状腺素有着重要的生理功能，它能促进人体新陈代谢，使很多组织增大耗氧量，并增加产热；能促进人的生长、发育，对长骨、脑和生殖器官的发育至关重要；它还能调节改善心血管机能，直接作用于心肌，使心肌收缩力加强，心率加快。另外，人体对食物中能量的吸收，人体自身的糖分平衡，也都要依靠甲状腺素提供帮助。

甲状腺和神经系统有紧密联系，并相互作用，相互配合。每当甲状腺受到神经刺激后，便分泌甲状腺素，作用于人体相应器官而发挥生理效应。在甲状腺分泌正常时，人体的产热代谢能促进小肠对糖的吸收，还能有效参与对脂肪代谢的调节，促进组织器官，尤其是脑和骨的发育成熟。甲状腺中含有的降钙素，能影响人体钙的吸收和骨钙的释放，对骨质的密度有很大影响。降钙素还能维持人体内血钙的稳定，这对人体情绪与睡眠的稳定有着重要作用。

腺胞是甲状腺的基本构成单位，它对碘有很强的聚集作用。虽然通常各腺体中的碘含量比血液中的含量高很多倍，但人体每日摄入的碘绝大部分进入甲状腺，可高达 90%。碘是合成甲状腺素的主要原料，当人体摄取的碘不足时，甲状腺制造激素就发生了困难，结果就会导致甲状腺失衡，造成人体内部器官、组织运行失调，引起甲状腺增生和肿大的病症。其中人体内碘含量缺乏，引发的“大脖子病”，就是常见的甲状腺疾病。

甲状腺失调的另一种病况，是甲状腺分泌过多，从而引起的甲状腺功能亢进症，简称甲亢。这种疾病的患者通常新陈代谢过于旺盛，从而使体内物质分解加快。虽然患者食量很大，但身体依旧消瘦，常见的症状有出汗、怕热、心悸、手抖、疲惫，以及易情绪激动、精神紧张，等等。临床常见的甲状腺疾病还有甲状腺功能减退、甲状腺炎、甲状腺结节、甲状腺瘤、甲状腺癌等。专家认为，饮食中碘的摄入量科学合理，建立良好的饮食生活习惯，加强运动锻炼，日常生活中保持平和的心态，是防治甲状腺疾病的几个不能忽视的重要方面。

34. 娇弱的前列腺

前列腺是男性独有的性腺器官,由腺组织和肌组织构成。它的形状如一枚栗子,底朝上,与膀胱相贴;尖朝下,尿道从其腺体的中间穿过。由于所处的特殊位置,前列腺不可避免地在人体中起到了重要的枢纽作用。

前列腺是人体中少有的具有内、外双重分泌功能的分泌腺。作为外分泌腺,它每天分泌约 2 毫升前列腺液,是构成精液的主要成分;作为内分泌腺,它分泌的激素称为前列腺素。内分泌功能表现为分泌可以使睾酮快速代谢的雄性激素,并输送到血液中;还可以在一定程度上调节下丘脑和垂体的功能。另外,前列腺还具有运输和控制排尿等功能。

前列腺位于男性尿道和生殖道的“交叉路口”,由于它所处位置的特殊,极易受到各种致病因子的“袭击”。而前列腺又是个娇弱的器官,所以中年以上的男子很容易患前列腺炎等病症,据不完全统计,目前我国不同程度前列腺疾病患者有数千万人之多,发病率还有逐年攀升的趋势。

对于前列腺炎一类疾病,要及时就医,科学治疗;健康男子还要防患于未然。首先对前列腺应多些了解,要知道前列腺有几“怕”,如怕久坐,久坐会对前列腺造成直接压迫,引起腺体充血,出现排泄困难。怕受凉,一旦腺体着凉收缩,局部血液循环不畅,造成慢性充血,便会使尿道内压增加,出现排尿不适。怕酗酒和吃辛辣食物,酒精和辣食也容易造成前列腺组织充血水肿,减弱对炎症的抵抗力。此外憋尿和纵欲同样会使腺体过度充血,也是前列腺所怕的。

由于前列腺炎症发病率不仅高,且发病率更趋年轻化,已严重影响到众多男性的健康、婚姻、家庭以及事业,已受到医药研究部门的高度重视。有关专家指出,预防和摆脱前列腺炎疾病,首先应端正心态,树立信心。要坚持做定期身体检查,特别是 40 岁以上的男子。检查包括前列腺检查、前列腺特别抗原检查、生理检查和泌尿系统检查等。发现患有前列腺炎要规范治疗,不可乱投医和乱用药,以免造成严重后果。目前全国中医前列腺病重点专科医院采用革新疗法“多靶点渗透法”,治疗前列腺疾病获得良好疗效,已广受关注。

35. 结构复杂的头颅

头颅位于人体的顶部。它是头部的支架，赋予了人的头部和脸部的形状，包含有眼、耳、口、鼻等几大感觉器官。头颅的最大功能和贡献是保护着大脑。颅骨有机地组合在一起，构成颅腔，容纳、保护和支持大脑。假如没有颅腔这个堡垒的护卫，外界的一些轻微刺激或暴力，即可直接作用于大脑，使其受到伤害。

人的头颅呈圆拱形，这种结构是由额骨、枕骨和顶骨从一侧弯到对面一侧形成的。圆拱形起始于鼻骨背根，从两侧弯止于头颅的后部。这样的结构可以使来自外部的冲击力，不会直接作用到头颅的顶部、底部，而是均匀地分散到头颅的各个部位，从而形成对头部的保护。头颅内的骨结构有着又一重对头部的保护功能。颅骨结构分为三层，它的内表层和外表层是骨质层，称为内板和外板，夹在中间的内层部分称为板障。这种骨结构具有良好的护脑功用，能够极大地吸收和缓冲外来的撞击力。

头颅呈整体状，由 23 块不规则的骨头连接而成，各骨头之间的结合处被称为缝线，缝线能接合得紧密无间。头颅的结构又可分为脑颅骨和面颅骨两大部分，由眶上缘至外耳门上缘连线分界。脑颅骨位于头颅的上后部，呈卵圆形，它包围、拱卫着大脑，支撑着人的感觉器官，由额骨、顶骨、枕骨、颞骨、蝶骨、筛骨等 8 块骨头组成。面颅骨位于头颅的前后部，是脸和颌的支架，同时也是面部表情肌肉的连接之地，由颧骨、腭骨、上颌骨、下颌骨、犁骨、鼻骨等 15 块骨头组成。

头颅各骨之间连接紧密，彼此之间是不能游离、无法移动的。但有一块骨头总在活动，那就是下颌骨。如果没有下颌骨的移动，任你是谁也难以张开嘴巴。凭着下颌骨的移动功能，人才能灵活地说话，才有咀嚼各种食物的力道。掌管下颌骨活动的颞下颌关节，是全身最复杂的关节之一。大部分时候，下颌骨的髁突和关节窝配合良好，多处肌肉和韧带上下前后左右牵拉着这里的关节，让人能自如地张动嘴巴。但也有某些情况，当人大张其口，如猛然大笑、打哈欠、大口吞吃水果、大声唱歌等，就会造成髁突与关节窝、关节结节或关节盘之间完全分离，不能自行回复到正常位置，即发生了下颌骨脱臼，也就是俗话说的“掉下巴”。出现这样的问题，当事人不要慌张，也不要自行乱托，还是要赶紧去口腔专科医院进行规范治疗为宜。治疗后也要注意对下颌骨部位的保养，平时要限制大张口的动作，有大笑、打喷嚏等时，要及时以手托住下颌骨，以避免一而再“掉下巴”，并成为习惯性的。

36. 位处要地的咽喉

古代兵家常将处于险要的关隘之地称为“咽喉要地”。人体的咽喉正是处在连接头部和肢体的重要部位,成为呼吸系统和消化系统的重要器官。

咽喉就是人们常说的喉咙,它是一条肌肉构成的管子,内壁布满黏膜,长约13厘米。咽喉由3个部分组成,最上面与鼻腔连接的部分是鼻咽,吸入的新鲜空气以及鼻腔分泌的黏液都自这里向下流。中间的部分是口咽,是咽喉中最宽的一段;从口腔的软腭开始,空气和食物的运输在这里会合。最下面一段是喉咽,一块叫会厌软骨的舌状物,在此将呼吸道和消化道分隔开。

咽喉往往被人们说在一起,实际上咽与喉是位置、功能并不相同的两个器官。咽是一条由肌肉组成的软管,上宽下窄有如漏斗。咽的最狭窄处是咽峡,上界为软腭,底部是舌根。咽的主要功能是吞咽、呼吸和发声等。当吞咽的食团接触舌根及咽峡黏膜时,即引起吞咽反射。软腭上举,关闭鼻咽腔,舌根隆起,咽缩肌收缩,压迫食团向下移动,进入食管。人在正常呼吸时,软腭保持松弛状态。咽腔内丰富的黏膜腺体对吸入的空气有加温、湿润作用。咽肌运动的收缩可阻止食物返流入鼻腔,对机体起到保护和防御作用。通过软腭,人在发音时咽腔还有改变形状,产生共鸣的作用。

喉也叫“喉头”,与气管连通,主要由软骨和肌肉构成,是呼吸器官之一;喉内有声带,故而又是发音器官。喉有呼吸、发声、保护和吞咽等功能。人在呼吸时,喉部可以改变呼吸道的大小,以适应身体的需要。在平静呼吸和剧烈运动时,肺的传入神经都可以反射地影响喉的肌肉运动,调整好呼吸功能。喉内肌的收缩使软骨移动,使声门闭合和开放,产生良好的发声。为取得振动时声调要达到的长度、张力、质量和位置,参与发声的喉部肌肉至少有40条。喉的杓会厌皱襞和声带类似瓣状的组织,具有括约肌的作用,能适时关闭喉入口,防止食物及异物进入呼吸道。除此喉部还能通过关闭声门,提高腹腔和胸腔的压力来完成咳嗽、呕吐、排便、分娩和上肢用力等动作和生理活动需要,集多功能于一身。

咽和喉所处位置不同,却又功能相近,在呼吸道与消化道繁忙的岔道口处各司其职。咽、喉可谓是一对掰扯不开的兄弟,它们分工明确,配合默契,使这处人体与外界相通的交通要塞秩序井然。据统计,一个70岁的人一生中从他咽喉通过的食物多达47吨,呼吸气体更达42万立方米。咽、喉的工作虽然尽职,在人兴高采烈时也会开个玩笑。常常是人边吃边喝只顾谈笑,精神开小差,吞咽时会厌软骨来不及盖下,于是吃呛了,喝呛了,让饭粒或水液从鼻孔喷出来。

37. 劳苦功高的脊柱

脊柱俗称脊梁骨。构建房屋最重要的部件是大梁，将这部分骨头称为脊梁骨，足见其在人体位置上的重要。脊柱位于人体背部的正中，上端接颅骨，下端延至尾骨尖。它由椎骨、骶骨及尾骨组成，借助韧带、软骨和关节连接成一条完整的脊柱。

脊柱为身体担当着承重之职，它不仅为头、四肢和体内器官提供支撑，使上体能够弯曲、扭动，带动全身旋转，对敏感的脊髓还有保护作用。脊柱呈 S 形，形成四段生理曲线，即颈部凸向前的颈曲、胸部凸向后的胸曲、腰部凸向前的腰曲和骶部凸向后的骶曲。这种弯曲不仅有利于人的站立、行走，而且能够使身体保持平衡。还有重要的一点是，脊柱弯曲增加了它的弹性，可以缓冲运动时带给脑和内脏的震荡。

人体最重要的骨骼群之一，就是这条由脊椎骨相连组成的贯穿背部的骨骼链。组构这条链的有 7 块颈椎、12 块胸椎、5 块腰椎、5 块骶椎和 4 块尾骨。椎骨一般由椎体构成，是人体的承重部件。腰椎是脊柱上最大且最强的骨头，要灵活支撑整个上半身的重量。人之所以能够完成翻滚、跳跃、摇晃、旋转等基本动作，都和脊柱分不开。

脊柱支撑起人体，站立和行走都承受着强大的压力和冲击，它所以能应付裕如，很重要一点是它有良好的弹性。脊柱的弹性主要靠上段近 20 块椎间盘实现的。椎间盘连接是椎体与椎体之间的软骨连接。此外脊柱还有椎间关节突之间的连接，椎弓间韧带连接。软骨和韧带多为弹性结缔组织构成，具有很大很强的弹性。这一个个“小弹簧”串联在一起，就组成了有一米多长的“大弹簧”。这条簧弹性十足，还能够长短伸缩，范围可达 10—20 厘米。这样的结构可以缓冲下肢与地面产生的震荡冲击波不致伤及大脑，并使人能自如做好弯腰、扭腰、后仰等动作，完成劳作需要。

人的脊柱日复一日承受压力，随着年龄的增长，椎间盘逐渐被压缩，脊柱的弹性下降，功能退化。从事重体力劳动，长时间挑东西、背东西，也可以使脊柱受到过分压力，导致椎间盘的髓核被挤出，使脊神经受到压迫，患椎间盘突出症。也有人猛力推车、抬东西，“努”到腰和脊柱，造成腰椎间盘突出，严重的会跌倒动弹不得。这些都是容易发生的。中老年人在生活中一定要加强对脊柱的保护，防止受伤。人的脊柱一般过了 20 岁才能完全定型，在青少年时期要注意培养正确的坐、立、行等身体姿势，以避免造成脊柱异常弯曲。

38. 支撑身体的骨骼

人体能够直立、行走、奔跑、跳跃等,强健有力,活动自如,是由于有一副以骨骼构成的框架。它支撑着身体的各个部位,听命于大脑神经的指挥,让人体大厦的各项生理活动得以正常运转。

人在婴儿时期,全身的骨头多达350块。但随着年龄增长,一些原本分离的骨头会有融合。如腰椎之下的骼骨,就会由原来的5块而融为1块。骨盆处的髋骨,也由骼骨、坐骨三块独立的骨头愈合为一。这样一来,成年人拥有的骨头仅为206块。由这些骨头构成的骨架,可以分为两组:以头颅脊柱及胸廓形成了人体的中轴骨骼,是人体的垂直轴;四肢骨、肩胛骨和髋骨则构成了人体的附肢骨骼。人体的骨头大小各异,可分为长骨、短骨、扁骨和不规则骨等类型。人骨中最大的骨头是大腿骨,成年男性的大腿骨平均长度为41厘米,女性为38厘米。最小的骨头是位于耳部的听小骨,听小骨由锤骨、砧骨、镫骨连接而成,锤骨长约9毫米,砧骨长约7毫米,镫骨长约4毫米,三骨共同构成了人体最小的骨头。

人体的每一块骨头,不管大小,都是由骨膜、骨质和骨髓等组成的。骨膜覆盖在骨的表面,对骨的营养、生长和再生起着重要作用。骨质分为骨密质和骨松质两部分,骨密质集中于骨干,使骨头变得坚硬;骨松质位于骨的两端,其结构像海绵,使骨头显得轻巧。骨髓位于骨髓腔中,是人体最主要的造血器官。在骨骼结构中,骨密质又称骨皮质,其成分除脂肪和水外,还有有机物骨胶质和无机物钙、镁、钠、磷等。骨内骨胶质等有机物使骨骼具有弹性和韧性;无机物中的钙、磷结合成羟基磷灰石,使骨骼有了相当强的硬度和坚固性。有研究表明,人的大腿骨比凝固的混凝土还要结实。骨骼是人体最硬也是最不容易发生变化的组织结构。这也就好理解了,为什么几百万年过去了,人的骨头化石还可以留下来。

就质地而言,骨比钢铁还要坚硬,但在重量上骨又轻了许多。成年人骨的总重量只占体重的20%。骨骼对于人体不仅具有支撑功能,还有保护、运动、血细胞生成和矿物质储存的功能。骨骼的基本单位骨细胞,它的形状有些像蜘蛛。细胞中有一个大而椭圆的细胞核,分布有可发送的分支,通过与其他骨细胞分支连通,与血液交换养分和废物。骨细胞中还包括有成骨细胞和破骨细胞两类,它们有产生和破坏骨骼的功能,使骨骼具有受伤自行修复和不断更新的能力。科学研究证明,影响骨骼生长发育的因素很多,积极参加体育活动,适当多吃一些富含蛋白质和维生素的食物,对骨骼的生长发育和完成生理活动是很有益的。

39. 让人活动自如的关节

人的一切活动都倚赖骨之间连接的关节来完成。假如没有关节，人的所有部件都一动也不能动。

关节的结构主要由关节囊、关节腔、关节软骨、滑液，以及关节周围的韧带、肌腱、滑膜皱襞和半月板等构成。关节囊由结缔组织组成，两端附着于关节两侧的骨面上，将活动的关节包裹在囊中。关节囊有内外两层，外层坚韧，有加强关节和限制关节过分运动的作用；内层能分必滑液，使关节活动时减少摩擦。关节腔是由关节囊封闭起来的腔隙，里面气压是负压，封闭十分紧密。在关节的内外还有一些韧带能够维系关节的稳定性。

整个关节系统以巧妙的结构成为骨骼运动的多向轴承。不同部位的关节功能不同，外观和结构上也有很大差异。有的关节很大，大到足以承担人体的全部重量；有的又很小，小到肉眼都无法看到。从关节种类上分，可分为固定关节、半动关节和活动关节三种。人体内大多数关节都是活动关节，类型有颈椎处的车轴关节，它可以进行旋转运动；手掌处的鞍状关节，可以沿两个平面旋转；腕、踝处的椭圆关节，能够沿两个平面有限旋转；肩部的杵臼关节，允许身体有大幅度的运动；肘、膝部的屈戌关节，可由身体做大范围的前后运动；足部的平面关节，能进行有限的旋转运动。正是有了这些关节，人们的身体才能灵活自如地完成各种各样的动作。

人体日复一日地活动、劳作，关节之间难免会互相碰撞、摩擦，就像机械齿轮的互动一般，时间一久总会有磨损。关节软骨便发挥了其保护关节的功能。软骨组织有像海绵一样的特性，受到压力时，它所含的大量水分会流到硬骨组织中，当压力解除，水分又会流回软骨。这样的机制，使得骨骼不致因运动的碰撞而受到伤害。另外关节软骨的表面极其平滑，加之关节滑液的润滑，使得骨骼所产生的摩擦力很小，受损也小。

然而人的关节并非永不磨损型。随着年龄增长，一些老人长跑、爬山，时间长了也会给膝关节等处造成损害，严重者疼痛发病急，甚至难以站立和行走。常见的关节疾病还有风湿性关节炎、类风湿性关节炎、骨关节炎、化脓性关节炎等。发现了病情，都要及时就医求治。当人体内有的关节病废，可以用人工关节代替。人工关节以不锈钢、陶瓷、塑料、硅胶等制造，对髋、膝、肩、肘、指等关节置换。换得最多的是髋关节，全世界每年要换几十万个。

40. 人体的发动机——肌肉

人体有 639 块肌肉,它们大大小小,长长短短,能伸能缩,密切配合,为人的每一个动作提供动力。如果没有肌肉,人无法做任何事情。为此肌肉被称为人体的发动机。

据医学研究发现,人体的众多肌肉,大约由 60 亿条肌纤维组成。每条肌纤维又由几百到几千根肌原纤维构成,而每一根肌原纤维又由 1500 根肌球蛋白细丝和 3000 根肌动蛋白细丝构成。这些构成只有借助电子显微镜才能观察到。正是由于有了这些蛋白细丝的滑动,肌肉才能收缩和扩张,带动骨和关节,完成人体的各种动作。如人以手拿筷子夹物,要牵动 150 多条肌肉;微微一笑,就要运动 34 条肌肉;皱眉则要拉动 43 条肌肉。如果人的全部肌肉都朝一个方向收缩,其力量可达 25 吨。

人体的肌肉按照形态和位置,可以分为三大类:骨骼肌、平滑肌和心肌。骨骼肌是附着在躯干和四肢骨骼上的肌肉,是牵拉骨头运动的绳索。这部分肌肉约占人体体重的 40%,可以进行从眨眼到蹦跳的各种运动,骨骼肌中的每一块肌肉都具有一定的结构、功能和弹性,并能反射性地保持肌肉的紧张度,以维持人体的姿态和运动时的协调性。平滑肌位于人体一些内脏器官和血管壁上,运动缓慢而持久,以维护消化系统、呼吸系统以及泌尿、生殖系统的良序运行。心肌仅位于心脏,它使心脏有节奏地跳动,每天大约收缩 10 万次,并具有严格的自动节律性,是人体中最勤劳的肌肉。

肌肉有运动、保持姿势、保持关节平稳、生成热量等功能。每个人肌肉的发达、强健程度是不一样的。肌肉越是饱满结实,人的气力也越大。据测定,成年男性用牙齿咬东西时,可产生 15 千克的力;用臼齿咬可产生 72 千克的力。一般人平均右手最大握力约为 56.7 千克,左手约为 43 千克。手掌向下提东西,平均提力约为 21.8 千克。成年男子平均拉力约为 70.3 千克,女子约为 38.6 千克。人的蹬力右腿达 262 千克,左腿为 241 千克。职业足球运动员一脚踢球,冲力可达 500 千克。

肌肉的主要组成是蛋白质。为增强肌肉,在饮食中有充足的蛋白质供应是首先要做到的。肌肉的活动需要营养,其中主要是氧。长期坐着的人,平时若不坚持锻炼,最容易使肌肉缺氧,久而久之就会导致肌肉组织萎缩,心脏明显衰弱。大量医学研究表明,心血管疾病发病的总的机理是由于体内某些部位的肌肉缺氧,即肌肉"饥饿"所引起的。为肌肉输氧,解除它的"饥饿",最好的方法就是进行体育锻炼。系统而适当的运动,不仅能够强健肌肉,增强心血管的功能,而且对防治各种心脑疾病、肥胖症、糖尿病等亦大有帮助。

41. 灵巧之极的手

人有两只手,各有 5 个手指。从解剖学上看,手掌中各有 5 根圆柱形的掌骨,从手腕腕骨伸展到指关节。从掌骨又伸出 14 根指骨。为什么不是 15 根呢?这是因为大拇指只有两节。原本大拇指也是三节的,只是第三节下移,与掌骨融合在一起,显出的只有两节了。

人手的结构并不复杂,却是人体最灵巧的器官。手部有 19 块小肌肉,受前臂的强力肌肉控制,这些小肌肉附有肌腱,最远的一直伸展到手指的末节。手部的肌腱包裹在长长的腱鞘里,当前臂肌肉收缩,牵动肌腱和腱鞘,手指便能自然伸展、收缩、弯曲。加之拇指和其他四指是对向的,这使人的手灵巧异常。在人一手的 5 个手指中,大拇指用得最多,也最重要,功能可占全手功能的一半以上。大拇指可独立活动,可以和其他手指配合,完成抓、握、攥等许多动作。如果没有大拇指的参与,手的功用会大大削弱。

手部有着精巧的结构,手还是人类神经感觉最为丰富敏感的部位,神经纤维最为集中。据测算,人手部的神经纤维多达 100 万根以上,这是其他动物所无法比拟的。此外,手还具备和脑的联系与互动功能。医学家研究发现,当手指做复杂、精巧的动作时,脑血流量会相应增加 35% 以上。可知手的灵活是和脑的运转联系在一起的,这是人类所特有的高度进化的结果。

手是人的最为重要的行为工具,人的起居、饮食、劳作等,样样离不开手的参与。一些精细的绣花、雕刻、绘画和科技成果的发明,也都要依靠人们的手来完成。手是万能的,又是勤劳的。在人的一生中,除了睡眠时,双手几乎从不休息,手掌把握、抓提,手指屈、伸、拿捏,高达 3000 万次以上。即便是初生不久的婴儿,躺在床上也会自然而然摆弄小手和指头。

手不仅是人体的重要器官,还是人体健康的"显示器"。中医大夫往往能从一个人手的细节上了解到他的健康状况。如手凉,会是脾肺虚、气血弱;手热,则常因阴虚、血虚所致;手黏,能反映人阴虚火旺;手干,是由于体内气血不畅;手抖,常由脑神经、上肢神经等神经病变招致;手麻,多与脑部等神经功能障碍有关。手的表象为医生的诊断治疗提供了很好的依据和帮助。研究发现,30% 的人病前有手的变化,30% 的人病中有手的变化,30% 的人病后有手的变化。有关专家指出,通过对手部的观察,可以很好地了解人的体质及养生特征。尽管人的体质有盛有衰、有阴有阳、有虚有实,而这些都能在双手中找到规律。这也让手部诊病法成为一种高效又容易掌握的中医诊疗方法。

42. 指甲二三事

人的指甲包括手指甲和脚指甲，是皮肤的附属器。手指和脚趾上一片片扁平的指甲，由角蛋白构成，是一种半透明的皮质衍生物。它附着在富含血液的指端组织层上，因而显现出粉红的色泽。指甲如同一层盔甲一样，支撑着、保护着人的手指、脚趾不受损伤。

指甲的最下层结构是甲根，甲根由一层有生命的肌肤覆盖着，这里充满了坚硬的角蛋白扁平细胞。角蛋白细胞是一种特殊的皮肤细胞，它们会不断生长，把细胞向指端方向推进，死后不但不会脱落，反而更加坚硬结实。由于被推到前端的细胞是死细胞，冒出指端的指甲里也就没有血管和神经，人在剪短指甲时也就不会出血和感到疼痛。

指甲这种永恒生长的平板状衍生物，生长中有着诸多特点，受年龄、健康、季节和机械刺激等影响，生长速度也是有很多变化的。调查研究发现，人的指甲每天的生长大约为0.1毫米。一个被拔除的指甲差不多需要3个多月的时间才能重新长好。在人的一生中，初生的婴儿指甲生长缓慢，以后便会渐渐快起来。到了青壮年时期指甲长得最快。人到40岁以后，指甲的生长速度又渐渐慢下来，进入老年后就更慢了。指甲在一天和一年的不同时间里生长速度有不同，一般上午指甲长得快，晚上则长得慢；夏天指甲长得快，冬天长得慢。同一个人双手的10个指甲生长速度也有不同，就一只手而言，中指的指甲长得快，小指和拇指的指甲长得慢。由于不够明显，人们也并不在意。身体营养好，体格强壮，表皮细胞合成角蛋白的能力强，指甲也长得快；患病的人，尤其是手臂、手部有病的人，也会影响指甲的正常生长。经常用手和指甲的人，如理发师、弹拨乐演员等，指甲也会长得快些。鞋子过紧压迫趾甲也会刺激到趾甲，使趾甲不但长得快，而且长得厚。

指甲对人的手指、脚趾有很好的保护作用，此外人手在从事一些精细工作，如做掐、剥、挑、戳、捅等动作，都会直接使用到指甲。指甲对一些乐器的弹拨，更让人们享受到了它带来的文化娱乐。指甲还有药用价值，中医还认为，指甲是脏腑气血的外荣，通过观察指甲的形状、颜色、光泽、纹路、斑点等，能够充分反映人体生理、病理变化。西医也认为看指甲能测健康。在欧洲一些现代化医院里开设了指甲甲床微循环学诊断研究，借助仪器观测甲床的微细血管，判断某些疾病的病兆。新兴的“指甲学”已成为欧美一些国家的热门研究课题。

43. 出入迈动的腿

腿是从脚踝到大腿根部的一段肢体。腿分为大小腿,从膝上到胯下称大腿,也叫股;从膝下到脚上为小腿,也叫胫。由于人的腿骨要承载身体的全部重量,还要站立和行走,所以它比臂骨要粗壮很多。腿骨的顶端与骨盆带坚实地联结在一起,从而将腿部的推力传递给上部身体,在此体现出活动力与支撑力的重要功能。

大腿部的股骨是人体内最长最粗的管状骨,它能占到人体高度的27%左右。股骨的上端膨大呈球形,连接骨盆带。下端为两个膨大的隆起,向后方卷曲,称内侧踝和外侧踝,两踝以关节面与小腿胫骨上端相连接。人体的小腿主要由胫骨和腓骨组成。两腿的胫骨承担着全身的重量,是人体内最坚硬的骨头。腓骨形状细长,也有支撑重量的功用。居中连接大小腿的是膝关节,由股骨内、外侧踝和胫骨内、外侧髁以及髌骨构成,属于滑车关节。膝关节为人体最大且构造最复杂,损伤机会也最多的关节。

人的两腿是承担体重的支柱,凡有活动时便会动员大量血液提供动力和牵扯众多肌肉参与。人在静止时,心脏每分钟约为全身肌肉提供850毫升血液,其中有相当部分是供给腿部肌肉的。当两腿有剧烈运动时,供血量竟可达每分钟1500—2000毫升。当人上了年纪,心脏功能减弱,自然就减少了心脏对腿部的供血量。血液不足便使人感觉两腿发软,活动沉重,屈腿不灵活。这种腿先于其他"部件"出现的不适,就是俗话说的"人老腿先老"吧。

人体下肢股骨、胫骨、腓骨等长骨骨髓有重要的造血功能。但当人老后骨髓逐渐退化,造血功能随之减弱,体质的虚弱反过来对腿部的活动也不利。老年人的肌肉弹性变小,收缩功能也差了很多,骨质变得疏松,活动不但常会出现酸痛,还容易发生骨折。对于举足轻重的膝关节,更不可掉以轻心。原本光滑的膝关节,中年后便开始纤维化。加之膝关节是支持人体重量和行走的最主要关节,由于重力作用和长时间磨损,关节面上的软骨常会发生损伤,周围的肌腱和韧带失去弹性,关节间隙变窄,形成骨刺,发生关节积液等退行性病变。如此种种,都表明腿老是人老的一个重要"信号"。一旦出现腿老的迹象,应引起警惕,及时想方设法减缓推迟衰老的来临。老年人走路活动要注意姿势,少做爬山、登高的运动,以及久站、提重物等,以避免腿部和膝关节负荷过重。在饮食上要多吃富含蛋白质、钙质、胶原蛋白、异黄酮一类的食物,如奶制品、豆制品、鸡蛋、鱼虾、木耳、蹄筋等,以防治膝关节炎症一类的疾病和骨质疏松。

44. 行走踏地的脚

两脚是人体的重要部位，有支撑身体、站立、行走的不可替代的功能。两脚各包含 26 块骨头，其中有 7 块跗骨、5 块跖骨和 14 块趾骨。脚骨的连接包括踝关节、跗跖关节等。由于脚趾比手指短，且由强健的韧带连在一起，脚部关节只能使脚趾做些屈伸的简单轻微动作。因此人的脚远不如手灵活。

但脚有脚的长处。脚部稳稳着地，支撑和平衡着身体，无论人在活动还是静止不动时，脚都能保持着人的稳定而不致摔倒。脚还能承受全部的体重，每天累积承受的总压力高达数百吨。脚最重要的功能是走路。调查研究发现，人一生大约要走出 22 万千米的路，相当于绕地球赤道 5 圈。

人的脚部有 26 块脚骨，相连有 19 块肌肉、33 个关节、50 多条韧带、50 万条血管、4 万多个汗腺，脚底板还有 30 个与经络相通的反射区，和外部器官联系紧密。与地面接触的脚掌，受神经系统支配，在人的行走等活动中作用独特。据调查，男子的脚掌平均长 24.52 厘米，女子的平均为 21.54 厘米。研究发现，一个人脚掌的大小并不是固定不变的。通常夏季时脚掌比冬季的大，右脚比左脚要大。人一天中脚掌大小也有变化，清晨较小，午后大些。为此人们买鞋时不宜在上午去，以免买了鞋下午穿出去挤脚。

按中医经络学理论，脚掌上分布着许多穴位，这些穴位通联着全身的各个器官，无论身体哪个部位有了病变，都能在脚掌上找到压痛点。相反，刺激这些穴位，又能达到改善机体功能、治愈疾病的目的。可知脚与全身的健康关系密切。其实这一关系早在 1400 多年前就被我国著名医学家孙思邈所注意并提出“足下暖”的科学见解。孙思邈认为脚部受寒，要影响内脏，引起胃病、腰腿痛、男子阳痿、女子月经不调等疾病。近年一些医学研究也发现，患风湿性心脏病的人，往往先从足尖出现浮肿开始。另外脚与上呼吸道黏膜间也有密切关系，脚部受凉便会引起呼吸道黏膜内的毛细血管收缩，纤维摆动减少，进而使人体抵抗力下降，易患感冒及其他疾病。

脚的功用和健康是如此重要，为此有的医生提出要像爱护眼睛一样爱护我们的双脚。要选穿合脚的鞋，鞋子不紧，鞋头不尖，鞋跟不高，鞋底不硬，穿着走路能舒适自在。适当多走走路，散散步，让脚底部肌肉、筋膜、韧带、穴位、末梢神经多接触到硬实路面，使之反射地起到调整全身功能、发挥防病保健的作用。每晚用温热水泡脚，按摩脚趾、脚掌心，促进脚部血管扩张，舒筋活血，可消除疲劳，并可促进睡眠。护脚的这几方面并不难做到，却能使脚获益匪浅。

45. 人体的减震部件

人体在每日活动中，不断行走，做出跑跳等动作，运动中还会有冲撞击打等，这些行为所产生的冲击力，对身体，尤其是大脑构成了很大的威胁。然而在一般情况下人体却安然无恙。这是因为人体内有着一套具缓冲作用的减震装置。

在人体复杂的内部结构中，三个部位有人体“弹簧”之称，即椎间盘、肌腱和足弓。它们让人拥有了能够自如活动的弹性和极强的灵活性。

椎间盘是脊椎骨之间的“海绵软垫”。它由内、外两部分组成，内部是白色而有弹性胶状物质的髓核，外部是坚韧而富有弹性的纤维环。这种结构可以使脊柱承受压力，吸收震荡，减轻冲击。椎间盘上下的厚度是不一样的，胸部中段最薄，腰部最厚，因而腰部活动的灵活性也最好。脊柱自上而下在颈、胸、腰、骶部各有一个弯曲。这些弯曲既能维持直立姿势的稳定性，又能增强脊柱的弹性，为减轻外力对头部大脑的冲击，起到重要的缓冲作用。

人体腿部的肌肉以及连接肌肉和骨骼的肌腱，也是为人体减震的重要部件。其中最出色的是小腿的腓肠肌、比目鱼肌和与它们相连的跟腱。跟腱长 37 厘米，具有优质橡胶的弹性。据测算，人在以每秒 4.5 米的速度奔跑时，地面的最大作用力大约是人体重量的 2.8 倍，而跟腱所能承受的力量可达人体重量的 7 倍。此外腿部膝关节内垫有一对呈半月形的半月板，它能使膝关节结合得恰到好处，有利于运动，并增强关节的弹性，在跳跃和剧烈运动时起到缓冲作用。

足弓使脚底形成拱形结构，是人体的另外一件减震部件。有了足弓，人在行走时体重大约有 52% 落在脚后跟，剩下的重力落在拇指跖骨和小指跖骨上。由于体重是落在了一个“三脚架”上，所以人走路就很平稳，不会左右摇晃。足弓使脚有了弹性，走路、蹦跳时都能对震动起到缓冲作用。足弓由跟骨、距骨、舟骨、骰骨、楔骨、跖骨、韧带和肌肉组成。发育中的青少年因足部长期负重、劳损等原因，会引起平足症，给行走带来不便，致使脚部活动多时易感足部疼痛和疲劳，宜及早在医生指导下治疗。

人体的减震部件是人体的保护结构，是维护人正常进行生理活动的重要保证。可是人们在不经意间不正确的站姿和坐姿，以及不正确姿势下进行的剧烈运动，都会给身体的减震部位带来损伤，引起这些部位发生病变，如脊柱侧曲、驼背、椎间盘突出、半月板撕裂、足弓塌陷等。应引起人们的足够重视，避免造成减震部位的损伤，影响其功能。

46. 精子与卵子

生殖是人及其他生物体基本的特征之一。人类生命的源头是从受精开始的，受精是来自男性体内的一个精子与女性一个卵子相结合的过程。

男性生殖器官包括睾丸、附睾、输精管、附属腺及阴茎等结构。男性生殖器官位于体外的有阴茎和袋状阴囊，阴囊内有一对椭圆形的睾丸。睾丸是男性最重要的生殖器官，它能够产生数以亿计的生殖细胞——精子。精子的使命是使女性体内的卵子受精，以产生下一代。精子的外形很像蝌蚪，可分为头、体和尾三部分。精子的头是扁平椭圆形的，头内有细胞核。精子长有一个长长的尾巴，靠尾巴的摆动使精子游动。从青春期开始，男性睾丸内便会连续不断地产生出精子，这个过程由脑垂体以及睾丸产生的激素所调控。一个男子一生中产生的精子数目多得惊人。一次射精量为3—4 毫升，含有 3 亿—4 亿个精子，少之也有 1 亿—2 亿个。一生中产生的精子数竟可达 1 万亿个以上。位于睾丸上端和后缘的附睾主要功能是促进精子发育和成熟，以及贮藏和运输精子。精子在附睾管若长期不排出，则部分被分解吸收，部分逐渐进入尿道随尿液排出。

女性的内生殖器主要由卵巢、输卵管、子宫和阴道组成。卵巢的大小形状有如一枚带壳的杏仁，里面产生几十万个卵细胞，即卵子。大约每 28 天都会有一粒卵子从卵巢中被释放出来，如果这个卵子受精，便会发育成胎儿。卵子的个体较大，呈球形，直径约在 0.1 毫米以上，含有一定量的养分，可供受精卵初期发育的需要。受精通常发生在输卵管内，这个过程在卵子从卵巢排出 24 小时之内发生。精子和卵子结合在一起而形成的一个单细胞，即是受精卵。这个受精卵便是一个新生命的起点。受精卵不能自主运动，要依赖输卵管平滑肌的收缩及上皮的纤毛运动而被动地向子宫腔移动。移动中受精卵开始分裂，逐渐分裂成 4 个、8 个……直到无数个，并最终形成一个胚胎。一般在三五天后，受精卵抵达子宫，在此“安家落户”，开始了 9 个月之多的胎儿孕育生活。

一些夫妇结婚数年女方却不能怀孕，原因可能是多方面的。其中往往有一个很重要的原因是男方精液不足，精子活力不够。造成这些原因的大多又与男子抽烟、酗酒、纵欲无度、睡眠不足、情绪紧张低落、生活不规律等有关。研究发现，男子爱穿过紧的牛仔裤等，紧裹阴囊，高温环境对精子有不良影响。长时间使用电脑，有人还爱将笔记本电脑、平板电脑放在膝盖上使用，孰不知电脑运行时内部温度可高达 50—70 摄氏度，电脑散发的热量会干扰阴囊部位的凉爽环境，进而影响到精子的量和质。这些都值得引起不孕家庭男子的注意和重视。

47. 生命的摇篮——子宫

子宫是产生月经和孕育胎儿的器官,是女性独有的脏器。现代最新医学研究认为,子宫是女人的第六脏器。这让女人有了六脏六腑。

子宫位于女子骨盆腔中央,呈倒置的梨形,前面扁平,后面稍有突出。成年未产女性的子宫长约7.5厘米,宽约5厘米,厚约3厘米。子宫分为底、体、颈三部分,宫腔呈倒三角形,深约6厘米。上方两角为“子宫角”,通向输卵管;下端狭窄为“峡部”,长约1厘米。

子宫颈部有一层膜,能分泌黏液,与阴道分泌物组成白带,保持着子宫颈与阴道的湿润,并能保护外阴部免受外部病菌的侵袭。子宫腔里也有一层膜,称子宫内膜。子宫内膜外面是肌肉,肌肉外面又包有一层膜,叫浆膜。子宫内膜是为怀孕做准备的,受激素影响每月形成待用;如果没有怀孕,子宫内膜就会萎缩,然后坏死、脱落。内膜脱落,里面的血管暴露出来,就会出血。月经血就是就是这层子宫内膜脱落而产生的。几天后新的内膜长出来,把破损的血管创面加以覆盖,血就止住了。

子宫颈突出于阴道内,宫颈分泌的黏液性状和量的多少,与子宫内膜一样,受卵巢功能的影响并有明显的周期性变化。排卵期在雌激素作用下,宫颈黏液稀薄,有利于精子通过。而且精子还能从宫颈黏液中摄取营养,增加其活力,促进精子与卵子的结合。在排卵后,受孕激素作用,宫颈黏液减少,变得黏稠,于宫颈管口形成阻隔,产生保护作用。

子宫是受精卵游动的最后目的地,并成为胎儿发育、成长的摇篮。子宫腔内的肌肉有很强的弹性,既能扩大又能缩小。女子怀孕后到妊娠足月时,会将子宫撑得如冬瓜大。由于有韧带的肌肉束将子宫支撑、牵拉,就避免了子宫膨胀对其他脏器的挤压,子宫又易于活动,能自如变化。

出生是指胎儿离开母体的子宫进入外部世界的过程。这通常发生在38周后。在这怀孕的末期,胎儿蜷缩在子宫里,如果这时胎儿的头部还没有朝下,胎儿通常能慢慢掉转过来,将头部置于产出的前端。而当头部转到有利的位置,子宫也会略微下坠,使胎儿头部嵌入子宫颈口。当母亲分娩来临,母体子宫颈会慢慢扩张,以便使胎儿能顺利生产出来。分娩时为了把胎儿逐渐从阴道内推出,母亲子宫壁会一次又一次收缩;随着收缩,母亲会感到阵阵疼痛,而且在不断加剧。当宫颈完全张开后,胎儿的头部从阴道内娩出,并会转到与其身体其他部位平行的方向,这时胎儿的肩膀会随着子宫的再次收缩而滑出。当胎盘从子宫内取出,子宫孕育一个胎儿和产出的使命也告一段落。

48. 胎儿的生活

卵子受精 4 周后发育成胚胎，如一颗豌豆大，长约半厘米，头大有细尾，形状像蝌蚪。5 周后胚胎已有蚕豆大，心脏、脊椎、脑组织及神经系统器官形成，但脊椎尾端还有个小尾巴。至第 9 周，手脚清晰成形，小尾巴消失，胚胎也更名为胎儿了。

这个幼小的胎儿最喜欢睡觉，醒来后便在子宫胎盘羊水中浮动，一开始其动作较为僵硬，以后便慢慢变得自然、协调。研究人员使用能伸入子宫的探测仪器观测，胎儿体长已达到 6 厘米，并显现出人的形象：头上五官逐渐移动到位，双眼靠拢，眼睑形成；耳垂升到头的中部；嘴唇前露，面颊隆起。面部也有了表情，会微笑，能皱眉。胎儿到了第 10 周，眼珠会在眼皮下微微转动，已在跃跃欲“视”。

胎儿在发育到 13 周前后，会将手指放到口里吮吸，这让胎儿开始对本身美好的东西有兴趣。这是本能，也为出生后寻找妈妈的乳头做练习。胎儿长到 16 周，体长能长到 16 厘米左右，重约 120 克。18 周后，胎儿的耳部器官形成，逐渐发育的耳神经末梢已能开启对有声世界的探索。胎儿能聆听到妈妈心脏有节奏的心跳，及血管血液的流动和胃内食物的搅拌声响。这时的胎儿对妈妈体外的声音也有了感知。仪器观测发现，胎儿喜欢听慢节奏的乐曲，当乐曲的韵律与妈妈心跳的节奏接近时，胎儿显得兴奋，脉搏加快，身体还会随着音乐的节奏做出晃动。胎儿到了 24 周，会以吞咽羊水做进食的训练，并启动舌尖的味觉，能分辨出苦味、甜味和酸味。胎儿对甜味有天生的偏爱，尝到后会表露出舒适的神情；对苦、酸、葱、蒜味则不喜欢；如果妈妈本不吃辣，却吃下辣食，胎儿甚至会用做鬼脸来表示不满。

胎儿发育到 28 周，已能睁开眼睛，不时眨巴眨巴，但看到胎盘内的景物都是模糊的。胎儿以吮吸羊水练习呼吸，为出生后的呼吸做准备。呼吸中不时会打个嗝。这时支撑胎儿身体的骨骼也发育得愈发粗硬有力了。胎儿睡足后会挥手、蹬腿，踢腾一阵，让妈妈明显感觉到肚中宝宝的活动玩闹。胎儿到了 32 周时，骨骼已完全发育好，体重增加，能达到 1800 克左右，身长能长到 46 厘米左右。这时的胎儿受子宫束缚，胎动频率、幅度减少。也可以说胎儿在积蓄体力，准备着通往外界的冲刺。胎儿出生前，还会将身体褪下的胎毛及分泌物一点点吞咽下去，储存在肠道，以刺激肠道蠕动，排出胎便，排出尿液，这有利于胎儿顺利出生。

在经历了这一个个发育成长过程后，胎儿已一步步做好了准备，随时准备蜷缩身体，通过妈妈的产道，进入外部的人生。

49. 展示女性魅力的乳房

乳房是人和哺乳动物特有的哺乳器官。一对丰满而富有弹性的乳房，为女性构成了流畅、圆润身条的曲线美。不少古希腊艺术家的人物雕刻和文艺复兴时期欧洲画家的画作，对女性乳房都有突出展现并成为艺术精品。

女性的一对乳房位于两侧胸部胸大肌的前方，其位置与年龄、体形及发育程度相关。乳房通常是从第二肋骨延伸到第六肋骨的范围，内侧到胸骨旁线，外侧可达腋中线。乳房主要由乳腺和其他肌肉组织构成，成年女性的乳腺组织由15—20个乳腺叶组成，功用是泌乳。乳腺叶由许多乳腺小叶构成，乳腺小叶含有大量腺泡。脂肪组织包裹在乳房外，脂肪组织层厚则乳房大，反之则乳房小。乳房的结缔组织即连接胸肌的纤维束，能起支撑和固定乳房的作用。分布于乳房内的还有丰富的血管、淋巴管和神经。

乳房的形态又因种族、遗传、年龄、哺乳等因素存在差异。由于饮食结构和基因学等方面存在着差异，高加索女性乳房膨大浑圆，呈丰满的半球形，挺拔而富有弹性。我国成年女性的乳房一般呈半球形或圆锥形，哺乳后有一定程度的下垂或略显扁平。老年女性的乳房常萎缩下垂且变得松软。

乳房的中心部位是乳头。正常乳头为筒状或圆锥状，表面呈粉红色或棕色。乳头直径约为0.8—1.5厘米，其上有许多小窝，是输乳管开口。乳头周围的环形圈内皮肤色素沉着，称乳晕。乳晕的直径约3—4厘米，色泽随着年龄、孕产有所不同，青春期呈玫瑰红色，妊娠期、哺乳期色素沉着加深，为深褐色。乳房部的皮肤在腺体周围较厚；在乳头、乳晕处较薄，甚至能透过皮肤看到皮下浅静脉。

哺乳是乳房最基本的生理功能。乳腺的发育、成熟，均是为哺乳活动做准备的。女性产后在激素的作用和婴儿吮吸刺激下，乳房会有规律地产生并排出乳汁，哺养新生儿成长发育。女孩的乳房一般在10岁左右开始生长，是最早出现的第二性征，也是女子青春期到来的标志。拥有一对丰挺、对称而外形漂亮的乳房也是女性健美的重要组成部分。当代医学研究发现，乳房是人体器官中最易产生肿瘤的部位，乳腺癌是全球女性最常见，也是最易生发的癌症。从20世纪40年代至今，乳腺癌的发病率一直在持续上升，已翻了一倍，而且还在保持增势。

50. 神奇的母乳

母乳是婴儿成长中最自然、最安全、最完整的天然食物。它含有婴儿成长所需的所有营养和抗体。母乳中含有的50%脂肪,除了供给婴儿产生活动的热量,还能满足和促进脑部发育所需。丰富的钙和磷,能促使婴儿长得壮实。免疫球蛋白可有效保护婴儿免于感染各种慢性病。此外喂母乳的亲密接触,对刺激婴儿脑部和心智发育也极有好处。

有些产妇由于奶水少,担心婴儿吃不饱,或因乳房肿胀、吮吸乳头疼痛及上班不便等原因,放弃了让婴儿吃母乳而喂婴儿奶粉。殊不知母乳对婴儿生长发育的重要。近年来许多最新的研究资料告诉每一位初为人母的妈妈,应该尽可能地让婴儿吃到母乳。

研究发现,母乳对婴儿有催眠作用,这是因为母乳中含有镇静助眠功效的天然吗啡类物质。这种物质能使婴儿欣然受哺,之后安然入睡。母乳中含有的一种EGF生长因子,能诱发细胞产生新的遗传物质和促使细胞增殖,对加速婴儿体内多种组织的新陈代谢和各器官的生长发育有重要的作用。母乳中一种称牛磺酸的氨基酸,可促进婴儿脑神经细胞总数的快速增加,对婴儿大脑的发育作用很大。经检测,每滴母乳含有4万多个吞噬细胞和5000多个T、B淋巴细胞,这些细胞进入婴儿胃肠后,能有效杀灭寄生于婴儿肠道内的寄生虫,从而避免婴儿腹泻。此病在不食母乳的婴儿中发病率是较高的。母乳中所含的抗体、免疫球蛋白等,能增强婴儿的免疫力,预防多种传染病。母乳中含有较多的铜,铜是多种酶的成分;有助于保护和强健婴儿的血管,减少他们成年后患心血管病的机会。

西班牙研究人员发现,母乳中所含的有益菌种竟达700种以上,这些有益细菌作用于婴儿肠道,能帮助婴儿更好地消化吸收母乳的营养,还有助于提高婴儿的新陈代谢功能。瑞典隆德大学的医学教授发现,母乳中含有大量的抗癌物质,其中的α-乳白蛋白在胃内是抗癌剂,却不会对健康细胞造成伤害。为此这种物质被称为"哈姆雷特",用于对膀胱癌患者的治疗并已取得满意的效果。

母乳喂养的好处已在医学界达成共识。除了对婴儿保健,法国医生还指出,母乳喂养能让孩子的面部发育均衡。相比用奶瓶喂奶,母乳喂养迫使婴儿的下颚肌肉必须用力吮吸,让婴儿在吮吸过程中舒展脸型,同时让舌部、唇部、脸部的肌肉能协调发育,这会使孩子面容更好看。

母乳是如此优质,如此神奇,准妈妈们可要让宝宝好好享用这美食啊!

51. 人的身高

身高一直是人们的重要话题。对于想进入演艺圈和进行模特表演的人其身高大受挑剔。身高还成为征婚求偶的重要条件之一。一些觉得自己不够高的人,或为求子女长高的家长,遍求灵丹秘方,购买氨基酸、进口生长素、电子增高器等各类产品,或吃、或注射、或使用,一时间各种增高物品在市场上争奇斗艳,好不热闹。

从出土的40万年前北京猿人的大腿骨推算,那时的男子身高仅为156厘米。湖北江陵汉代男尸身长也只有167.8厘米。长沙马王堆汉墓女尸的身高为154.4厘米。可知古人的身量并不算高。今日北京男青年的平均身高已超过170厘米,女青年的平均身高也超过了160厘米。人类身高的提升是明显的,尤其是近两个世纪以来提速更快。近20年来,世界各国人的平均身高竟然每10年便增加1厘米。

人的生长发育,在体内多种激素的作用下,主要受下丘脑的控制和调节。人体身高快速增长有两个高峰期,婴儿期和青春期。婴儿第一年增长较快,以后每年增长4—5厘米。当进入青春期以后一年会增高8厘米,甚至10—12厘米。男女自出生至青春期前,身高并无多大差别。青春期的女孩(13—18岁)骨骼发育快,18岁以后骨骼不再增长,身高随之稳定。男孩的青春期(15—20岁)开始得晚,结束也迟,且青春期结束后下肢骨骼还会增长,一般要延续到23岁逐渐终止。在总体上男子身高要高于女子。

同性别的人高矮不同,且存在着多种影响因素,如家庭遗传、种族差别、营养水平、运动锻炼、生活习惯等。有调查显示,决定一个人身高的基本因素是遗传因素,男性身高的遗传度达到79%,女性更高达92%。另有研究发现,父母出生地距离越远,血缘关系越远,孩子的生长也越高越快。从种族差别看,西欧人一般高于亚洲人。缅甸塔隆地区有个矮人部落,身高大都不足1.10米。生长需要以优质多样的食物为基础。调查发现,城市青少年平均比农村的高出2—4厘米。贫困山区的孩子由于营养不足,身高更矮些。体育锻炼能加快血液循环、新陈代谢,使骨骼能得到充足的营养。同性别、同年龄的青少年,经常锻炼比不锻炼者要高出5—10厘米。生活习惯对身高也有影响,日本人从1892年到1926年平均身高增加了2.23厘米,主要原因被认为是盘膝而坐改为了坐椅子。

身材长得高,不必沾沾自喜;长得矮小,也不用自卑。有统计显示,个子矮些对健康长寿反而有利。欧洲有调查发现,矮小的男子更具独特的吸引力,他们较会持家,对妻子温柔体贴,嫁给他们较有安全感。为此不少青年女子把择偶的目光已转向了矮瘦的男子。

52. 人的容貌

人的容貌及五官大小和形状都存在着差异，即便是双胞胎之间在长相上也会有细微的不同。

从人类学的角度看，人的脸型大致可分为10种：圆形、椭圆形、方形、长方形、卵圆形、倒卵圆形、梯形、倒梯形、菱形和五角形。虽然各种脸型都有它美的地方，但很多人还是认为卵圆脸形最美。这是由于卵圆形脸的最宽部位在眼睛处，宽度为5只眼睛的长度。两眼之间为一个眼长，从两眼角到两耳轮又各为一个眼长。这样的脸形看上去较为协调。

人的容貌很重要的一个方面在于遗传。荷兰研究人员发现，人体有5种基因对人的脸型有显著影响，并决定着人的额骨、上颌骨、下颌骨、颧骨、眶骨、鼻骨等成型的大小和高低等，并最终形成一个人的容貌。比如父母一方有突出的大下巴，子女大多也会长出酷似的下巴。为此人们常说，相貌是父母给的。

既然容貌是与生俱来的，所以过于看重长相是很不可取的。心理学家调查表明，一个悲观抑郁的人，即使长得漂亮，也会心胸狭隘，缺乏自信，人际关系紧张，很难赢得众人的喜爱。相反一个乐观开朗的人，即使长相一般，但他能自尊、自强，终会让人发现他内在的真善美，并能赢得人们的喜爱和信赖。

俗话说“人不可貌相”，不能以貌取人。但人见人一望之后，所生的印象还是很重要的。英国心理学家在对1000名成年人调查后发现，拥有一双大大的蓝色眼睛、金黄色的头发、丰满的嘴唇这样一张娃娃脸的人，最易赢得大众的好感和信赖。另有研究表明，有圆形娃娃脸的人天生是乐天派，大多性情爽朗，待人友善；但他们心肠软，容易受到甜言蜜语的诱惑。方脸的人脸部线条清晰，通常拥有敏锐的观察力，办事干练但专断；女性则会显得严厉，有让人难以接近之感。瓜子脸多是完美主义者，能严以律己，宽以待人；但往往自尊心极强。长脸的人显得沉稳，自信心十足；不太去体谅别人。倒梯形脸的人喜欢浮想联翩，但实干能力差。看脸型可大略了解人的性格，其中隐含的“规律”也仅是初探。

人的容貌是平面的，也是立体的，并赋予了人的面部诸多表情。表情的“喜怒哀乐”，传递着丰富的信息。美国研究人员报告说，人类的面部表情源自本能的生理反应，无论是原始部落还是现代社会，人们用面部表达情绪的方式都极为相似。几个世纪以来人们一直认为表情包括高兴、吃惊、悲伤、愤怒、厌恶和恐惧这6种。最新研究显示，这6种表情只是常见的基本型，结合起来形成的复合表情可达21种。这是使用了一种名为面部运动编码系统的计算机软件，对230人的约5000张面部表情照片一一分析后确认的。

53. 人的笑容

笑，是开心、愉快的表现，是人的表情的一个重要方面。发自内心的笑是真情的显露，在脸上会自然而然地荡漾开笑容。

国外有位医生曾说："一个人笑的能力如同他健康状况的晴雨表，其精确程度不亚于医生所做的各项检查。"此话说得不免过分，却诠释了笑与健康的密切关系。

据古今中外学者的研究可知，笑所起到的健身作用是多方面的。笑能加快心跳和血液循环，心率提高，血流加快，对心脏能起到良好的按摩作用。发笑能使肺部扩张，肺活量增加，有效提高人的呼吸机能，有利于清除呼吸道的异物。有研究表明，人在观赏喜剧、小品的半小时演出中，不时发笑，对心脏的血液循环和肺功能的锻炼，相当于划 10 分钟船的运动效果。人每笑一次能促进横膈膜蠕动约 16 次，推动了横膈膜的升降和胃肠器官的活动，能提高食欲。人在发笑时可牵动面部、手臂和腿部的约 80 条肌肉，然后就会使这些部位的肌肉得到放松，有舒筋活血的功效。伏案工作者的颈、背、腰肌等处，长期处在固定位置，最易引起头颈和腰背部疼痛。笑一笑，对于缓解这类职业人员痉挛性病痛、预防肌肉劳损是很有好处的。

此外笑还能促进内脏器官的活动，调节内分泌系统，提高机体的抗病能力；消除烦恼、紧张、沮丧和不安，减轻精神压力，减少患心脑血管病的机会，让人心情愉悦，精神安适。只要发笑，嘴角和颧骨部位的肌肉便跟着运动，将口唇和两眼向上提拉。这种面部按摩，可以阻止面部线条下坠，减缓皱纹的生成。笑对于美容者来说，又是最舒适好做的健美操。

美国一项新的研究显示，微笑"充分"的人能益寿延年。研究人员收集了 230 幅 20 世纪 50 年代前参加美国棒球联赛的运动员照片，研究发现，"不笑"的研究对象平均寿命为 72.9 岁；"部分笑"，即微笑时仅咧嘴的研究对象平均寿命是 75 岁；"充分笑"，即微笑时带动脸部各相关肌肉的研究对象平均寿命达到 79.9 岁。就此可知，笑影响人的长寿可不是无足轻重的。

如此说来，笑对于促进人的健康长寿来说真是一味好吃的良药，而且不要什么花费。但它需要"投资"——你得经常和性格开朗、喜欢说笑的人交往，多欣赏喜剧、相声、小品一类让人发笑的艺术，注意搜集保存引人发笑的漫画、笑话等资料，品味其间自会忍俊不禁。英国有调查称，人的年龄越大，笑容越少。青少年人平均每天笑 6 次，而老年人只有 2.5 次。这在世界各地是带有普遍性的。老人家为自己的安康和益寿延年计，不妨多找些乐子，每日多酣笑几次。

54. 眼睛与视觉

人的两眼位于面部前沿，是人体感知外部世界最精密、最灵敏的视觉器官。眼睛主要由眼球、眼眶、结膜、泪器及使眼球运动的眼外肌等结构组成。

眼球包括眼球壁、内容物、神经及血管等组织。眼球壁分为外、中、内三层。外层由角膜、巩膜组成。角膜又称黑眼珠，像是凸透镜，对穿过的光线起聚焦作用。巩膜俗称“眼白”，质地坚韧，起维护眼球形状和保护眼组织的作用。中层包括虹膜、睫状体和脉络膜三部分。虹膜的中间有孔，称瞳孔，能控制进入眼内光线的多少。睫状体由睫状肌组成，睫状肌的收缩扩张可使成像的晶状体有加厚变薄的功用。脉络膜含丰富的色素，是眼睛的遮光“暗房”。眼球壁的内膜称视网膜，这一层透明的薄膜是眼球的感光部位，其凹点是视力最敏锐的地方。眼球内容物包括房水、晶状体及玻璃体等透明组织，与角膜构成眼的屈光系统，具有通过和屈折光线的作用。

眼睛同照相机拍照的原理一样，具有聚焦光线的功能。眼部的角膜和晶状体，将光线在视网膜上聚焦，然后由大脑产生一个外部图像，人的眼睛就能清晰看到世间万物了。

通过眼睛看到物体的功能，被称为视觉。视觉主要是感觉到明暗、色彩、动静、远近、大小、高低等综合知觉。在人的视网膜中，有着可以感觉到多重色彩的视神经细胞。有研究数据显示，人的大脑在一个物体的反射光第一次进入眼睛之后的5%秒内就能被清晰辨认。一个正常人的眼睛，可以看到和分辨出700万种深浅层次不同的颜色。人的敏锐的双眼在没有亮光的黑暗处，可以看到80公里外一根火柴的燃烧光亮。

在当今电子时代，拍摄器材、手机等讲究像素。人的双眼像素是多少呢？人的视网膜有500万个视锥细胞，另有1亿多个视杆细胞。别以为人眼的像素也就是1.05亿了。在良好的光线下，人能将至少间隔0.6弧分(0.01度)的两条细线区分开。如果将这两条细线看作是两个像素的话，每个像素在人眼中就相当于0.3弧分。保守地以120度作为水平视野，垂直面以60度计算的话，人眼的有效图像数据量就可达到5.76亿像素了。这足以令人吃惊。

天生一对、一成不变的瞳孔，还有让人诧异的。意大利20岁的模特莎拉竟像波斯猫一样长有双色眼睛。她拥有一蓝一黄双色瞳孔，清澈水灵又耀眼。俄罗斯新西伯利亚州的女子尤利亚双眼更是神奇。她的蓝色的眼睛会随着天气的变化而变化。在寒冷的冬季她的眼睛会变得格外蓝；春天来临，气温高些，她的眼睛会变为绿色的；而到了热天、暑期，眼睛又成为灰色的。一年年周而复始，令人称奇。

55. 眼泪的秘密

眼泪是由眼腺分泌产生的。在正常情况下，泪液的分泌量并不多，一日仅1.8毫升。别看量不大，眼泪的作用可不小。泪液充满整个眼球，有润滑和清洗角膜的作用，让眼睛明亮有神。它还能净化结膜囊，杀死致病细菌。如有灰尘、小虫入眼，会刺激泪液大量分泌，随着泪水外溢，将异物从眼内流出。

眼泪是一种弱酸性无色透明的液体。其组成98.2%是水分，在其余1.8%物质中，盐占了一半以上。当泪水流到嘴里，明显会感觉到有咸味。除了水和盐，泪水中还含有少量无机盐、蛋白质、溶菌酶、免疫球蛋白A及补体物质等。

人的眼泪不只是润洁眼睛所需的生理反射性分泌的一种，还有一种是哭泣而来的感情性泪水。这种泪水中含有蛋白质较多，并含有一种类似止痛剂的物质。研究指出，“情绪眼泪”含有儿茶酚胺，这是一种大脑在情绪压力下释放出的物质，存量过多易引发脑血管和心肌梗死等疾病。一番哭泣则有助于体内儿茶酚胺的排出。

美国医学学者弗莱为测定人们哭泣的原因、周期及作用，曾组织331名18岁至75岁的志愿者进行调查，要求他们各做一个30天的哭泣日记。结果30天中妇女们由于悲伤而哭的平均次数是3次，男子平均次数为1.4次。其中85%的女性和73%的男性均描述道，哭过以后心情会舒畅很多，心态比未哭之前平静。一位健康的29岁女子写道：“感情的泪水使我解脱悲伤、消沉，安静后有了自信心。”弗莱的哭功能研究不断引起人们关注。这位学者在他的泪水专题研究中还发现，那些不时哭泣的人以及对哭有着独特“偏爱”的人，很少患有溃疡病和结肠炎。

近年来又有大量医学研究证明，现代人由于工作生活紧张，心理压力大，承受着很强的危机感，身心产生并积累了很多毒素。这些毒素，平时很难找到排泄口；而在哭泣时，却能流经泪水排泄而出。作为女子，哭泣时在排出毒素的同时，面肤松弛，还有美容之效。为此心理学家主张，该哭想哭就哭上一气好了，切不要强忍眼泪，而要让它畅流。哭，能减轻精神上的压力，对健康有益，但也要哭得适当，适可而止。心理学家认为哭泣不要超过15分钟。人的胃肠对情绪极为敏感，忧伤过度会影响胃液分泌和食欲，时间一长易引发胃炎或十二指肠溃疡等疾病。哭泣者要能掌控好自己的情感。

现代人如今每天都要长时间面对电子产品，电脑前聚精会神一坐大半天，眼睛难免干涩。专家说这时应停下手头工作，闭上眼休息一下，吸气，张开嘴巴，以一个哈欠激活泪腺，“制造”出眼泪。眼部有了泪水的湿润，眼前便是一片光明。

56. 眨眼之趣

眨眼即眼睑——上下眼皮的快速张合，是人的本能行为。通过眨眼，泪水便涂布于眼球表面，使眼珠能保持湿润、光洁、透明，提高视物的清晰度。眼睛看物疲劳时，眨眨眼睛将光线中断，让眼睛得到短暂休息，会舒适一些。当尘沙或小虫接近眼睛，眼皮一眨会将异物挡住，又起到护眼作用。

通常的不自主眨眼，是一种极快的闭眼动作，称为瞬目反射。每个人眨眼的频率并不相同，据统计，一个人平均每分钟眨眼 10—20 次。人在一天中眨眼约 2 万次。人的一生是在 4 亿多次眨眼中悄然度过的。

人通常每隔 2—6 秒就要眨眼一次，每次眨眼要用 0.2—0.4 秒的时间。眨眼不仅具有生理功能，还有着心理学意义。调查发现，轻松闲聊的人每分钟约眨眼 12 次，而专心阅读者每分钟仅为 6 次。汽车司机在闹市街头开车，其眨眼次数会大大少于奔驰在高速公路时。面对声色俱厉、咄咄逼人的律师盘诘的人比被和颜悦色者提问的人眨眼来得频繁。这是因为紧张、焦虑往往流露在稍纵即现的眨眼中。

伴随着每次眨眼，大脑会有 450 毫秒时间接收不到视觉信息，也就是说，每分钟大约有 6 秒钟没有视觉信息输入。如果看一场时长 150 分钟的电影，那么其间有 15 分钟人是闭着眼睛的。这会漏掉个别重要或有趣的情节吗？前不久日本科学家挑选了一批志愿者，安排他们观看无声喜剧《憨豆先生》的片段和一段毫无情节的水族馆影像，收听《哈利 · 波特与魔法石》的有声读物。通过观察志愿者在三种测试环境下的眨眼情况，研究人员发现，在看无声喜剧时，志愿者几乎在同样的时间眨眼，而在另两种测试中，志愿者的眨眼并不是同时的。研究者注意到，在第一种测试环境下的眨眼，显露出人类的一种天生智慧：当时屏幕上可能正是一段场景的末尾，或者场面上没有主角，只是无关紧要的景物，志愿者们便都不自觉地在这些“非关键”时刻，同时眨眼。这项实验说明，人类总能下意识地寻找眨眼的最佳时机，将眨眼时遗漏重要信息的可能性降到最低。

日本研究人员还发现，人的眨眼可能是为“重启”大脑，为后续活动在做准备。研究显示，尽管眨眼似乎属于无意识，但眨眼的确切时刻并非随意，而是可预测。例如，阅读时，眨眼通常出现在每个句子结尾处；听演讲时，经常发生在演讲者停顿时。就此能够推断，在人的潜意识里眨眼是某种心理休息点，以短暂关闭外界视觉刺激，来集中思维和注意力，如此一来便可以使信息的处理更加顺畅。

57. 耳朵与听觉

耳朵是大自然赋予人体的听觉器官，它能让人听到外部的各种声音，感受丰富多重的有声世界。此外耳朵还具有感受位置变动、保持机体平衡的功能。

人可以通过两种途径听到声音。其一为：外界声音——鼓膜——听小骨及其他组织的听觉神经——大脑。其二是骨传导：声音——头骨、颌骨——听觉神经——大脑。正常人通过这两种途径都能听到声音，耳聋的人则只能通过第二种途径听到声音。相传著名的德国音乐家贝多芬耳聋后就是用牙咬住木棒的一端，以另一端顶在钢琴上听自己演奏的。

声音有很多种，低于 20 赫的声波叫次声，高于 20000 赫的叫超声。人耳能听到的只有 20—20000 赫之间的声波。有研究发现，一个健康人的耳朵能分辨多达 40 万种不同的声响。但这种分辨能力与性别、年龄有关。比较起来，男性比女性的耳朵更为灵敏。美国学者对部分男女进行了声音辨别测试，要求受试者辨识从各个方向传来的各种声音，结果男性抢先辨别出了 66% 的声音，女性只有 34%。

美国医学教授哈特巴赫通过 20 多年对不同人的观察和研究，得到一个结论，他认为人的耳朵的大小体现了一个人的生命力和思想深度。一个人的耳朵大，往往充满激情，精力旺盛；但这样的人也容易暴躁易怒。耳朵中等大小的人，一般都是思想冷静的人，但也容易循规蹈矩。小耳朵的人，大多具有耐心权衡的倾向，适应性较强，但遇事常斤斤计较。俄罗斯也有专家指出，成年后耳朵大的人可能寿命更长。

我国医药界对耳朵也有很多研究。早在《黄帝内经》中就有“视耳好恶，以知其性”之说。中医认为，人体各个部位都可以在耳朵上找到对应的位置，当身体出现问题时，耳朵的相关区域也会出现反应。通过观察耳朵的色泽、形态的变化，就可以辅助诊断及鉴别病症。如耳朵红润而有光泽，这是先天肾精充足的表现；耳朵干枯没有光泽，可能便是机体肾精不足；耳朵红肿，常见于肝胆火旺或湿热；耳郭焦黑，多发于传染病后期或糖尿病；耳朵局部有结节状或条索状隆起、点状凹陷，多提示有慢性器质性疾病，如肝硬化、肿瘤等。望耳一旦发现问题应及时求医。

58. 鼻子与嗅觉

人的鼻子位于面部中央,向前隆起呈长三角形锥体状,对构成容貌起重要作用。鼻子外形凸出,这样的形体有利于鼻子保持自由呼吸。

鼻子的外部分为鼻根、鼻梁和鼻尖三部分,由鼻骨支撑,外面覆盖着有弹性的皮肤。人的鼻子是用于呼吸的,另有一项不能忽视的是嗅觉功能。在人的鼻腔顶部,有着位于特殊黏膜区的嗅觉感受器。一块很小约 4.8 平方厘米的棕黄色区域内大约分布着 2000 万个嗅觉细胞,每个细胞又能伸出 6—8 根嗅毛。当气味分子进入鼻腔,溶解在鼻黏膜内,从而刺激到感受器细胞的嗅毛,遂引发了神经冲动,冲动沿着细胞的纤维传导,与嗅神经连接,便产生了嗅觉。研究发现,人的嗅觉功能是有变化的。人一生中嗅觉最灵敏的时期是 10—50 岁。每日刚睡醒时嗅觉较迟钝,起床一小时后嗅觉开始灵敏,四小时后最是敏感,此时若饥肠辘辘,闻到食物气味更是灵敏至极。通常女人总比男人嗅觉灵敏。老年妇女的嗅觉也比老年男子衰退得慢。在同样的环境中,不抽烟的人嗅觉要比抽烟者灵敏。

据调查,人的鼻子分辨气味,最敏感的是芳香味、柠檬味、香蕉味、薄荷味、爆米花味、甜味、霉焦味、化学味、腐臭味、恶臭味等 10 种。正常人的鼻子能辨别 4000 种不同的气味,而训练有素的品酒师等则能辨别出 1 万种以上的气味。美国神经遗传学研究者指出,近年来的分析显示,人类分辨气味的能力比任何人预期的要厉害得多,将 128 种不同的气味分子加以混合,人们竟可以分辨出 1 万亿种以上的气味。未来若将这一功能"开发",可以想见有着诱人的前景。

人们对鼻子的远期"开发"还顾不上,现时的开发利用还是有的,并让人受益。用鼻子"吃药"就是一种效果良好的给药方式。如国外已普遍采用喷筒将肾上腺素喷入病人的鼻腔,用以治疗健忘症。欧美科学家还将黄体生长素释放的激素制成喷剂,喷入育龄妇女鼻腔,从而达到避孕效果。我国医务人员用吸闻"雷击散"的方法来防治感冒,还以中草药等制成多种喷剂、滴剂,向鼻孔内施药,用以治疗鼻炎、鼻窦炎、鼻塞、头痛等病症。用鼻子"吃药",一方面可避免药物对胃肠道的刺激,另一方面药物不经肝、胃肠道的代谢作用,能提高药物的治疗效果,正在得到更多的应用。

59. 舌头与味觉

舌头位于人体口腔中，呈长椭圆形，由黏膜、肌肉、血管、神经等组成。成年人的舌头长不足 9 厘米，重约 50 克。上面叫舌背，下面叫舌腹；前 2/3 为舌体，后 1/3 是舌根。舌腹正中有一根筋膜称舌系带，牵拉着舌头完成吸吮、咀嚼和说话等功能。舌头是人体最柔软的器官。

舌头上的肌肉极为特殊。舌肌属于能随意收缩的横纹肌，并分为几层，互相交织。一组舌肌默契配合，不仅可以随时改变舌头的形状和位置，而且能伸缩吞吐，上下翻卷。让人能吃吃喝喝，说笑唱歌。假如没有舌头这能干的搅拌兼传送器，别说吃饭，连一口水也不好咽下去。

舌头的另一个生理使命是品尝人间五味，行使味觉功能。舌头能辨识酸甜苦辣咸，要依赖舌背黏膜上遍布隆起的舌乳头，内含味蕾。成人舌上约有 5000—9000 个味蕾，每个味蕾由味觉细胞组成，细胞中有味觉纤毛伸出。味觉细胞与神经网相连，神经网把味蕾感受到的味觉信息传到大脑的味觉中枢，经脑组织处理便能判定是何种味道了。研究发现，舌头在味觉上还有分工，如舌尖对甜味最敏感，舌根对苦味最灵敏，对酸味敏感之处为舌两侧后半部，对咸味敏感之地当推舌尖与两侧前半部。人的味觉是随着年龄的增长而变化的。儿童舌上的味蕾最多，所以小孩子吃东西总是津津有味的。过了青壮年以后，有多达 2/3 的舌上味蕾逐渐萎缩，味觉灵敏度下降。进入老年，味蕾萎缩加速，味觉受影响，加之舌部微循环、代谢减慢，老年人往往胃口不佳，食之无味。当人患有心脑血管疾病、糖尿病、萎缩性胃炎等病症，味觉更受影响。故老年人胃口滑坡，既有生理上的原因，常常也是某些疾病作祟使然。

人口中一片“三寸之舌”，是多能的，还是透视人体健康的“晴雨表”。舌诊是祖国医学诊治疾病的重要依据之一。中医有“舌乃心之苗，舌为胃之镜，舌为脾之外候”之说，认为心肝脾肺肾的经络皆通于舌，即舌尖属心肺，舌中属脾胃，舌两侧属肝胆，舌根属肾。舌上这些部位的形态、色泽，可以反映相应的脏腑病变。故口中舌头可视为五脏六腑的一面镜子，从中可了解身体正气的虚实，辨识疾病的性质。

舌乳头中有一种数目很大的白色丝状乳头，布满在舌上，会不断脱落下一些上皮细胞，与食物残渣、细菌混合一起，黏附在舌头表面，形成“舌苔”。健康人的舌苔薄白而洁净。舌苔若厚、黄、干等，则表现出一些病象。有人习惯于刷牙后用“刮舌子”把舌苔刮去，这会减弱舌头的防病能力，是不足取的。

60. 强硬的牙齿

人的牙齿位于口腔迎面处。牙齿是人体最坚硬的器官。

人的一生中经历两次长牙。婴儿通常出生 6 个月左右开始长乳牙,到两岁半左右长齐。乳牙有 20 个,上下各 10 个。孩子到六七岁时,乳牙逐个脱落,长出恒牙。14 岁左右一般会长出 28 个恒牙。到青年时期有人还会长出 4 个智齿,也有人不长。因此口内有 28 个或 32 个恒牙都是正常的。

按照人口内牙齿的外形和功能分,可分为切牙、尖牙、小臼齿、大臼齿四种。切牙又称门牙,用来切割食物;尖牙也叫犬齿,用来撕开食物;小臼齿又叫双尖牙,作用是捣碎食物;大臼齿为磨牙,牙面有凹沟,用于磨细食物。这几种各具特色的牙齿,分工合作,共同完成一日内多次的咀嚼任务。

几种牙齿牙形不同,构成是一样的。每个牙齿可分为牙冠、牙颈和牙根三部分。牙冠露在口腔中,牙根则埋在上下颌骨牙槽内,牙颈是牙冠与牙根之间的稍细部分,包裹在牙龈内。牙冠的表面覆有一层白亮透明的釉质,是人体中最坚硬的物质,硬度仅次于金刚石。牙根的外面包有一层薄薄的牙骨质。牙的内部是空心的,空隙处充满了活的组织,即牙髓。牙髓对温度的变化和疼痛很敏感。

牙齿的主要功能是咀嚼。食物进入口腔后,经过牙齿的切割、撕裂、捣碎和磨细的加工,与唾液混合后送入食道。牙齿的咀嚼力通过牙根传至颌骨,可刺激颌骨的正常发育和牙周围组织的健康。牙齿除了嚼食,对发音和语言功能也产生一定作用。牙的位置限定了发音时舌的活动范围,以及舌与唇、牙之间的位置关系,对发音的准确性和语言的清晰程度有着重要影响。此外牙齿的形态和缺失还关乎着面部的美观。牙齿发育正常,使人唇、颊部丰满,肌肉张力协调,人的面部表情则显得自然,神态轻松。如果缺牙多,特别是前牙缺失,唇、颊部因失去支撑而显塌陷,让人呈现苍老面容。

人有一副洁白而强有力的牙齿,是有口福,有仪容,更有力量的展现。有人愤怒异常时能将牙齿咬得咯咯作响。而人的牙齿咬力也颇不寻常。专家检测发现,人的牙齿的平均咬力达 31 公斤。而全口牙齿的总咬力男子约为 1408 公斤,女子约 936 公斤。在空中飞人的杂技表演中,一位男演员用牙咬吊起一位女郎,还能做出各种精彩的动作。在《吉尼斯世界纪录大全》中,也有男子用牙齿拖动一个笨重火车头的记载。全口牙齿的咬力巨大,但如果牙齿有缺损,咬力会大打折扣。据测算,仅失掉一颗牙齿,总咬力就会减少 22%;缺少两颗牙齿,咬力减少 50%;少了三颗牙齿,咬力就要减少 63%。每一颗牙齿的价值和作用都不可小觑。

61. 唾液的新发现

唾液是人体重要的生理体液。唾液在我国中医称“津液”，南方叫“口水”，北方俗称“哈喇子”。汉字的“活”字，以水从舌，近舌的水即是唾液。说明在古代唾液就被我们的祖先所重视，并把它同生命活力联系在一起。

在正常情况下，一个人一天分泌的唾液总量为1000—1500毫升。在没有食物刺激的情况下，人每分钟也会分泌0.5毫升唾液，起着清洁口腔的作用。当人入睡后，仍有少量唾液不停地分泌而出，以润滑口腔黏膜及保护牙齿。

唾液中99%是水分，另含有有机物淀粉酶、黏蛋白及溶菌酶等，无机物包括钠、钾、钙、氯离子等。唾液淀粉酶与食物混合后能溶解食物中的可溶性成分，能对食物进行初步分解，有利于食物在胃肠消化吸收；唾液与食物接触后作用于舌部味蕾而引起味觉，使人在品尝美味的同时受到食欲刺激。

唾液对人体除消化吸收作用，还有冲洗作用，能冲洗掉食物残渣，保持口腔的清洁卫生。唾液还有稀释作用，当酸、苦等刺激性物质进入口腔，口水分泌增加，对其稀释，便于消解、吐出或咽下。唾液的止血作用是有效的，它能促进血液凝固，口内外伤或拔牙后引起出血时，可帮助止血。唾液的抗菌作用也很强，所含的有机物和无机物能通过不同的机理，杀灭致病菌，防治口腔、咽喉和牙龈等部位的炎症。

近年来医药科研人员在研究中，对唾液的功用更有了不少新发现。美国研究人员对唾液进行研究发现，唾液中的一些物质可用于口腔癌、舌癌和咽喉癌等头颈部恶性肿瘤的诊断。目前美国政府已经批准了以唾液快速检测艾滋病病毒的方法。英国科学家将唾液检查用于肺癌早期诊断的研究也取得进展。韩国科学家试图通过PCR技术检测唾液中的乙肝病毒的研究同样获得突破。

我国科技人员也研发出通过唾液快速检测吸毒的技术，为吸毒检测提供了一种便捷的筛查手段。上海世博会期间，两个月中仅在沪杭高速公路一个卡点就查获543名涉毒嫌疑人。以唾液替代原有的尿检，整个检测过程仅需1—2分钟，大大提高了检测效率。

在对唾液的研究中，美国科学家发现唾液中含有一种“唾液生长因子”，这种物质能够增加皮肤的弹性和韧性，有着健美和抗衰老效用。英国研究人员研发了一种新技术，以检测唾液中免疫球蛋白IgA抗体数量的多少，推定出死亡风险和寿命指数。有关专家指出，随着对唾液研究的深入，以获取方便的验唾液来取代验血，已指日可待。

62. 皮肤与触觉

皮肤覆盖在人体表面,将身体内的所有器官包裹其中,是人体的最大器官。

如果将一个成年人的皮肤展开铺平,面积在 1.5—2 平方米。一般人体的皮肤总重 3—4 千克。人体皮肤厚度并不一样,皮肤最薄处的眼皮仅厚约 0.3 毫米,而最厚处的手掌和脚掌可厚达 1 毫米。

在显微镜下看,人的皮肤可分为三层,自外向里依次为表皮层、真皮层和皮下组织层。表皮是皮肤的最外层,构成其基底层的基底细胞具有较强的分生能力,每隔 12 天分裂一次,逐渐递变为表皮的角质层并老化脱落。人每天死亡脱落的皮肤细胞是大量的,粗算一下,如果将脱落的细胞累计起来,一年可达 3 千克,人一生的皮肤重量超过了 200 千克。

据人体解剖学研究,皮肤的构造复杂而严密。经检测,在每平方英寸的皮肤下含有约 65 根毛发、95 条皮脂腺、70 米长的神经、17 米长的血管、65 条汗腺、1950 个神经纤维末端的知觉细胞、78 个热知觉细胞、13 个冷知觉细胞、160 个压力触觉细胞。有如此规模的组成,使皮肤成为人体功能最为齐全的器官。对人体具有保护、感觉、分泌、排泄、调温、吸收、贮存和合成维生素 D 八大功能。

分泌、排泄汗水和皮脂是皮肤的重要功能。通过分泌排出皮脂,所形成的皮脂膜会给皮肤表面带来光泽,使毛发光滑。汗水的绝大部分是水,但也有尿素、氨、脂肪酸及碘、溴、砷、汞等成分,随着这些物质的排出,能有效缓解肾脏的工作压力。皮肤是热的不良导体,在排泄的同时,以蒸发汗液来调控人体温度。人体皮肤的表面分布着大量毛孔,皮肤表面每蒸发 1 克汗液,大约可散发 580 卡热量。高温条件下,人体一昼夜可出汗约 12000 毫升,可散热 7000 千卡。人体皮肤的汗腺分布不均,以手掌上的汗腺为最多,每平方厘米约有 370 多条,故人的手心最容易冒汗。

皮肤作为人体的体表器官,具有敏锐的感觉和传导系统。触觉是皮肤的基本感觉之一。皮肤表面散布有触点,触点的大小不同,其分布也不规律。一般来说腹部较多,其次是头部;而小腿及背部最少。感觉属于神经系统,皮肤内含有丰富的神经末梢,使人具有触、压、痛、痒、冷、热等诸多感觉。这些不同的刺激各由不同的微小感受器传至大脑。借助于皮肤这不同性质的感觉,让人体感受到了环境变化或外界刺激对身体产生的不利影响,就可及时采取措施,防范受到的各种侵害了。

63. 人各不同的指纹

指纹是每个人指头掌面一侧的纹理。指纹在胎儿三四个月时便开始产生，到六个月左右形成。当婴儿长大成人，伴随其成长的指纹也只不过放大增粗；即使外伤破坏了它，新长出的皮肤纹路依然不变，追随人终生。

指纹是人体手指表皮上突起的纹线。由于人的遗传特性，指纹人人皆有，但各不相同。人手上的指纹通常有三种类型：一种有同心圆或螺旋纹线，看上去是旋涡状的，称斗形纹；一种开口于一边的纹线，有簸箕的形状，称箕形纹；还有一种弓一样的纹线，叫弓线纹。据查，全世界50多亿人口中从未发现过有指纹相同之人。就连DNA也难以区分的同卵双胞胎，指纹却可以将他们辨别清楚。

过去在民间有俗语称："一斗穷，二斗富，三斗四斗卖豆腐，五斗六斗开当铺……"以指纹推测人一生的贫富是毫无科学根据的。算命先生以指纹预卜吉凶，更是荒谬之谈。但人手小小的指纹里确是隐藏着大奥秘。我们的祖先对指纹的观察与应用，很早就开始了。美国芝加哥菲尔特博物馆收藏的我国古代泥印，正面塑有主人的名字，反面则印有十分清晰的姆指纹痕。据考证，这枚印泥上的指纹是我国周代的产物，已有3000多年的历史。到了唐代，指纹被用于商人经营时"画押"。清代时指纹画押又用到治理监狱犯人。从100多年前开始，国内外警察都开始利用指纹侦破案件。如今指纹鉴定已经是犯罪学科中最重要的学科，人们将指纹鉴定称为"现代犯罪识别的支柱"。

指纹的形状反映出手指末端的崎岖不平。指纹以小的"乳突"颗粒构成，这些乳突感觉极其敏锐，只要手指触摸到物体，所产生的冷、热、软、硬等各种信息就会传导到神经中枢，由大脑决定对策。指纹还具有增强摩擦力的作用，使人能握紧、拿牢物品，不使其滑脱。电子计算机诞生后，指纹的应用更为广泛。科学家在很多入门处使用了"指纹钥匙"，当备案人用手指按一下设在门上的计算机，机体接受指纹信号，就能快速准确识别来人并放行。

随着现代医学科学的发展，利用指纹诊断疾病也取得进展。英国研究人员发现，指纹与多种疾病有着对应的关系。年轮状指纹越多，就越容易患高血压症。体内营养失衡、情绪心理变异等，都会在指纹处有所反映。我国"中华指纹博物馆"一位馆长指出，一个人神经方面的缺陷往往会在指纹上表现出来；而一个人指纹图案结构复杂，又显现出其智商很高。河南省体育科研所的专家还提出以指纹帮助选拔杰出的体育人才。方法是在人的食指、小指和手掌下方取ADT三点，看三点形成的直线夹角。有优秀运动资质的人夹角明显小。这一方法的使用，让选拔体坛良将又多了一种借鉴。

64. 各具特色的体毛

体毛是人体重要的组成部分。人体表面除手掌、足底等少量部位为“不毛之地”外，其他各处遍生毛发。毛发是皮肤的附属物。毛发由角质化的上皮细胞组成，在真皮部形成皮栓，栓尖膨大成为毛球，球皮衍化成为毛囊，球心生发成为毛根。毛根细胞不断增殖，节节推送，徐徐角化，萌出表皮即是体毛。

人的体毛可分为三种。生于头皮、唇边、腋窝、阴部的，其毛长而柔软，称为长毛；长在眉弓、耳道、鼻孔的，其毛短而稍硬，称作短毛；遍布躯干、四肢等处的，其毛纤细，谓之毫毛，俗称汗毛。三种体毛长短、形状不一，想要“眉毛胡子一把抓”是抓不起来的。

据测算，一个普通人约有体毛 500 万条。头顶部毛发最密，手背处毛囊最疏。人体各部位的毛发总在不断地生长和脱落，且有周期性，可分为生长期、休止期。头发生长期为 2—6 年，休止期 2—3 个月；眉毛生长期 5 个月，休止期 3 个月；汗毛生长期 2 个月，休止期 3 个月。在人的一生中，15—30 岁期间毛发生长最盛。每个人在一年之间，春夏两季毛发生长最快。

人体各部位的毛发，每一种都不是多余的无用物，而是位居前沿，担当着“卫士”等功能。头发包裹着头颅，可阻挡强日光照射，抵御外部机械性损伤，还具有保温、散热的双重功能。长而浓黑的眼睫毛遮挡在眼睛前，阻止灰尘、毛絮、飞虫进入眼睑对眼睛的侵袭。眉毛能阻挡雨水、汗水直接流向眼睛，阻碍视线。鼻毛能过滤空气中的尘屑、污浊物，并以打喷嚏之法将异物逐出体外。汗毛能调节体温，也是重要的触觉器官。当身体表面的汗毛接受轻微触动，根毛部就会有神经细胞组织将信息传送到大脑，迅速加以应对。腋下与阴部经常受到摩擦，而腋毛与阴毛可以减少局部的摩擦，并有利于汗液的散发。毛发对人体健康的维护作用是巨大的。

胡须是男性的特征之一。要不要留胡须，要根据个人的脸型、性格、素质、生活环境等不同而定。有关专家认为，从健美角度讲还是不留为好。俄罗斯公共卫生研究所的研究人员对留胡须者吸入空气的成分进行了分析，检测发现有几十种有害物质，而不留胡须的人在同样环境下吸入的有害物质却很少。事实上胡须本身并不分泌有害物质，但是胡须具有吸附有害物质的特性。当人们呼气时，一部分有害物质就依附在胡须上，吸气时就会将依附于胡须上的有害物质吸入肺内，这当然不利于健康。刮胡须要使用剃须刀。有的人为了美观，不刮胡子而连根拔之，这容易引起毛囊炎等炎症，造成对淋巴组织的伤害，是不足取的。

65. 妙用多多的头发

头发是生长于头部的毛发。一头细软蓬松的头发,具有弹性,有抵御轻微碰撞、强日光辐射和蒸发头部汗液等功能。头发是人体体毛中长度最长的毛发。头发的颜色一般是由基因决定的。由于种族和居住地区不同,人类的头发呈现出多种颜色。常见的有黑色、金黄色、棕色、灰白色等,甚至还有红色和绿色的。当人进入老年,头发多会变成银白色。

一般人的头发有 10 万根左右。头发总在生长脱落中。据统计,人的头发每天能长 0.3—0.6 毫米,在 24 小时内要脱落 30—70 根头发。如不再生,10 年后就会成为光头。人的头发虽然直径只有 0.05 毫米,却能承受 100 克的重量。而同样粗的钢丝,仅能承受 80 克的重量。200 根头发编成的辫子,竟可以吊起 20 吨的重物。

纤细而空心的头发,蕴含着丰富的成分和广泛的用途。头发由角质蛋白构成,含有铜、铁、镍、钼、钛、铝、铬、锌、铅等 14 种元素。头发保存几百年仍有化验研究价值。1821 年 5 月,法国总统拿破仑去世,死因众说纷纭。一个半世纪后人们对他的头发进行化验,从中找到了他死亡的真相——死于慢性砷中毒。轰动世界的日本水俣案,开始找不到发病原因,及至化验头发,才发现这种公害是因工业中含汞的废水所引起。美国著名心理学家雷勒克经长期研究发现,头发还能显示人的性格,他认为头发细软、柔韧的人性格较温柔,头发粗直、硬实的人性格较刚强,而有着一头浓黑稠密头发的人感情丰富、活泼好动。

头发中的微量元素含量高,如头发中汞的含量比血液中汞含量高二三百倍。其他微量元素也要高很多倍。所以检测头发中微量元素的含量多少,在医学上极具价值。剪取头发诊断疾病同抽取血液相比,方便而无痛苦,且头发也便于贮存和分析。以头发能诊断多种疾病,如营养不良、锌缺乏、少年糖尿病、智力障碍、先天性精神异常和多种与新陈代谢相关的疾病。最新研究发现,头发中含有的应激激素皮质醇越高,患心脏病的可能性就越大。如果这一发现能成功应用于临床,医生就可以通过测量皮质醇水平来确定心血管病症的高危人群,并为他们准确检测心脏的问题。

头发中还含有多种氨基酸,是一种潜在的氨基酸资源。收集人发制成氨基酸干粉,可广泛应用于制药、食品加工和化妆品工业。近年来科学家又发现人发中含有丰富的黑色素和角质,是制造防晒油的高级原料。以人发制成的防晒油,不会引起皮肤过敏,还具有吸收紫外线光谱范围广、在强光下不变质等诸多优点。随着科学技术的发展,头发还将会展现出更多的妙用。

66. 岁月留痕是皱纹

皱纹是指人的面肤长期受到外界环境的影响，而产生的小细纹。皱纹出现的顺序，通常是前额、上下眼睑、眼外眦、耳前区、颊部、颈部、下颏、口周。人一般过了中年，脸部开始出现皱纹，然后逐渐增多和加深。

人在40岁以后，由于面部脂肪减少，肌肉的松弛，上层皮肤便开始凹下和褶皱起来，逐渐有所下垂，产生局部折叠，于是一道道年轮般的重力性皱纹便出现了。还有一个原因，皮肤的真皮区里有种称作胶原蛋白的物质，它能增强皮肤的弹性和韧性，可是随着岁月的流逝，这些胶原蛋白分子独立活性减弱，不断黏合在一起，变得僵硬，这使外层皮肤失去了原有的弹力和紧张度，下垂成皱纹。而皮肤中的汗腺和皮脂腺的分泌也逐年减少，皮肤缺少了滋润，因干涸、皲裂，也促生了皱纹。这就是皱纹的由来。

当人过早地发现了脸上出现皱纹或许会大惊失色。专家研究发现，皱纹有真假之分。分辨的方法是把脸洗干净，站在镜子前，先观察自己面无表情时的面肤状态，然后再做喜、怒、皱眉、咧嘴等表情。如果无表情时脸部没有皱纹，而做表情时眼角、眉心、嘴角处才出现皱纹，这种皱纹就是假的动态纹。只有在面无表情时，能清晰看到脸上有凹陷纹路，就是真的静态纹，也即是有了皱纹。知道了自己脸上的皱纹是“假”的，也不可大意，若不加护理，动态纹会逐渐加深，转变为静态的皱纹。

皱纹产生的早晚以及深浅，与不少因素有关。除了遗传因素，与一些生活习惯也有联系。喝水少，体内水分不足，皮肤就会变得干燥、松弛，时间长了就容易长皱纹。另外生活压力过大，经常闷闷不乐，愁眉苦脸，表情肌也容易产生纵向或横向皱纹。再有睡眠不足、长时间暴露在阳光下、使用洗脸水温度过高等，都容易早生皱纹或使皱纹加深。而多饮水，多吃蔬果、素食，外出防晒，以温水洗脸，改正不良生活习惯等，则可以推迟皱纹的产生。

皱纹是衰老的标志。尽管人们不欢迎它的出现，脸面上的皱纹迟早要到来。那就把它看作岁月留下的礼物好了。事实上皱纹也并非毫无用处。医生常以查看患者的皱纹诊断疾病。如前额上的皱纹不连贯，呈波浪状，这样的人常会出现心绪不宁，可能患抑郁症。如果右脸比左脸的皱纹深，多为肝脏不好。如果颧骨上出现了镰刀形皱纹，脚上可能有病。眼睛下面出现半月形皱纹，是肾、膀胱有病的征兆。更年期的人如果从鼻子到唇边出现的长皱纹呈斜线，则预示着心脏可能不好。有了皱纹透露的信息，结合先进的医疗手段，对疾病的防治大为有益。

67. 你长有酒窝吗？

有人微笑时，由于脸部肌肉相互牵动，产生一个凹陷，称之为“酒窝”，也有人叫“笑窝”。“酒窝”一词来源于古代酿酒的容器。在发酵的容器中为舀酒方便，故意做出个小圆坑。有些人笑脸上浮现的肉坑与之相似，故称酒窝。与酒窝相似，脸部另有一种窝，位于嘴角斜外下侧的一厘米处，较酒窝小且不够明朗，称“梨窝”。

有关酒窝的由来有着优美的传说。在我国古代流传人死后过了鬼门关，上了黄泉路，还要过一座奈何桥。有个叫孟婆的女人守候在那里，给每个过桥的人喝一碗忘情水，让人了无牵挂。有人偏不愿喝，孟婆便在这样的人身上留下记号，即在脸上做了酒窝。这些有酒窝的人就要跳入忘川河，经受千年的折磨再得轮回，转世后可带着酒窝再续前缘。在国外也有个美丽的传说，说是人来到这个世界的一瞬间，有幸被天使吻了一下脸颊，于是留下了迷人的酒窝。这两种说法都够浪漫。

遗传学研究指出，人面部酒窝的出现，主要与隐性遗传相关。有研究认为，有没有酒窝与人面部的表情肌发达程度有关联，如果笑肌丰满，面部皮下脂肪较多，肌肉牵拉产生收缩，出现空隙，就会在皮肤外面形成酒窝。也有研究认为，酒窝是面颊部肌肉缺陷导致。若真如此，看来有时缺陷不一定是坏事，还能成为美的价值。

脸上长有酒窝的人并不普遍。据有关方面统计，在东方民族中自然酒窝的出现率为1∶18。在有酒窝的人脸上，有一个酒窝的占34.2%，有两个的占59%，还有三个、四个的，分别占3.6%和3.2%。人们发现，双侧酒窝有一种对称美，而单侧酒窝常常比双侧的大而深，别具韵味。

酒窝几乎能出现在人脸部的各个部位，其中约有半数的人酒窝出现在颊部，其次是在嘴角边，少数还有现于下巴上的。有极个别人面部外伤后，由于疤痕收缩，有时也会产生酒窝，就此形成了酒窝形成术。手术形成酒窝是精心设计产生的脸部皮肤下的疤痕，它在脸部不会留下痕迹。一般酒窝成形术后三个月，酒窝形态会逐渐变得自然。若术后双颊无酒窝显现，或术后的酒窝不具美学形态的特征，均为失败。虽然手术成形能让人拥有酒窝，也让不少人趋之若骛，但爱美之人应该知道的是，人造酒窝总不如天然生成的来得优雅风韵；更要在意的是如果碰上手术不高明的医生，反会弄巧成拙，留下难看的脸部疤痕，造成终生遗憾。

68. 肚脐的形态

肚脐俗名“肚脐眼儿”。中医学称为神阙穴,是人体唯一看得到又摸得到的穴位。肚脐是胎儿出生后脐带脱落留下的疤痕。它位于髂前上棘水平的腹部正中线上,直径为1—2 厘米。

意大利学者菲坡斯研究发现,一般人体肚脐上下的长度比值为0.618:1,或较接近这个比值。这说明肚脐是人体结构比例黄金分割率的黄金点。这一极佳的位置,体现了人体结构的最优数学,故而成为医治一些疾病的好部位,并能产生奇妙的效应。事实证明,在肚脐处敷贴药膏,对于治疗晕车、呕吐、尿滞、便秘等症,疗效尤佳。

美国北卡罗来纳州立大学的研究人员发现,生活在人肚脐处的细菌也很神奇。他们对众多志愿者的肚脐进行检测,发现人肚脐处的细菌模式是五花八门的。有一名志愿者肚脐处的细菌只在日本一个地方土壤中发现过,但他从未去过日本。另一名志愿者有两年没洗过肚脐眼儿了,但他肚脐处有一种细菌只有在冰川中才能发现得到。为什么是这样?这让研究人员惊奇之下,更想解开其中的谜团。

健康女性的肚脐应为正圆形,且“外貌”饱满。一旦发现肚脐“没正形”,在腹部“做鬼脸”,就提醒人要留意自己的健康了。肚脐若呈正三角形,应多留意胃、胆囊、胰脏的健康状况;肚脐如呈倒三角形,要注意预防胃肠疾病和妇科疾病;肚脐向左偏移,是便秘和消化不良的征兆;肚脐向右偏移,意味着十二指肠已不堪重负;肚脐浅小,表明身体较为虚弱、乏力;肚脐凹陷,要警惕腹部有炎症;肚脐凸出,常能检测出卵巢囊肿。对肚脐出现的种种形态“变化”,不可掉以轻心,应及时就医查治。

肚脐能对人提示健康,在选拔体育人才方面也有作用。据国外媒体报道,美国科学家声称已找到了一些人擅长奔跑和游泳的端倪,即是与肚脐的相对位置有关。研究人员分析了众多资料后发现,西非血统运动员的腿比欧洲血统的人更长,他们的肚脐比后者高3 厘米,这使他们在跑道上更占优势。在游泳池里,欧洲人躯干更长,肚脐的相对位置更低一些,这有利于他们冲击浪花,提高游进速度。这种影响运动成绩的“肚脐说”,是有着一定说服力的。

近年来随着健美运动的广泛开展,肚脐处也成为展现人体美的焦点之一。在时装舞台上,露脐装则成为引人注目的俏丽装束。在日本很多女子不仅爱穿露出肚脐的时装,为美化肚脐,做整形手术的也大有人在。每年到整形医院做肚脐整形的在校女大学生成倍增加。她们照着时装杂志上模特儿长着的纵长肚脐做出整形,并在脐部周围配上饰物,花费数十万日元也在所不惜。

69. 打嗝小识

打嗝在医学上称为呃逆。是指气从胃中上逆,横膈肌不由自主地收缩(痉挛),空气被迅速吸入肺内,两条声带之中的裂隙骤然收窄,从喉间频频发出声响,声音急而短促,是一种生理上的常见现象。

健康人打嗝的发生,多与饮食有关。特别是饮食过快、过饱,摄入热或凉的饮料及饮酒等,都易引起打嗝。外界温差的变化和吸烟也能让人打嗝。英国肠胃专家认为,打嗝是将胃部的废气排出的好方式。吃东西都会吃进肚内一些空气,人吃一些高油脂的食物、喝酒、吸烟,都会造成十二指肠反流。吃好了打个饱嗝,适时将胃肠的废气排出,会使人感觉舒服。强忍着不打嗝,则会使胃和食道之间的瓣膜松弛,让胃酸溢入食道,造成烧心。

通常,人们打嗝发生得快,停止得也快,说不上是毛病。有人一打嗝,想赶快让打嗝停下来,便喝热开水,这是不可取的。平时人呼吸时,空气出入气管,喉室就下降,气管口开放。而一旦打嗝喉室和气管口不受控制,横膈膜间歇性挛缩,打嗝一下下不停,气管口必须开放,让空气出入。此时如果喝热开水,热的刺激让喉室上升与下降更难以自主,含在口腔里的热水势必会溜进气管而引起咳呛。所以打嗝时为了让它停下来,可以采取分散注意力的方法,或是小口喝温茶水、咳嗽几声、笑一笑,把膈神经反射打断,消除打嗝都是有效的。

打嗝一般可以自行停止、消失,即使有时会连续性发作,睡一觉醒来也就没事了。但也有些顽固性的呃逆,频繁发作,多次复发,持续时间长,这就要警惕有其他疾病因素了,比如胃扩张、胃炎、胃癌、膈神经受损、肝癌及尿毒症等,应及早到医院就诊。

打嗝不是病,不停真要命!英国萨里郡 13 岁的女孩艾米莉一次走在上学的路上,莫名其妙开始打嗝,从此便患上这种“怪病”。她每两秒钟就会打一次嗝,就连睡觉时也停不下来。这让她备受折磨。她接受了包括超声波扫描、核磁共振成像扫描、胸透、内镜检查术等一系列检查,尝试了整骨疗法、催眠术及多种偏方,一年多来各种检查和医治对小姑娘的打嗝顽疾都无济于事。另有一位 37 岁的爱尔兰男子丹尼尔,在喝了一点掺烈酒的啤酒后便持续打嗝不止。他平均每 7 秒钟就要打一个嗝,在近 14 个月中,总共约打了 500 多万个嗝。他经过检查诊治也是毫无成效,他会因打嗝眩晕、呕吐、呼吸困难,甚至整夜失眠。可怜的丹尼尔不得不与妻子分居,孤枕独眠。他说打嗝完全占据了他的生活,是每天大清早醒来要应付的第一件事。可以想象他的痛苦不堪。

70. 打哈欠浅说

打哈欠是人体所做的一次深呼吸,它有着一连串动作的紧密组合:嘴巴猛然张大,头部微微后仰,伴随着上体肌肉的有力收缩,使一大口空气尽情呼出,很多时还从口中发出低沉、响亮的喉音。

人从出生起,一直到生命终结,都会经常打哈欠。一次哈欠从张嘴到结束,时间大约为6秒钟。在这期间,人会闭目塞听,全身神经、肌肉一齐得到松弛。为此可以认为,打哈欠能使人在生理上、心理上都得到一次很好的休息,对人体具有重要的生理保护作用。

研究发现,打哈欠是人的一种本能反应,如同呼吸、心跳一样不受人的意志控制。但这一本能对保护脑细胞,增加对脑细胞供氧,提高人体应激能力大有益处。有专家认为,打哈欠是人体脑部缺氧的表现。人通过打哈欠而做的深呼吸运动,能充分增加血液中的氧气,排出二氧化碳,使有倦意的人重新精神焕发。人在困倦时,往往哈欠不断,这其实是在提醒人:大脑已经疲劳,需要睡眠休息。打哈欠在这里又有着催眠的功用。

一个人打哈欠,并不单纯是一种体内外气体交换。人打哈欠时面部肌肉收缩会挤压到泪小囊,使泪液逆流,于是便形成了打哈欠流泪的现象。打哈欠看似自己的事,但哈欠会"传染"。当室内人群中有一个人"领头"打哈欠,周围的人看到也会情不自禁以哈欠"呼应"他——尽管这些人并无倦意。在公众场合打哈欠是很正常的事,但往往有人以为张着大嘴很不雅观,便忍着不张嘴。这会大大减少脑部补充氧气,振奋人的精神。有哈欠要打,还是以张大嘴为好,不妨举手在口部遮掩一下。

哈欠还是某些人患病的一种重要"信号"。一个人如果不停地打哈欠,除用脑过度和室内缺氧以外,还提示了患有高血脂、颈椎病、心血管病、中风及痴呆等风险,应及时就医诊治。也有人打哈欠是受心理因素影响。吉林长春有个男性青年,每去求职面试,面对面试官几分钟后便意识模糊,连连打起哈欠,这当然难给用人单位好印象。他求医后医生告诉他,这是一种社交焦虑症,由于强烈的紧张和紧迫感所造成的打哈欠,需要看心理门诊。

人打哈欠时,口张得大,此时软腭向上提,咽峡部与喉部的声门同时松弛开放,吸气时间长,吸气较深。这一姿势与人引吭高歌的姿势相仿。正因为如此,一些歌唱家常以打哈欠之法练习歌唱。方法是先做叹气动作,再张大其口,发出"啊"音,以此增强咽壁肌肉的收缩能力,使其灵活、强韧和富有弹性。对于软腭松弛及扁桃体术后软腭上举困难的患者,也可采用这种方法进行锻炼。

71. 打鼾列害

打鼾俗称“打呼噜”。人在睡眠时，如果呼吸气流通过的咽部通道变得狭窄，成为缝隙了，气流通过就不那么顺畅，并会发出声音来，这就是打鼾。

人入睡后，当鼻子呼吸不畅，改用口呼吸，吸气时会振动口腔上方的软腭，软腭随着空气的进出而颤动，就会发出呼噜呼噜的声音。人睡熟，全身肌肉松弛，小舌（悬雍垂）也下垂，它挂在喉咙口，受进出空气的冲击，便持续发出鼾声。据统计，胖人、咽喉部肌肉松弛的人、嗓子有炎症者，是打鼾的高发人群。另据有关资料表明，世界上有近一半的成年人睡眠时打鼾，40 岁以上的男性和绝经期后的女性尤为常见。

打鼾不是人体的正常生理活动，而是一种病态，且对人的健康有很大危害。睡眠时经常打鼾，会造成呼吸时上气道阻塞，影响气体在肺内的交换，久而久之形成较严重的低氧血症和高碳酸血症。长期下去可出现肺心病或心律紊乱，甚至发生昏睡中猝死。大部分打鼾者有程度不同的头痛、记忆力减退、嗜睡、疲乏、遗尿，以及耳、鼻、喉异常等症状。更为严重的是有些打鼾者还伴有呼吸暂停现象，医学上称为“阻塞性睡眠呼吸暂停综合征”。这些人睡眠中躯体多有异常翻动，想恢复维持正常呼吸，使胸部肋骨和横膈膜负有重压，肺内空气压力变化异常，胸腔、心脏、肺部的血流减少，血氧水平下降。心脏供氧不足，则反过来影响心脏功能，由此造成恶性循环，很容易引发心血管和循环系统疾病。睡眠中辗转反侧，睡不好，造成睡眠不足，导致白天瞌睡，还会成为发生事故的隐患。此外，打鼾所产生的噪声高者可达 75—85 分贝，甚至更高，也会影响家人或同室人员的安寝，让别人苦不堪言。

打鼾有如此之多的害处，有关医生指出，打鼾者纠正睡眠的姿势，避免张口仰睡，对制止打鼾有一定效果。此外有统计表明，打鼾的人如果一晚睡眠时间超过 9 小时，比起只睡 7 小时的人，患中风、癌症的风险要高 1.4—2 倍。这是在提醒打鼾者不可贪睡。长期以来，对打鼾的治疗在国内外一直受到关注。中医认为，鼻为肺之上窍，打鼾与肺、脾、肾关系密切。肺主一身之气，调节呼吸关键在肺；脾主肌肉，调节脾可增强上呼吸道肌肉的紧张度；肾为先天之本，可主阳气。调节好肺、脾、肾的功能，是能有效防治打鼾的。为此我国有关医学研究部门采用中草药，以现代技术研制生产了“鼾静”“鼾立停”等水剂止鼾药物。打鼾者睡前往鼻孔滴两三滴，经黏膜吸收，可以改善上气道血液循环，提高肌张力，使气道通畅，从而减轻或消除鼾声，且无副作用，很受打鼾者欢迎。

72. 放屁揭秘

放屁在中医称“排矢气”，是人体的一种正常生理现象。人在吃下食物后，由于消化道正常菌群的作用，食物经发酵产生了较多的气体。这些气体随同肠蠕动向下运行，由肛门排出；排出时受肛门括约肌压迫，有时还会产生响声。

屁的主要成分包括氧、氮、氢、二氧化碳和甲烷等。氮没有气味，不会发臭。如果屁发出臭味，都是由于肠道食物腐败造成的，主要由吲哚、硫化氢等所导致。

屁有臭味让人闻到不舒服，在公众场合尤令人尴尬。但放屁是人体的正常生理需要，是不放不快的。若有屁却憋着不放，慢慢被肠壁所吸收而进入到血液中，对身体是有害的。俗话讲“有话快说，有屁快放”，不是无稽之谈。也有时肚内憋了屁却放不出，可以用手按摩、轻捶腹部，以刺激、促动肠道蠕动，有助于屁的排出并消除气胀的不适感。国外有调查显示，一般人每天放屁次数在6—20次不等，释放废气在500—1500毫升之间。不放屁或放屁次数少，意味着容易发生腹内胀气，患肠胃疾病。

放屁虽不雅，有时却是医生诊断疾病的依据。小儿放屁，并有酸臭味，是消化不良的表现，应减少食量。老人屁多，也是消化功能出了问题；若是臭味大，说明蛋白质食物吃得多了，让肠胃负担过重，应多吃素食。患有肝脏、胆道、胃肠和胰腺疾病的人，也有屁多的现象。本就有消化系统的问题，再多吃了豆类、洋葱、南瓜、萝卜等容易让大肠“生气”的食品，气多放屁则不可避免。为此若放屁过多，医生建议要少食多餐，不要暴饮暴食；吃东西时细嚼慢咽，以免同时咽下太多的气体；还要少吃易产气的食物，如卷心菜、芹菜、大豆、豌豆、萝卜、白薯等。

放屁本不是大事，却也能给人带来很大的痛苦。湖南怀化市有个20岁的小伙自述，肚子里老胀满气，难受得每天要放几百个屁。夜里老被屁胀醒，整晚睡不好。真有种生不如死的感觉。他四处求医，光检查费就花了十多万元。后经医生诊断他是患了功能性消化不良，总算是为他找到了屁多的病因。放屁是寻常事，可也能引发出事件。几年前日本东京大学医学院发生意外火灾。经调查起因，是一名30岁的女患者在手术台正进行子宫颈肿瘤激光切除手术时，她不小心放了个屁，屁中可燃的氢气及甲烷与激光接触，起火燃烧，结果造成了女患者腰腿部大面积灼伤。

73. 人体的免疫系统

人体的免疫系统是覆盖全身的防卫网络，具有免疫监视、防御和调控的重要作用。它由三道防线组成：皮肤、黏膜及其分泌液、细胞膜、呼吸道、胃肠道、尿道及肾脏，组成了防御的第一道防线；以抗菌蛋白和炎症反应，组成了有吞噬作用的第二道防线；由免疫器官扁桃体、淋巴结、胸腺、骨髓及胰脏等和免疫细胞淋巴细胞、吞噬细胞等组成第三道防线。三道防线共同组成免疫系统，发挥防御作用，成为人体防卫病原体入侵的有效屏障。

人体的每一道免疫防线，都有着抵御入侵人体的病原体或有害物的办法。如人感冒了常会发烧，"发烧"就是人体免疫系统释放出一种叫作热原的物质，它可以加速促进白血球的活力，有助于排斥和杀灭侵入人体的病毒和病菌。因为一些病毒在38摄氏度以上便不能繁殖了。此外，在免疫系统中还有众多抗病高招：以出汗散热，以发抖保暖，用咳嗽清除沾有病原体的痰液，用打喷嚏驱逐溜进鼻腔的异物等。即使是呕吐、腹泻，也是在帮助身体排毒。

据物理学家组织网报道，由英国莱斯特大学科学家领导的一个国际研究小组绘制出了人体免疫系统的补体成分C1复合体的结构。C1复合体是一种蛋白质，它有在血液中侦察外来病原体的功能。当它发现有细菌、病毒和其他病原体侵入，便会启动一个被称为补体系统的过程，从而刺激人体的免疫系统，包括激活复合体蛋白，攻击和杀死外来病原体。这一研究成果将有助于更深入地了解人体的免疫系统，开发出补体抑制剂，并促进新疗法的开发。

人体免疫力就是人体对疾病的抵抗力。由于人的年龄、生活条件和体质是不相同的，每个人的免疫力也有强弱。免疫力强的人不易生病，而弱的人一遇病毒侵袭就会害病。所以只有提高和加强自己的免疫系统，才会有防治疾病的能力，健康也才有保障。提高自身的免疫力是一个自然的、连续的、持久的，也可以说是贯穿一生的过程。但它并不难做到，生活中要养成良好的习惯，按时入睡，保持充足的睡眠；饮食宜多吃清淡食物，食物中保证有一定量的锌、铁、维生素C、维生素E的摄入；限制饮酒；保持乐观情绪，让身心处于最佳的状态等，都有助于增强免疫力。美国加州大学等研究人员联合开展了一项长达10年的研究，研究发现，不同来源的幸福感，会通过改变一个人的基因表达水平，进而影响其身体健康状态。具体来说，当好人，做善事，即通过自我实现获得幸福感的人，其体内与炎症水平有关的基因表达水平较低，而与抗病毒等有关的基因表达水平较高，说明身体的整体免疫力更好。这一结论是从众多志愿者抽血化验后得出的。

74. 免疫门户——黏膜

黏膜是消化道、呼吸道、尿道、肛门、生殖器等器官里面的一层薄膜，内含血管和神经，能分泌黏液，并使其内壁保持表面湿润。黏膜的作用是与皮肤将人体保护起来，使人体对外界形成一个密闭的系统，将外界致病因素阻挡在器官外。

黏膜在人体的多个部位都有分布，其形态构造与功能各不相同。胃黏膜柔软，活体呈橘红色。可分为三层，上皮为单层柱状，能分泌黏液，覆盖于黏膜表面，以防止胃酸和胃蛋白酶对胃的腐蚀损害。中间的固有层，含有大量胃腺，是产生胃液的主要腺体。黏膜肌层成内环外纵形状，这种构造有利于胃腺分泌物的排出。胃黏膜在对食物初步消化、分解以及暂时储存的过程中起到了十分重要的作用。人体中最大的黏膜组织是小肠黏膜，在小肠壁内侧，有许多皱襞，皱襞表面湿润，分布有四五百万根绒毛；而在每根绒毛顶上，又长有约 300 根微绒毛。当食糜进入小肠，随着小肠的蠕动，这些皱襞和绒毛也在伸展摆动，反复地和食糜接触揉搓，吸收食糜中的营养物质。这使小肠成为吸收营养的主要器官。

黏膜为人体筑起了一道抵御病原体入侵的防线，但黏膜本身又很柔嫩娇弱，极易产生病变。仅口腔部的黏膜就常患口腔黏膜溃疡、鹅口疮、各种类型的口炎等疾病。其他部位黏膜也易产生各种病变，以及引发严重的病患。

身体各部位的黏膜既然如此重要，又都很娇弱，就要了解各部位的黏膜，用心呵护，避免遭受损害。口腔部的黏膜有敏锐的痛觉、触觉和温觉，因而怕受损，怕不洁。应注意口腔卫生，有坏牙要及时修复、拔除。鼻黏膜怕干，喜润。可用中药滴鼻通窍，不可乱抠、挖鼻孔。呼吸道黏膜怕烟熏，要远离烟草，以防受到烟雾中尼古丁、焦油、可吸入颗粒物的伤害。食管黏膜怕辛辣的刺激，酗酒和嗜辣都是食管黏膜的大敌。肠黏膜忌讳持续的高脂食物，油脂过多会影响肠道的蠕动。膀胱黏膜怕憋尿，也怕饮水少，尿液中有害物毒性升高，容易诱发膀胱癌。为此一个人应每日饮水不少于 2000 毫升，并及时排尿。

75. 汗液面面观

汗液是人的正常生理功能的产物。出汗是人体的一种保护性反应，通过排汗人体可调解体温，还可排出体内的废物和有害物质，有益于人体健康。

汗液的成分中，98%—99%是水，另外含有少量尿素、乳酸、脂肪酸、钠、钾、硫等。汗水中的尿素，有阻断阳光中有害射线，保护皮肤的作用。乳酸可使皮肤变得柔滑而有光泽，是良好的皮肤润滑剂。汗水中的免疫球蛋白，具有抵御某种侵蚀皮肤物质的功能。汗腺分泌的灰黄霉素，则可杀灭皮肤上的真菌。

人体汗腺有大小之分。大汗腺分布于腋窝、乳头、肛门及生殖器等处，除分泌汗液还分泌细胞物质及脂酸；小汗腺在全身各处均有分布。人体的汗腺总数在200万至500万个。人的手掌处汗腺最多，每平方厘米就有570多个，故人的手掌最易冒汗。盛夏时，人的排汗量每小时即可达到1升。寒冷时节，人在24小时不知不觉中也要排汗约1升。

天气炎热，调节体温的汗，多数是从胸、腰部出的。人在紧张、受惊吓时也会“吓出一身冷汗”，汗液多从手心、腋下流出。汗液是无色透明的，若人体内有了病患，也会使汗水着色。汗水呈现黄色，多是由于血液中一种称为胆红素的物质浓度过高所引起的，主要见于肝胆疾病，如急慢性肝炎、胆囊炎、肝硬化等。汗水为白汗时，从中医看多为心肺阳虚所致，常与心肺功能虚弱有关。汗液呈现红色，多出在内分泌功能紊乱上，也有可能身体某部位有了出血症状。汗液如是青绿色的，提示有胆汁外泄，患了急性化脓性胆管炎。中医认为“汗为心之液”，从汗的颜色上，常能表现出一些疾病的征兆，为诊治带来先机。

出汗是生命存在的必要条件，有益于健康，是一桩好事。尤其是夏季，在这出汗的季节，人体就要多出些汗，以利于新陈代谢。世界卫生组织曾有调查显示，缺乏运动，贪图安逸，是引起一些慢性疾病和死亡的重要原因。运动不足和贪恋空调，都与“出汗”失之交臂，这当然也失去了天人相应，顺应自然的养生机会。夏天出点汗，才能保证人体的调节机制常用常新，如果老是待在空调房里，就会导致人不知冷热，免疫力下降，出室外便不适，很容易患感冒。而出一身健康的汗，浑身轻爽，能有效减轻肾脏的压力。运动流汗还能促进消化和睡眠，提高心脑血管功能，增加血管壁弹性，强健筋骨，使皮肤光滑润泽等，好处尤多。应该注意的是，出透了汗，人体也失去了很多水分和盐分，要及时补充，以免造成虚脱。

76. 痰的分析

痰原为人体内肺、气管、支气管的分泌物,吸附了灰尘、杂质、细菌等,成为“垃圾”,经咳嗽咳出。痰的前身是“清白”的,它的少量存在,能够保持呼吸道的润滑,对维护呼吸系统功能有益。随着吸入尘埃、病毒、病菌,痰被污染,加之受到吸烟等刺激,就容易形成黏痰。

一个人每昼夜要呼吸约两万次左右,按每次呼出、吸入500毫升空气计算,每昼夜进出的气量达1000多万毫升。通过呼吸,大量的不洁物质和病菌、病毒、真菌、支原体等被吸附在呼吸道黏膜上。在上呼吸道和口腔里寄居着葡萄球菌、绿色链球菌、溶血性链球菌、肺炎球菌、大肠杆菌、棒状杆菌、螺旋体、白色念珠菌和流感病毒、副流感病毒、麻疹病毒、流行性腮腺炎病毒、冠状病毒等多种病原体。当人体的抵抗力降低时,这些病原体就会像“定时炸弹”一样显示出破坏力,这使人体经呼吸道感染疾病的机会非常之多。在人类发生的传染病中,约有70%—80%是病毒引起的,而光是引起呼吸道感染的病毒就有160多种。

当人患了感冒、急性或慢性支气管炎、肺炎、肺结核、麻疹、百日咳等病症,痰的出现量会显著增多。通过观察了解痰的颜色,对于识别疾病也会带来很大帮助。如果痰是白色的黏痰,表明已有了轻度的炎症;如果是黄色或绿色的脓痰,就说明有了化脓性炎症;痰若成为铁锈色的,已有了患大叶性肺炎的可能;而果酱色痰多见于肺肿瘤,粉红色泡沫样痰常为肺水肿,血痰则多为肺结核。

痰能显现病状,痰中更黏附着大量病毒和病菌。很多传染性疾病如流感、流脑、腮腺炎和肺结核等,都是能够通过吐痰,蒸发为飞沫传染的。有检测资料显示,在肺结核病人的一口痰中,竟查出有5000多万个结核杆菌;一天中所吐的痰,结核杆菌可高达30多亿个。检测还发现,痰里的结核杆菌生命力极强,在阴暗潮湿的角落里可以存活七八个月。这样含有大量传染病菌的痰吐出去,粘在地上,实在让人触目惊心。

当人有了带菌的痰,往肚里咽并不好,会引起恶心,甚至呕吐、腹泻。有痰还是一吐为快。只是要“吐痰入盂”,或吐于纸中,包起扔进垃圾箱;也可吐手绢中,再及时清洗干净。有人把痰吐地上后,用鞋底擦抹,看上去地面并无痰迹,但这种做法更增快了细菌的扩散。痰干后细菌、病原体等随水分蒸发,在空中飘浮,健康人吸入含有病原体的空气,就有可能传染上某种疾病。

77. 斑的存在

人的面部有斑也称脸部色斑，是指脸部和周围颜色不同的斑痕。面部色斑通常是由于皮肤黑色素的增加，而形成的一种常见的面部呈褐色或黑色素沉着。面部色斑包括雀斑、黑斑、黄褐斑和老年斑几种。

雀斑多见于青少年面、颈及手臂等暴露处。因其棕黑色的小斑点和麻雀羽毛上的小斑点相像，于是得名。雀斑通常在幼儿五六岁左右出现，具有一定的遗传倾向。雀斑的多少可随着年龄的增长而增加，并与日晒有关，夏季增长快，色泽也加深。生雀斑不痛不痒，不影响健康，算不上是病。若嫌弃它，外出要减少日光曝晒，也可求医治疗。

有些人在人过中年后，新陈代谢功能变得缓慢，脸部黑色素逐渐积累而多，于是形成了黑斑。黄褐斑多发于中年妇女，常在妊娠期形成，因斑块形同蝴蝶状，故而也称其为蝴蝶斑、妊娠斑。

人到老年，在面部两侧和上肢、手背等处会出现老年斑，随着年龄增长，斑点会逐渐增多或扩大。科学研究认为，出现于老年人体表的斑点，是由于皮肤的基底层细胞里，发生了一种名为脂褐质的极微小棕色颗粒的堆积。这种棕色颗粒被认定为“老年色素”或“衰老色素”。它是不饱和脂肪酸和氧在进行化学反应时产生的一种分解物。由于皮质细胞不能继续分解它，排出它，而造成在皮肤表面累积。这种脂褐质可以影响细胞代谢，加速细胞机能的衰退和细胞的老化，是人衰老的标志。有人将老年斑称为“寿斑”，视为长寿吉祥的征兆，实为谬误之说。

因脂褐质堆积产生的老年斑，除了在皮肤处出现外，还可在心脏、血管、脑脊髓、肝脏、肾上腺、子宫、睾丸等脏器组织中发生。当老年人细胞的新陈代谢生理功能减弱，加上食物中的动物脂肪和植物脂肪比例不当，过多食用植物脂肪(植物脂肪含不饱和脂肪酸较多)，就很容易造成老年色素增加，形成老年斑。为了预防和延缓老年斑的过早出现，进入老年时期的人，要注意调整饮食中脂肪的含量，每日脂肪的总摄入量不要过多。在日常饮食中要多选择一些含维生素 C、维生素 E、维生素 A 多的食品，多吃些青叶蔬菜及水果类食物，对于减少老年色素的形成是有益的。人长了老年斑，不可用腐蚀剂或以手乱抠剔，以防止斑痕处细胞角化产生病变。可服用一些药物，如复方维生素 E(又名维尔康)，其主要成分是维生素 E，配用人参、黄芪、灵芝等中草药，服用半年左右可使老年斑缩小，颜色变淡，以至消失。此外用冷冻法治疗老年斑，疗效也不错。

78. 痣的成因

痣为人体最常见的良性皮肤肿瘤，是表皮、真皮内黑色素细胞增多引起的皮肤表现。

人体皮肤表面常见的痣，有呈褐色、黑色的“色痣”，鲜红、紫红或暗红色的“血管痣”，还有青色的“青痣”等。“痣”和“痦子”有什么区别呢？痣是平面的，手摸上去与皮肤一样光滑；而痦子是凸起的，也属于皮肤良性肿瘤，称为“色素痣”，可归为痣的一种。

色痣在每个人皮肤上几乎都有。有调查显示，色痣平均每人达到14颗。它们能生长在包括头皮在内的任何一个皮肤角落上，是人体内组织发育的产物，那些色素细胞、发囊细胞或结缔组织等均能发育成痣。色痣的颜色不同，有褐色、黑色两种。色痣的大小不等，小的小如针尖，大的有蚕豆般大。色痣种类较多，有光滑、扁平、无毛的斑痣；有柔软、光滑、高出皮面、有毛的毛痣；有大而柔软、味道难闻的乳头样痣；还有一种面积很大、占据肢体很大部分的巨形痣。

血管痣是由于真皮或皮下血管组织增生过度而形成的，好生于人的面部，大小形状不一。有表面平滑的血管痣；有呈圆形或不规则形、高出皮肤、柔软如海绵的海绵痣；有红点四周微细血管外伸、形如蜘蛛的蜘蛛形痣等。血管痣虽然名称有些吓人，对人却并无危害，往往会自行消失，一般不必为它担心。

有关面部的痣能卜吉凶的迷信说法，中外都有很多。面部有痣的人也不必在意。而脸上的痣与颜值倒是相关的，一些影视明星眉间或下巴处的痣，颇显优雅。如今这也使一些脸上无痣之人仿明星在面部“整”出个“痣”。

据英国《泰晤士报》报道，科学家通过调查发现，身上痣多的人，其白血球的“端粒”长，细胞复制能力强。“端粒”是染色体末端的DNA重复序列，携带细胞复制的基因物料。细胞每分裂一次，端粒就缩短一点，因此端粒长短可决定细胞的分裂能力。有数据显示，多痣的人由于端粒长，骨骼强健、肌肉紧致，衰老症状有明显延缓。如身上长有逾百颗痣的人，较仅有25颗痣者患骨质疏松症的机会要低出一半。

人体的大部分痣无害于健康，但若有的痣长在足底、足背、手掌、脖颈、外阴等常受摩擦处，有的痣受了伤或因受刺激而发炎，就有成为恶性肿瘤（癌变）的可能。所以当发现身上黑痣突然增大，颜色变深，痣表面有刺痒、灼热或疼痛，易出血，结痂或形成小溃疡，痣周围出现黑晕或结节、肿大等都应引起高度重视，请专科医生诊断，疑有恶变时，应立即手术切除。

79. 结石种种

结石是人体腔脏或导管中形成的固体块状物。结石的产生,先以脱落的上皮细胞、细菌团块、食物残渣等异物成为核心,无机盐或有机物层层沉积其上组成。结石可造成管腔梗阻,产生疼痛、出血,或继发性感染等症状。

在人体的很多部位都会产生结石。人头部耳壳后皮下,有时能摸到几个硬而痛的肿块,这是耳部长了痛风石。是由于尿酸代谢失常,尿酸盐堆积皮下形成的。人的眼睑部也会生出结石,这种结膜结石虽硬度不大,但足以引起眼部不适和其他炎症。有些人不注意口腔卫生,造成唾液中的碳酸钙、磷酸钙等与食物残渣沉淀于牙面,形成牙石,易引起牙周病、牙龈肿痛等。在口腔内腮腺、舌下腺、颌下腺三对唾液腺中,当唾液过于浓稠,钙盐沉积,也会聚结成石。咽喉部出现炎症,长时间吸入粉尘,则会产生喉结石。

在人体内脏,肺泡壁会长出结石,X 光照片上可见两肺满布小砂粒阴影,称肺泡微结石症,让患者常有咳嗽和憋气感。胃内空腹食入柿子、黑枣、生鸡蛋等,会凝结成块,形成胃石,引起幽门梗阻,严重时要动手术治疗。胆囊出现的结石,是胆固醇或胆色素及钙盐发生沉淀形成,发作时病人痛苦万状。胰结石产生于胰腺管,常可引发病势凶险的急性胰腺炎。粪结石若存在于阑尾腔中,极易导致感染,发生急性阑尾炎。尿结石可以发生于泌尿道的任何部位,如肾、输尿管膀胱、尿道等处,引起血尿和绞痛。

在一个比拳头还小的胆囊里,竟然手术取出了 880 多块石头！这不是天方夜谭,而是一个真实的病例。更让人不可思议的是,前不久在印度的古吉拉特邦,医生使用撬棍,从一位叫麦什的患者膀胱中取出了一块重 1.5 公斤的庞大结石,尺寸为 11.5 ×17 厘米。手术长达 1.5 小时。

患了结石病,应及早就医“打石”。健康的人则应预防结石病的发生。近年有关专家在对患胆结石的妇女所做的调查中发现,患胆结石与不吃早餐有关。因为上午没有进食,空腹过久,胆汁中的成分会发生变化,胆酸含量减少,使胆固醇浓度过高,不断沉积就会形成结石。胆结石虽是常见病和多发病,若不加重视,也会发生癌变,成为胆囊癌。专家指出,50 岁以上的女性胆结石患者、胆结石病程大于 5 年、B 超提示胆囊壁有局限性增厚,或者结石直径大于 2.0 厘米、伴有其他胆道疾病等,都需要警惕胆囊癌的发生。胆囊癌发病隐匿,临床缺乏特异的典型症状,故已有胆结石的患者不可掉以轻心。

80. 总要去搔的痒

痒是人体皮肤受到刺激,忍不住要抓挠一下的感觉。这种感觉是怎样产生的呢?

在过去的研究中,人们认为痒是极轻微的痛;痛点中心连续受到轻微的刺激就可以产生痒。痒的刺激是经痛的神经纤维传导到脊髓,再上达到神经中枢大脑皮层的,是一种脊髓反射。痛痒可以同时存在,有人发现皮肤即便失去痛觉,仍然会有痒觉,因而认定痒并非人类的基本感觉(如冷、热、痛觉等)。还有的研究认为,产生痒的能力物质是一种蛋白分解酶,这种有高度选择性的刺激性物质,在高浓度时可以直接或间接刺激痛的受体。因此痒的产生,可能是某种有害的物质刺激到皮肤表皮,使之释放出蛋白分解酶,然后再刺激痛的受体致痒。

近10年来,科学家致力于解开人体发痒之谜,并取得进展。一系列研究发现,痒和痛觉上达神经中枢有各自的独立传导途径。美国国家卫生研究院的专家研究发现,当皮肤受体细胞有瘙痒感觉时,就会释放出一种名为利钠肽B的物质。利钠肽B会通过中枢神经系统等将瘙痒信号迅速传给大脑。这项发现说明,利钠肽B可以说是皮肤出现瘙痒感觉所不可缺少的一环。这项发现还纠正了以前对痒的偏见,即痒感并不是一种程度较低的疼痛,它有独特的反应回路,且与大脑直接相连。这项发现有助于寻找瘙痒反应环路中的其他相关物质,对最终找到湿疹、牛皮癣等慢性瘙痒性疾病的特定疗法提供了帮助。

皮肤病有"十病九痒"之说。引起人皮肤瘙痒的原因十分复杂,如蚊虫叮咬、药物过敏、皮炎、湿疹、荨麻疹、真菌感染等;一些皮肤病和慢性病如消化不良、贫血、糖尿病、肝胆疾病、肾病、癌症等都可以出现皮肤瘙痒的症状。吃了某些含有致痒的食品(中医叫发物),如辣椒、鱼虾等,能诱发或加重痒感。老年人皮肤萎缩、粗糙,也容易发生瘙痒。有人甚至由于使用肥皂不当(使用过多或碱性强)也能造成皮肤发痒。

皮肤上感觉痒,人们总要去搔,要注意的是不要胡乱抓挠。不断地用力抓挠,就会使皮肤持续遭受机械性刺激,逐渐变厚,甚至像苔藓一样粗糙。搔抓还有强化作用,结果是愈搔愈痒,愈痒愈搔,形成恶性循环。此外搔抓还可将疱疹抓破,引起溃烂、化脓。有黑色素痣的人乱挠,破裂流水,还会引起癌变。所以某处皮肤反复瘙痒一定要找准病因,不可胡搔乱挠,也不可随便用药。目前虽然有一些止痒的药膏、药物供使用,但对瘙痒重症患者难有满意的效果。对患者来说,一方面要治疗,一方面还要避免不良刺激,尤其要分散对瘙痒的注意力,克制自己的抓挠,这对止痒是有益的。

81. 疼痛是求救信号

疼痛是一种令人不快的感觉和情绪上的感受，伴有实质上的或潜在的组织损伤。任何形式的物理或化学性刺激，达到一定程度成为伤害性刺激时，都能引起疼痛感。

疼痛有急性疼痛和慢性疼痛之分。疼痛形式有刀割样、搏动性、压迫样、钝痛、痉挛痛、烧灼样、电击样、锐痛等多种。疼痛从级别上可分为10级，从轻到重分别是轻微痛、稍痛、微阵痛、明显痛、持续痛、很痛、非常痛、剧痛、爆痛和严重疼痛。严重疼痛相当于不用麻药实施剖腹产，其疼痛感让人难以忍受。

人体皮肤下面的神经末梢是感受痛觉的部位。神经末梢遍布全身，无处不在，所以人全身任何一处都会感觉到疼痛，只是轻重有别。舌、唇、手指尖等处神经末梢密集，对疼痛最为敏感；而上肢神经末梢较稀疏，痛觉便不如指尖敏感。不但皮肤有痛觉，内脏处也有，只不过内脏处的痛觉多为模糊的钝痛，不如皮肤处的痛觉精确罢了。

发生在人体的疼痛给人带来痛苦和折磨。如果没有疼病又会怎样呢？报载我国安徽省休宁县有一名9岁女孩，婴儿时打防疫针毫无感觉，医生方知她没有痛觉，而且是天生的。由于从不知痛，她所承受的痛苦就比常人多。她经常遍体鳞伤，还骨折过多次。有资料显示，这样无痛感的人全世界不超过50个，这些无痛儿也很少有人活到成年。

疼痛让人有痛苦和烦恼，这是表象；疼痛对人还有着重要的保护作用。人体的皮肤上每平方厘米就有1—200个痛觉点。它们是神经网络里的守护者，当身体内外受到冰、烫、跌、撞等各种刺激，便能灵敏地上达中枢神经，并由大脑指挥做出相应的对策。疼痛是多种重要疾病的共同症状，也是早期发现疾病的重要信号。医生常把各种不同性质、不同部位的疼痛，作为确诊各种疾病的主要依据。像心绞痛、心肌梗死、胆道蛔虫、胆石症、阑尾炎等疾病的确诊，俱是如此。

许多病例表明，有时疼痛不只是简单的症状，它还是身体发出的求救信号。如男子腹股沟突然疼痛，有可能是患了睾丸扭转或附睾炎；出现了腰骶部撕裂样疼痛，有可能是动脉瘤扩张或破裂的迹象；持续的脚痛或小腿疼痛，可能是应力性骨裂、骨折；小腿疼痛伴肿胀有发热感，有可能患了深静脉血栓；腹部剧痛，肠如刀绞，要警惕患了胃穿孔、阑尾炎或胆囊炎；短暂的胸痛，有可能是心绞痛、心梗的发作。这几种疼痛，都是要命之痛，切不可忽视，都应及时到专科医院就诊，由医生检查确诊，以便消除病患。

82. 过敏的困扰

过敏即人体免疫系统对体内无害物质进行攻击而出现的一种变态反应，属于机体的免疫系统功能变态。常见的过敏性疾病有过敏性哮喘、过敏性鼻炎、花粉症、某些皮炎等。有些人接触到动物皮毛、油漆、染料、橡胶或某些金属，吃了鱼虾等，身上就会起荨麻疹或长湿疹，刺痒难受，这些都是人体的过敏反应。

据世界变态反应组织报告，全世界有20%—30%的人正受到过敏问题的困扰。有4亿人患过敏性鼻炎，有3亿人患过敏性哮喘。特别是近20年来，全球过敏性总患病率已高达20%。专家称，过敏日渐成为一种“文明病”。舒适和讲究的生活，成为过敏反应滋生的温床。调查显示，经济发达地区和城市人口的发病比例高于非发达地区和乡村；高收入人群高于低收入人群；年幼人群高于中老年人群。很多入院看病的是年轻的白领。过敏者往往身体状况不错，且发病率与生活水平的提升成正比。

随着人们生活条件的改善，很多人家对居室进行装修，或者几次装修，使用了很多含化学制剂的原材料和家具等，极易成为过敏原。有的人家地面铺放地毯，又不注意清洗，灰尘和螨虫等微生物很容易造成居住者，尤其是儿童发生过敏性咳嗽和哮喘。人们旅游外出，在车中通风不畅，入店大吃海鲜，游玩中过多接触花草，也会引发皮炎、斑疹、厌食和花粉症。

别以为患了过敏病，只是咳嗽咳嗽，闹闹皮疹不打紧。常见的药物过敏，如注射或口服了青霉素、链霉素等，轻者会出现荨麻疹，严重的还会发生过敏性休克，甚至死亡。所以为了医疗安全，医生在注射青霉素前，都要做“皮内试验”。即便以前注射没问题，间隔了一段时间后再打青霉素针，也要再做一次试验。

过敏症与环境、遗传和人的健康状况都存在着密切关系。同一个人不同时期、不同季节表现的强弱也有不同。有的人具过敏体质，周围的很多物质都能引起其过敏。澳大利亚有一名叫阿德莱德的41岁妇女，就患了罕见的多重化学物质敏感症与电磁波过敏症。她的身体必须远离普通人生活中的常用物品，如书本、家具、衣服、电脑、电视、手机等，甚至不能接近人。她被迫每天只能轮流吃7种食物，生活痛苦不堪，且找不到病因。美国明尼苏达州29岁的女子约翰娜，两年前患上了肥大细胞活化综合征，也是一种过敏性疾病。她也几乎对一切过敏，对阳光、大多数食物，甚至人的气味过敏，包括她的丈夫。她和丈夫被迫分睡在不同的楼层，必须戴上口罩才能见面，平时通过网络视频联系。她的房间用塑料布密封，室内装有空气过滤器。唯一可以喝的饮料只有水。约翰娜叹道，我真是倒霉透顶了，好在全球患我这种过敏怪病的人并不多。

83. 伤疤之痕

伤疤是伤口愈合后留下的痕迹，是各种皮肤创伤后所引起的皮肤组织的外观形态。疤痕可分为浅表性疤痕、增生性疤痕、疤痕疙瘩、萎缩性疤痕、挛缩性疤痕、凹陷性疤痕等几种。处置不当，疤痕组织也可转变为恶性疤痕癌。

人的皮肤从表面到深部可以分为表皮、真皮、皮下组织三部分，以及附属的血管、神经、腺体、毛发、指甲（趾甲）等组织。表皮完全由细胞组成，再生力很强；当表皮有了损伤，好了以后是没有疤痕的。真皮由结缔组织构成，里面有许多束状的纤维组织。它如受到破坏，就会由新的纤维组织来替补；新生的纤维组织排列打乱了原有的规则，由于患处杂乱无章就形成了伤疤。当真皮部一块组织遭到破坏，这个部位的血管、神经、腺体的功能也受冲击，因此痕痕组织不但外表和正常皮肤不一样，而且功能也不及正常皮肤。疤痕的位置、大小、形状和颜色能够反映出原来伤病的性质，如脸上的麻子表示生过天花，颈项旁的疤痕表明曾有过皮肤结核，身上大片疙瘩是烫伤的标记，肚皮上的刀疤记载着这里做过手术等。

由于疾病、外伤等“飞来横祸”，常会使人皮肤深层受损，留下令人烦恼的各种疤痕。尤其是烧伤、烫伤、严重外伤后留下的疤痕，疤痕增生期的一段时间，让患者苦不堪言。而后的萎缩期又使患者对患处惨不忍睹，继发功能障碍，造成患者极大的身心双重损伤。如果疤痕组织形成不充分，受损组织得不到正常的张力，可引发许多并发症。如腹部切口愈合疤痕薄弱，在腹内压的作用下，可造成疤痕处重新裂开，或腹腔内容物逐渐向外膨出而形成腹壁疝。相反如疤痕过度形成，又可造成严重的机理或功能上的缺失。因而疤痕对于损伤前的组织来说，总是一个不完善的替换。

人在生活中磕磕碰碰难免会伤到皮肤，留下疤痕。年轻人生长发育，面部常会长粉刺、疖子，习惯于挤，也会发炎成疤，让脸上增生隆起，疙疙瘩瘩，影响美观。青少年在跑跳中擦伤了表皮，如果不及时清洗干净，引起皮肤浅表感染，愈合后就会留下扁平疤痕。所以一旦发生皮肤擦伤，要及时清洗干净，立即上消炎止痛药，结痂后让其自然脱落，不可过早挠扯。扁平疤痕若已形成，就要到专科医院及早切除，以免留下遗憾。痤疮疤痕是青年中最多见的疤痕。一种是凹陷性的小疤痕，如芝麻、绿豆粒大，多分布在额头和面颊；另一种是增生性疤痕，大小不等，高于皮面，色红发硬，主要在下颏和颊部。多是在患了痤疮或毛囊炎、疖肿等皮肤病时，用手乱挤形成的。可到医院就诊，一些医生采取磨削术治疗，用高速钻机对病变处进行磨削，磨削2—3次即可将疤痕除去。

84. 人体的细菌

人体与细菌有着极为密切的关系。对于细菌来说,人的身体就是它们的乐园和“殖民地”。

细菌是一种单细胞微生物。其体积微小,肉眼难识,只有借助显微镜才能一睹它们的“尊容”。由于菌体形态呈杆状、球状和弧状,所以就称其为杆菌、球菌和弧菌。细菌和其他微生物一样,具有生长、发育、繁殖、死亡等基本生命活动过程,它们的繁殖速度很快,每20分钟就可由一个分裂成为两个,几小时就可繁殖为亿万个之多。

细菌广布于自然界,在人体的皮肤、口腔、肠道以及生殖器等众多部位也寄生着数以万亿计的细菌。在每个人的体内大约有细菌500—1000种,口腔处有80多种,皮肤处存活250种以上,小小肚脐眼也是个细菌窝,寄居了上百种细菌。人的一只手掌上即能发现有100多万个细菌。在一个成人身上可繁殖出100万亿个个体细菌,其数量是一个人全部体细胞的10倍。总重量达到1.5—2公斤。

人与人之间菌群在皮肤和体内的分布有别,同一个体不同部位的菌群分布也不相同。人体腋窝、脚底潮湿避光,细菌分布变化不大,口腔部的菌群变化更小。额头、鼻孔、耳朵等部位由一种细菌占主导,躯体四肢则由另一种细菌霸占着。在肠道,有一些细菌是“常住民”,厮守在固定位置繁衍生息;而其他一些细菌则是“流浪者”,随着食物穿肠而过,来去无牵挂。小肠里“地广菌稀”,每毫升肠容物只发现了约1000个细菌的影子,而到了大肠,就发生了“菌数爆炸”,一毫升肠容物的细菌数达到了上千亿。

在寄生于人体的细菌中,有些是危害人体健康的病原菌。肠炎、菌痢、伤寒、霍乱、肺结核等一些疾病和炎症,都是由病原菌引起的。幽门螺旋杆菌能导致人患胃炎、胃溃疡,以致引发胃癌。椭圆形链球菌能引发肺炎,大肠杆菌能让人腹泻。霉菌侵入人的肌体,会让人患皮癣、脚癣、头癣等;人吃了受霉菌污染的食物,也会患胃肠病和拉肚子。但寄生于人体的细菌大多对人体无害,有些更是有益。尤其是肠道的细菌,可以帮助人体处理复杂的化合物,生成氨基酸和维生素,为消化系统和免疫系统提供了重要的帮助。消化食物和吸收营养,合成营养物质,细菌是出了大力的。没有这些细菌的存在和作用,人的消化功能就要出大乱子,并难以顺利完成新陈代谢。

85. 人体极限

人有发达的大脑、强健的心脏、灵活的四肢等器官,共同组合成鲜活的生命。人体的各项极限又是多少呢?

不进食活得最长的纪录,是从爱尔兰绝食抗议者基兰·多尔蒂身上得到的。1981 年他在绝食 73 天后死亡。有研究表明,人在补充维生素和水的情况下,不吃东西最长生存期可超过一年以上。

不睡觉时间最长的纪录是由美国加州圣迭戈的 17 岁男孩兰迪·加德纳创造的。他在 1963 年 12 月 28 日早晨一觉醒来后,直到 1964 年 1 月 8 日上午为止,一直没有睡过觉,创造了 11 天不睡觉的纪录。

迄今屏息闭气最长时间的人是法国人米夫萨德。2009 年 6 月 8 日,他在一场人类挑战死亡极限的竞争中,在水下闭气长达 11 分 35 秒。有心理学家认为,在人类闭气极限趋于稳定之前,出色的潜水者有望将闭气时间延长至 15 分钟左右。

通常人的体温下降到 24 摄氏度,心脏就会停止跳动而死亡。荷兰的安娜·博根霍尔姆不幸跌入冰冻的河流中,在冰下被困了 80 分钟,后被人救起,送医院抢救得以生还,创造了体温降到 13.7 摄氏度低温仍得以幸存的纪录。

一个不适应高海拔环境的人,突然站到 8848 米珠穆朗玛峰顶,他在两分钟内就有可能毙命。1999 年,尼泊尔的夏尔巴人巴布·奇里随同一支登山队登顶,不吸氧气,在珠峰顶停留了 21 个小时安然无事,创造了一项高度极限纪录。

研究发现,人体耳膜所能承受的最大音量是 160 分贝,一旦超过这个数字后,人的耳膜将有可能被震裂。1883 年,印度尼西亚喀拉喀托火山爆发,据记录即使隔着 160 公里远,爆炸声仍高达 180 分贝。导致很多人大小便失禁,内脏损坏,酿成一场重大灾难。

当今跑得最快的人当称牙买加运动员博尔特。在 2009 年世界田径锦标赛男子百米决赛中,博尔特以 9.58 秒创造了新的男子百米世界纪录。有学者认为,预测男子百米赛跑的极限速度是 9.48 秒,如有运动员能打破博尔特的纪录,继续提高成绩,将很快接近跑得最快的极限速度。

在举起最大重量的竞技中,英国举重运动员安迪·博尔顿创造的纪录为 457.5 千克(从地面提举到大腿部位)。普通人能将 45 千克的重物举过头顶已经很了不起,而世界过顶举重纪录已达到 263.5 千克。学者认为,这样的举重成绩已接近了人的体能极限。

86. 人体器官的保质期

人们都知道,白发和皱纹是衰老的早期迹象,但实际上人体一些器官在外表出现老态之前功能已开始退化。那么人体各器官衰老之前的保质期各为多少年呢?

人在 20 岁左右,大脑开始衰老。脑神经细胞的数量以后逐年下降。大脑细胞末端之间的微小缝隙被称为突触,突触的功能是保证信息在细胞之间正常流动。当大脑出现衰老,突触功能也开始退化。肺也在这一时期开始衰老,控制呼吸的肌肉和胸腔变得僵硬起来,让肺的运转不如先前顺畅。

人的皮肤在 25 岁左右开始老化。构建皮肤的胶原蛋白生成速度减缓,皮肤弹性减小。随着年龄的增长和皮肤屏障功能的退化,还会出现皮肤干燥、过敏、湿疹、皮炎等皮肤问题。人到了 30 岁左右,毛囊收缩,新长出的头发会比先前的那根细,而且开始有了老化脱落。

从 35 岁左右开始,人的骨质开始流失,进入自然老化过程。女性一般到了 35 岁,乳房的组织和脂肪进入衰退期,大小和丰满度因此下降。男性的生育能力也弱于以前。

人的心脏到了 40 岁左右,向全身输送血液的效率也开始降低,血管的弹性逐渐减弱。眼部的肌肉开始变得乏力,视力随着眼睛聚焦能力的弱化而下降。口腔内唾液分泌量减少,牙龈出现萎缩,造成牙齿老化。

人到了 50 岁左右,肾的过滤废物和造尿功能开始减弱,尤其是男性,随着前列腺老化增生,憋尿能力下降,增加了夜间跑卫生间的次数。到了 55 岁左右,肠内菌群的平衡会出现失调,造成人体消化功能下降,易引起便秘等肛肠病症的发生。

人到了 60 岁左右,因内耳毛发感官细胞缺失会导致听力受损。几年后随着喉咙部软组织的弱化,声音也变得低而沙哑。人在 65 岁左右时,膀胱的支撑功能下降,除出现尿急、尿频,还会发生排尿不畅、尿潴留,反过来导致尿道感染。

人体保质期最长的器官是肝脏,可达 70 年或更高。肝的再生能力非常强,手术切除一块肝后,3 个月后又能成为一个完整的肝。研究认为,一个 70 岁的健康捐赠人的肝也可以移植给 20 岁的年轻人。

人的器官虽然存在着保质期,但这不过是参数。大量研究表明,如果一个人有良好的生活习惯,能积极进行体育锻炼,心态平和,情绪乐观,他各个器官的保质期或许都有延长。相反一个人若懒散、起居无度、暴饮暴食、情绪低落、悲观等,都会损坏健康,致使身体器官过早衰老。

87. 人体之奇

世界上的人虽有人种和居住生活地区的不同,身体各部器官的结构和功能都是一样的。但也有极少数人器官怪异,让人匪夷所思。

研究发现,每个人身体上都会带有一些生物电,但电流微弱,让人感觉不到。但有人身上却带有强大的电压。英国一位叫宝莲的女子,当她接触某些物品时,常会发出电火花和爆响。她曾把鱼缸里的金鱼电死,与人握手将人电倒。经检测,她手上的电压高达1500伏。我国成都有位叫黄长青的43岁市民,经他身体可以导高于常规7倍的250伏电压,甚至还能将火腿肠烤熟。黄长青给媒体记者演示,将一根普通电线的一端插入电源孔,另一端捏在手上,通过电笔可以测出他手上的电压是220伏。黄长青再把串有火腿肠的铁签拿在手上,电流通过人体导到铁签上,立时溅出火花,接着火腿肠开始冒烟,传出“吱吱”之声,肉香味随之弥漫。

早在1669年,丹麦名医巴尔宁就曾报道过一名意大利女子的身体会发光。20世纪30年代,意大利又发现了一个身体能发光的女子,她夜间行走,好像有光环环绕全身。1989年瑞士出现个奇婴,他白天一切正常,只要一到夜晚,身体就会发出一层耀眼的绿光。1990年,美国诞生了一个小男孩,让人吃惊的是,他和他的父母居然自此都能在黑暗中发光,而且三个人的光芒足可以照亮一间屋子,这给全家带来了不少方便。

美国匹兹堡的一名工人,晚上上夜班途经草地,被一条响尾蛇咬了。响尾蛇含剧毒,人被它咬伤很容易丧命。可是这名工人安然无恙,而咬人的响尾蛇却在几分钟之后死掉了。医生对工人的血液进行了化验,发现他的血液中含有大量氰化物,响尾蛇正是被氰化物毒死的。原来这名工人常和氰化物打交道,久而久之就对氰化物有了适应性,体内也积累了大量毒物。这总算对身体有毒的人做出了一个合理的解释。而人体为何能带高电压、发光等,尚为难解之谜。

88. 人体再造

人类一直梦想完善自己的身体,优化或恢复失去的功能。早在2000多年前就开始有了人体再造的发明。

公元前6世纪,伊特拉斯坎人首先开始镶嵌金制假牙。到了罗马帝国时期,除金牙外,医生还使用象牙、牛角、木制假牙及他人的牙齿进行镶嵌。公元前3世纪,出现了用皮带扣子固定铁钩的假手。1552年,法国外科医生布鲁瓦兹设计制造出带膝关节的假腿。1787年,德国工程师维尔纳·西门子发明了恢复听力的助听器。1890年,德国人格吕克发明了象牙制造的人造关节。1913年,美国人约翰·阿贝尔发明的血液透析仪成了人造肾的雏形。

当今,人体再造医术不断完善和出新,给器官缺失患者带来福音。英国科学家研制出一种"电子皮肤",由纳米导线陈列组成,在黏性聚酰亚胺薄膜上铺装了锗和硅粒子。这种再造皮肤,对外界做出反应的最小压力范围,几乎跟人类皮肤一样,反应速度也相同。

英国科学家新发明的仿生假肢,接口直接与骨骼和神经系统相连。使用者戴上仿生手臂后,不仅能够识别碰触他们皮肤的物品,而且使用电脑、手机以及开车等样样活动都行。使用假腿的患者,可从地面接收到触感输入,适应碎石和不平整的路面,稳步前行。

美国一家公司推出了一种造福盲人的新型人造视网膜技术。这套装置包括微型摄像机、微型计算机、无线发射器等。由眼镜上的摄像机捕捉到景象,经计算机处理图像再经发射器传送到植在患者眼球表面的人造视网膜上,转换成电脉冲信号,刺激视网膜的视觉神经,继续将信号传送到大脑,最终使患者能像常人一样"看到"外部世界。

据国外媒体报道,美国科学家已成功培育出世界上第一个人造卵巢。这意味着它可以充当一个测试台,用于研究影响卵子成熟和健康的问题,还可以用于保持面临癌症治疗的女性生育能力。在接受放疗或化疗前,医生可以从患者体内提取不成熟的卵子,而后借助人造卵巢让卵子在患者体外发育成熟。这是一项对生育研究的重大突破。

利用干细胞产生新的组织和器官的研究已开展了多年。研究发现,干细胞既能控制肿瘤的发生,也会诱发癌症。如今研究人员在调整使用了某些基因,已然大幅降低了诱导多能干细胞癌变的风险。以生成安全的诱导多能干细胞使血管、汗腺、神经再生,并生产出组织工程皮肤、软骨、耳朵和膀胱等。利用干细胞修复组织、器官的再生医学正在快速发展中。

89. 人体移植

人体移植是指摘取人体器官捐献人具有特定功能的心脏、肺脏、肝脏、肾脏或胰腺等器官的全部或者部分，将其植入接受人身体，以代替其病损器官的过程。

英国加的夫市女子艾莉森，14 岁时出现了肝脏衰竭。1995 年她等到了合适的捐赠者肝脏，成功接受了移植手术。一年后艾莉森又出现了呼吸困难症状，必须接受换肺手术才能活命。1997 年她等到了一枚与心脏相连的肺脏捐赠，经过 6 个小时的手术，心、肺移植成功。2005 年她因长期服用抗排异药，肾脏衰竭。一年后她从父亲体内成功移植了一只肾脏。艾莉森就此创下英国医学史的纪录，成了 4 大主要内脏全部接受过移植的第一人。

美国弗吉尼亚州 22 岁的男子诺里斯，遭遇枪击事故，面部被毁，失去了鼻子、嘴唇。2005 年马里兰大学医学中心为他进行了“换脸”手术。医生以得到的器官捐赠，为诺里斯移植了牙齿、舌头、鼻子、下巴以及从头顶到脖子的软组织。术后诺里斯恢复良好，能刷牙剃须，脸部有感知力，鼻子的嗅觉能力也得到恢复。几年前，英国一名男子在意外爆炸中面部几乎全毁。西班牙巴塞罗那的瓦尔·德西布伦医院为他实施了面部全移植手术。医疗人员首先对捐赠者的血管进行修复，然后将捐赠者的鼻子、脸颊、骨骼、下颚、嘴唇、肌肉等组织移植到换脸男子的需要部位。手术整整用了 24 个小时，是全球医疗史上首例成功的面部全移植手术。据统计，自 2005 年法国一位被狗严重咬挠伤脸部的妇女首开先河，接受了世界上第一例“换脸”手术，此后中国、美国、西班牙等国也相继有患者接受了移植换脸术。

卡塔尔 26 岁的女子安萨里，被诊断出罹患肠道静脉血栓。她来到美国迈阿密杰克逊纪念医院，成功接受了肝脏、胰脏、胃、小肠和大肠移植手术。身体恢复后她怀孕并平安产下一个健康女婴。移植了 5 个器官还能顺利生产，这个成功的病例，给其他器官移植患者怀孕生产带来了希望。

我国湖南永州应塘村农民冯时，感冒后患上一种抗磷脂综合征，其表现为免疫功能异常，血栓堵塞了腹腔消化器官、脾和肝脏血液通道，病变累及腹内八大脏器。2010 年，湘雅二医院在接受供体后，考虑到这个农民收入不高，便为他筹措医疗费，然后为他做了包括肝、脾、胰、胃、十二指肠、小肠（空肠、回肠）、结肠（升结肠、横结肠、降结肠）和阑尾的移植。手术历时 13 个小时，一次换了 8 个器官，创下了亚洲大规模移植手术之最。

90. 人体冷冻

人体冷冻(冷藏)是一门新兴的科学,主要研究体温对寿命的影响。降低体温的实验在近年已取得良好的效果,有研究显示,如果将人的体温降低两度,那么一个人有望多活120—150岁。将人体冷冻起来,再让他在未来某个时间苏醒,这种想法早已被科幻小说所采用,如今已步入实践,并且有可能成为现实。

美国物理学家詹姆斯·贝德福是世界上第一个被冷冻起来的人。他死于肺癌,于1967年1月19日被冷冻。詹姆斯生前捐献了20万美元,建立了洛杉矶市第一个人体冷冻实验室。以后陆续有上百人在此陪伴他进入冷冻状态。詹姆斯冷冻自己的遗体以待未来的乐观精神值得称道。

2015年5月30日下午5时许,我国61岁的重庆女作家杜虹因患胰腺癌离开了人世。参与人体冷冻研究的两名美国医生,在第一时间向杜虹体内注射了抗凝剂、抗菌药物、抗血栓药物,防止血液凝固,并用特制的设备按压心脏,保证血液循环。随后将遗体放入装有冰块的棺材,转移到手术地址。在此实施灌流,以保护液代替体内水分,再用保护液替换头部残留血液。在对遗体做进一步降温后,将其保存在一个摄氏负40度的冰棺中。接下来冰棺被送至美国洛杉矶的Alcor(全球最大的冷冻人体研究机构之一),再做进一步处理,将头部保存在摄氏负196度液氮环境特殊容器中。在以后漫长的岁月里,工作人员会按期添加液氮,使遗体有完善的保存。按Alcor科学家的乐观估计,50年后的科学技术也许能让杜虹成功解冻,再造身体,实现复活。

如果说冷冻遗体期待其有朝一日复活,结果尚属难料,而今利用冷冻之术治疗疾病已有诸多成功病例。英国男孩芬利患先天性心脏病,医生采用低温“冷冻”芬利身体的方法,为他做了心脏手术。芬利苏醒后产生了心动过速等严重的并发症。为让芬利心跳放缓,医生把芬利放入一个“制冷袋”,利用冷气给他降温。这一过程减缓了患儿的新陈代谢,使心率趋于平稳。接着医生又为他准备了一条制冷毯,安装了体外起搏器等,慢慢恢复了他的健康。

我国四川的一位女婴也患有先天性心脏病:主动脉弓发育不良,主动脉缩窄,动脉导管未闭,室间隔缺损15毫米,这四种病,都很要命。女婴入院就医后,医院医生组织专家会诊,最后采用了深低温停循环手术,把娃娃冻至“死亡”状态,让她呼吸、心跳停止,抽血,仅用低流量血液保护大脑不受损。经6个小时的努力,为女婴解除了种种病患,成功完成了一例“冷冻致死”补心救人手术。

91. 人种的划分

人种是具有共同遗传体质特征的人类群体。人种也称种族，在生物学上，人类各种族都同属于一个物种，即智人。起源于同一祖先的不同人种，在肤色、眼色、发色、发型、头型、身高等特征上都有所区别，而这些特征差异是由于人类在一定的区域长期适应当地自然环境，又经长期隔离而形成的。

对人种进行划分，并标明人类在自然界中的位置，首推瑞典博物学家林奈。1735年，林奈写出了《自然系统》一书。他将全世界的人划分为4个地理亚种，即亚洲黄色人种、欧洲白色人种、非洲黑色人种、美洲红色人种。这种按人种肤色的划分不够准确。如亚洲人的肤色并不都是黄色，也有白种人，一些印度人其肤色的浓重程度比北非人群的更深、更重。而美洲的红色人种一说，更是不妥，不过是欧洲人初到美洲，见到印第安人在宗教活动中用红土涂身而误认为当地人是红种人。

1775年，在林奈的四大人种区划提出40年之际，德国自然人类学家布鲁门巴哈在其所撰《人类的自然变种》一书中，公布了一个新的人种划分方案。他把全世界的人分为五大人种：高加索人种、蒙古人种、马来人种、尼格罗人种（初称埃塞俄比亚人种）、美洲人种。后来的人类学家先后对各洲、各地人的头型、鼻型、发型、眼形、眼色、耳郭外形、牙齿，甚至耳道内分泌的皮脂腺耳垢都进行了考量分析。但都难以找到非适应性的特征，作为人种划分的标准。20世纪初，血型发现以后，一些人对利用血型划分人种抱有希望。但调查的结果是，A、B、O、AB这4种血型系统遍布世界各地，各洲人群的血型差异并不突出。人们也曾将划分的希望投向指纹，经统计各洲人群指纹花形出现频率虽各有不同，但运用指纹特征也不能进行严格的人种划分。

1966年，美国人种学家孔恩提出世界人种可区分为五大原始人种区系：一为高加索人种，又称欧罗巴人种，该人种主要分布在欧洲及西南亚，人种特征为具有浅色皮肤，眼色有蓝、灰、褐色等，鼻梁高，嘴唇较薄等。二为蒙古人种，又称亚美人种，该人种主要分布在北亚、东亚、南亚及南太平洋诸岛屿，人种特征为黄皮肤、黑头发、栗色眼睛，面部平扁，鼻梁不高等。三为刚果人种，又称尼格罗人种，该人种主要分布于非洲各地区，该人种特征为黝黑或褐色的皮肤，褐色眼睛，鼻翼宽，厚嘴唇等。四为澳大利亚人种，其人种主要分布在澳大利亚及南太平洋岛屿，人种特征为肤色较深，黑色或棕色头发，体毛发达，嘴唇厚等。五为好望角人种，主要分布在非洲南部一带，其人种具有近似蒙古人种和尼格罗人种的特征，如面部扁平，皮肤黑褐色，头发卷曲等。孔恩的人种划分具较大的科学与参考价值，但也存在着各种争议。

92. 浅谈癌症

在医学上,癌是恶性肿瘤中最常见的一类。一般人所说的癌症,习惯上泛指所有恶性肿瘤。

肿瘤是机体在各种致瘤因素作用下,局部组织的细胞在基因水平上失去对其生长的正常调控,导致异常增生与分化而形成的新生物。新生物一旦形成,便会破坏正常组织与器官。与良性肿瘤相比,恶性肿瘤生长速度快,呈浸润性漫延,易造成组织器官出血、溃疡、坏死等,并常有远处转移,造成人体消瘦、无力、贫血、发热以及严重的脏器功能受损等,直至死亡。

引患癌症的癌细胞,其最显著的特征就是无限分裂,永不停止。是什么原因导致癌细胞如此“疯狂”呢?德国研究人员发现,是一种名为 c－myc 的核蛋白基因,在酶的作用下,摆脱抑制,放肆生长,造成癌细胞无限分裂。美国一家癌症中心研究发现,人体内会释放一种 IL－15 白细胞介素的物质,它有破坏被病毒感染细胞的免疫能力,但当它在体内长期以高量水平存在时,例如在病人患有慢性炎症期间,便可能导致特定的免疫细胞转变为癌细胞。这些研究进一步加深了人们对癌症和慢性炎症致癌的认知。

数据显示,2010 年北京户籍人口共报告恶性肿瘤新发病率 3.7 万多例,相当于平均每天约有 104 人被确诊为癌症。自 2007 年开始,癌症已位列北京市居民死因第一位。统计表明,北京人恶性肿瘤的发病率随年龄增长而增高。男性的新发病例中,肺癌发病率居第一位,其次是结直肠癌、肝癌、胃癌和食管癌;女性新发病例中,乳腺癌发病率居第一位,其次为肺癌、结直肠癌、子宫颈癌及甲状腺癌。癌症发病率虽高,但据有关专家介绍,40% 的恶性肿瘤可以通过积极有效的预防措施避免,40% 的恶性肿瘤可以通过早发现、早治疗治愈,20% 的恶性肿瘤可以通过规范化的治疗使患者得以长期生存。

医学研究普遍认为,癌症是不会传染的。但是一些外界不良刺激,却极易引发癌症。如强烈的日照,煤焦油、甲醛等化工用料,吸烟、酗酒及饮食中大吃麻辣烫和含亚硝胺多的咸鱼、腊肉、虾酱等。一些常见病,如肝炎、慢性溃疡性疾病、宫颈糜烂、乳腺增生、甲状腺结节、糖尿病等,不加以及时治疗,也容易转化、恶变为癌症。为此医生劝导人们,要养成良好的生活习惯,注意环境卫生,膳食要清淡,多进行体育锻炼。一旦发现身体不适,要及早就诊。癌症并非不治之症,发现患癌也不必惊恐、悲观,要积极诊治。美国费城的 72 岁老妇茱蒂自 2001 年以来,罹患过皮肤癌、淋巴癌、乳癌、两种肺癌、食道癌、甲状腺癌、眼睑癌等,她一次次抗癌成功,15 年战胜了 8 种癌。她还在治疗中心担任义工,用过来人的经验帮助其他患者。

93. 当心"文明病"

随着科学技术的发展和生活水平的提高,如今的人们有条件出门坐汽车,办公坐空调房,使用电脑、手机,戴耳机听音乐等,在享受现代文明带来的快乐同时,也很容易罹患被称为"现代文明病"的各种病症。

不少人出门就坐车、开车。汽车的座位高度、靠背多不符合人体生理要求,致使坐车者膝关节、髋关节、脊柱,特别是脊椎不能保持自然的生理曲度,从而造成颈椎等骨病。

在如今的电子时代,许多上班族面对电脑一坐几小时。颈部长时间处于一种紧张不活动的状态,会造成颈椎生理曲度改变,刺激椎管内神经、血管,从而造成病变。用电脑鼠标不离手,很伤手腕,易患腕管综合征。长时间坐着不动使人的屁股"越坐越大",大腿"越坐越粗",臀部及腹部脂肪堆积加快,这不仅影响美观,日后更容易患肥胖症、代谢综合征、心脑血管疾病等。

夏季长时间在空调环境下工作和生活的人,极易患"空调综合征"。因室内相对密闭,空气不流通,致病微生物容易滋生。且室内外温差较大,从空调室内出来,会造成机体适应不良,出现鼻塞、流涕、打喷嚏等感冒症状。

回到家里很多人贪坐沙发,看电视。长时间不变换姿势,不活动身体,也很容易引发和加重颈椎病。还会造成神经和内分泌功能紊乱,导致消化液分泌减少,引起食欲不振、消化不良等连锁反应,出现头晕、恶心、烦躁、失眠等病症。

如今手机成了人们须臾难以离开之物,走路也看,上下楼梯也看,睡前还要熄灯玩上一番。由于屏幕上的字迹小,眼睛不易找到焦点,观看吃力,很容易引起视疲劳。调查显示,连续用眼看手机 2 小时以上的人,90% 会出现眼睛问题。长时间玩手机导致视网膜脱落的病例已多发。以手指触屏,关节反复屈伸,肌腱在腱鞘内不断摩擦,也容易导致腱鞘囊肿、腱鞘炎的发生。

在地铁、公交车上以及路边行走的人中,有不少人喜欢戴着耳机听音乐。有的音量很大,足有 80 分贝,站一旁就能听到播放。这个音量已经相当于噪声。研究表明,人置身在 90 分贝的环境中超过 4 小时,听力就会受损。而戴耳机长时间高音量听音乐,声音直接刺激耳膜及毛细血管细胞,极易导致感受声音的能力下降,甚至产生耳鸣或耳聋。

据美国一医学杂志调查报道,长期伏案工作和不参加体育活动的人,有 40% 的人患有种类不同的"现代文明病"。有关保健专家建议,要多参加力所能及的劳动和体育活动,以防治各种"现代文明病"的发生。

94.重视“情绪病”

由不良情绪引发的各种病症即为“情绪病”。近年来有不少人遇到过这样的情况:心里感觉难受,身体有类似心脏病、呼吸或消化系统的症状,到医院检查求治,结果却没有发现有器质性病变,被告知是心理因素造成的。而这种病例在各地医院中都多有出现。

医学研究表明,精神因素,不良情绪和疾病是有着某种联系的。精神情绪上的压力,会使身体失去平衡而处于紧张状态,成为一颗“定时炸弹”,到了一定时间就会“起爆”。无形的焦虑、紧张等情绪,与有形的躯体反应,看起来关系不大,但情绪导致疾病的发生,是确确实实存在着的。专家指出,随着社会竞争的加剧,生活压力的增大,每个人或多或少都会产生焦虑、烦躁情绪,只是轻重程度不同而已。而有严重不良情绪的人便会出现各种躯体症状。科学研究表明,大约有65%的身体疾病与心理因素有关。

在日常生活中,当人们遇到不好解决的问题,常爱说“真让人头痛”。从医学角度看,不良情绪确实容易引起头痛,还有头晕、偏头痛等症状。因为激动、暴怒等情绪会使头部的某些动脉血管扩张,影响到感觉神经,使肌张力猛然增高,就会出现头涨、紧张性头痛和不适等。也有的人身体查不出毛病,可全身哪哪儿都不舒服,胸闷、憋气、皮肤刺痒,后背有火烧火燎的感觉。其实这都与心情不佳有关。有的人消化道表现不正常,出现呕吐、腹泻,还有胃炎、胃溃疡等症状,医生诊治后认为,很多人的胃肠病都与他们的焦虑、抑郁等情绪密切相关。只要心情好,这些症状就少,就轻;一旦心情紧张、糟糕,肠胃的病症就大显其形。

调查研究发现,当人在社会、人际和家庭行为方面长期存在精神障碍又排解不开,就容易罹患各种情绪病。女性的发病率远高于男性。另有研究表明,性格不同的人对致病因素的敏感程度差别很大。争强好胜、没耐性、情绪容易被激怒的人,心脏病的发病率高;而那些饱受精神折磨、有悲观失望情绪的人最容易罹患癌症。

“解铃还须系铃人”,防治情绪病最重要的当然是调整情绪。如对待紧张、烦躁时出现的心率加快、失眠等症,就要提醒自己,不关注、不体会、不在意,转移自己的注意力,做到了是能有效减轻和缓解病症的。不光是有情绪病的人要调整好情绪,健康的人也要有良好的情绪。具有健康、乐观、积极向上的情绪、精神面貌和淡定、向善、从容不迫的心境,于社会、家庭、生活、个人发展,都是大有益处的。

95. 谨防首饰病

戴首饰是众多女子的时髦和爱好，能给人增添华贵和优雅的气质。然而佩戴首饰不当，也会让人罹患形形色色的首饰疾病，危害健康。

首饰戴在人皮肤较敏感的部位，很容易引起一些人皮肤过敏。夏季炎热多汗，佩戴首饰会阻碍汗水挥发，汗水黏积于皮肤表面，在细菌作用下易患皮炎和感染，红肿生疮。一些金银饰物的原料，往往与放射性元素钴、钋、镭等共生一起。如果所佩戴的金属饰物含有较大强度的放射性，皮肤长期受到辐射，还有可能诱发皮肤癌。

脖颈处皮肤薄而娇嫩，很容易受到佩戴饰物的伤害。如项链加工粗糙，有棱角毛刺，晃动中就会划伤皮肉。镀铬、镀镍、镀水银和铅锡等合金饰物，更容易造成人皮肤过敏和罹患皮肤病、皮肤癌。

戴耳环先要穿耳孔，若使用工具未经严格消毒，就容易引起少数液体渗出，甚至红肿、发炎，严重的还会发生破伤风。有的人图新奇、怪异，佩戴的耳环过大、过重或集为一束，很容易受到剐蹭弄伤耳朵。

有些人戴戒指担心丢失，把戒指在手指间箍得很紧。不但小偷撸不去，自己想摘也摘不下来。戒指在手指上箍久了，影响手指的血液循环，手指肌肉会形成环状畸形，若箍的时间过长，未能及时取下，还会产生手指局部坏死。

有的家长还为小孩子佩戴首饰，对孩子的健康更是不利。儿童正处于生长发育时期，骨骼和肌肉生长较快，戴上戒指、手镯、脚链等，会影响局部血液循环，造成局部营养供应障碍，不利于骨骼和肌肉的正常生长发育。儿童的皮肤极其娇嫩，戴上项链、手镯等物活动时，很容易擦伤皮肤，导致化脓、感染。儿童生性好动，扯下项链、手链上的珠环等小物件，含入口中，一不小心就会吞咽下去，发生意外。给小孩子戴的首饰，多为玩具型的，售价不高，掺杂有毒有害的化工物质却不少，极易引起儿童皮肤过敏和发生皮肤炎症。

有鉴于此，家长就不要给孩子戴首饰。成年人如果偏爱佩戴首饰，又不想让首饰病发生，首先在选戴首饰时，要购买正规厂商的饰物，不要为了贪图便宜和新奇买地摊货。慎用镀镍、镀铬等合金首饰，以防皮肤过敏和出现炎症。另外要养成首饰白天戴、晚上摘，出门戴、回家摘的习惯；让皮肤得到休息，也可以使有放源的首饰对身体的伤害减少一半。还有要对佩戴首饰的皮肤部位多加留意，一旦出现有红肿、痛痒，要及时诊治。

96. 不可小视的抑郁症

抑郁症又称抑郁障碍,以显著而持久的心境低落为主要临床特征。临床可见其心境低落与所处环境生活并不相称;情绪的消沉可以从闷闷不乐到悲恸欲绝,伤感、厌世,可有自杀的企图或行为。严重者还会出现幻觉、妄想等精神病性症状。每次发作可持续两周以上,长者甚或数年。多数病例有反复发作的倾向,发作一般能得到缓解,部分残留症状会转为慢性。

2003 年 4 月 1 日,香港影视明星张国荣因罹患抑郁症,从酒店 24 层纵身跳下。2014 年 8 月 11 日,美国喜剧大师罗宾·威廉姆斯也因患抑郁症自杀身亡。媒体报道,我国内地和港台文化艺术界众多名人如崔永元、杨坤、高圆圆、姚笛、郑秀文、吴彦祖、张惠妹、范晓萱等,都曾遭受到抑郁症的困扰。据世界卫生组织透露,在对韩国 260 名艺人调查后发现,有 40% 的演员患有抑郁症,并曾有过自杀的念头。

抑郁症发生的初期,常伴有胸闷、头痛、乏力、食欲不振、沉默寡言等,抑郁特征不明显,也就不会引起很多人重视。接着就有了抑郁倾向的特征,如心绪低落,意志消沉,一天中对所有事物不感兴趣,总觉得悲伤、空虚、无助,认为周围环境一无是处。在情绪上或激动不安,或无精打采,还会有过多的、不恰当的内疚。认为生活无聊,一切都没有意思,反复想到死。由于对抑郁症在认识上有偏差,家人开始没认识到严重性,结果病人未能及时得到治疗,直到酿成自杀或发展为慢性抑郁症,才领悟到此病的厉害,悔之晚矣。

大多数抑郁症患者患病初期是清醒的,也愿意配合治疗。目前抑郁症的治疗方法有支持性心理治疗、认知治疗等。耐心地引导患者倾诉出致病的原因和内心的苦闷,鼓励患者放下包袱,鼓起战胜病魔的勇气和信心。指导病人弄清认知、情感和行为之间的关系,帮助病人识别内心涌现的不良情绪,为患者组建起新的、健康的认知理念,增强对生活的热爱和自信心。在心理治疗的同时,可让患者配合服用阿米替林、多虑平、麦普替林等抗抑郁药物。

当代人生活节奏加快,各种矛盾多,精神压力大,心理方面调整得不好,很多人都容易患抑郁症。但这种病也是能预防的。专家建议,人们要以积极乐观的心态面对生活,多与精力旺盛又充满希望的人交往;不要将自己的生活、条件与他人比较;从稳定规律的生活中领会自身的情趣;不强压火气、怒气,而让其释放、转移,对人对事要宽宏大度;建立挑战意识,主动解决矛盾,并相信自己成功;不掩饰自己的失败;多学习、多接受新知识,不断拓宽自己的情趣范围。这些都是消除和预防抑郁症的有益良方。

97. 奇怪的疾病

心脑血管疾病、糖尿病、各种传染性疾病、精神性疾病等，是一般常见和多发的疾病。世界之大，在一些地方的人群中，还会有人罹患一些奇怪的病症。

在孟加拉国的库尔纳，25 岁的阿布患上一种罕见的皮肤病，四肢长满类似“树根”的组织。这是一种遗传性皮肤病，又称“疣状表皮发育不良症”，患者被称为“树人”。另有一位叫科斯瓦尔的印度尼西亚人，也患有这种病，医生诊断他为遭“人类乳头瘤病毒”严重感染，从他脚部曾切除了 6 千克疣状组织，他出院不久后还是去世了。

人们都恐惧衰老，不愿意过早出现秃顶、皱纹丛生、牙齿脱落等老态。衰老并不是中老年人的“专利”，一些儿童患上了“早衰症”，也会出现衰老的症状，面相如同老人。患病儿童一般仅存活在 7—20 岁，器官功能会很快衰退，大部分会死于衰老病症。现尚无有效治疗手段。

尼曼－匹克是一种儿童人体代谢病，由染色体基因突变所致，罕见难治。患病孩子很难活过 10 岁。孩子在幼儿期发病，手抖、斜视、手脚不协调，有语言障碍，以后便智力下降，肝脾肿大，连续抽搐，最后致全身器官衰竭而死。我国福建一名汪姓女孩患有此病，其父背她走遍全国 22 个城市就诊，均无疗效。

前不久，北京大学博士研究生娄滔患“渐冻症”，引起人们对这种病的关注。这是一种“肌萎缩侧索硬化”的疾病，有些病例与遗传及基因缺陷有关，另外，重金属铝中毒和运动神经元受损也能诱发此病。其发病早期身感无力，容易疲劳，逐渐进展为全身肌肉萎缩，继而吞咽困难，最后呼吸衰竭而不治。

媒体多有“异食症”的报道。患者无法控制自己对“吃”的冲动，而所吃的东西又非食品。这通常是由于体内某种矿物质的缺乏和怀孕所导致。患者会吞吃粉笔、油漆、木屑、玻璃、橡胶、织物，以至粪便等。由于乱吃这些不为食物的东西，会给健康和生命造成威胁。

英国女大学生库茜一笑起来就会跌倒，经医院检查这是患了一种“猝倒症”。库茜还患有“猝睡症”，说着话，做着事，倒头就睡。在英国这不是个别病态，据调查统计，英国有猝睡患者 3 万多人，其中的 70% 同时患有猝倒症。如果在街头看到有人笑得跌倒，别以为他在搞怪，他可能真的是犯病了。

98. 健康的指标

一个人身体健康状况的好坏,是以指标数字来分辨确定的。前不久,美国《真简单》杂志公布了各科名医整理出的一组与健康有关的完美指标,具有一定的研究参考价值。

血压应小于120/80毫米汞柱。当血压达到或超过140/90毫米汞柱,即被视为高血压。高血压初期通常无明显症状,若拖延不治,会导致中风、心脏病、肾脏病等。

空腹血糖应小于5.5毫摩尔/升。空腹8小时以上测得的血糖,一旦达到或超过7毫摩尔/升,即可诊断为糖尿病。患有糖尿病可使心脏病风险加倍,加重后会并发肾病、白内障失明、肢体坏死等病症。

总胆固醇应小于5.2毫摩尔/升。胆固醇并不完全是坏东西,它在人体内有构成细胞膜、形成胆酸、合成激素等重要作用。但当其过量,便会导致高胆固醇血症,产生动脉粥样硬化,形成静脉血栓和胆石症等。故人体内胆固醇的理想值应控制在5.2以下,而超过6.2就进入了心脏病高危人群。

甘油三酯应小于1.7毫摩尔/升。甘油三酯是在血液中检测出的脂质,其数值升高,是高血脂的“预警信号”,会增加患糖尿病和心脏病的风险。其水平在1.7—2.2毫摩尔/升为临界性升高,超过2.3则危险加大。

C-反应蛋白应小于1.0毫克/升。C-反应蛋白指标高,意味着心脏病发作风险比正常情况高2—5倍。此外也是中风、糖尿病与某些癌症相关炎症的标志。

促甲状腺激素应小于4.0毫摩尔/升。促甲状腺激素影响甲状腺素的分泌,除了有助调解新陈代谢、体温和心率,还能促进皮肤、头发、肌肉、神经和大脑的功能。促甲状腺激素一旦超过4.5毫摩尔/升,表明甲状腺无法产生足够的甲状腺素,帮助身体正常运转。

身体质量指数应处于18.5—24.9。身体质量指数(BMI)=体重(公斤)÷身高^2(米),是目前国际上常用的衡量人体胖瘦程度以及是否健康的一个标准。对中国成年人来说,BMI指数低于18.5属于偏瘦,25—28之间则为体重超标,超过28即为肥胖症。

身高在21岁时为最标准。一般人在21岁时身高达到最高值。21岁之后每年应测一次身高。如果身高突然降低,那就预示着骨质密度开始变化疏松。

一个人生活中的其他健康数据还包括:每周150—240分钟有氧运动,如跑步、散步等;力量训练2—3次,健身拉、举等。每天吃水果、蔬菜5—9份,服用鱼油补品3克,摄入维生素C 75毫克、钙1000—2000毫克,饮用酒水不超过一杯。睡眠7—8小时。能相应做好这些,对于保持身体健康是大有作用的。

99. 科技与保健

在高科技快速发展的今天,医疗的检查、诊断、用药和器官移植、更换等方面,也不断取得重大突破,给人类的健康带来福音。

以前病人做胃镜检查,将管子插入胃中,会给病人造成不小的痛苦。以色列科研人员研制出一种“内镜胶囊”,小小胶囊内装有微型摄像机,人们只需要将它像服药一样吞下,就能拍到人体胃肠等整个消化道的照片。进入胃肠能以每秒两帧的速度连续拍摄运行,图像信号经无线发射器传至外接传感器,并储存在记录仪上。24 小时后胶囊会自动随大便排出体外,就此完成一次无痛体检。这项微缩窥镜技术在上海世博会展出后,已在中国近 200 家医院使用。

美国普林斯顿大学的科研专家研制发明了一种可预测人体疾病的“文身片”。它以金丝和蚕丝编织而成,以皮肤印花的形式嵌入人体,通过无线传输连接计算机,能及时探测到受检者的各种病症。这种装置设备预测疾病,方便而快捷。

人体并不具有肢体再生能力,但借助于愈合等治疗手段,患者可修复或完全替换损坏的器官。几年前英国一个研究小组利用脐部干细胞,成功培育出世界上第一个人造肝脏。研究人员还发现,心脏也具备让这一器官实现再生的干细胞。澳大利亚研究人员发现,患者自身健康眼部干细胞可帮助他们恢复视力。这意味着量身定做器官并按照具体情况选择治疗手段已为期不远。

假肢自“二战”后一直改进不大,近年来却有了突破。德国研制出的智能假肢,由金属和塑胶制成,外观轻便真实,有计算机控制的液压膝关节,能够以毫秒级的速度监测和调整步伐。这种假肢不仅具有站立行走的功能,保证行走的稳定性、安全性和动态性能,由于应用了“人工智能”,它超越了机械产品的局限性,还具有“思考”和反馈的能力,可以更好地配合人体功能需求,甚至让截肢者有身体长出新肢的感觉。

2014 年,我国一名因外伤致恶性肿瘤的 12 岁男孩,在北京大学第三医院接受了全球首个 3D 打印的脊柱置入术,以预防肿瘤的扩散。除了脊柱置入物,该院还用 3D 打印技术制作出了椎间盘。高科技机器人在我国医疗岗位上也大显身手。河南省立眼科医院使用了导诊机器人,可为患者提供导航、导医、咨询等服务,让患者享受到智慧医疗的全新体验。河南省人民医院的 E29 手术室里,由以色列马昭尔公司研发的手术机器人,能动作娴熟地配合医生做腰椎手术,一周多时间便协助医生完成了 9 台手术。有的机器人还可以独立完成手术,掌管病例档案、化验、发药等,在医院几乎无所不在,无所不能。

100. 人体的未来形态

人的体貌在未来1000年后会有怎样的变化？会变成什么样子？这是个让人感兴趣的话题。

英国科学家、人类学家、博物学家、临床医生等人士前不久聚会，对1000年后人类可能进化拥有的“尊容”，进行了大胆的探讨和预测。讨论研究后认为，那时人类的大脑会变得小些，因为大多记忆和思考的工作都被电脑取代了。由于食物的加工愈加细软，需要牙齿撕咬、咀嚼的机会也会变少，牙齿和下颚也有所退化，未来人类的嘴巴将趋向“樱桃小口”。人类将更加依赖手机等电子产品，说话渐少，用眼增多，眼睛会变得更大，眼皮宽松，浮现更多的眼纹。由于高科技调温系统的发展和保温服的出现，人体“自行保暖”的功能需要降低，身上的毛发将变得少之又少。届时人群会有更频繁的迁徙，不同种族之间的通婚更常态，人们的皮肤会更显黝黑。而未来臭氧层可能消失，过多阳光的照射又会令皮肤下垂起皱。不断发展的医疗科学和营养改善，会使人的身高普遍达到1.8—2米之间。手机等触屏电子产品的广泛使用让人的手臂、手指更为细长，手指的神经末梢也更灵敏。综合了这些预测，为千年后的人类画像不免让人心生遗憾，那时人的相貌算不得俊朗，反而看起来像是“怪人”。

美国的一些人类学家则认为，近100万年来，人的体质外貌特征并没有太大的变化。理由很简单，看看古希腊的雕塑，看看中国出土的秦代兵马俑，看看流传下来的古画和文字记载，就可以知道，两千多年来古人和我们是相差不多的。据此推论，1000年后的人类与今人也会相差无几。

对未来人的外貌特征存在着不同的认识，内部属性又是怎样的呢？有生就有死，这是生命的本质属性。欧美一些学者认为，未来人有4条命：自然人体是人的第一条命，也是目前人类唯一的生存方式。未来人工智能系统能把人脑的信息抽取出来，形成有自主意识的、独立的人格信息包，再通过信息转换器，就可以构建一个网络人，一个数字化的虚拟人。这让人有了第二条生命。机器人技术不断发展，其身体结构可以用仿生材料制成，其相貌可以按照真人的模样拷贝。再利用人格信息包和信息转换器，将本体的社会学信息传输至仿生人的“大脑”，即产生了和本体分离、独立存在、独立思考的仿生人，成为人的第三条命。人的第四条命是再生人。未来的生命科学技术可以找到开启人类体细胞全能性的“钥匙”，使人体再生成为可能。当人觉得身体状况不够好，就可以采用体细胞培养技术产生一个新个体，并慢慢长大，也就是从自己身体中再分离出一个自己。何时成为再生人可以选择，一切由当时社会的游戏规则和个人愿望而定。

101. 健美略谈

健美是一种强调肌肉健壮与美的活动。它起源于古希腊，最初只由男性参加，以男子发达的胸肌、粗壮的脖子和双腿为美。

健美与人的形体美密不可分，健美是形体美的基础。人体对称的造型、均衡的比例、流畅的线条、强硬的骨骼、矫健的四肢、丰满的身躯、健硕的肌肉、健康的肤色，都是形体美不可缺少的条件；还要有充沛的精神、愉快的情绪和青春的活力。

美的人体首先是健康的，是健、力、美的结合，没有健康的身体就没有人体的形体美。健美的体貌可以通过后天的锻炼获得。人的身体结构是相当完善的，具有很大的可塑性。经常参加体育运动、体力劳动和摄入必要的营养，是获得健美身体的重要条件。

健身与健美不是一回事，有着不同的概念。健身可以说是健美的初级阶段，它要求简单，能达到身体健康、身姿端正、动作协调就可以了。健美不仅要达到健身的目的，还需具有超常的毅力进行训练，以使身体各肌肉群的肌肉饱满，形状美观。观赏健美者的表演，其肌肉线条清晰，肩、背、腹、腿等部位肌肉的围度，是审美的重要参考依据。对于腿部力量和肌肉的分离度与质感，也是评价的重点。一个优秀的健美体形，不光是让人看到秀出的发达的肌肉，而且要体现出整体的线条美。

健美成为一项体育运动，是从德国人尤金·山道开始的。他生于 1867 年，成年后身体强健，曾到英格兰、澳大利亚以及南美等国表演过大力士技艺，如扭弯铁棍、举重物、与狮子角力等。之后他在戏院和杂技大厅创造了一种新的演出方式，在音乐伴奏下进行各种肌肉造型表演。表演引起轰动，在美国芝加哥世界博览会上连演了 10 周，盛况空前。山道成为四海闻名的人物，被公认为是世界上最强壮有力的人，而且是世界上体格发达最完美的男子。他的功绩还在于开创了向公众展示强壮体格和发达肌肉之先河，推动了健美运动的发展。

19 世纪末，山道借助于照相机的发明和大众化表演舞台，获得了发展现代健美运动的原动力。照相机对于健美运动的普及起到了极大的促进作用，各种最能展示发达肌肉的优美造型，正是通过摄影师实现的。另一个对健美运动有影响的是健身房的出现。各种行之有效的训练方法逐渐被人们所掌握，所传授，对训练不同部位的肌肉群也有了更多的尝试和新的研究，各种训练器械也设计制造出来。

如今世界各地所开展的健美大赛，有职业比赛、自然比赛、男子比赛、女子比赛、青少年比赛、中老年比赛等，种类繁多。健美运动正在步入奥运大家庭，其发展势头和它所拥有的亿万爱好者，令世人注目。

102. 美容溯源

美容化妆可以使人美貌常驻,精神焕发。自古以来一直受到人们的青睐。

爱美之心人皆有之。人类很早就以自然界的色素、花草、贝壳等装饰自己。早在公元前1500年就有类似美容的文献,对胭脂、香料、染发剂等美容品的制作和使用加以说明。古埃及人是最早使用化妆品的,在宗教牲礼上涂抹香料焚烧,让祭祀时空气中充满了香甜之气,用以取悦神明。他们首开沐浴风,用香水或香油涂抹身体,开始使用假发。在发掘的古墓中,有梳子、镜子,还有以孔雀石、铅条画眼描眉的记载。埃及艳后使用的胭脂和擦面粉多达15种。古埃及人还以提炼的牛、羊脂肪以及杏仁、芝麻、蓖麻、橄榄等植物油,制作出许多种类的敷剂和油膏,以滋润肌肤。这些美容用品,有的直到今天还在使用。

我国早在殷商时期已有“燕支”(胭脂)的记载,即以燕地红蓝花叶捣烂取汁,凝作脂用于饰面。我国现存的最早文字甲骨文中有“沐”字,《说文》有解:“沐,濯发也。”这或许是我国古代清洁美容的最早记载。我国在两千多年前的战国时,妇女化妆已使用胭脂、铅粉等。秦汉时期便使用铜镜。唐代以前开始用青黛点眉,诗人白居易曾以“青黛点眉眉细长”诗句记述。用山野之花打扮自己是中国妇女的古老传统,唐诗人刘禹锡曾以“山桃红花满上头,蜀江春水拍山流”之句咏之。宋代时医著已列有治须发早白、牙齿动摇的方剂,记载了用玉磨治面部瘢痕之法。女子出门一般都会“略施粉黛”。宋代时还出现了假发。

到了中世纪以后,美容在欧洲盛极一时;进入文艺复兴时期,美容更达到了登峰造极的地步。人们不惜花费大量的时间和金钱,投入面部、胸部及手脚的化妆。英国女王伊丽莎白一世就雇用了一大批对美容颇有研究的官员、宫女,专司美容一职。女王经常使用白色铅粉敷面,敷后面孔白皙细腻,光泽照人。但此法流行后,许多女子效尤却招致中毒死亡。女王治下的英国还出现许多“朱唇”美女,她们把一种很特别的红色甲虫捣烂,取其汁液涂抹在嘴唇上,嘴唇就会发出一种红宝石样的熠熠光泽。那一时期,千奇百怪的美容之法可谓层出不穷。

到了19世纪,美容化妆品有了新的发展,欧洲各地出现了肥皂、面霜等用品。20世纪初,欧洲涌现了不少美容专家。英国的威廉·伯金斯由煤焦油中提取到苯胺染剂,从此煤焦油被广泛使用于化妆品、香料、染发剂等的制作,使化妆品的成本大为降低,为更多人普遍使用。

103. 健美的标准

人人都希望有一个健美的身体，那么什么样的身体才算健美呢？

据专家研究指出，人体有一定的“美学参数”，它体现了人体生长发育水平、营养状况和锻炼程度，且与预防疾病有重要联系。在人体长径方面，身长不仅与体重比例相称，与年龄、性别也相关联。上海医科大学研究人员在对上万人检测后，制成一份不同年龄性别标准体重与身高比例表格。如 20—24 岁的男性，体重为 70 公斤，其身高应为 180 厘米，达到这个标准，说明身高与体重比例适当，身体各部匀称。在横径方面，国外科学家认为，对于身高 167—180 厘米，年龄在 25—30 岁的男子，安静时状态的胸围应为 95—98 厘米，颈围应为 39—40 厘米，腰围应为 75—78 厘米。这些数字体现了男性的健与美。另据瑞典学者研究认定，一个人的腰围比其臀围细，即使体重稍重，也会保持良好健康；而腰围比臀围尺寸大，则患心脏病猝死的危险也加大。研究还发现，凡理想的健美人体，上下身的比例，皆符合黄金分割法。以肚脐为分割点，上半身与下半身之比，恰好是 0.618，即近似5∶8，否则便不符合健美体形的标准。

据古今中外许多美学家、艺术家的见解，人体健美应具备以下 10 条标准：骨骼发育正常，身体各部呈匀称感；男子肌肉均衡发达，女子体态丰满而无臃肿感；整体而观无粗笨、虚胖或纤细、形态异常之感；眼大有神，五官端正并与头部配合协调；双肩对称，男宽女圆，无耸肩或垂肩感；脊柱背视成直线，侧视具有正常的生理曲度；胸廓厚，男子胸肌圆隆，女子乳房丰满而不下垂；腰细而有力，微呈圆柱形，腹部呈扁平；臀部圆满，男子鼓实微呈上翘，女子不显不坠；下肢修长，大小腿线条柔和，足弓高，两腿并拢时正视和侧视均无曲屈感。在女子健美指标中，还强调脸庞红润，皮肤细腻、润泽；头发浓密、黑而有光泽；牙齿洁白整齐；手指关节没有粗大和突出的现象；胸廓坚实隆起，乳房丰满挺耸等。

人们在欣赏人体健美体态时，颜面五官也是观赏的焦点。双眼对称，眼窝深浅适中，眼球晶莹透明，眼睑外形分明，睫毛长，且微微上翘；鼻背近乎挺直，鼻尖微突，鼻小柱与上唇的夹角约为 90 度；双耳对称，大小形态一致，耳轮为相应的弧形隆起，耳垂与面部皮肤以曲线相移行；上唇下 1/3 部微向前翘，红唇缘明显，唇弓清晰，有明显的人中窝和人中嵴；牙齿整齐，白中略带黄，上前牙覆盖下前牙 1/3，微笑时露出双侧尖牙。此外口角连线与眼外角垂线交点上的酒窝易给人美感。

104. 人体美的类型

人体美指人的形体、姿态、色泽等方面的美，首先是表现在身体样貌上的美，属于形式美、自然美范畴，但带有社会性。人体美的自然性因素来自先天的遗传禀赋，也体现在改造自身的社会劳动实践中有所改变，体现了人的本质力量和特定时代、民族的审美观念、审美态度。

人体美可分为多种类型。体形美给予了人直观的第一印象。体形美包括身体的均衡美、对称美、对比美、曲线美等。均衡美的含义就是身体比例的恰当和各部位的协调，不仅包含着人体各部分长度、围径、体积的协调，也包含色彩、色泽，以及姿态、动作，乃至神韵的协调。曲线美的含义一个是轮廓流畅、鲜明、整洁，另一个是起伏对比恰到好处，构成了耐人寻味的美感。

气质美是表现精神面貌上的一种美。所谓气质，一般是指人的稳定的个性特点、风格和气度。或表现为爽朗、雅致，或表现为恬静、聪颖等。气质带给人的美感，是不受服装打扮和年龄制约的，它总是随时随地自然地流露出来。良好的气质是以人的文化素养、文明程度、思想品质为基础的，同时也表现出他对待生活的态度。一个有着志趣和积极进取心的人，同时也会是一个朴实而谦逊的人，总会表现出勤奋乐观的生活态度。

有些人性格开朗外向，为人爽快，总是显得朝气蓬勃，在这些人身上体现出一种活力美。他们喜爱体育运动，跑步、游泳、爬山、参加各种球类运动，练得身体匀称，肌肉发达，动作敏捷，内脏机能正常，免疫力抵抗力强。他们在生活中有追求，什么都想尝试，失败了也不气馁。他们这种精力充沛的活力美，会感染周围人群，让身边的人多了生气和信任感。

健美表现在外观上的重要一类是仪表美。这主要体现在服装和姿态上。服装要依年龄、体形、脸型、肤色等穿着打扮得体。情绪上要精神饱满，举止上端庄、稳重、大方。站立、坐卧、行走都注意姿势文雅、优美，既不趾高气扬，也不萎靡不振，时时保持着恬静、从容不迫的心态。

经常参加社交等活动的人，都会经历到的是礼仪美。迎来送往、握手、进餐等都有许多讲究。不同的民族、宗教，会有生活习俗的差异，都要尊重对方，认真处理好。良好的礼仪对于宾朋往往比外表穿戴重要得多。

人上了年纪同样也能与健美结缘，让人看到一种慈祥美。广场上跳舞的中老年人，举手投足之间，沉稳而有韵味，含笑的脸上常表露出一种慈爱祥和之美。对于老年人来说，慈祥美并不难求。放下牵挂，丢开烦恼，多外出参加社会活动，祥和之气便会洋溢在每一位老年人身上。

105. 人体美的流行

人体美的流行可以追溯到古希腊时期。那时的男子流行展现肌肉和力量，开展竞争大力士的活动，持续了很多年。

现代健美活动的流行，可以认为是从20世纪20年代初开始的，当时大量的欧洲人涌入美国求职。报纸上不断有“强壮的身体可以获得更多工作的机会”的舆论，从事身体训练的场所增多，遂使增强肌肉的健美活动开始流行。过了20年，增强肌肉的健美流行到海滨运动场上，随处可见设置的吊环、高杠、平台等，除用于锻炼肌肉，也可开展杂耍、摔跤、体操等活动，提供免费娱乐，掀起了流行健身、健美的热潮。1977年，由好莱坞明星阿诺德·施瓦辛格主演的健美纪录片引起轰动，使力量训练在全球范围再掀起高潮。肌肉发达的身体被看作是一件艺术品，象征着修养、高点和自我完善提高，甚至与理想联系在一起。施瓦辛格也成为健美的代言人。以后有氧运动、迪斯科、瑜伽直至近年兴起的冲浪、攀岩等健身、健美运动都流行不衰。

在不同时期，在流行健美肌肉、肢体的同时，人的发型、假发、假睫毛、隐形眼镜、首饰等，也都有过种种花样繁多的流行。在美国女子剃光头也曾成为时尚。15世纪时的英国，美人痣曾成为潮流，当时的女性用黑色硬绸、红色皮革、天鹅绒甚至用纸剪成“痣”样，贴在面部。不少妇女爱把小圆点、心形或半月形的美人痣贴在嘴边。流行到法国后，法国妇女还把美人痣演变为六马拖车、星星等多种形状，一位女子曾在面上贴了16片之多。到了20世纪50年代，美人痣再度流行，不少电影明星也爱以此点缀来增添魅力。如好莱坞的伊丽莎白·泰勒的右面颊、玛丽莲·梦露的上唇处，都有一颗醒目的美人痣。到了90年代，名模辛迪及一些后起之秀，也因长有美人痣而风靡一时。如今不少欧美女性还喜欢把假痣贴到脸上，尤其是出席晚宴和灯光昏暗的舞会时，化好妆的脸上贴痣，在现场灯光映照下，效果极佳。

穿在人们身上的服装，在起保护作用的同时，又有着重要的装饰作用。服装既是必需品，能表达身份和生活态度，又能展示个人魅力，不断有着流行。在我国，民国以后中山装、旗袍都曾大为流行。“文革”时期，虽然千人服装一色，但也流行穿“国防绿”。改革开放后，人们的思想解放，更注重个性化。不同年龄段的人，内衣、外衣、大衣、外套，甚至风衣、雨衣都讲究穿出时尚，把生活点缀得丰富多彩、赏心悦目。

106. 古怪的美容

美容是指改变面部原有的缺陷和不足，使之变得美好、优雅的过程。然而古今中外却流传过一些离奇古怪的美容术，有的简直让人匪夷所思。

我国明代医学家李时珍在《本草纲目》中列举：童便（小男孩的尿）可润肌肤，雀便能治疮疡。早在明代之前，青海一带的妇女就发明了一种鸟粪美容法。她们在树下拾到鸟粪，晾干入袋保存。冬季时取出一些，用男童的尿泡开，临睡前均匀地涂抹在脸上、脖颈等处，第二天用清水冲洗干净。据说此法能使粗糙的皮肤变得柔嫩光洁。

利用动物粪便美容，在国外也相当流行。古代欧洲威尼斯的金发女郎，为了使自己的头发更加亮泽，她们把狮子尿洒在头发上，然后坐在阳光下晒。由于狮子尿中的酸性物质有漂白作用，便使金色的头发闪现出诱人的色彩。古代阿拉伯女人则用骆驼尿洗发，为使头发呈现出耀眼的光泽，而置那难闻的气味于不顾。埃及艳后克利奥帕特拉是倾国美女，她所以能保持皮肤滑嫩洁白，其秘方是用鳄鱼粪加驴奶调成糊状搽脸。

在非洲一些地区的原始部落，其美容方式更是奇特诡异。非洲东部的马赛族，女人喜欢剃光头，孩子四五岁时就要把门牙硬生生拔去，门牙保留的姑娘是不容易嫁出去的。当地习俗认为，张嘴笑时露出黑乎乎的牙洞最美，再有就是万一孩子生病张不开嘴，可以从牙洞把药灌下去。孩子长到七八岁，不分男女都要在生日那天在两耳垂上切个洞，先塞过敏草药，再挂重物，把洞渐渐撑大。马赛人的审美观点是，耳垂洞越大的青年男女就越美丽动人。埃塞俄比亚的穆尔西部落妇女以嘴巴大为美，有的阔嘴女子嘴唇间竟能镶嵌一只硕大的盘子。这是从女孩 10 岁左右开始练习的。先要由巫师用刀将孩子的下嘴唇和牙龈之间切开一个口子，使下嘴唇与齿根分离，还要用小盘子把伤口撑开。之后经小盘换成大盘，嘴唇就会越撑越大。姑娘嘴里的盘子越大，部落里的人就会觉得她越漂亮，越有身价。

美容发展到今天，如果说现代的肉毒杆菌毒素注射、化学剥皮等美容术，足以令人感到惊讶，20 世纪出现过的古怪美容方法也是层出不穷。30 年代欧洲很多女性为了清除脸上的雀斑，使用了干冰冷冻技术，她们的眼睛用气密罩罩住，鼻孔被堵住，只通过一根管子呼吸。40 年代时，出现了一种美容头盔，通过向面部降低气压打造玫瑰肤色。还有一种头盔，佩戴通电后向面部施加热量，用以刺激血液循环，使皮肤润泽，增加弹性。那时所用的面膜为装有药剂的冷冻塑胶块，满满贴附在额头和两颊。“二战”前女性使用的卷发机，装有几十个加热钳，烫一次头发，整个卷发过程需要几十个小时。都是今天人们难以想象的。

107. 穿的“灾害”

服装穿在人身上,有保护和装饰的功用。有的人不管自己体形如何,一味穿紧窄的服装,希望自己因此显得苗条些,这不但有损健康,也无助增加外表的美。

400 多年前,欧洲流行大领口露肩裙服,这种服装的腰部却紧束到腰围仅 15 英寸左右,穿在身上呈蜂腰状。很多女子穿上后身体血液循环不畅,脸色因贫血而苍白、难看,甚至有人晕倒。这实在是一场穿的“灾难”。

时下也有不少人,尤其是年轻人,偏爱窄瘦装。牛仔裤、塑身服等,虽能提升人的腰部、腿型,但同时会被紧紧裹住下身。美国《内科医学总览》报告,牛仔裤等紧身服装,面料不透气,女子夏季穿着很容易引起外阴炎、阴道炎等妇科疾病。男子穿牛仔裤更是一些人不育的“祸首”。调查发现,穿牛仔裤可导致精子数量下降。这是由于睾丸产生精子的最佳温度是 35. 5—36 摄氏度。紧窄的牛仔裤会将阴囊和睾丸紧紧束缚,使局部散热减少,睾丸温度升高,有碍精子的生成。此外,穿裤子过紧,还会影响消化系统,引起腹部不适。

一些女子爱穿塑身衣修饰身材,但穿得过紧,时间过长,会影响到血液循环,使血流不畅,引起呼吸困难、头痛、胸闷等。束身过紧,还会使肾、脾、肝等器官受到压迫,内脏、神经系统处于紧张状态,致使肠胃功能下降。皮肤被绷紧,降低了肌肉的收缩力,反而造成了肌肉和皮肤的松弛。女子的文胸过紧,不利于透气和出汗,夏季易引起皮肤瘙痒,造成接触性皮炎、湿疹等。文胸紧还会给胸口处肌肉造成压迫,出现手臂酸麻、疼痛等症状,影响骨骼和乳房的发育。

有些年轻人爱把腰带勒得紧紧的,这对健康也极为不利。腹腔内的脏器时时都在运动,把它们都紧绑起来,就会影响血液循环,妨碍消化系统的正常功能,时间长了就会引起消化不良、食欲不振、肠道炎症、大便秘结等。年轻人正是长身体的时期,总是把腰勒紧,限制了骨骼和肌肉的发育,有很大的危害。

穿西服再配上一条领带,更显优雅得体。然而领带打得太紧,同样不利于健康。美国有关专家指出,颈部受勒时会使颈总动脉血管和神经受压迫,阻碍血液的流通,使脑部氧和营养物质供应不足,会累及视神经。后果就是眼睛容易疲劳,尤其在阅读、书写时短时间眼睛即会产生酸痛,视物模糊,有些人还会加重近视。有关测试发现,系紧领带 3 分钟,眼压可升高 20% 。而眼压升高是青光眼致病的主要因素之一。很多人难以想到,系个领带的事,竟牵连到这么大的健康问题。

108. 穿高跟鞋的利弊

女子穿上一双后跟适度的高跟鞋，落落大方地走在街上，增添神采风韵，别有风度，人显得修长、挺拔，对健康也有一定好处。

高跟鞋鞋底的造型，很像人的足弓。穿高跟鞋走路，可使脚掌受力均匀，减缓人在走动时对颅脑的震动，有利于防止脑组织和脊髓受到损伤。有了高跟鞋的足跟垫起，减轻了足部受重压力，让人有一种轻松、愉快、清醒的感觉。对于有先天平足的人，也有助于弥补足弓塌陷，减轻走路时的疲劳。女子穿上高跟鞋行走，还能做到挺胸、直腰、昂首和收腹，可帮助一些人克服驼背、走路低头等不良姿势，更能衬托出成年女性的线条美。

然而穿高跟鞋不当，酿成“高跟鞋脚病”，也会给人带来痛苦和危害。穿高跟鞋时间过长，后跟过高，造成腿和脚部肌肉、韧带长期处于紧张收缩状态，膝盖僵直，会引起小腿、足趾疼痛。还会影响脚部的血液循环，损害到肾脏，出现腰痛病。静脉血管回流不畅，会引起局部酸代谢废物滞留，易引起脚部疲劳，还易引发神经痛、风湿症、关节炎等。当人穿上了高跟鞋，不由自主地会将全身重量移向脚掌，使足趾紧紧挤入到鞋子狭窄的尖部，导致对足趾的损害。后跟越高，鞋头越尖，损害越严重。大脚趾根部容易形成黏液囊炎肿，小趾及前掌容易磨起鸡眼。长期穿过紧、跟高的高跟鞋，会损害脚部的血液循环功能，引起局部组织坏死。

据国外调查发现，有 80% 的人因鞋的结构不合理或鞋跟高度不适当，对脚部造成损伤。研究还指出，女鞋的后跟高度以不超过 3 厘米为宜。我国有关部门对男女鞋后跟高度也曾做出过规定。医疗专家还提出，20 岁以下处在发育阶段的青少年不宜穿高跟鞋，以避免腿脚部的肌肉、骨骼、韧带生长发育受限。对于钟情于穿高跟鞋的女士，为保证脚的舒适和健康，除了要选好鞋，穿上后脚趾要能活动，还要注意和平底鞋交替穿着。回到住处就要把高跟鞋换下来。穿高跟鞋行走时，足部要用力均匀，步幅要慢些，注意身体平衡。这样不仅自我感觉舒适，在别人眼里也会显得轻松而优雅。

109. 染发的风险

染发是现代化妆最常见的手段之一，是利用植物（油梨果、何首乌等）或化学色素，把头发染成想要的颜色。染发可将头发染黑遮掩白发，或随心情改变发色，配合服饰和妆容，显示个性，也是一种时尚。

染发在我国有着悠久的历史。大约在春秋时期出现了“药汤”，用以药白须发。南北朝时有诗人见好友染发后复白，作诗谑曰：“青青不解久，星星行复出。”是说染发维持不了长久，白发很快又花花搭搭显露出来了。唐代诗人刘驾作《白髭》诗，吟道：“到处逢人求至药，几回染了又成丝。”

染发发展到当代，已由单一的将白发染黑，转变为满足人们追求新、奇、美而提供的一种消费服务。一些美发店使用特种药水，将彩色染发剂均匀地涂抹在头发上，再以蒸气加热的特殊方法，将头发分别染成褐色、红色、紫罗兰色、金黄色、白色等色彩，并有深浅和层次不同，并能在较长时间内保持不褪色。这让一些喜欢追求发式、发色时尚的人乐此不倦。

染发、变换发色，能使人年轻，有新鲜感，增加美感。但由于很多染发剂、染发水是用化学物质配制的，对皮肤有刺激作用。特别是一些过敏体质的人，接触到化学制品染发剂，在染发一两天后发生头皮痒，出现红丘疹、红斑等。抓挠后可破溃流水、结痂，这种皮肤中毒感染可持续数周。这在医学上称为染发性“皮炎”。染发剂抹到头上，不光是头部，有些人面部、耳部、眼部也会发生过敏。这是因为染发时药液难免会沾染到这些地方。也有些人前几次染发并不过敏，而后却有了过敏反应。这是因为染发所引起的皮炎会有一定的潜伏期，一旦出现了染发皮炎，以后接触染发剂就会犯病，而且症状一次比一次加重。

我国广州中山大学第二医院的医师在研究了大量病例后指出，常染头发可增加患淋巴肿瘤的风险。淋巴瘤的发病原因尚不十分明确，但与环境污染、病毒感染等因素存在关联。经常接触化工原料或者染发比较频繁的人应警惕淋巴瘤的发生。在美国亚特兰大市举行的一次人类毛发讨论会上，有专家报告，他对 25 名女患者做了详细调查，她们都是长期使用了染发剂后在 2—20 年后成为秃顶的。

考虑到染发给健康带来的风险，医生对染发者提出建议：减少染发次数；染发前应检查头皮、发根、毛孔及面部等处有无红肿、破溃或皮肤异常；最好在每次染发前做皮肤斑点试验；染发操作应动作轻柔，避免指甲挠破头皮，引起感染；一旦发生过敏，继发感染，要及时到医院诊治。

110. 不良习惯影响形体美

一个人的体形、容貌,除了与遗传、营养、健康等因素有关外,还受个人生活习惯的影响。谁都希望自己有健美的体形、俊秀的容颜,但一些不良习惯有意无意间却损害了人的外貌美。

有的人一侧牙齿有了损伤,不去医治,而习惯于单侧咀嚼。时间一长就会使另一侧的牙齿失去正常的咬合功能,颌骨和咀嚼肌、表情肌等因缺少功能刺激,就会造成颌骨骨质畸形和肌肉萎缩。让人看了感觉脸颊双侧不对称,面貌不端正。

有人有啃指甲、咬笔杆、咬下唇的习惯,这样做容易使口腔上颌的门牙突出,下颌的门牙后退,影响牙齿的整齐美观。有人习惯以口呼吸,这会使口腔上颌变得高而窄,也有损容貌。

有人睡觉时以俯卧姿势入睡,脸伏在枕上。这样就使面部受到挤压,妨碍了面部的血液循环。俯卧睡觉不但憋气、不舒服,睡后也会感到疲乏,还会使脸部呈现臃肿,面色难看。

有人不勤剪指甲,头痒就上手大抓一气,洗头时使劲乱挠。这种习惯有损头发健康生长。用指甲在头皮上用力抓挠,会在头皮上划下伤痕,容易产生炎症,使头屑增多,导致头发脱落、稀疏。

有人有皱眉、眯眼、撇嘴的习惯,这会导致面部皮肤产生横、竖如鱼尾状的纹线。人的面部肌肤最为娇嫩、敏感,一些不良表情动作经常化,就会在人的面部过早地留下深刻而难以消除的皱纹。

有人闲坐时习惯把一条腿架在另一条腿上(俗称二郎腿)。这样做压迫腿部血管,使血液回流不畅,容易造成腿部疲劳、发麻。架腿时破坏了躯干的竖直,时间长了还会造成脊椎扭曲。

有人习惯于晚饭吃得很饱,吃过就贪坐沙发,看电视、打瞌睡,懒得再动一动。时间长了就会造成脂肪在腹部、臀部堆积,形成腹部突出,臀部松垂,使体态臃肿难看。

吸烟者除对自己和他人内脏健康造成危害外,对个人颜面美观也有很大影响。香烟中的尼古丁等有害物质吸入人体,一氧化碳与血红蛋白结合,会降低血红蛋白的带氧功能,造成皮肤缺氧和营养障碍。时间长了反映到面部上,就是眼外角和面部的皱纹过早地显现出来,皮肤也会失去光泽和弹性,面容晦暗,显得苍老。

这些不良的生活习惯,虽然有些看似是无伤大雅的小动作,都应加以纠正和去除。这不仅于健康有益,对形体美也大有好处。

111.“老来俏”有益身心健康

爱美之心，人皆有之。然而在现实生活中，年轻人讲究健美、化妆，被认为是顺理成章的事，上了年纪的人喜欢修饰打扮，则让一些人看着不顺眼，还被说是不无贬义的“老来俏”。

老来俏并没有什么不好，老年人完全可以像青年人一样爱美，追求美，甚至更有必要美化自己。美具有创造性、时尚性、炫耀性、累积性、模仿性、选择性、含蓄性和从众性等多种属性特点。人们在生活交往中，总能根据自己的年龄、职业、身份、经济条件、肤色、爱好等，自然而然有选择地或是追求时髦，或是模仿他人来美化自己。同时人们还能依据自己的理想志向、文化修养，用化妆、服装显现出或俏丽、高贵，或庄重、典雅等不同类型的美感。

老年人讲究美，用心打扮自己，对身心健康大为有益。国外有关研究人员在对上千名60—80岁平时讲究装饰打扮的老年人进行调查后发现，其中有90%以上的人比他们的实际年龄要年轻不少，有的人甚至比实际年龄小20岁以上。心理学家认为，老年人恰当而适宜的修饰、打扮，会给他们带来很大的活力，这是由于落落大方、得体的仪容常使老年人感到年轻。一种“我还年轻”的心理，会为老年人扫除暮气，做事充满自信。男性老年人穿西装，系色彩鲜艳的领带；穿唐装、休闲装。老年妇女化浅妆，穿色调明快的衣服，戴上项链等，甚至追求流行色，打扮“时髦”，会给老年人一种心理上的愉悦感和满足感，这对他们的身心健康和延年益寿是颇为有益的。研究发现，当人处于心情愉快时，能够促进体内分泌出更多的酶。这些物质能把血液的流量、神经细胞及内脏的代谢活动调节到最佳状态，使人精力充沛，从而大大增强机体免疫系统的功能，提高防病、抗病、抗衰老的能力。这正是老来俏有益身心健康的奥秘所在。

很多老年人凭借衣着打扮获得了美感，并给人留下难忘的印象。美国前总统里根的夫人南希，虽已年老，但穿着优雅，仍风韵犹存。英国女王伊丽莎白二世，年逾九旬，由于打扮高雅得体，仍然身板硬朗，还能参加公益活动，并无衰老之态。心理学家指出，老年人善于适当打扮自己，不仅显得年轻，还能排除心理障碍，使身心得到平衡，并能更多参加社交活动，从而更加热爱生活，延缓衰老。

112. 说说美发

发型的起源可以追溯到远古时代。考古学家曾在法国西南部一处约10万年前旧石器时代洞穴中，发掘出一个象牙雕像，根据头饰形状可推定当时已有假发。古埃及人上自法老、贵族，下至平民、奴隶，都用假发。原料有人发、羊毛和大麻等。一般妇女披着长长的直发，皇后、王妃把假发卷垂两侧，下端以金环为饰。为了便于通风，女子们还将假发编成连环网式。

梳头可刺激头皮的血循环，使头发蓬松，空气流通，有利于头发的生长。我国北宋文学家苏东坡就养成了早晚梳头的习惯，还写有《酒醒步月理发而寝》的诗篇。南宋诗人陆游早起必先梳头，他在诗中吟道："觉来忽见天窗白，短发萧萧起自梳。"他一有闲暇便将他那稀疏的白发梳了又梳，由于长年不懈，头上竟又出现了黑色茸毛，大有返老还童之势。专家指出，每天早晚各梳头5—10分钟，对防治脱发、白发以及斑秃有较好的效果。要注意的是，梳头的梳子宜选择齿稀而齿端较钝的，以防刮伤头皮。

对头发的保养，除梳头有方外，还要注意勤洗头发，常用温水和中性洗发液清洗头发，以去除灰尘、汗污。头发洗好最好任其自然干燥，或用不太烫的吹风机吹干。吹风机过热会损伤发根，引起脱发。平时不要涂快速生发剂之类药物，因为对医治早秃、斑秃并无功效；常做按摩头皮的运动，倒是有助于头发的生长。此外要减少染发、烫发次数。外出不可让头发受到暴晒，阳光照射会使头发焦黄，脆细而无光泽。在饮食方面要注意营养均衡，多吃水果、蔬菜、奶类、蛋类、豆类以及鸡、鱼和瘦肉等富含维生素、矿物质的食物，以使头发秀丽、美观。

在最能表现女子个性和情趣的发型上，配衬精美的发饰，是近年来美发的时尚。这不仅使人显得更为优雅俏丽，而且在整体服饰上起到画龙点睛的作用。时下流行的发饰，有各色丝带、橡筋、木质的大发卡、金属的小发卡、优质的发花，还有发箍、发梳、丝绒的蝴蝶结等，可谓琳琅满目，洋洋大观。在巴黎夏季时装展上，模特身着晚装，长发挽髻，插上缀满水晶的发针，光华烁烁，华丽迷人。法国一家服饰公司结合古典发髻，设计出一系列精巧美雅的发饰，有"曼妙仿玳瑁系列""浓艳丝绒系列""雅致魅幻系列"等，大量使用珠钻、水晶、金扣、金链等点缀发上的蝴蝶结、发箍、发圈，让发上成为注目的焦点。那能增添女子柔美的羽毛发饰、艳丽飘逸的发带、夸张的装饰小帽、闪金的蝴蝶结等，尤让风情万种发边生。

113. 谈谈美眉

眉，又称“眉宇”。“眉之于面，犹宇（房檐）之于屋也。”由于眉居脸庞的显要位置，又能传达内心的情感，自古流传下来的“眉”成语不少。“喜上眉梢”是乐，“眉峰深锁”为愁，“柳眉倒竖”表现出女子的怒态，“眉目传情”则说明了男女的爱意。“扬眉”“横眉”“眉头一皱”等，也都有着情感的表达。

古籍《云麓漫钞》载：“前代妇人以黛画眉。”这是说古代妇女用一种青黑色的矿物颜料，称作“黛石”的画眉。使用前先将眉毛剃去，然后以黛描绘。在脸部传统美容中，画眉占有一定的比重。春秋战国时，流行着一种细细长长、轻扬秀气的蛾眉。这让“蛾眉”也成为女子的象征与代称。汉代流行阔而短的广眉，浓重如卧蚕，增添了面部的明快色彩。唐代宫中流行黑眉，仕女们还将广眉变为桂叶眉，两眉末梢上翘，如同桂花叶子，别具一格。五代时期，宫中流行御爱眉、小山眉、五岳眉、三峰眉、垂珠眉、月棱眉、分梢眉、涵烟眉、拂云眉、倒晕眉等十数种画眉样式，宫人们争相仿效。到了宋代，眉式多达百种，教坊勾栏中的女子，日换一种，百日内无一重复。可见古代女子美眉的趋时翻新，千姿百态。此画眉、修眉之风一直流传至今不衰。

修眉、描眉是今日女子化妆的主要内容之一。专家指出，修饰眉毛可在一定程度上改变脸型，弥补某些不足。化妆师建议，椭圆脸形可保持自然眉形，用眉刷沾上眉影膏顺眉刷一刷，加重一下眉毛颜色即可。长方脸形的人，眉毛应修得与眼睛的距离稍远一些，且略长，以使面部显得圆短而柔和。正方脸形眉毛应描得略低，眉峰略弯，以增加面部的柔和感。过圆脸形眉毛不宜细长和过直，应加粗眉毛，并使之现出自然弧形或稍有弯角，以增加脸的长度。三角脸形要增加上额的宽度，眉毛应描得丰满、平直并适当自然拉长。倒三角脸形的人，可将眉毛画成圆弧形，在视觉上就会使宽阔的前额有压缩感。枣核脸形的人可将眉毛修成平圆形，以突出面颊。眉毛无论怎样修饰，都要结合自己的脸型特点，都要讲究自然、真实，以增加面部的美感。

近年来美眉的时尚之一是文眉。文眉是文身的衍化，是用刺文器将无毒的颜料植入于皮肤的真皮层，使文好的眉线永久保留，这样就可以免除每日修眉的烦劳。文眉有术，文眉制作绝非对原有眉式的重造，而是艺术加工。文后的眉形要与面部五官搭配匀称，和眼形、眼神浑然一体。所以文眉是一项再造容颜的艺术，倘有败笔则很难挽回，留下缺憾。欲作此术要找有资质的美容机构美容师，以保证施术成功。

114. 讲讲美牙

人口内的牙齿残缺不齐,既妨碍吃东西,也影响脸部美观。所以自古就有人煞费苦心地研究安装假牙。最初使用的假牙是从死人嘴里取出的。远在公元前700年,古代意大利西北部的伊特拉斯坎人就以死人牙齿为缺牙豁齿者镶假牙。虽然这类假牙易腐蚀,但生意一直兴隆。17世纪末,欧洲人开始使用以硬木、牛骨、龟壳和河马牙齿等制作的假牙。不久又出现了以纯银、珠贝母、玛瑙等为原料的假牙,在美国使用了第一批瓷牙。近年随着真牙移植取得成功,专家认为,21世纪的人将不会为自己的牙齿问题感到烦恼。

然而在当下,受口腔牙病、牙外观不雅等困扰的大有人在。有些人不注意口腔卫生和牙齿保护及不良的生活习惯,致使口内患有牙龈炎、牙周病,经常肿胀疼痛,流血流脓。有的缺牙少齿,里出外进,颜色黑黄,观之不美。俗话说:"牙疼不是病,疼起来真要命!"这话说对了一半,牙疼当然是病,闹将起来会直接影响到消化等系统的功能,给人的身心健康带来伤害。

为保护好牙齿和维护牙的美观,专家建议,饮食中要多吃些芹菜、洋葱、香菇、奶酪、蜂蜜、薄荷、绿茶、无糖口香糖等一类抗酸、防蛀牙的食物。进食要细嚼慢咽,这样不但有利于消化,还能促进上下颌骨及关节运动,增加唾液对牙齿表面的冲洗,能抑制细菌的繁殖,减少牙病的发生。吃东西不要吃了很凉的食物,立刻又吃很热烫的食物。还应不时吃些较硬的食物,以锻炼咀嚼肌。少吃糖,睡前更不要贪吃甜食。早起和饭后使用软毛牙刷刷牙,顺牙齿缝竖刷,不要横着"拉锯"。不要养成饭后剔牙的习惯,剔牙久而久之会使牙齿变得稀松,损伤牙釉质。随便找支小棍儿或用火柴梗剔牙更是不卫生。有些不良习惯要注意克服,如咬嘴唇、咬笔杆、啃指甲等,会使上牙趋前、突出,影响牙的整齐美观。不要用牙强咬硬物,如咬核桃等硬壳,用牙开启酒瓶瓶盖等。牙齿发生外伤,要及时到医院医治。大量喝浓茶、吸烟,茶碱、烟碱会使牙齿发黄变色;长期喝酒,酒精也会损伤牙釉质。在牙齿保健上,每天晨起上下牙轻磕十数下,有助于牙齿的强固,不妨一试。

近年来到专业店进行美牙成为时尚。很多人喜欢牙齿美白,认为美白就是去洗洗牙。其实两者有不同。洗牙主要是清洁,可以清除牙齿表面的茶渍、烟渍以及积累的牙结石。洗牙后牙齿洁白,但维持时间不很长。牙齿美白主要是通过一些药物使牙齿颜色增白。洗牙适宜所有人群,牙齿美白更适合一些爱美的时尚人士。当今的美牙项目还有隐形矫正牙齿、冷光美白等,对牙缝过宽、牙齿缺失、排列不齐、牙色不佳等都能加以矫正、改良、正色,让人重新拥有一口整齐洁白的牙齿,整体有利于气质的提升。

115. 聊聊美唇

女性的口唇是脸部化妆的重点之一。美化樱唇，可使人容光焕发，神采飞扬。

相传古代埃及妇女是最早使用唇膏的。公元前1300年的埃及女王妮芙蒂提，曾把红赭石磨成粉，与脂肪混合后涂在唇上作为装饰。唇膏在我国使用也很早，古人将胭脂、朱砂之类调匀，涂于嘴唇，谓之“朱唇”，此举也称“点绛唇”，后还成为词牌名。古代以鲜红的嘴唇为漂亮标志，三国时曹植作《洛神赋》，有“丹唇外朗，皓齿内鲜”的描述，表明唇红齿白能大大增添人的容貌美。

17世纪初，欧洲妇女涂染嘴唇时使用了葡萄油，即一种用葡萄汁和阿香草叶汁制成的含微香有色油膏。以后又涂用了以蜡和油混合制成的软膏、用于预防唇裂的玫瑰油膏等。进入20世纪，在化学家帮助下，美容师制造出圆柱形口红。这种口红质地坚硬，使用方便，对嘴唇黏膜刺激也较小。口红在50年代开始普及。传统的口红颜色是红色的，红色中又分桃红、绯红、棕红、粉红、鲜红、珊瑚红等深浅不同的色调。目前国外一些大的化妆品公司生产的唇膏，仅颜色就有一两千种之多。日本专家用多年生草本植物紫草制作的口红，既有天然的鲜红色泽，又有润唇防裂的功效，且无刺激性。另一种防干裂、不褪色的口红，以特殊油剂制造，抹在唇上3分钟便不脱落，且不会沾污茶具、衬衣等，深受妇女欢迎。

唇，不管闭拢或微微开启，无论在嗔怒或含笑时，都能显现一个人的性格和情感。唇的化妆与修饰是面部美容中须多用心思做好的事。唇膏的色调与美唇效果关系密切。年轻而肤色较白者，口红颜色可鲜艳些；面肤色泽较深者和中年妇女，可选用深红、土红等庄重色彩。口红在白天宜淡施，参加晚间活动可浓妆。

描画唇形，使用口红是一项艺术。唇薄而小者，可选用色调明亮的唇膏，如浅橘色或粉红色。用唇线笔将嘴唇的轮廓线稍外扩些，口角处画得稍向上翘，使唇部变得丰满；唇厚而小者，可使用鲜艳些的唇膏，如亮丽的红色或粉红色。画唇线时，可用唇线笔把嘴唇的轮廓线适当向外画一点，下嘴唇的曲线画平一点；唇厚嘴阔者将轮廓描画在原有唇部的稍内侧，可改善唇形，增加丰姿。大而薄的嘴唇，可选用大红色或咖啡色的唇膏，用唇线笔增加嘴唇的厚度，缩小嘴唇的宽度。大而厚的嘴唇，宜选用暗红色唇膏。打粉底时先压上天然唇线，然后用唇线笔画出略微内收的唇线，还要在唇部中心处把唇膏涂得浓些，这样可给人以嘴变小的感觉。喜欢笑脸和和蔼可亲的面容是人的天性，抹口红时使嘴角微微上翘，能使人增加笑意，给人以好感。

116. 叙叙美颈

女士们在保护皮肤、提高颜值,选择服装、发型、首饰等方面煞费苦心,却往往忽略了颈部。洗脸时只注意脸部,锻炼时又往往把时间和精力集中于大腿和臀部。随着年龄的增长,被忽视的颈部皮肤逐渐起皱,颈肌日见松弛,颜色晦暗而无光泽,过早地浮现出老态。

其实,颈部的保养和面部的保养同样重要。颈部的皮肤与脸部相比,缺乏厚的脂肪层,再加上血液循环比较差,很容易造成皮肤松弛,产生皱纹,所以对颈部的护理美化更要用心思,以延缓颈部的衰老,使玉颈挺秀迷人。

对颈部的呵护、美化是多方面的。每次洗脸时别忘了洗脖子,要使用温和的洗洁剂和护肤品。夏季要避免强日光晒到颈部,暴晒会使颈部皮肤变厚变粗糙。冬季外出为避免颈部皮肤受损,除系好围巾,还可在脖子部位薄施护肤品。

加强颈部的锻炼,是促进颈部美的积极办法。颈部健美操并不要刻意去做,看电视间隙,用电脑累了,都可以来来,动作也不复杂。专家推荐的一套是:头后仰至极限,以下唇抿住上唇,慢慢低头至下颌触及胸部,连做5次。向左右转头各5次,再快速左右转头各8次。自然向左右两侧转并向上抬头,每侧4次。自然转头至下颌贴肩,每侧4次。头向左右侧倾,以耳触肩,每侧4次。伸颈向前,上抬下颌,还原成开始姿势,再将下颌紧贴胸部,连做5次。低头,双手十指交叉抱后脑勺,向后仰头,连做5次。然后用手轻轻拍打颈部,不要用手掌,而要用手背,双手左右交替,沿着脖子左右侧向上拍打。

对颈部还可加以按摩。夏季多汗不适宜按摩,冬、春、秋三季可每天按摩一次,最好选在睡前,时间约3分钟。按摩手法是由下往上,轻轻推按颈部,以方便舒适为宜,拇指或四指均可,颈前颈后都要按摩到位。

对颈部的美容还有几种。勤洗涂霜法是每天用自制的加入蛋黄的乳剂洗肤液清洗颈部,清洗时由下向上,洗后涂上颈霜或油膏。压布美容法是将带毛边的压布浸温热水拧干绕颈部敷两分钟,再用冷毛巾绕颈部围两分钟,此法可使颈部皮肤变得柔嫩。如果颈部皮肤偏黑,可用柠檬汁或黄瓜汁轻轻涂擦,也可用土豆泥加鸡蛋清涂敷,可使肤色好转。日本科学家研究发现,女性每天摄入核酸800毫克,一个月后颈部皮肤会显得柔嫩。富含核酸的食物有鱼、虾、酵母、肝、蘑菇、木耳、花粉等,多吃这样的食物,对颈部的美化是有益的。此外不吸烟,不熬夜用电脑、玩手机等,也都很有利于颈部保健。

117. 表表美胸

丰满挺实的胸部是女性特有的美。在古希腊时期,人们已经开始研究增加妇女胸部的美,也曾设计过在前胸安放象牙碗等种种装饰胸部的式样。那时女子胸围的标准是34 英寸。很久以前法国妇女就懂得,没有丰满胸部的女子会使体态大为减色。为此她们普遍使用的隆胸方法是:一日三次背贴门板,用劲使头、后背、臂肘、脊椎尾部、脚跟都紧贴板壁,力求胸部挺出。拿破仑时代,蜡制的胸罩曾流行一时。

乳房对女子胸部健美起着决定作用。由于每个女子的体质和健康情况不同,因而乳房的发育程度存在不小的差异。有的人青春期乳房发育快,以致过于肥大,影响了胸部健美;也有的人体形瘦长,体质虚弱,到了十八九岁,乳房仍很平坦,形不成胸部曲线,让她们感觉烦恼。专家指出,一般来说,这些都属于正常心理现象,适当做些胸部健美按摩,对胸部的发育会有好的改观。按摩的手法是:按压大椎穴(大椎穴位于第七颈椎下方的空隙处),两手中指、无名指和小指并拢,按压大椎穴两侧,一按一松,反复20 次左右。直推乳房,以一手掌面在另一侧乳房的锁骨下方着力,柔和地向下直推至乳房根部,再向上沿原路线推回,连做40 次左右,换手同样做。侧推乳房,用一手掌根和掌面自胸正中着力,横向推按另一侧乳房至腋下,返回时手指面连同乳房组织回带,反复侧推40 次左右,换手照做。托推乳房,一手托扶另一侧乳房底部,两手同时相向向乳头推摩40 次左右,此法适用于乳房过大者。按这样的方法每天坚持按摩,2—3 个月可使胸平者乳房隆起2 厘米,也能使过大的乳房消减,呈现出较正常的曲线美。

乳房是皮肤覆盖着的乳腺和脂肪组织,较为娇嫩。为了保持乳房的健康和美观,女性在生活的诸多方面要加以重视。洗澡时避免用热水刺激乳房,更不要在热水中长时间浸泡。出浴前可用稍凉的水冲洗一下乳房,以锻炼乳房和胸部的皮肤,增强其弹性。入睡前可用鲜牛奶擦摩乳房,用以保持乳房丰嫩。睡觉的姿势以仰卧为最好,以防乳房受到挤压。每天清晨或晚间可做几次深呼吸,可使胸部得到充分发育和舒展。饮食可适量吃些鱼肉和奶制品,可增加体脂,保持乳房丰满。女性的背部与乳房健美关系密切,走路时背部应平直,乳房就会自然挺起突出;坐立时也应挺胸抬头。此外运动锻炼对乳房健美大有益处,尤其是游泳,游动中水对乳房的按摩会使胸肌发达,乳房挺实而更富弹性。

118. 絮语美腰

人体腰部指胯上肋下的部分，分布在脊柱两侧，介于髋骨和假肋之间。这个部位很容易形成一些病症，如脊椎发育畸形、感染、肿痛、退行性病变、内脏病患和多种外伤引起的疾病。

人一般从30岁开始，随着年龄的增长，脊椎、椎间盘、韧带等都会逐渐出现不同程度的退行性变化，使脊柱内平衡稳定性降低。如再缺乏锻炼，在一定的外力作用下，极容易造成腰部扭闪、肌肉拉伤、韧带撕裂、椎间关节错位、椎间盘突出等腰病。长期伏案工作，造成腰脊劳损，也会形成种种急慢性腰病，给患者带来不便和痛苦。

也有不少人，由于生活舒适，又不爱活动，腰围越来越大，成为"水桶腰"，这不但影响了形体美，还造成了行动不便，成为健康问题。英国政府所做的一项最新调查显示，在患有癌症和其他疾病的患者当中，腰部肥胖的女性高达44%，几乎占了一半；而腰部肥胖的男子则占了1/3。调查报告指出，腰部肥胖的人患肠癌、胰腺癌和子宫癌的风险更高，而糖尿病和心脏病的发作也与腰部肥胖有关。据统计，平均每5个人中，就有4个人患过轻重不同的腰痛。有的人弯腰做事或扭头转体时，突然"闪"腰，腰部出现撕裂样疼痛，就医后也不得不卧床休息。让人由此感到了腰部保健的重要。

专家指出，为使腰部少受损伤和促进形体美，弯下身子时应先屈膝，尽可能少弯腰；握持重物时，尽量使重物靠近身体。劳作时把腰板挺直，以利协调呼吸和保持身体的曲线。需要俯身时，不要弯腰，应下蹲，提起脚跟，对护腰都有好处。

为实现腰部的健美，要调整好饮食习惯，一日三餐不可吃得过饱。饭后不要直奔沙发，而应适当走动。另外，在站着和坐着时都要保持挺直的腰板，注意让腹部收缩。多参加一些体育活动，诸如慢跑、游泳、跳绳、骑自行车等。步行上下楼梯，做些家务事，都是能促进腰部健美的好活动。在西欧还流行着一种能使腰部脂肪减少的俯拾运动，方法很简单，是在每日饭后过一段时间，把100粒黄豆撒在地毯上，然后一次低下身拾一粒放入盒中。拾起100粒豆子，就要俯身哈腰100次。这是一种自自然然进行的柔软体操。长期坚持对健身美腰会有一定作用。

腰围过大，从健康、形体美两方面考虑都应减肥。练习者可根据自身的条件，如年龄、身体状况、运动基础等，选择对腰肌有一定刺激强度的动作进行。常用的动态动作有仰卧起坐、仰卧举腿、两头起等；静态力量练习有直角支撑、坐撑举腿等；可动静结合、上下结合、左右结合、快慢结合共同练习。若能持之以恒，就会收到满意的效果。

119. 小议美臀

人体臀部是腰与腿的结合部，骨架是由两个髋骨和骶骨组成的骨盆，外面附有肥厚宽大的臀大肌、臀中肌和臀小肌以及梨状肌。臀的形态向后倾，人体正立时整个臀部呈方形。与男性相比，女性臀部形态丰满，脂肪也更多。

美国心理学家史特纳斯在对276名成年人进行智力测试后，经为期5年的研究发现，人体臀部大小与人的智商成正比。也就是说，人的臀部越大，智力越高，也越聪明。史特纳斯指出，那些聪慧无比的杰出人物，如埃及艳后、拿破仑、圣女贞德、华盛顿、肯尼迪等，都是"宽臀族"。他在所调查的276人中，有152人臀部较大。这些"宽臀族"智商平均得分为137分，比臀部尺寸小的人高出31分。史特纳斯的研究还显现，臀部大者除了智商高外，在健康度和寿命上也更有优势。与臀围小的一组研究对象相比，臀围大的一组死亡率少了87%，其中患冠心病的概率少了86%，患心血管病的风险少了46%。

虽然臀部与人的智商、健康有关联，但众多女性更看重的还是臀部的形体美。臀部分布有丰富的汗腺、皮脂腺，皮下有又厚又密实的脂肪，靠里有层层肌块，形成了能承受重压的脂肪垫。发育得好的臀部应该是圆而不阔，结实而不下坠。臀部过大过小，或宽度有余，强度不足，都会影响整个形体美。美国科学家研究指出，女性最理想的"腰臀比"在0.6—0.7之间。具有这个比值的女性，形体处于最美的状态，此时的女性活动最自如，生育能力也强。一旦腰围大于臀围，美的状态大打折扣，一些慢性病如心血管疾病、糖尿病等就会伺机缠身。

专家提醒，女性要想取得和保持臀部美，在饮食方面要注意有度。如果饮食量大，而热量消耗过小，就会形成过多的脂肪堆积到臀部，时间长了就会使臀部增宽、变阔。还有重要的一点是，减少坐卧时间，要多进行一些日常劳作，多参加室外体育活动，如跑步、跳绳、游泳、划船、登山、做健身操等，都有助于降低臀部的压力，防止臀部松弛下垂。为消耗臀部多余的脂肪，专家还推荐了一套臀部减肥操：离椅站立，手扶椅背，上体前倾，两腿交替向后上方充分上摆。也可上体直立，手扶墙，两腿轮换向两侧摆动。俯卧，身体后屈，两手握住双脚，尽量挺胸。双臂俯撑，双腿轮换做跑步动作。身体侧卧，单手抓住同侧脚面，膝关节弯曲，髋关节尽量向前顶，左右腿交换做。这几节操简单易行，坚持一段时间当会收到美臀之效。

120. 述及美手

手是人体最有特色、具高度智慧的重要器官之一。两手位于两臂前端,各由5个手指及手掌组成,能做出握、抓、提、拉、剥、按、捏、捻等复杂动作。

手在一天中使用频繁,总也闲不住,接触的物件也多,容易罹患多种皮肤病,影响到手部的健美。如接触性皮炎,可引起手部皮肤红肿、起疱、流水、灼痛、发痒等;湿疹可生水疱,瘙痒,流水结痂,使皮肤增厚、皲裂等;手癣会造成角质层增厚,手掌脱屑,浸润到指尖,形成"灰指甲";汗疱疹起水疱,出现脱皮、皲裂,瘙痒反复发作;手部皲裂症多发生于冬春季节,手掌干燥脱皮,沿手掌纹出现裂隙,可深达皮下层;手部丹毒由细菌进入皮内感染,表现为红、肿、热、痛,甚至起疱,全身不适。种种手部疾病发生后,患者都应及时到外科门诊就医,及早治愈,以防给手造成更大的伤害。

手在生活中使用多,在社交场合也会以"举指"亮相。保养好自己的手,并非只是女子的"专利",而在男子是不必介意的事。当然,对男子来说用不着涂染指甲,也不必要求手像女子那样细嫩白皙。但从总体形象来看,手是外观的一个焦点,有些女士对男士审美,第一条就是手部整洁与否。人一天中很多活动都是通过手去完成的,试想社交中以黏腻不洁的手与人相握,能给人以好感吗?在餐桌上如伸手指甲污黑或脏指甲不剪为人递筷夹菜,更令人倒胃。由此可知,男子若不注意手的保养,即便穿着打扮再潇洒、得体,在人们心目中的形象也会大打折扣。

女子要打理好自己的纤纤玉手,对手细加保养也是男子的功课。男人们要注意的是,做完粗重的活后要让手充分休息。接触了油漆、染发剂等物品,要及时清理手部。要随时注意保持手的清爽整洁,勤剪指甲,不乱撕扯倒刺。不要用手去拔钉子、抠图钉,以防损坏指甲。吸烟者不要让烟头熏到手指,留下一段黄渍,影响手的美观。

剪修指甲不仅是为了保持指甲卫生,还能按手指形态将指甲修剪成一定形状,使手指有美感。对女性来说,涂上指甲油,会使手指更有光彩。近年来"美甲"有了迅速发展,不但成为一项新兴产业,而且成为一种艺术表现新潮。2010年英国伦敦举办了一场"甲林匹克"大赛,吸引了全球24个国家和地区约350名美甲高手参赛。选手们纷纷拿出独门绝技,尽显"指上"风采,让指甲上显现仙女、天使、森林、海洋、鸟、兽、鱼、虫、奇花异草等,有的指甲上镶嵌了闪光灯和旋转塔,使装饰物"活"了起来,让化妆术成为一场隆重的艺术盛会。

121. 且说美肤

皮肤色泽正常，滋润平滑，丰满而富有弹性，面部没有皱纹，是健康而有活力的表现，也能给人带来美感。然而不少人，包括一些中青年人，却出现了皮肤过早“老化”的现象，皱纹增多，发干，弹性差；面色晦暗，少光泽。

造成皮肤不好的原因很多。总起来说，是由于多种疾病和不良的生活习惯以及长期风吹日晒、寒冷等，造成了皮肤的营养失调，代谢功能异常，出现了损伤。针对这些原因，专家制定出一系列美肤的对策。美国纽约的一所保健中心医师提出建议，每天都要用温和的方法保持皮肤清洁，少用刺激性洗涤剂，以避免皮肤干燥。涂抹甘油、凡士林能帮助皮肤保存水分，对湿润皮肤有益。外出要防晒，打遮阳伞，使用防晒油；长时间暴露在阳光下工作的人可戴上宽边帽和防紫外线太阳镜，穿长袖衫长裤。

保健专家一致认为，做好饮食调理对美肤是有着十分重要的作用的。皮肤健美的主要标志是光洁度好，无皱褶，不松不紧，具有弹性，这都与皮肤的贮水状态相关。胶原蛋白是一种大分子蛋白，在分子结构上具有较大空间，从而能充分维持“结合水”。摄取足够的胶原蛋白，以营养、修补皮肤，对维持皮肤代谢，保持健美至关重要。富含胶原蛋白的食品主要有肉皮、蹄筋等。维生素 C 有“美容维生素”之称，它除了能使皮肤白净外，还能促进肠道对铁质的吸收，提高造血功能，使面颊红润。富含维生素 C 的食品有青椒、菜花、苦瓜、芥菜及一些深色蔬菜，还有鲜枣、山楂、柠檬、草莓等干鲜果品。不妨多吃一些，有利于美肤。

美国美容专家还提出，为了保持皮肤嫩滑和光洁，要适当进行运动锻炼，如游泳、慢跑、骑自行车等，以促进身体皮肤的新陈代谢和血液通畅。每天早晚先热水后冷水洗脸、擦身。尽可能少往脸上涂脂抹粉，化妆者一定要认真卸妆。此外按摩面部，有益于预防和消除皱纹。每天早晚洗脸后用双手按摩面部 10 分钟。方法简便易行，对美容很有益处。

近年来，美容技术的飞跃发展，对皮肤问题的解决也越来越完善，越来越全面。其中的激光嫩肤美容，只须进行一定疗程，就可以搞定各种皮肤问题，包括消除皱纹、色斑、青春痘、红血丝、毛孔粗大等。在整容专科医院还有光滑磨皮、通道磨皮、双曲线磨皮、中性灰磨皮、高低频磨皮等一系列换皮美肤医术，术后让人的面肤大有焕然一新之感。

122. 化妆品大观

化妆品是指以涂抹、喷洒或类似方法，散布于人体表面众多部位，如皮肤、毛发、指甲、唇齿等，以达到清洁、保养、美容、修饰及改变外貌、修正气味所用的调剂。使用人群的产品分类有女士用品、男士用品、母婴用品、中老年用品等。

人类使用化妆品已有4000多年的历史。古埃及人在硬石板上抹上牛油，将芬芳的花瓣撒在上面，花的香味串到油脂上，就产生了最初的发蜡。把发蜡用酒精浸洗，花香传到酒精里，又得到了香水。相传古埃及女王克利奥帕特拉喜用香料，御椅上也抹很多香脂。她乘船出游时，身上的香气可熏到周围1英里。中世纪后，法国巴黎成立了一个名为香会的俱乐部，会员赴会时都要带一种香水或香味化妆品入门，以全体人员沉浸在浓郁香气中为乐。近代出现于法国巴黎取名“黑金”的香水，堪称当时最贵的香水，含有罕见的香精，盛于18K金制的容器内，价值28000法郎。

化妆品的制造和使用，在我国也有着悠久的历史。早在《诗经》中就有“岂无膏沐，谁适为容”的妙论。从《汉书》的“惠帝侍中皆傅粉脂”记载中，还能了解古时使用化妆品的并非只是女子。古时没有“美容”一词，而是称作美颜，当时用的化妆品统称脂粉。脂一般是指以动物体提炼出的油膏，分为唇脂和面脂。粉的种类多些，其中的黛黑是一种黑色粉末，专用于画眉。在“画眉深浅入时无”等唐代诗人佳句中，可知当时画眉风气之盛。红妆是胭脂的代词，在古诗中常被用到。相传古代燕国有一种红蓝花，其花汁凝作脂称燕脂。是为胭脂的由来。后人以粉掺和称其胭子粉，用其搽腮。古人也曾用铅粉敷面，敷后面如雪白，后知铅对皮肤有腐蚀作用，弃之不用，改敷鹅蛋粉。

几千年以来，人类对化妆品的研发、使用一直有着极大的兴趣，不断有新潮涌动，化妆观念更新。如今的国内外化妆品市场，既有前卫彩妆，以各种色泽独特、感觉滋润的润彩完美唇膏为主体，配有富于立体感的粉饼和眼影、睫毛膏、唇膏卸妆液等，让追求时髦的女郎能完美地表现个性风采。针对全球环境污染日益严重的现状，化妆品市场也及时推出了回归自然、环保风格的新型化妆品，法国生产的花香型香水，使用后能在皮肤表面形成保护层，能防止紫外线、有害气体、粉尘对肌肤的侵害。化妆品市场新潮中的逆式消费，让男士所用的香水大受青睐；婴幼儿温和、纯净天然的化妆品也让女性争购。此外，健美化妆、多元美容、天然舒适、物美价廉、多功能的化妆品也成为消费者一大新意向，使今日的化妆品丰富，使用效果更佳。

123. 整容整形的流行

整形最初是为了解除先天畸形或后天变形患者的痛苦而实施的手术。随着其迈向世界潮流舞台,这项手术已摇身变为美容手术。

整形并不是当代才有的事。早在我国晋代时,就有了唇裂修补术。《晋书·魏咏之传》记载:“(咏之)生而兔缺。”后来荆州有位医生为他做了修兔唇的手术,弥补了他的嘴部缺陷。南宋时有了义眼术,“安一磁眼障蔽于上,人皆不能辨其伪”。古印度人发明了额部正中皮瓣造鼻术,被认为是最早的整形外科手术。意大利人在400多年前也掌握了鼻子整形术,让战争中伤到了鼻子的人恢复了容貌。

如今的整形整容成了收益颇丰的产业,世界也进入了“改头换面”的时代。2011年美国人在整形美容上的费用达到101亿美元。墨西哥在14个月内全国共进行了10万例丰胸手术。日本全国有5000多家美容整形外科机构。韩国仅首尔江南地区就聚集了343家专业整容医院。近年,大批中国人、美国人、日本人赴韩国整容,让全韩国1200余家整容医院一年收入4500亿韩元。

当今整形不仅是明星们的专利,也渐渐成为普通民众的生活追求。据统计,韩国女性中有20%以上的人接受过整形,人均整形比率全球排名第一。在韩国整容券是“双亲节”送给父母最受欢迎的礼物。在美国,接受整容手术者不再局限于女性,美国男士们也越来越倾向于挨一刀,以增加外观的吸引力。调查统计显示,在男士整形手术中最受欢迎的是增强肌肉。整形手术可以通过抽脂,把多余的脂肪转移到上腹位置,以增加肌肉线条的美感。英国有越来越多的男子追求整形乳头。民众测试显示,最受欢迎的男性乳头是面积小、呈杏仁状或顶端呈圆形。男星贝克汉姆的乳头是男女一致公认最美的,也是最多人指名要“整”成的形状。

整形美容手术的流行,造就了一些整形名人。菲律宾一名叫查韦斯的男子,根据超人扮演者克里斯托弗·里夫的形象,做了包括下颚扩张术和隆鼻术在内的多种男性整容术,在经历了长达十几年的整形后,一改又黑又瘦的形象而酷似“超人”,成为家乡的名人。美国得州奥斯汀市32岁的女子詹妮,自接受首次整形手术开始,染上了“整容瘾”。12年中共花费了10万英镑,先后接受了44次整容手术,将自己整成了一个拥有芭比娃娃容貌的金发女郎。越来越多的人想要选择接受整形手术,但这桩事讳莫如深,有着风险。我国南京有位“红粉宝宝”,从16岁起便做整形手术,10年间耗费了400多万元,先后做了200多次整形手术,却整得“遍体鳞伤”,满身是病。2014年中国赴韩做整形手术的人数达5.6万人,整形美容事故纠纷每年增加10%—15%。这些不能不引起人们的反思。

124. 形形色色的减肥

减肥为一种以减少人体过度的脂肪、体重为目的行为方式。联合国教科文组织研究报告显示,欧洲人口的肥胖率已经达到了36.7%,北美洲为34.2%,亚洲也达到了23.8%。肥胖已经取代烟草成为威胁人类健康的头号敌人。

肥胖已是健、美的大患,减肥运动在全球各国普遍开展。专家认为比较积极有效的减肥方法是改变生活方式,控制饮食,参加运动,并可辅以药物和外科治疗。然而随着减肥成为时尚,各国各地各种各样的减肥方法各行其是,花样翻新,有些还让人忍俊不禁。

欧美一些年轻女子为减肥使用了饥饿疗法,节食后会收到体重减轻之效,但由此又形成一种严重的心理病,节食停不下来,体重减了又减,有的仅为原体重的一半。强制饮食后,患者会呕吐,精神萎靡,肌肉萎缩,惹来伤身之祸,实不足取。

美国的约翰斯敦市成立了一家跳绳减肥俱乐部,吸引会员参加,按要求跳绳,动作由易到难,速度由慢到快,定期训练,不得间断。由于跳绳是有氧运动,活动量大,可使体内脂肪充分燃烧,减肥效果明显。参加跳绳的会员日多。

澳大利亚有一个胖子俱乐部,经常开展乘车减肥旅游。由于乘车者超重,常使旅游车陷入地面,胖子们不得不呼哧带喘,抬车推车,经过一阵忙碌,差不多每个肯出力的人都能减肥半公斤。

英国的健美专家发明了一种吹气减肥方法:向热水袋里吹气。吹气时必然要不断地吸气、吹出,在这吸吸吹吹过程中,人会觉得中枢饱满,可抑制大脑"饥饿神经",使食欲降低。此外这种"吹气减肥法"还有锻炼胸腹肌的功效。

美国研究人员发现,坐立不安、搔抓揉挠,能大量消耗热量。在一项研究中让两组人在特定的呼吸舱度过24小时,结束时那些顿足拍掌多的人耗掉了800热卡能量,安静状态的人只耗100热卡。测试表明,肥胖者在家中不停地扭动摇摆,相当于慢跑几公里,减肥效果显著。

英国威斯敏斯特大学开展了一项研究,评估了10名受访者在看恐怖电影时的总能量消耗,统计显示看完90分钟恐怖片可以使人平均消耗多达113卡路里热量,接近于散步半小时。专家认为,看恐怖片可以让人处于紧张状态,使人消耗更多的热量,但作为一种减肥方式不具有可行性。

在国外五花八门的减肥方法中还有"一心二用减肥""吃梅减肥""气球减肥""脂肪吸刮减肥"等众多名目,更多的减肥花样也还将层出不穷,吸引人尝试。

125. 随处简便美容

时下美容化妆已成为人们日常生活中一项重要的内容。有些人很热衷于去美容院做美容。其实有很多简便易行的美容方法随时随地可行,不妨一做。

人在沐浴时,卧于浴缸,全身肌肉放松,待皮肤浸透泡软后,用软毛刷擦洗肘、膝、足等皮肤粗糙部位。久而久之,就可保持这些部位关节的灵活,使皮肤光洁、细润。

每天早晨起床后,把脸用温水洗净,然后换一盆清水,放入几块冰块,冰化后将脸浸入冰水里,几分钟后抬起头把冷水擦干。以冰水泡脸,可使面肤细嫩光滑,消除皱纹。

洗脸后或闲在时都可以用手揉搓脸部。方法是先把两手搓热,然后用手掌贴住脸上下揉搓,搓到脸部发热为止。搓脸能使面部血管扩张,血液流量加大,新陈代谢旺盛,供给面部的营养增多,有助于面肤红润、美观,同时还能增强皮肤的抵抗力,有效防治伤风感冒及生长疖疮等。

咀嚼对面容有一定影响。细嚼慢咽、充分咀嚼能刺激唾液分泌,冲刷污物,使牙周组织强健,还能使面颊肌肉丰满,可增加面容美。美国洛杉矶神经科医学中心的研究人员调查发现,每天咀嚼口香糖15—20分钟的人,连嚼一月后,面色红润,皱纹明显减少。

在车间或办公室工作的间隙时间,可伸开两臂扩胸,做做深呼吸运动;放松端坐,双手托后颈,轮换左右抬膝,做收腹运动;直立弯腰向下,上身垂向地面慢慢起身,反复几次做健背健腰运动,以促进胸、腹、腰、背等部位的健美。

在家看电视或闲着时,可做做收腹锻炼。平坐,屈膝,两脚平放,深吸一口气,屏住,然后做扩胸运动,这时腹部会自然收缩,横膈膜会升到肋骨下端。挺起上身,两手握拳,掌心向上,手臂屈肘并稍稍向后收拢,收缩腹部,呼吸30秒钟。这种收腹动作,配合臂部运动,带动肩部运动,在瘦腹的同时还能消除臀部和背部的多余脂肪。

在歌厅或在家里引吭高歌一番,于娱乐的同时也能获得美容之效。研究发现,人在歌唱时基本呼吸方式是腹式呼吸法。腹部肌肉得到了充分利用,促进了腹部的新陈代谢。经常唱歌就会使腹部肌肉变得结实,外观不显臃肿松垂。唱歌还有助于脂肪燃烧,据测算人在高歌一曲时能消耗20卡路里,这让唱歌不失为一种无痛而有乐的减肥瘦身之法。此外唱歌还有助于消化系统的功能,有益于皮肤的健美。有调查统计显示,歌唱家容貌老态的发生明显要比普通人迟。

图书在版编目(CIP)数据

百科集趣. 第二辑 / 于永昌著. -- 北京：中国文史出版社，2021.3

ISBN 978-7-5205-2641-8

Ⅰ.①百… Ⅱ.①于… Ⅲ.①科学知识-普及读物 Ⅳ.①Z228

中国版本图书馆 CIP 数据核字(2020)第 240775 号

责任编辑：薛未未

出版发行：**中国文史出版社**
社　　址：北京市海淀区西八里庄路 69 号院　邮编：100142
电　　话：010-81136606　81136602　81136603（发行部）
传　　真：010-81136655
印　　装：北京新华印刷有限公司
经　　销：全国新华书店
开　　本：720×1020　1/16
印　　张：25　　　　字数：462 千字
版　　次：2021 年 3 月第 1 版
印　　次：2021 年 3 月第 1 次印刷
定　　价：68.00 元